日刊工業新聞特別取材班［編］

関西で長く愛されている優良企業180選

継承と革新のひけつ

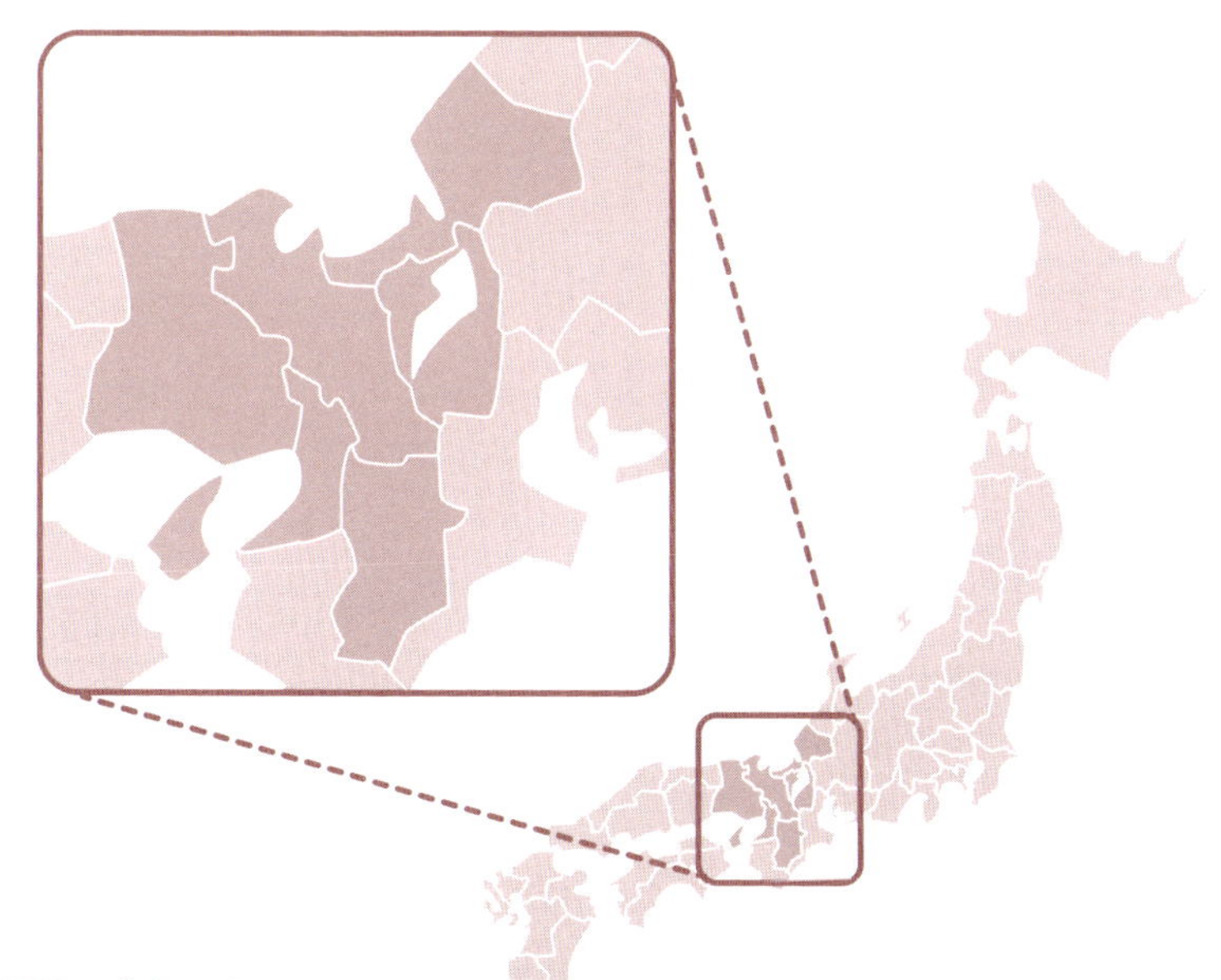

日刊工業新聞社

まえがき　「長寿企業への期待」

　100年以上の歴史を持つ企業が世界に約10万社あり、その半数以上は日本企業です。経営者の多くが短期的な利益の追求よりも事業の持続的発展を重視し、倒産、廃業は最も避けるべき事態であると考えていることが背景にあります。会社は株主だけのものではなく、顧客、社員、地域社会など幅広いステークホルダーのためにあるという経営哲学に由来します。「売り手良し、買い手良し、世間良し」、「浮利を追わず」、「お客様は神様です」、「屏風と会社は広げすぎると倒れる」など経営者への警句は、長寿企業への〝ひけつ〟であり、いずれも「上方」と呼ばれてきた関西発のものであることは興味深い点です。

　株式会社の国際スタンダードは、英米流企業論です。そこでは、会社は株主のものであり、会社は利益を生むための「器械」であるとされます。しかし、最近では「強欲資本主義」批判がなされ、ＳＲＩ（社会的責任投資）、ＥＳＧ（環境、社会、ガバナンス）など事業の社会的意義や成長の持続性を重視するなど変化も見られます。ジョンソン・エンド・ジョンソンのように、「会社の責任は、第1に顧客、第2に社員、第3に地域社会に対するものであり、株主への責任は長期存続のための投資、内部留保を実施したうえで行う最後の責任である」と宣言している会社もあり、これらは日本的経営の特色であると同時に世界の優良企業の共通項と言うべきかもしれません。

私は、経済産業省と日刊工業新聞社の肝煎りで設立された「100年経営の会」の会長を務めています。100年以上続く長寿企業は、昭和の恐慌、敗戦、石油ショック、プラザ合意、リーマン・ショックなど大きな経済的危機を克服し、技術革新、国際化などの変化に良く対応して存続してきた会社です。伝統の良さを守りつつ、事業の革新にも取り組んできて今日があるのだろうと思います。100年経営の会では、長寿企業を顕彰してその認知度を高め、長期存続の理論的研究を行い、世界に発信する活動を推進しています。

このたび日刊工業新聞社から「関西で長く愛されている優良企業180選~継承と革新のひけつ~」が刊行されますことは、誠に喜ばしいことであります。日本経済をリードしてきた関西経済界の誇りであります。長寿企業の経営の特徴や長寿の〝ひけつ〟を知ることは、改めて経営を見直す契機となり、関西はもとより、日本、世界の経営者やこれから創業を目指す起業家、そして長寿企業の後継者にも有益な示唆を与えることとなるでしょう。

100年経営の会　会長
元・経済産業事務次官
北畑　隆生

目次

第2章 金属・鉄鋼・非鉄金属

第3章　化学・繊維・素材・医薬

第4章　電機・電子・精密機器

第5章 金融・商業

第6章　運輸・建設・輸送機器

第7章　ガス・その他製造

関西で
長く愛されている
優良企業
180選

～継承と革新のひけつ～

エア技術を極め作業環境を守る、工場用ポンプやクリーナーに展開

アクアシステム㈱

ドラム缶やペール缶に取り付けて水や油など流体を吸い上げる工場作業用ポンプやクリーナーなど作業環境の合理化や衛生環境を整える機器メーカーとして存在感を放つ。ウイングポンプや手動ポンプの老舗メーカーとしてスタート、今では油や有機溶剤の小分けや回収に使うエア駆動、手動・電動のポンプ、工場用掃除機、切削液の切粉を濾過(ろか)する清掃機器などを主力にする。負圧発生部品(エジェクタ)の開発からこだわり、圧縮空気を活用した製品の開発をポンプやクリーナーの進化につなげてきた。「エア技術の

社是・理念

みんなで役に立つ商品を楽しくつくろう
みんなに喜ばれよう
みんなが幸せになろう

以上を合言葉として、世界の人々の豊かな暮らしと地球環境の調和を追求します。

代表取締役社長
木村 泰始 氏

蓄積を製品開発に同期させ、的確に顧客ニーズに対応した姿勢といち早く開発するスピードが強み」と木村社長は自負している。

■2022年に向けて中期計画進行

現在、2022年にグループ売上高20億円と現在の2倍以上を目標にした中期経営計画に取り組んでいる。製品や営業力強化、海外拠点強化などが骨子だ。

製品関連では、顧客要望の多い清掃作業をさらに効率化できるよう、17年に始めた切粉液や研磨液の濾過装置ビジネスを拡大する。エジェクタ活用でマイクロバブルを発生、清掃のスピードやクリーン度のアップを売り込む。さらに強みであったエジェクタを空気圧制御機器として販売する計画で、同業他社も含め注目は高い。また、次世代のクリーンディーゼルエンジンに用いられる尿素SCRシステムの

エア式タンク清掃濾過クリーナー（左）と循環式濾過クリーナー

Ad-2 コンテナ

高品位尿素水（アドブルー）機材の積極普及にも努める方針だ。

12年から相次いで設立した中国、タイ、ベトナム拠点ではメンテナンス体制を強固にし「メイド イン ジャパン」の良さを啓発して拡販につなぐ。日本では須越工場（滋賀県彦根市）に3Dプリンターや3次元測定装置などを導入して試作機能を強化、小型化などをテーマに強力に製品開発を推進する。あわせて隣接地で自動倉庫を備えた新工場建設も計画中で、販売量拡大に備えた体制を整備する。

「山椒は小粒でもピリリと辛い」。小さくても優秀で侮ることができない人の例えで、同社のモットーだ。モノづくりの縁の下の力持ちとして全社員が誇りにしている。

長寿のひけつ

得意な技術を生かした事業展開

エア技術を蓄積し、極めてきた。圧縮空気で液体輸送やモータ駆動する装置が得意で、電気を使わず防爆地域で安全に使えると評判だ。地元の滋賀県立大学などとの共同研究も積極的だ。エアを使う事の利点を説けば、それだけ市場が広がる。ソフトアクチュエーター（柔らかくモノを安全に優しくつかむ機器）などの制御を通して、介護やリハビリなど医療分野での活用が期待されている。エジェクタなどによるエア制御技術がポイントだ。

エア式サイクロンクリーナー（粉体用）

会社概要

所 在 地：滋賀県彦根市京町 1-3-1
電話番号：0749-23-9123
設立年月：1957 年 3 月
事業内容：小型ポンプ、清掃機器など

URL：http://www.aqsys.co.jp/

機械

金属・鉄鋼・非鉄金属

化学・繊維・素材・医薬

電機・電子・精密機器

金融・商業

運輸・建設・輸送機器

ガス・その他製造

インサート軸受ユニットのパイオニア
多品種少量生産に強み

旭精工㈱

旭精工は精密機械部品メーカー。産業機械で広く使われるインサート軸受ユニットを主力に、クラッチ・ブレーキ、直線運動機器をはじめとする機械器具部品も手がける。

1928年、ボールベアリングの専門メーカーとして創業。しかし大手ベアリングメーカーと競合し、業態転換を迫られ、米国で開発された同ユニットの将来性に着目。51年に日本初の同ユニット生産を開始。以来、同ユニットのパイオニアとして標準化や品質の基準づくりに数多く関わり、現在は国内で製造する唯一の専業メーカーとなった。

社是・理念

1. 人を活かし、
　　働きがいと生きがいを大切にする。
1. 最高の品質とサービスで
　　お客様に満足と安心を提供する。
1・世界的視野に立ち、
　　豊かな人間社会づくりに貢献する。

代表取締役社長
清水 明彦 氏

一方、77年にエアクラッチ・ブレーキの販売を始め、86年に直線運動機器の分野に進出するなど業容の拡大も進めた。清水社長は「ニッチなところを狙っている。そうしないと価格競争になるから」と説明する。

■人材育成に力

同社は多品種少量生産に対応できる体制を築いているのが強みだ。専業メーカーとして独自の生産技術を蓄積しているほか、専門的知識を持つ営業担当者が対面での営業を展開。多種多様な顧客の要望を迅速に生産部門に伝え、新たなニーズも掘り起こしている。顧客からは「困った時の旭精工」と頼りにされているという。「さまざまな業種を回っており、お客さまの声をたくさん聞いている。ニーズへの素早い対応力は当社が一番だ」と清水社長は胸を張る。

社員の平均年齢は36歳。毎年10人以上の新卒者を採用し、

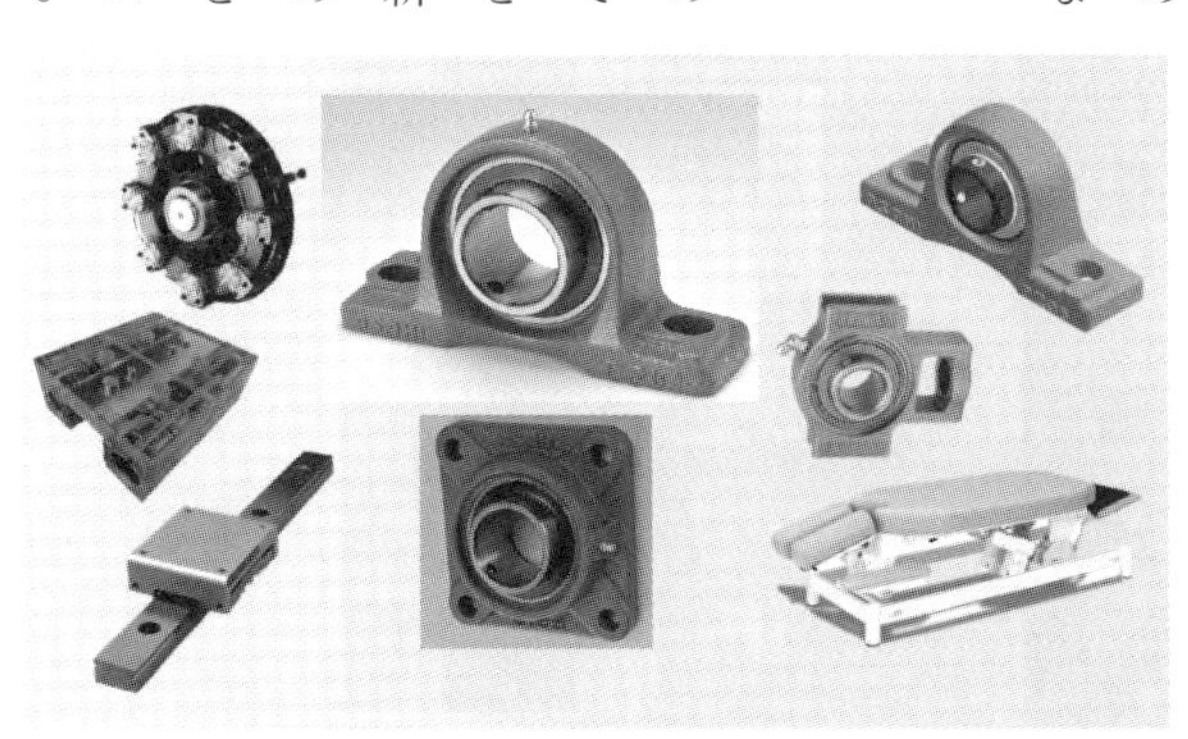

インサート軸受ユニット（写真中央上）をはじめとする旭精工の製品群

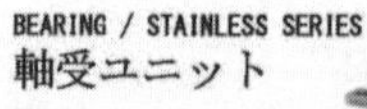

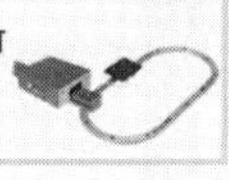

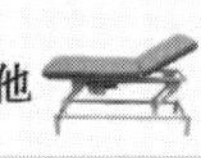

旭精工の製品ラインナップ

人材育成にも力を入れている。社内外の勉強会のほか、「機械保全のやり方」「コミュニケーション力」など学びたいテーマを選べる通信教育を毎年100人が受講。技能継承活動にも取り組み、各職場には各自の習熟度を掲示している。

年2件の新製品開発もノルマとして課し、「そうしないと、お客さまに飽きられる」と清水社長は強調する。同ユニットの材質にステンレスが増えるといった新たなトレンドにも的確な対応が求められる。対応できる体制を続けるためにも人材教育がカギを握りそうだ。

今後は成長路線を海外に求め、米国や中国で同ユニット販売を強化し、数年後には売上高を現在の約1・4倍の150億円に引き上げたい考えだ。特に米国では20%のシェア獲得を狙う。

長寿のひけつ

顧客ニーズへの柔軟な対応

同社は長寿企業となった最大の理由として、「顧客ニーズへの柔軟な対応」をあげる。また、「地域との共存共栄」をはかり、毎年4月に八重桜のライトアップ、12月にイルミネーションを行い、地域の方に構内を開放する。その他にも毎月、本社周辺歩道などの清掃活動をおこなっている。早朝から深夜までの工場稼働に対しても近隣からのクレームも無く、清水社長の「地域を大切にする」という考えを実践している成果とも言えそうだ。

会社概要

所在地：大阪府堺市西区鳳東町6-570-1
電話番号：072-271-1221
創業年月：1928年5月
事業内容：インサート軸受ユニット、エアクラッチ・ブレーキ、直線運動機器の製造販売

URL：http://www.asahiseiko.co.jp/

小口径バルブトップ、次の50年に向け商品開発加速

アソー㈱

継ぎ手と一体化した小口径のボールバルブを得意とするアソー。創業から50数余年を経た現在、小型ボールバルブのトップメーカーとしてブランド「エースボール」を確立。確固たる地位を占めている。次の50年を見据え、新たな顧客のニーズに応えるべく、新分野に向けた商品開発を加速している。

■特化した自社製品でブランド確立

アソーは1950年に浅生和良氏が創業し、浅生製作所

社是・理念

小型バルブ・継ぎ手とともに50余年。次の50年もお客さまとともに。創業以来、小型バルブのトップメーカーとして、お客さま第一で高品質な製品づくりを推進してきました。次の50年も、独創的なモノづくりの精神を貫き、業界の発展に貢献していきます。

代表取締役
浅生 隆一 氏

として油面計や注油機の製造を始めた。１９６０年に株式会社化した後は、自社で生産設備を持たない「ファブレス化」を推進し、製品の幅を広げていった。

しかし、１９７４年のオイルショックを契機に発想を転換し、継ぎ手と一体化した小口径バルブの開発に特化した。１９７６年に日本初の小型ボールバルブ「エースボール」を開発。この取り組みが、建設機械のエンジン回りや食品機械など、小口径継ぎ手一体型バルブメーカーとしての地位を確立、顧客から高い信頼を得た。現在、協力工場は30社、商社を通じて、ネット通販会社やホームセンターなど取引先も約３００社に広がる。

２００１年に現在の浅生社長が就任。就任後、２００５年にＩＳＯ９００１、２００８年には、ＩＳＯ１４００１の認証を取得した。品質の高さを裏付けし、戦略的に価格競争と一線を画した。

創業者
浅生 和良氏

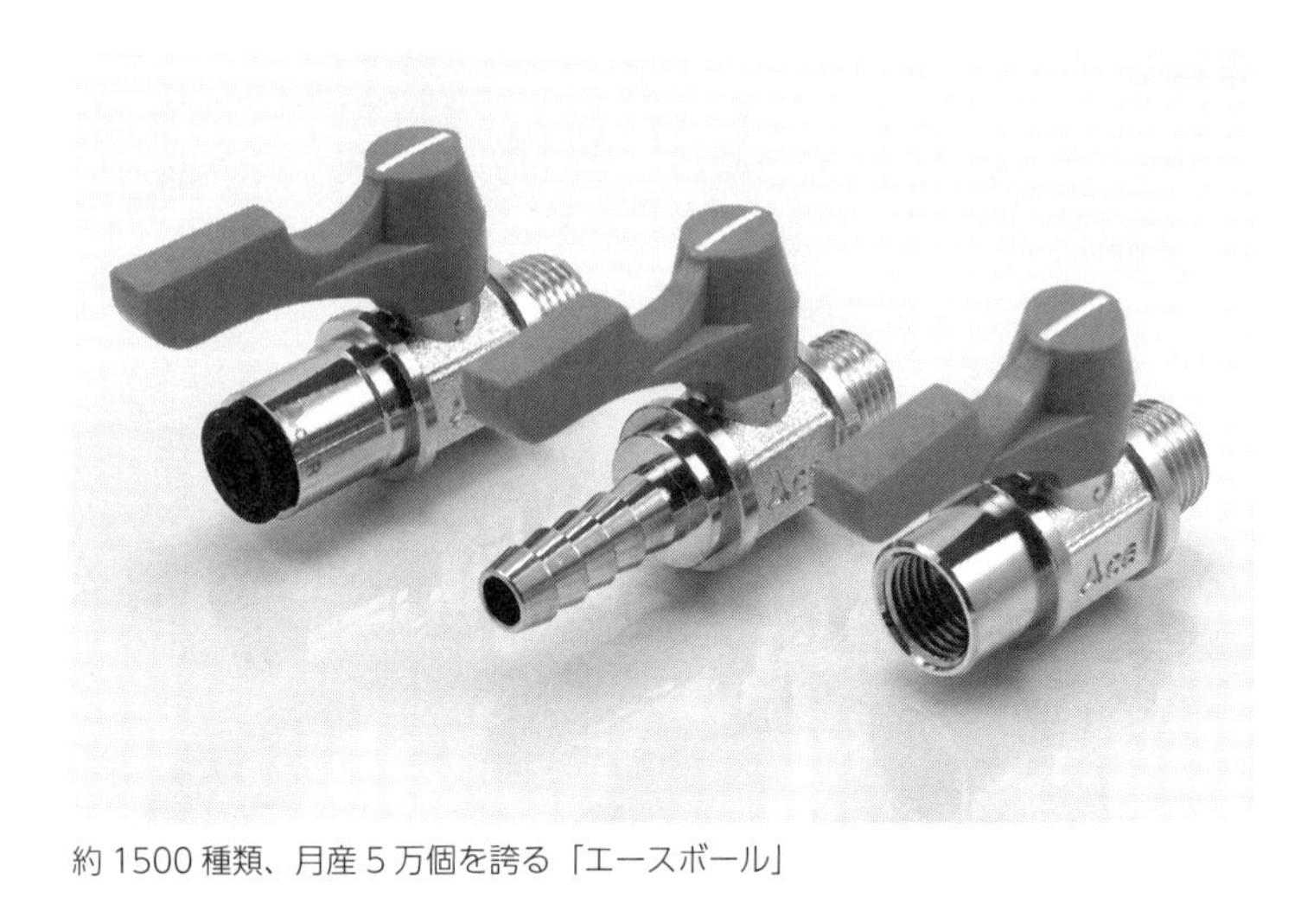

約1500種類、月産5万個を誇る「エースボール」

自社製品比率が8割と高く、小口径に特化した製品をそろえている。中でも「エースボール」は口径、形状、色など約1500種類を数え、月産5万個のベストセラー商品となっている。

現在、売上高は約15億円。売り上げに占める割合は、バルブが30%、フィッティング（継ぎ手）が25%、商社機能が20%。残り25%は特注品が占める。

現在は特注品部門の強化や設計部門の拡充が課題だ。これに対し、浅生社長は「小型化、自動化をテーマに商品開発に取り組む」と意気込む。次の50年をにらみ、得意分野の開拓をさらに積極化していく。

長寿のひけつ

ニッチ分野を深耕、顧客から高い支持

浅生社長は経営のポイントに「自社の強みと弱みをしっかり把握すること」と「弱点を克服するより強みに磨きをかけること」の2点を挙げる。その言葉の通り、小口径継ぎ手一体型バルブに特化し、長年、その分野を深耕し、そのバリエーションを広げてきた。こうして特化し、極めてきたことが、顧客からなくてはならない存在として愛される要因になっているのではないだろうか。

会社概要

所　在　地：大阪市生野区巽北4-14-21
電話番号：06-6755-3301
設立年月：1960年11月
事業内容：バルブ、コック、継ぎ手類の製造・販売

URL：http://www.asoh.co.jp/index.html

コンプレッサーからエアブラストへ 空圧技術で業界をリード

厚地鉄工㈱

1937年、鹿児島県出身の厚地金次郎氏が大阪市港区に機械加工業を起業し「ストロング印エアコンプレッサー」の製造・販売を始めた。時代の要請に応え、各種エアツールの駆動向けなど工場作業で活発に採用された。60年には株式会社への組織改編に合わせ「アスコン」へ商標を変更。コンプレッサーとともに、塗装の下地づくりなどに用いるエアブラストマシンの販売を手がけ始める。その後の経営は実子3人の兄弟が順に引き継ぎ、2005年には3世代目となる厚地徹三氏が5代目社長に就任した。

社是・理念

「和」

社内や地域、業界関係者との間で“和”を重視した姿勢を社業のモットーとする。組織の成長には、社員間のチームワークや関係者と連携した協力体制が不可欠と説く。

また製造業は従事する人材が財産。従業員に向けた技術習得へのサポートや健康面での配慮に力を注ぎ、“人”を重視した少人数精鋭の企業経営に努めている。

代表取締役
厚地 徹三 氏

■環境重視の開発姿勢で応える

この間コンプレッサーの駆動形態がレシプロからスクリュー方式へ移行し、多くのメーカーが事業から撤退した。同社もコンプレッサーの製造を中止。コンプレッサー製造で蓄積した空圧技術や機械加工のノウハウを応用し、タンク形状が特徴的な「AC型サンドブラスト機」を開発した。その後は各種ブラストマシンを手がける総合メーカーとして時代のニーズに応える多様な課題解決に挑戦し続け、業界屈指の長寿企業として歩みを進めてきた。

ブラストマシンは対象物に微細な粒状の研削材を吹きつけて表面処理を行う。汚れ落としや下地処理、バリ取りや素地の強度を高めるピーニング加工など広範な用途に使われる。同社は新機種開発にも積極的で、エアの吹きつけ時に発生する粉塵を抑えるためにノズルの先端から水を送る

現存する「ストロング印エアコンプレッサー」

用途によって素材も多様な
直圧式ブラスト機

ポンプを取り付けた「ウエットブラスター」を開発。環境を重視した製品開発で時代のニーズに応えてきた。ブラストマシンにはタンクを備えた直圧式とエアの流れにより発生する吸い込み力を利用した吸引式があり、特に同社は大型構造物の加工に適する直圧式のブラストマシンに多くの実績と強みを持つ。閉鎖空間で用いるキャビネット機器など多くの機種や関連機器を備えるが、課題は販売力。厚地社長は「多様な機種を展示会などで前向きに出展し高度な技術力をアピールしている」という。さらに18年春からはOEM供給を受けたガラスビーズや酸化アルミナなどの研磨材を自社ブランドで販売。消耗品の販売で価格優位性を高め、総合的な提案力で販売強化につなげようとしている。

長寿のひけつ

地に足をつけた開発姿勢で確固たる地位に

同社は先人が積み重ねてきた「機械加工の技術力」を強みに、困難な課題に挑戦し発展してきた。現場での作業性や環境への配慮など、需要業界や顧客の満足を念頭に置いた製品開発へのポリシーは創業時から変わらない。さらに地に足を付けた開発姿勢で時代の変貌にも柔軟に対応してきた。先を見た経営判断で難局を乗り越え、長きにわたり業界内で確固たる地位を築いている。

会社概要

所　在　地：大阪府門真市三ツ島 1-34-43
電話番号：072-882-3814
創業年月：1937 年 2 月
事業内容：ブラスト機の製造・販売

URL：http://www.atsuchi-ascon.co.jp/

「大型」や「特殊」が得意な老舗クレーンメーカー

オーエス産業㈱

1930年創業の老舗クレーンメーカー。150tある重量物を運べる天井クレーンやトンネル工事で活躍するシールドマシン用特殊クレーンなど「大型」や「特殊」なクレーンの製造が得意だ。取引先は電機メーカーや電力会社、鉄道会社など各方面に広がり、国内外で累計7000台以上を納品する。強みはクレーンの開発から機械加工、電気工事、据え付け、メンテナンスまで一貫対応できること。山田社長が語るように「少しずつできることを増やした」ことが下請けからメーカーへの脱皮につながり先行投

社是・理念

社業を通じて心技を研ぎ、顧客に喜ばれる製品を造る。

代表取締役社長
山田 重樹 氏

資が今の会社の強みに直結している。

■時間をかけて少しずつ強みを構築

姫路の農家で鍛冶職人だった山田丈吉氏が山田鉄工所を立ち上げたのが会社の始まり。48年に当時手がけていた小型搾油機「オイルスクリュー（OS）」と綱引きの「オー」「エス」で頑張る社員を応援する思いを込め現社名に変更。その頃は姫路周辺に進出した大手メーカーの工場で使う設備機械の下請けをしていた。その一環で61年にクレーン製造をスタート。時代とともにクレーンに占める売上高比率が高まり、91年にクレーン中心の社業に舵を切った。

下請け時代は鋼材の切断や曲げなど機械加工が中心だったが次々と加工設備を導入し、受注した仕事をこなすことで技術力を身につけた。さらに、自社で外注依存だった電気工事もできるよう、社員の資格取得費用を負担するなど

ホイスト式天井クレーン、壁クレーン

48t × 22.75m の鉄道車両を運べるトラバーサ

社員を育成。その結果、社内一貫生産体制が確立された。さらに、将来の事業拡大を見越し約50年前に敷地面積約12000㎡の土地を購入したことが後に、広大な敷地で大型かつ場所を取る特殊なクレーンを製造する場所として役立った。

今後の課題はメンテナンス事業の売上高アップ。クレーンは法律で定期点検が義務付けられ、高所での点検のため専用設備がないと対応できないことに着目。同社に頼めば点検作業の負担を減らせる利点を納入先に訴求するほか、他社のクレーンを設置する会社へも積極的にアプローチをかける。この試みを通じ、山田社長は「全体売上高に占めるメンテナンスの売上比率を現状の2割から3割に高めたい」と意気込む。

長寿のひけつ

新たな会社のカラー創出へ

2019年1月、山田重太郎会長の長男で営業部長の山田重樹氏が社長に就いた。長年にわたり会社を引っ張ってきた山田会長は、自らについて「全てのことを自分が把握しないといられないタイプ」と自己分析する。それを踏まえ、山田社長は「父とは違う自分のカラーを出し、会社を引っ張っていきたい」と決意を語る。これまでの強みを生かして、会社がどのように変わっていくか、楽しみだ。

会社概要

所 在 地：兵庫県姫路市保城津倉188
電話番号：079-281-1530
設立年月：1966年5月
事業内容：天井クレーン・橋形クレーン・トンネル用特殊クレーンなどの搬送装置や自動搬送装置の設計・製造

URL：http://www.ossangyo.co.jp/

100年以上誠実に取り組むモノづくりで産業界に貢献

OKK(オーケーケー)㈱

OKKは、創立100周年の節目を2015年に迎えた工作機械メーカーだ。金属などを切削する際に用いるマシニングセンタ（MC）の中・大型機などを得意としている。100年以上築いてきた歴史について、宮島社長は「社是は『誠実』。そのもとに、ひたすら愚直にモノづくりを貫いてきた。もうひとつは世の中の流れに逆らわず、それを取り込んで進化を続けてきたことが大きい」と力を込める。独自の技術力を高めながら、顧客第一を掲げる工作機械づくりの精神で、幅広い産業分野に貢献している。

社是・理念

社是「誠実」
経営理念「顧客第一、社会的責任、価値の提供」

代表取締役社長
宮島 義嗣 氏

■重切削、高剛性に継承と発展を付加

「重切削、高剛性は、先輩方から引き継いできた『OKKブランド』としての根幹」と宮島社長が強調する。工作機械のトレンドには、高速化・自動化などさまざまな要素がある。それでもOKKは重切削、高剛性にこだわった製品展開に取り組み、その中で、重切削と高剛性を継承しつつ発展させ、融合させたモノづくりを加速している。「こうした方針をやり抜くことでお客さまに評価していただいている」と宮島社長は話す。継承と発展は、OKKの工作機械製品に反映されている。人手不足が進み、生産の効率化や省人化に貢献する工作機械において、5軸制御MCなどの品揃えを拡充。それとともに、IoTの導入にも積極的で、工作機械の新たな付加価値として、分かりやすさ・使いやすさにこだわり、主要顧客の中小企業が導入しやすい

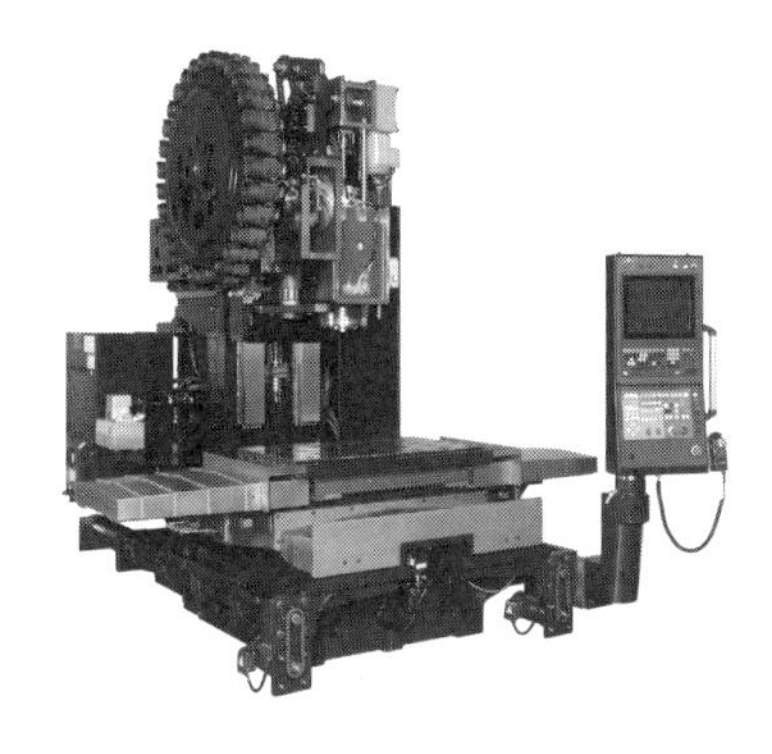

工作機械はOKKのモノづくりの根幹（写真は立形MC「VM53R」）

猪名川製造所では、技能伝承にも力を入れている（写真は新入社員教育の様子）

仕様を施す特徴がある。
　自前の生産体制の増強にも余念がない。本社と併設する生産拠点、猪名川製造所は14年に「M工場」を新設し、技能伝承ラインを設けて汎用の旋盤やフライス盤などを設置。研修で100年以上培ってきたOKKのモノづくりを伝授できるようにしている。「次の100年」を見据えた中長期経営計画が16年度〜25年度の間で実行中。全社的な基幹業務システムの刷新など各種事業基盤の強化に取り組んでいる。海外進出も米国向けに1970年代から販売を開始しており、「工作機械メーカーの中で〝老舗〟ということもあり、海外でも認知頂き、立形MCなどは爆発的に売れた」と宮島社長は振り返る。

長寿のひけつ

工作機械中心に、さらなる挑戦で成長

省人化・自動化への対応はモノづくり企業にとって、永遠のテーマ。ただ「人による〝感覚〟も重要であり、これは機械では判断しづらい部分である」と宮島社長は話す。そのためには経験を積む必要があるが、100年以上に渡ってノウハウを重ねてきたOKKの強みがそこにある。そしてさらなる成長を目指し工作機械以外の新分野への参入も模索している。こうした挑戦姿勢も長寿企業たるゆえんだ。

会社概要

所 在 地：兵庫県伊丹市北伊丹8-10
電話番号：072-782-5121
創立年月：1915年10月
事業内容：MC、NCフライス盤、汎用フライス盤など、工作機械の製造・販売

URL：https://www.okk.co.jp/

地道に本業に徹す3代続くファミリー企業

岡﨑精工㈱

1933年4月に創業、2018年で85年を超えた。創業時、リーマと呼ばれるドリルなどで穴を開けた後、穴の径を拡げたり、形を整えたり、仕上げ加工で用いる工具の製造を手がけたのが始まりだ。生産品目が格段に増えた現在も、ハイス（高速度鋼）を使用してリーマ製造を続けている。リーマは同じ工具でもドリルやエンドミルと比べて消耗の度合いが少ないわりにサイズが多く必要な製品である。同社でも岡﨑社長が「月に1本しか売れないサイズもある」というように、手間暇がかかる割に、種類あたりの

社是・理念

●幅広いバリエーション

「作り続けることが大切」が創業時からのモットー

●誠実な品質・価格・納期

安定した品質を、良心的な価格で、可能な限り即納・短納期で提供する。

●地域密着型ネットワーク

ご注文の商品を、便利にお引き取りいただけるように、各商品をとりそろえた営業所を全国各地と海外（台湾）に展開する。

代表取締役社長
岡﨑　華 氏

売れる量は多くはない。顧客第一の精神で製品の素材からコーティングに至るまでこだわりを持って仕上げている。特に超硬リーマは幅広いワークに適した超微粒子超硬合金を採用するこだわりだ。そうした質の高い逸品を提供することでユーザーから高い評価を得ている。

また、リーマは1㎜の間に100サイズを取り揃え、その品揃えは日本屈指の規模を誇る。その他にもエンドミル、ドリル、フライス・切断用工具などを含めて、サイズ別にみると製造品目は2万種類を超える。

■社員の団結力を育む経営

岡崎社長は「祖父の創業時からとにかく本業一筋、地道に取り組んできたことが誇り」と社風について話しており、顧客にとってこれほど心強いメーカーはないに違いない。

その誇りを守っているのは、団結力の強い社員たちであ

2011年竣工した
神戸工場

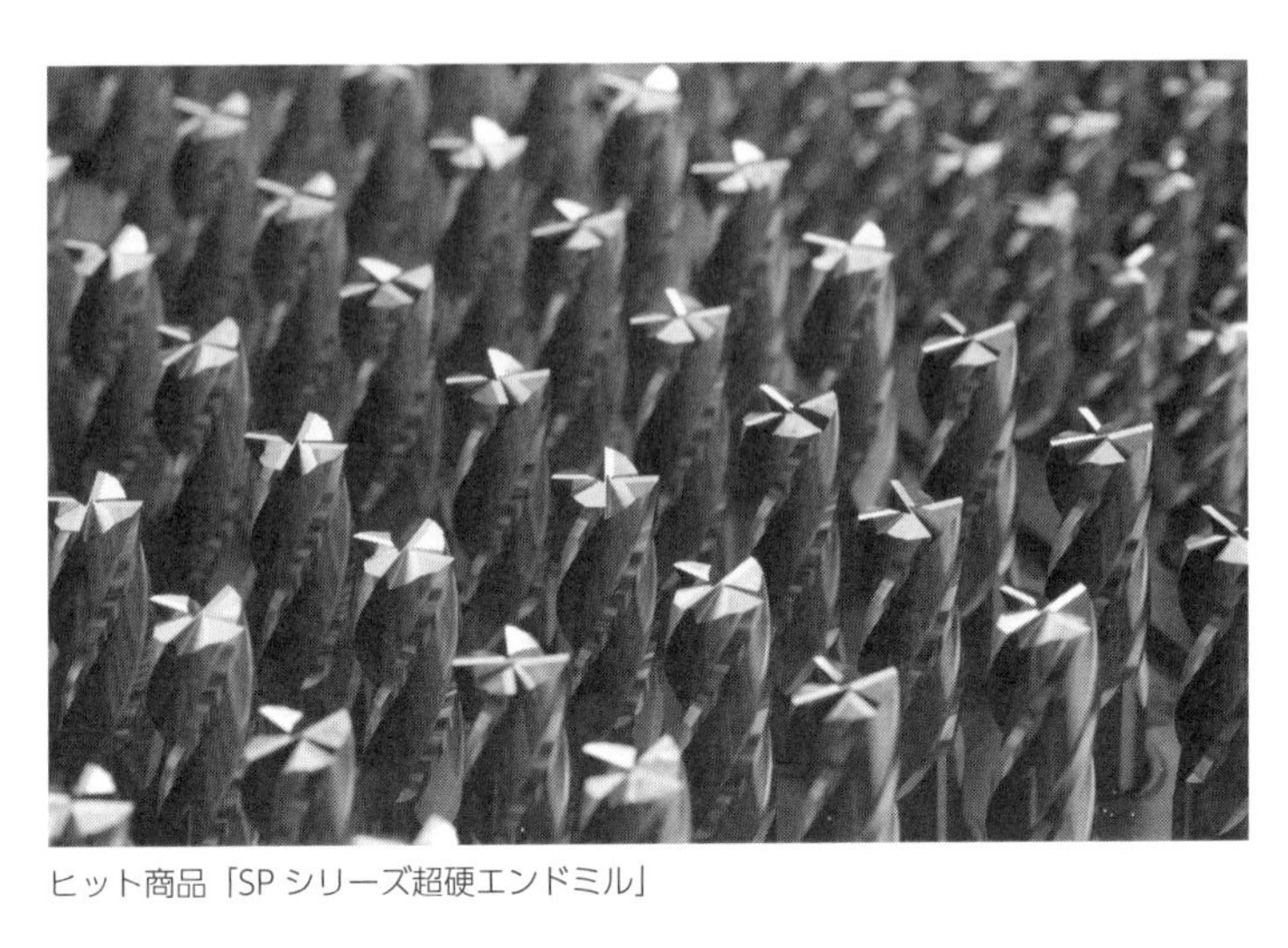
ヒット商品「SP シリーズ超硬エンドミル」

る。現在社員は約180名。社員旅行などの社内交流への参加率は9割を超える。また、仕事時間外ではアットホームな雰囲気で、親子や兄弟で就業しているケースや社内結婚も多い。近年でも途切れることなく新人を採用しており、社員やその親たちの紹介で入社することもあり、身近な人に薦めることのできる企業であることがうかがえる。定年後も、再雇用で元気に働き続ける人も多く、後進の指導や知恵袋として活躍している。

岡崎社長は国内3カ所の製造拠点と15の営業拠点で現地でのコミュニケーションを欠かさない。当面は、新製品の知名度を上げ、全国の営業所網を一層充実させるのが目標だ。

長寿のひけつ

創業者の理念、スタイルを継承する

創業当初から切削工具の製造を手がけ、面倒な手間暇も引継ぎ、磨き上げてきた。それを支えたのが団結力の強い社員たちだ。いたずらに規模拡大を追うことなく、地道に顧客の求めるものを守り続けてきたことや、創業者が大切にしていた「社員に丁寧に接する経営姿勢」を日頃から目の当たりにしていることが、働く姿勢にも大きく影響を及ぼしているのだろう。周囲から羨望の目で見られるほど社内は活気に満ちている。

会社概要

所　在　地：大阪市東淀川区瑞光 3-5-32
電 話 番 号：06-6328-5561
創 業 年 月：1933 年 4 月
事 業 内 容：切削・研削工具の製造・販売

URL：http://www.okazaki-seiko.co.jp/

水道メーターでの社会貢献に社員一丸となって挑む

柏原計器工業㈱

柏原計器工業は、1947年2月に大阪府八尾市で創業し、「柏原金属工業」という社名で事業を開始した。その後、63年に現在の「柏原計器工業」に社名を変更。この時に、工場も増設している。78年には本社・工場を八尾市から現在拠点を構えている柏原市（大阪府）に移転した。三浦社長が「創業の精神を引き継ぐ」と強調するのは、水道メーターにかける思いだ。水道メーターそのものの機能を進化させることに、創業から70年以上にわたって力を注いでいる。工場の数も現在は4カ所に増えている。

社是・理念

和の精神に基づき最新の技術と最大の活力により社会に貢献し会社の発展と社員の幸福を求める。

代表取締役
三浦 直人氏

■開発を加速させる水道メーター

水というインフラを支えるために必要不可欠な「水道メーター」。創業時から、その水道メーターを事業の軸に据え、一貫して携わってきた。水道メーターの部品製造に始まり、その後、水道メーターの修理事業、水道メーターの製造、水道メーターの検針業務と取り換え業務を始めた。

日本全国の500超の自治体だけでなく、民間のマンション管理会社やゼネコンなどとも取引があるという。80年代にはマイコン内蔵電子式水道メーターを開発したり、水道メーターの自動検針装置を打ち出したりした。「当社は水道メーターに特化して取り組んでいる。資金をそこに集中させることができる強みがある」と三浦社長は強調する。2011年には無線検針システムを搭載した「スマートメーター」となるハイブリッド水道メーターを開発。業界

現在は無線検針システムを搭載したハイブリッドスマートを発売している

水道メーターづくりに懸ける社員たちの活気が社内には満ちあふれている

での存在感を確立している。
柏原計器工業の開発力は、さまざまなところで顕在化している。「大阪ものづくり優秀企業賞2016」、「地域未来企業認定」「関西ものづくり新選2018」、「第43回発明大賞」の発明功労賞など受賞機会が増加中だ。電子・歯車式の水道メーターの製造・修理、水道メーターの自動検針装置、ハイブリッド水道メーターなどと、事業の中核となる水道メーターで進化を遂げてきた成果が評価を受けている。水道メーターであらゆることを解決できるように、開発の速度は緩めない思いだ。同社のシンボルマークは、和の精神がモチーフ。「社員一丸となって、繁栄を持続していくこと」に願いを込めて、水道メーターを基盤に、成長を目指す。

長寿のひけつ

技術力を支えるのは、社内の活気

2017年に創業70周年の節目を迎えた柏原計器工業。ハイブリッド水道メーターの開発など、高い技術力を誇り、産学官連携を通じた地域貢献活動にも力を入れている。奈良市企業局と帝塚山中学校・高校との間で、生徒が開発などに携わる「スマート水道メーターに係る共同研究」の覚書を締結したのはその一例となる。2019年には新工場稼働を控えるが、社内に満ちる活気が創業以来の活力でもある。

会社概要

所　在　地：大阪府柏原市本郷5-3-28
電話番号：072-973-0601
創業年月：1947年2月
事業内容：電子式、ハイブリッド式および歯車式水道メーター製造・修理、水道メーター自動検針装置、スマートメーターシステム製造

URL：https://kashikei.co.jp/

熱交換器製造を通じて日本のモノづくり現場支える

勝川熱工㈱

1934年に勝川社長の父・良孝氏が大阪府松原市で業務用乾燥機器の製作を開始したことが起源。創業期から、放熱面積を増やすために放熱管に金属板を取り付けたフィンチューブ式熱交換器の製造も手がける。戦後は、繊維や自動車など、国内の基幹産業に多くの製品を納入し、業容を拡大してきた。現在、フィンチューブ式を中心に、プレート式などのラインナップも揃える。自動車塗装工程の乾燥設備や食品工場の乾燥・水切り・液体濃縮ライン、半導体製造ラインなどに幅広く採用されている。

社是・理念

「自らを燈明とする」

仏教の開祖である釈迦が弟子たちに残した言葉で、自分で考えて自分で行動しなさい、自らが光となって周囲を照らしなさいという意味だ。勝川社長は「人としても企業としても自らの力で新しいものを生み出し、社会や多くの人の役に立つような存在になりたい」としている。

代表取締役
勝川 義清 氏

熱交換器は温度差のある2つの流体（液体や気体）の間で熱エネルギーの移動や交換を促し、流体の冷却や加熱を行う。乾燥や冷却、温度・湿度の調整などの目的で、さまざまな産業分野の製造工程に組み込まれ、工場全体の空調や排熱利用、溶剤回収にも使われている。同社は、産業用熱交換器の製造を手がけ、取引企業は2000社にもおよぶ。長年蓄積してきた技術や経験を基に、顧客の要望や使用環境に応じた製品を提供している。

88年に勝川社長は現職に就任。就任直後から、給与体系や人事制度などを見直し、製造現場で働く社員の労働環境の改善を図った。そして「盗んで覚えろ」ではなく、技術をしっかり継承できるようにベテラン社員に指導を要請。若い世代を育てる社内土壌を作った。20年ほど前から技術や品質管理のマニュアルを作成し、内容を更新しながら、技術継承や社員教育に活用している。

除湿用熱交換器

溶剤回収用熱交換器

勝川社長は「技術をしっかり引き継ぎ、人を育ててきたからここまで事業を続けることができた。これからもそれは変わらない」と強調する。

■地熱活用に向けて技術情報を発信

地球温暖化の進行を背景に、省エネや再生可能エネルギーの利用促進が社会的な課題になっている。専門メーカーともタイアップし、熱交換器を介して地熱を活用する冷暖房システムの普及のほか、燃料電池の排熱を利用するための熱交換器の開発にも取り組む。「エネルギー分野はまだまだ伸びしろがある。保有技術や製品について積極的に情報発信し需要を掘り起こしていきたい」と勝川社長は意気込みを語る。

長寿のひけつ

自社を知り、情報を一にすることが力に

近年、全部署を対象に社員教育を実施。製品知識や設計・製造方法など技術情報をすべての社員で共有する。社員にはできるだけ多くの職場を経験させ「全体を見渡すことができるユニバーサルな人材」の育成にも努める。2000社もの顧客に対応するには、社内の技術やノウハウをうまく結び付け、製品にまとめ上げる力が求められる。社内を知り、情報共有を密にすることが力の発揮に繋がっている。

会社概要

所 在 地：大阪府東大阪市中新開2-13-46-508
電話番号：072-966-2751
創業年月：1934年8月
事業内容：産業用熱交換機の設計・製作・販売

URL：http://www.katsukawa.co.jp/

総合力で未来を拓くプラントエンジニアリング会社

木村化工機㈱

木村化工機は蒸発濃縮や蒸留を中心とした化学機械装置、原子力を含むエネルギー・環境関連機器の開発・設計・製造を行う総合プラントエンジニアリング会社としての地位を確立してきた。創業は、1924年。鉛工事や硬鉛製機器の製造請負業が祖業だ。耐食性に優れた鉛は、硫酸を使用する化学繊維工場内の工事などで強みを発揮してきた。

鉛加工技術による放射線遮へい機器を起源に半世紀以上にわたり高い評価と信頼を受け、現在ではMOX燃料設備を手がけるなど幅広い実績を有する。一方で、撹拌機や反

社是・理念

価値ある技術・サービスを提供することによって顧客の期待とニーズに応え、健全な企業活動を通じて社会の発展に貢献する。

代表取締役社長
小林 康眞 氏

応器などの圧力容器の製造やチタンなど鉛以外の金属や樹脂の加工も開始。化学工業用装置メーカーへと成長した。

総合プラントエンジニアリング会社として食品、医療、鉱業、化学などさまざまな工場のプラントや装置の製造にとどまらず、設計・製作・調達・現地工事・工程管理・試運転までを一貫して請け負うことのできる体制を整えていることを強みとする。近年はさらにその総合力に磨きをかける。名糖産業の八王子工場（東京都）に施工したメタノール蒸留装置では、新設の蒸留塔にヒートポンプ導入を提案。冷水から熱を回収して温水を加熱、再利用することでエネルギー消費量を大幅に削減したことが高く評価され、2017年度の一般財団法人省エネルギーセンターが主催する「省エネ大賞」にて、経済産業大臣賞を受賞した。

■若い世代に夢を託す投資進める

創業者
木村秀吉氏と
社旗

創業者　木村秀吉

蒸留塔にヒートポンプ導入することで省エネルギー実現した「メタノール蒸留塔」

小林社長は07年の経営トップ就任後「夢を創り、未来を拓く　夢未来（ゆめさき）企業」とキャッチフレーズを掲げた。「歴史や伝統に安住せず、未来志向の視点から顧客の役に立つ」というメッセージが込められている。

創業90周年を記念して地元・尼崎市に絵本約6000冊を寄贈し「ゆめさき文庫」と名付けた。18年5月には本社敷地内に新たな工場と実験棟を新設するなど、将来を見据えた投資を進める。「人材育成を第一に考えないと未来につながらない。指示待ちや人任せではなく、自分に何ができるのか、もう一度考えてほしい」と小林社長は説く。創業100周年の節目に向け、社員の力を結集し、さらに大きく飛躍するつもりだ。

長寿のひけつ

創業の想いを未来へつなぐ

創業者の木村秀吉（ひできち）氏は青森県出身。幼くして父を亡くし、村役場の配慮で授業料免除を受けて尋常高等小学校に通った。会社経営を軌道に乗せた後は、母校の小学校や幼少期を過ごした地域に教育資金や災害見舞金を贈り続けた。創業者の言動や考え方を企業文化として根付かせ、受け継いでいるかどうかも、企業が永続するポイントの１つではないだろうか。

会社概要

所　在　地：兵庫県尼崎市杭瀬寺島 2-1-2
電話番号：06-6488-2501
創業年月：1924 年 11 月
事業内容：化学プラント、エネルギー･環境関連機器設備製造、建設工事、メンテナンス

URL：https://www.kcpc.co.jp/

「砕く・剪る・選ぶ」廃棄物処理・リサイクル用破砕機のトップメーカ

近畿工業㈱

近畿工業は、主に廃棄物処理・リサイクル用破砕機などを製造。「常識を粉々に」といった製品キャッチフレーズとともに、高性能破砕機をそろえている。同社の破砕機は、金属、樹脂、木材など多様な素材に対応しており、その技術力がリサイクルを支えている。

また、創業以来培ってきた開発ノウハウを生かし、廃プラスチックなどからなる固形燃料「ＲＰＦ」の製造プラントや災害廃棄物処理プラント、破砕機用カッターなども手がけている。

社是・理念

自らの努力と創造性で生きる道を拓く「流汗悟道（りゅうかんごどう）」。
企業理念には、会社に関わる全ての人々の幸せを目指す「ハッピーカンパニー」を掲げています。

代表取締役社長
和田 直哉 氏

機械
金属・鉄鋼・非鉄金属
化学・繊維・素材・医薬
電機・電子・精密機器
金融・商業
運輸・建設・輸送機器
ガス・その他製造

■時代の潮流をつかみ、技術の素地を生かす

振動させた金網を通して選別する「振動ふるい」の原型を開発したのは設立期の1950年代。高度成長期やオリンピック景気に湧いた当時、建設用骨材を製造する砕石業者や製鉄業界向けに販売。70年代、オフィス家具や白物家電など大型ゴミが各自治体で発生し砕いて処理するニーズに対応した破砕機を手がけた。その後、建設工事などで地中に深くくいを打ち込む「くい打ち機」を製造。空港の拡張や人工島の液状化現象防止といった用途に活用された。

90年頃から、地方自治体の清掃工場向けに焼却前処理破砕機を多く手がけた。しかし、地方自治体に一度行き渡るとその後は、継続的な売り上げに繋がらないことが課題だった。課題に向き合い「築いてきた技術の素地を何とか応用したい」と考え、優秀な技術者を採用。現在は、以前

廃太陽光パネルリサイクルシステム「ReSola」

近畿メカノケミカル研究所

は手がけていなかった非鉄金属リサイクルにまで幅を広げている。

雑品スクラップを直接投入し、鉄や銅、アルミなどを連続で破砕処理する「スーパーシュレッダー」を2015年に発売。すでに3台を納入し、顧客から好評を得ている。また18年8月には、廃太陽光パネルをリサイクルする「ReSola（リソラ）」を市場に投入。こうした技術や製品開発には、14年に開設した同社の「近畿メカノケミカル研究所」（兵庫県三木市）が大きな役割を担っている。物理的な破砕や選別に加え、化学反応を用いたリサイクル技術の開発、強度や砕け方といった装置の性能をシミュレーションするなど、多様なアプローチで製品開発に取り組み、技術の向上にむけて挑戦を続けている。

長寿のひけつ

時代の先を行く学びの環境

近畿工業は、部品から完成品まで、自社で一貫して製造する体制を強みとしている。社内の技術を応用し、時代のニーズに合った製品を提供する。そのために、大学との技術交流や、大学教授による生産性向上のための指導、経営大学院への短期研修制度といった学ぶ機会を設けている。和田社長が「個々の社員の能力を高め、戦闘能力を培う」と語るように、「学び」が成長を続けるひけつとなっている。

会社概要

所在地：神戸市中央区栄町通 4-2-18
電話番号：078-351-0770
設立年月：1953 年 8 月
事業内容：破砕機、分級機およびリサイクルプラントの製造・販売

URL：http://www.kinkikogyo.co.jp/

粉体関連の機器を設計製造販売
全工程機トータル製丸システム

小池鉄工㈱

時代劇「水戸黄門」に登場する印籠には、気つけ薬（丸薬）が入っていたという。古くは手でこねて球体にしていた技術を機械化し、混合・成形・乾燥・選別・コーティング・包装・充填まで全工程の機械を製造・販売する小池鉄工。「薬でもお菓子でも丸くする。『粉もん』であれば、なんでも丸くする」と小池社長は胸を張る。

■新分野・多用途への可能性も広がる

創業は1935年。現社長の祖父・小池健一氏が、医薬

社是・理念

【経営理念】　我々は、常に創造性と創意工夫の精神を第一とし、感覚と感性を磨き価値の創造を目指します。我々は、全てにおいて独創性と技術力に切磋琢磨する事を目指します。
【経営方針】　顧客の要望に応えられる機械づくりをしてオンリーワンを目指します。能率と経済を発揮するのは、機械の本分であります。

代表取締役
小池 秀直 氏

品・製剤関連の機器製造を手がける合名会社大阪製薬機械製作所を開設した。同社では、原料から球体へ造粒することを「製丸」と呼んでおり、「祖父が製丸機を考案し、供給能力が一気に高まったことで、続く工程の機械化が不可欠になったのだろう」と小池社長は推測する。

小池鉄工としての設立は60年だが、それ以前に「トータル製丸システム」が確立されていた。大阪製薬機械製作所時代のカタログに「煉合機」「攪拌機」「製丸機」「計数袋詰・瓶詰機」など、全工程に関する機器のラインアップが見られる。トータルに製造できる技術を保有するのは「おそらく世界で唯一」とのこと。

主要取引先は製薬会社で、創業時から続く顧客もある。一方で、広範な粉体関連企業からオファーを得て、化学薬品、菓子食品、サプリメント、セラミックスなどの製造機器を広く扱っている。実績として、大手万年筆メーカーの

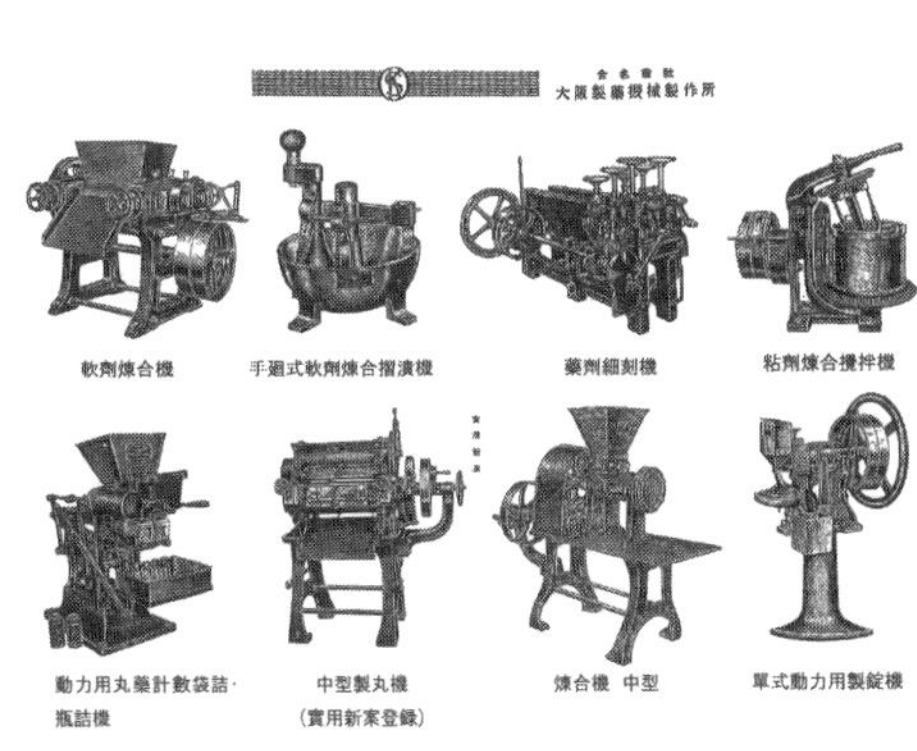

大阪製薬機械製作所時代の製丸機器類

原料を球形にする製丸機 LB-760（左）と、選別する選丸機 JK-1000

ペンポイント（ペン先の球）や、散弾銃用の鉛製弾丸などの製造にも貢献してきた。すべて、顧客の要望に応えるオーダーメイド開発だ。

今後は、現在の製品群をより扱いやすく発展させるとともに、良品・変形不良品を高精度に選別する「選丸機」など、品質管理部門の機器開発の拡大を目指す。粉体から球形を製造する多用途、新分野からの引き合いがあり、「可能性はますます広がる」と小池社長は見る。

4代目の小池真司（まさし）氏が入社10年となり、これから事業の一翼を担っていく。また、メーカーとしてのモノづくりに醍醐味を感じて転職組が入社している。「組立だけではなく、一から十までつくり上げてこその製造業」という考えが、自社の基盤を支え続けている。

長寿のひけつ

要望を理解し実現する技術力と発想力

トータル製丸システムとして、全工程の機械をつくるオンリーワン企業であり、「小池さんでないとできない」という顧客の声が多く聞かれる。多くが直接トレードによる引き合い案件であり、「最も大切なのは、お客様の要望を100%受け止められるかどうか。使用後10年、20年で真価が現れ、評価される」と小池社長。顧客に選ばれ、継続的に要望がもたらされたからこそ今の歴史がある。

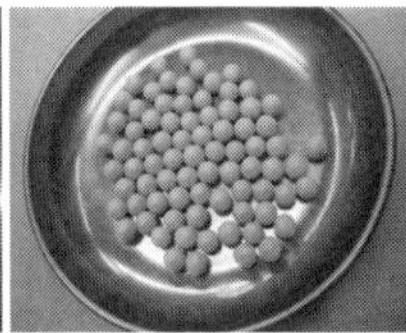

会社概要

所　在　地：大阪市東成区深江南2-5-26
電話番号：06-6981-0419
創業年月：1935年4月
事業内容：粉体関連用機械の設計・製造・販売

URL：http://koikeironworks.com/

計測器の「老舗ベンチャー」が安心・安全・信頼を可視提供

㈱木幡計器製作所

「錨印」ブランドで知られる計測機器メーカー。創業以来、製造するブルドン管圧力計をはじめ各種計測器や制御機器を製造し、造船・舶用機器など広い産業分野に販売している。近年は医療機器や、IoT分野の製品開発に挑戦。モノづくりの町・大阪大正から社会の課題解決を目指す。

■医療機器・IoTで社会課題を解決

「新たな分野への挑戦は、創業者から受け継ぐ当社のマインド」だと木幡社長は語る。1909年、創業者・木幡

社是・理念

一．私たちは常によりよい品質の製品とサービス、情報の提供を心掛け、社会に対して信頼され期待される企業を目指します。

一．私たちは常にチャレンジと創意工夫の自主的な精神を尊び、明るく前向きで、意欲的な人間集団を目指します。

一．私たちは常に互いを尊重し、それぞれの長所を活かし合い、可能性の発揮出来る働き甲斐のある職場作りを目指します。

代表取締役
木幡　巖 氏

久右衛門氏は、家業だった金物製造の鍛冶技術を活用して輸入が大半だったブルドン管圧力計の製造に成功し、製造所を開く。その後、圧力計測技術を応用した圧力スイッチなどの制御機器や、差圧計、圧力式液面計といった製品の開発が歴代社長の指揮下で行われてきた。

２０１３年に現社長の木幡氏が経営トップに就任。専務時代に、管楽器店からブレストレーニング用の呼気圧計の注文があり製作した。自社ホームページに掲載すると東京大学大学院などの医療系研究機関から呼吸計測器のオファーが入るようになった。本格的な医療機器開発に向け助成金を申請、採択された。公的支援や人材交流により医工連携が加速した。その後、5年の歳月をかけ、医療機器製造販売業許可と製品認証取得し、18年11月に「呼吸筋力測定器」を上市した。一方で、社長就任時から計測器のＩｏＴ化に関する研究開発も開始。16年には、情報処理推進

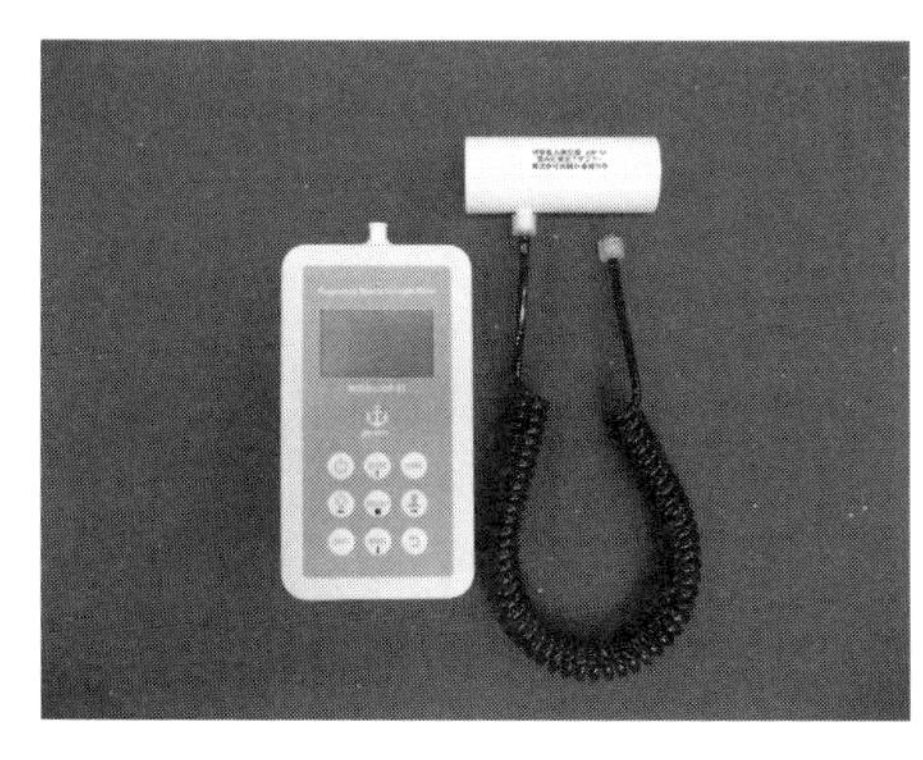

呼吸筋力測定器

ハイブリッドＩｏＴ圧力計

機構（ＩＰＡ）の「先進的ＩｏＴプロジェクト支援事業」に採択され、既存の機械式圧力計の後付けＩｏＴ化にも取り組んでいる。木幡社長は「圧力計は機器の安全を見守るためのもの。『圧力』は目に見えず、普段は意識しない。この点で人の呼吸も同じ。先代社長だった母・喜久恵は肺がんで他界した。呼吸器の病気は初期の自覚症状が少なく、発見の時点で重症だった。可視化による早期発見は重要」と説く。今後は医療機器のＩｏＴ化など、さまざまな社会課題の解決につながる事業展開を目指している。

18年4月には、ＩｏＴ・ライフサイエンス分野のベンチャー成長促進拠点「ガレージ大正」を開設した。愛着ある大正区から、地域活性化の共創型システムづくりを実践する。

長寿のひけつ

新たに挑戦し、必要とされ続けること

機械式圧力計は1世紀以上、基本構造が変わらない。取って代わる低コストで正確なものは見つからず、それが明確な長寿の理由だと木幡社長は分析する。「創業者が工業化の時代を見越して圧力計を作ったように、時代に合うものに挑戦することも必要」と続ける。受賞歴が豊富で、近年は大阪商工会議所「大阪活力グランプリ2018特別賞」、2018年末には経済産業省「地域未来牽引企業」に選定されその受け継がれる技術力と時代に合った挑戦が評価されている。

会社概要

所 在 地：大阪市大正区南恩加島5-8-6
電話番号：06-6552-0545
創業年月：1909年1月
事業内容：圧力計・差圧計・液面計・温度計など計測・制御機器の製造

URL：https://kobata.co.jp/　　https://garage-taisho.jp/

動くモノを通じて世界中に笑顔と感動を

三精テクノロジーズ㈱

1951年、戦後の旺盛な復興需要を背景にエレベーター製造を目的に設立。ほどなく各地で計画され始めた遊園地や劇場向けの遊戯機械や舞台機構などの製造にいち早く取り組んだ。52年には国産初のジェットコースターを製造、また宝塚大劇場、フェスティバルホール、日生劇場、国立劇場、帝国劇場など日本を代表する多くの劇場に舞台機構を納入した。さらに、67年には日本初の「動く歩道」を製造し、70年大阪万博ではコースター「ダイダラザウルス」などユニークな製品で世界に注目される存在となった。

社是・理念

- ●社業を通じ、笑顔と感動そして安全で快適な空間を提供することで社会に貢献します
- ●誠実を旨とし、自由闊達で明るく働きやすい会社にします
- ●常に技術の開発と向上に努め、グローバルなオンリーワン企業を目指します

代表取締役社長
良知　昇 氏

機械
金属・鉄鋼・非鉄金属
化学・繊維・素材・医薬
電機・電子・精密機器
金融・商業
運輸・建設・輸送機器
ガス・その他製造

80年代に入り、日本各地で芸術性の高い演目に対応できるハイグレードな劇場が相次いで建設され、舞台機構事業が拡大。さらに各種遊戯機械を国内有数の遊園地・テーマパークなどへ納入すると共に、海外の有力パークからの引き合いも増加してきた。また、エレベーター事業も公団住宅・官公庁物件などを中心に事業を固めた。加えて、納入物件の増加とともに各事業で保守改修事業が成長し、同社の事業基盤を支えている。

近年は「成長」を最重要テーマとし、事業分野の拡大、グローバル化に取り組み、2012年にテレビ・イベントなどでの仮設舞台装置を手がける「テルミック」と米国の遊戯機械メーカー「S&S Worldwide」を買収し、さらに18年にはオランダの遊戯機械メーカー「Vekoma」を加え、日米欧の3極体制によるグローバル化を進め、遊戯機械分野では世界のトップメーカーとなった。

日本最大級の廻り舞台を有する「歌舞伎座」

海外の遊園地に導入したジェットコースター

■グローバル・ニッチ・トップの地歩を固める

今後はグループ会社間の連携を強力に推し進め、各社の強みを生かした展開に努めることで、グローバル・ニッチ・トップとしての地歩を固めていく方針。特に遊戯機械事業においてシナジー効果を極大化すべく同社・S&S・Vekomaでそれぞれの経営資源を活用し、日米欧の3極体制に加えVekomaの中国生産能力を通しアジア圏での市場拡大を図っていく。

一方、国内では25年の大阪・関西万博関連需要に大きな期待を寄せる。また大阪が誘致を目指す統合型リゾートでは、カジノだけでなく劇場やコンサートホールなどエンターテインメント施設が必要になる。大阪に本拠を置く企業として、中心的な役割を果たしていく。

長寿のひけつ

「遊び」のプラットフォームづくりに特化

同社が手がけるコア事業「遊戯機械、舞台設備、昇降機」のすべてに共通したテーマは「MOVING for SMILES.」。祖業であるエレベーター技術をベースに、人の笑顔を生み出す「遊び」のためのプラットフォームづくりに特化してきた。遊ぶことや楽しむことは人間の根源的欲求であり、「笑顔と感動、そして安全で快適なくらし」をモットーとした事業展開は時代が移ろうとも変わることなく、長期にわたる事業継続につながっている。

会社概要

所 在 地：大阪市淀川区宮原 4-3-29
電話番号：06-6393-5621
設立年月：1951 年 2 月
事業内容：遊戯機械、舞台設備、昇降機、特殊機構の企画・設計・製造・施工・保守・改修

URL：https://www.sansei-technologies.com/

一品一様の顧客ニーズに応えるオンリーワンの装置開発

三和コンベア㈱

三和コンベアは自動車工場や物流センタ、食品工場などの生産ラインに使われる搬送装置や、立体倉庫といった省力化設備を手がけている。設計から組み立て、納品まで一貫対応する設備は年間150～200件に及ぶ。設置先の工場や倉庫によって仕様が異なる「一品料理」に対し、竹内社長は「医師の問診みたいに顧客ニーズを聞き込むことで、求める設備を提供してきた」と胸を張る。

■食品会社から製造業へ

社是・理念

お客様から感動と信頼をいただける製品・サービスを提供することによって、社員の幸せを追求し、地域の発展に貢献する。

代表取締役社長
竹内 良文氏

機械
金属・鉄鋼・非鉄金属
化学・繊維・素材・医薬
電機・電子・精密機器
金融・商業
運輸・建設・輸送機器
ガス・その他製造

1957年、創業者の竹内茂氏が高野豆腐を作る三和冷凍をスタートした。しかし、食品事業の不振から2年後に建設現場で使う土砂運搬用ポータブルコンベヤの事業に転換し、現社名変更。全く未知の分野で製造の経験は何一つ無かったが、後がない覚悟で製造技術を習得した。そんな頃、会社所在地の東播磨地域に弱電メーカの工場が次々進出。工場で使う設備の受注を取り込んだ結果、経営は軌道に乗り、2018年3月期の売上高は過去最高を記録した。

コンベヤや自動倉庫などは、搬送物の重さや大きさ、使う場所で仕様が変わる。竹内社長は「先方がどんな製品が欲しいのかを聞き出すこと」を重要とし、設備の設置場所を下見することで、現場の状況も設計図に落とし込む。また、金属加工に必要な曲げや溶接、組み立てなどの設備を社内に備えるほか、電気配線工事や設備のプログラム設計、メンテナンスなども自社で対応できる強みを持つ。

食品工場向け
ベルトコンベヤ製品

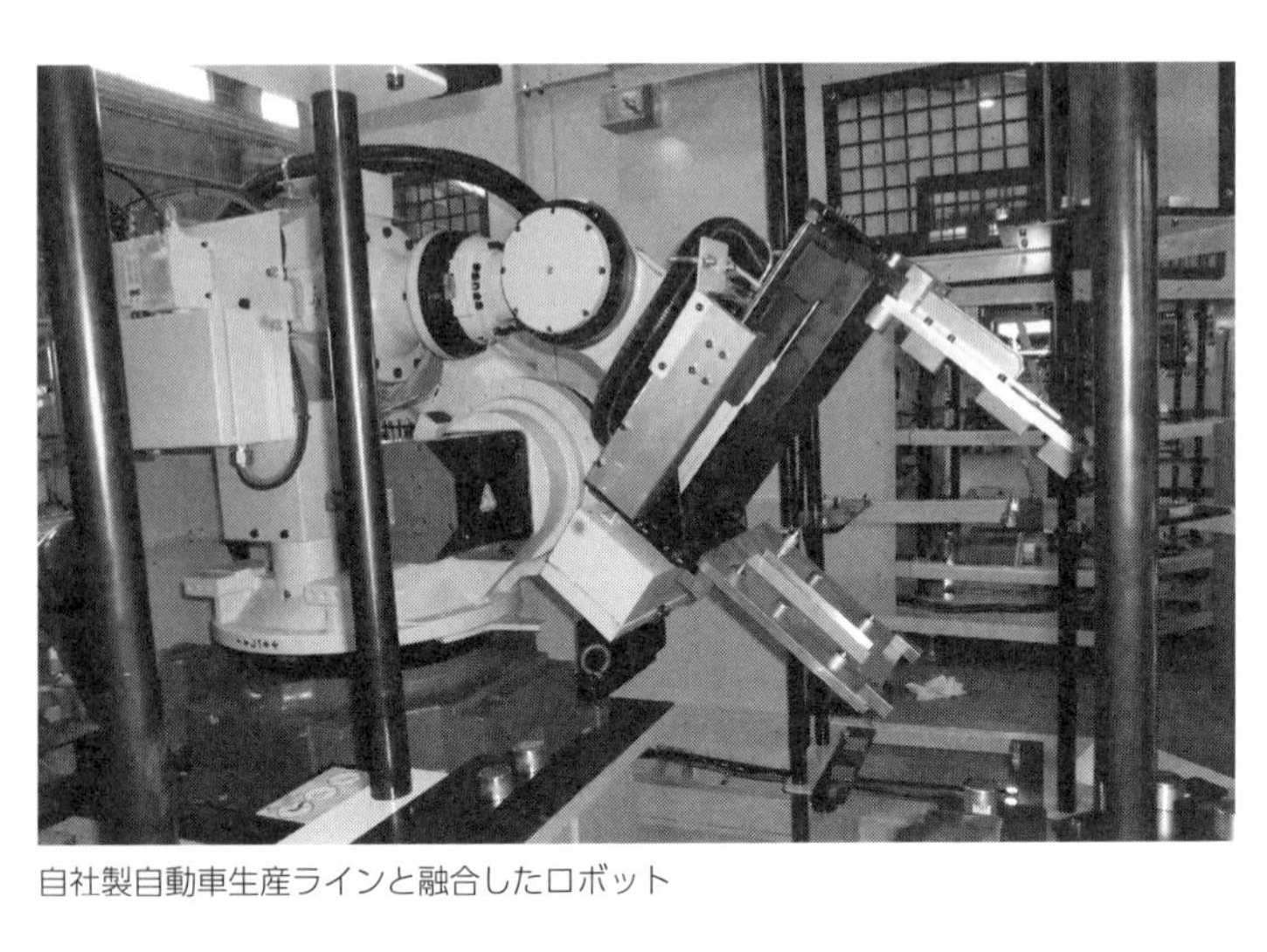

自社製自動車生産ラインと融合したロボット

長年の製造ノウハウも含めたこれらの総合力で「面倒で手がかかるところ」に竹内社長は商機を見いだしてきた。

現在の主力事業は、自動車の組み立てライン向け搬送装置と、物流センタ向けコンベヤラインが売り上げの半数を占める。この2事業以外にも、もう1つの柱を増やすべく竹内社長が注目するのは「ロボット」だ。今後、少子高齢化が進めば、製造現場の人手不足によってロボットと搬送装置、立体倉庫を連動させた設備が取引先から求められるとみており、現在はそれらを融合させた設備の開発を加速させている。竹内社長は強みを生かして今後も「ライバルが少ない所で他社にない付加価値を高めていきたい」と意気込む。

長寿のひけつ

失敗をバネに挑むモノづくり

取材中、竹内社長から何度も「失敗」という言葉が出てきた。創業から現在までの約60年間、数々の失敗を経験してきた結果、「加工における技術を社内に蓄積できた」と振り返る。そのため、仕事で失敗した社員に対しては怒らず、「失敗をバネに頑張ってほしい」とエールを送る。異業種からの挑戦で何度も挫折してきた三和コンベアならではの社風が今も息づいていると感じた。

会社概要

所　在　地：兵庫県小野市復井町955
電話番号：0794-66-7311
設立年月：1957年5月
事業内容：各種コンベアならびに省力化機器の企画、製造

URL：http://www.sanwa-conveyor.co.jp/

培ってきた金属加工技術で、さらなる飛躍へ

㈱城洋

城洋は航空機のエンジン関連部品や射出成形機向けシリンダーといった、産業機械部品の加工を手がけ、50年以上にわたり神戸製鋼所など大手重工メーカーから仕事を受注している。チタン合金といった難削材の高精度加工を強みに取引先を広げている。会社の強みについて角田社長は「技術力を安売りしない営業が、競争力ある会社を生み出した」と振り返る。

■「下請け」から「パートナー」へ

社是・理念

“ものづくり” を通して人材を育て、人材を育てることで社会に貢献し、城洋に関する全ての『人・企業・環境』への満足度を高めていく。

代表取締役社長
角田 城治 氏

1964年、現会長の角田豊氏が工具商社を起こし、翌年「城洋鉄工所」(89年、現在の社名に変更)を創業したのが始まり。連鋳機やプレス機の部品加工、造船部品製造装置の保全などを手がけ、高い技術力を身につけた。しかし、85年のプラザ合意後に生じる急激な円高で、大手取引先からの発注がストップ。会社は利益を社員に還元していたため内部留保がほとんど無く、経営は行き詰まる。

転機は現社長の角田城治氏が入社した87年。角田社長は当時「難加工をしているのに、なぜ安い値で仕事を受けるのか」と感じ、他社ができない城洋の技術力を理解する取引先にシフト。その結果、利益率の高い仕事を受注できた。難加工をすればするほど技術力が高まる好循環が生まれ、下請け業者間での価格競争から脱出。難加工が得意な外注先の確保を急ぐメーカーの需要を掴み、「下請けでなくパートナーとして受け入れられた」と角田社長は語る。

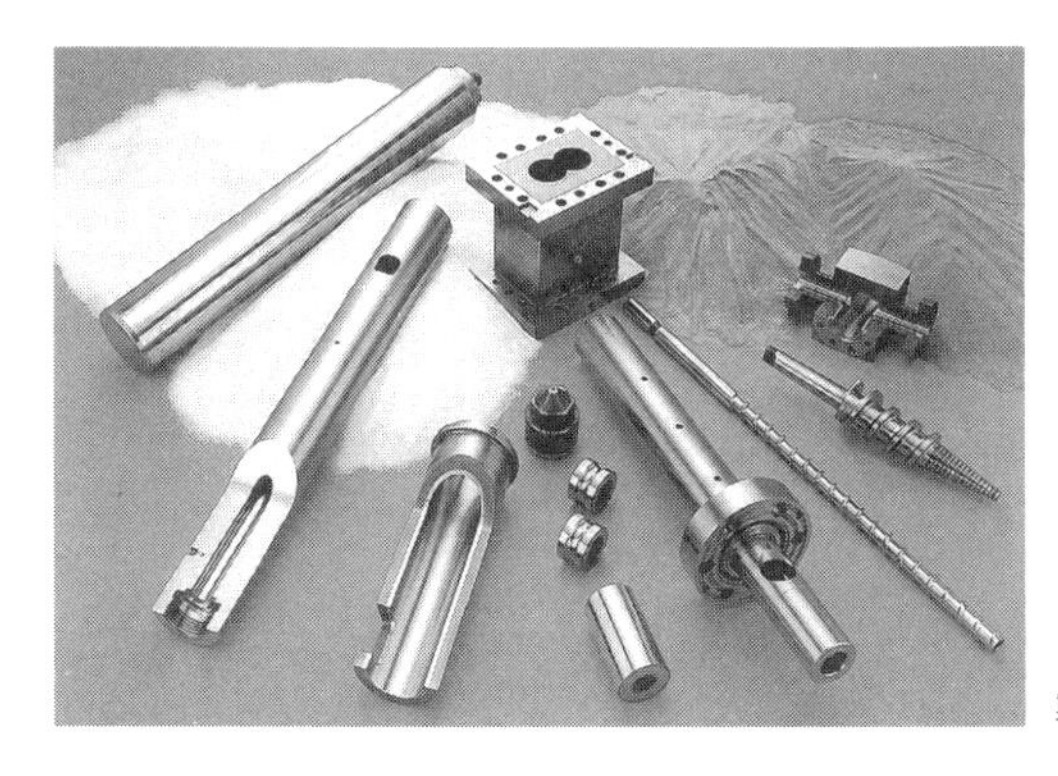

製品のシリンダー

本社建屋

現在の課題は自社での生産能力増強だ。角田社長は電気自動車の普及や自動運転技術の拡大で、プラスチック製造に必要な射出成形機向けシリンダー、航空機向け関連製品の需要増を見込む。そこで本社工場から約90分の鳥取市内に新工場を建設し2019年4月に第1期棟の稼働を目指している。

新工場では、多品種少量製品に対応できるようAIやIoTを活用するほか、生産ラインに自動化設備の導入や、同ラインと生産管理ソフトを連動させていく。角田社長は「最先端な工場で生産性の高いモノづくりを実践したい」と意気込む。

長寿のひけつ

集中と選択

角田社長の夢は「社員が安定した生活を送れる」こと。そのための手段が「付加価値ある仕事をやること」で、見事自らの夢をかなえた。その上で角田社長は社員に「夢を持って働く」大切さを説いている。50億円投じた鳥取新工場の稼働で、さらなる飛躍が予想される城洋。角田社長や社員には『初心の夢』を忘れずに難加工を得意とする強みを生かし、事業にまい進していってほしい。

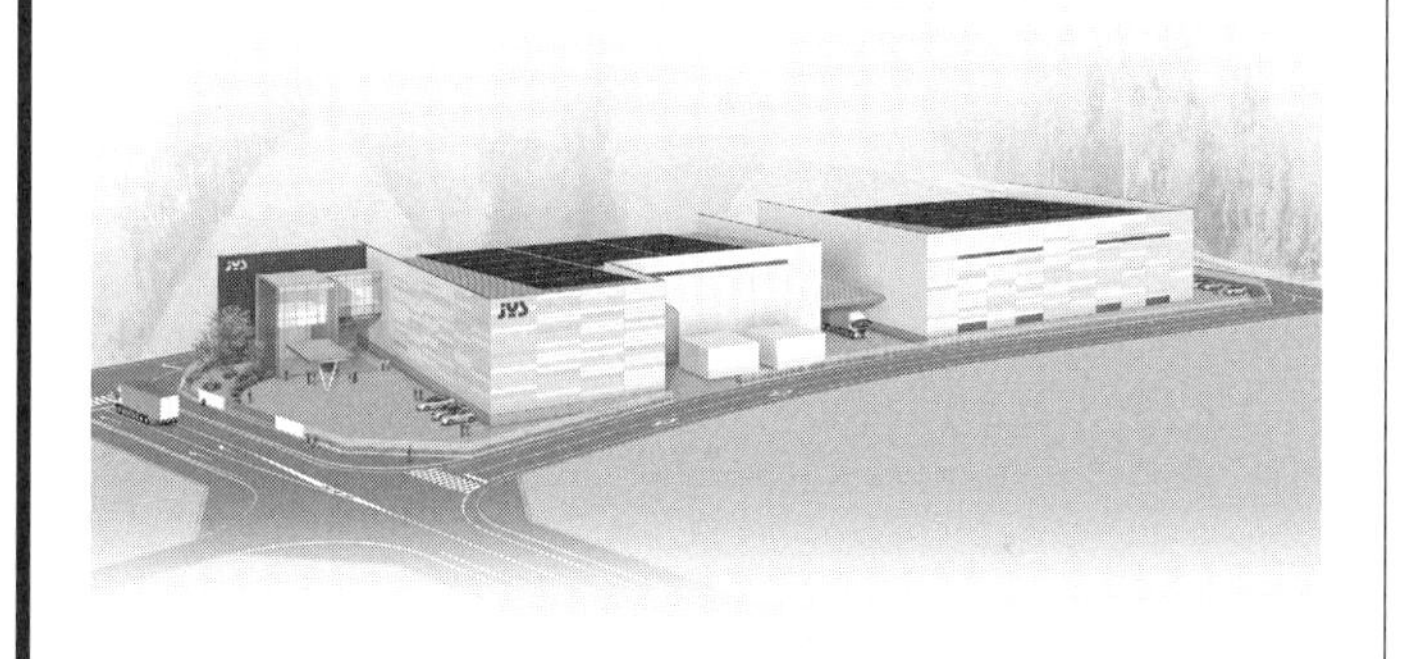

会社概要

所　在　地：兵庫県姫路市白浜町宇佐崎南 1-68-1
電話番号：079-245-0598
設立年月：1965年8月
事業内容：産業機械部品の製造

URL：http://www.jys-joyo.co.jp/

あべのハルカスや東京スカイツリーにも納入
セントラル空調の二次側機器でトップシェア

新晃工業㈱

あべのハルカスや東京スカイツリーなど誰もが知る大型施設に空調機器を納めセントラル空調機市場で国内シェア約40%を誇る。セントラル空調機は、業務用空調の中でも大規模施設や高度な空気条件が求められる施設などで利用される。同社は国内に限らず、海外の大型施設での納品実績を持ち、「上海タワー」やシンガポールの総合リゾート「マリーナベイサンズ」などに納めている。

新晃工業は1950年代に、日本で初めてユニット型空調機を開発した。空調機とは、一般的には熱交換器・ファ

社是・理念

経営理念に「豊かな想像力と誇れる品質」を掲げる。また、かねてより新晃工業は事業領域を「快適環境の創造」と位置付け、空調機器を売るのではなく、快適な環境を提供する会社を目指してきた。本当の価値は製品にあるのではなく、製品がもたらす利便性にあるとする「モノからコト」の考えが世界的に広がりつつある現状を考えると、同社の先進性がわかる。

代表取締役社長
武田 昇三 氏

ンモータユニット・エアフィルタで構成される機械で、温度や湿度をコントロールするために使用される。そして、58年には、ユニット型空調機の第1号機を新大阪ビルに納入。最新の技術を実用化することで、日本におけるセントラル空調機器のパイオニアであり続けている。

■オーダーメイドによる高度な対応力

セントラル空調機は物件ごとに仕様が異なる一品一様の世界。劇場や音楽ホールでは低騒音、医療施設では高い空気清浄度、品質維持が必要な工場では高度な温湿度制御など、用途に応じて優先される要求事項が異なる。ゆえに施主や設計・施工者などとの擦り合わせを通じたオーダーメイドによる柔軟な対応力が求められる。新晃工業のR&DセンターであるSINKOテクニカルセンターでは、温度・湿度・清浄度・気流・振動などの測定が可能。環境負荷対

あべのハルカス（大阪市）にも空調機を納入

セントラル空調を構成する空気調和機

応をはじめとする社会や顧客のニーズに対応するための研究開発を進めている。ここに1つの強みがある。また「他社では難しい、きめ細かな仕事を当然とする企業文化がある」と武田社長が話すように、こうした姿勢が納入先や施工業者などの信頼につながっている。

今後の課題は、海外事業の拡大。日本市場と同様、施主や設計事務所などと膝を付き合わせて仕様の擦り合わせを行うスペックイン型のビジネスモデルへの移行を目指している。一方、国内市場は東京オリンピックや都市部の再開発などを受け、需要の高まりが期待されている。同社は19年以降、自動化の推進などでさらなる生産能力の拡大を計画。今まで以上に顧客の需要に確実に応えられる生産体制の構築に努める。

長寿のひけつ

技術力に裏付けられた対応力で信頼に応える

空気を調和し、最適な空気質をつくる―。これには、実にきめ細やかな対応力が求められる。セントラル空調を採用する建物は多種多様な用途があり、用途に応じた空気質が求められる。これに応えるべく技術力を磨き、あらゆる用途や条件に合わせた最適な空調機器を提供し、快適な環境をつくり上げて施主や設計・施工者などの期待に応えてきた。有名施設への納入実績は同社への信頼につながり、その信頼に応えるために技術力をさらに磨くというサイクルを70年近く繰り返してきた。この積み重ねが、他社には真似できない高度な対応力となり、長く信頼される企業となった要因であろう。

大阪府内に新設するショールーム

会社概要

所在地：大阪市北区南森町1-4-5
電話番号：06-6367-1811
設立年月：1950年6月
事業内容：空調機器の製造・販売

URL：www.sinko.co.jp

工業用扇風機のパイオニアメーカー「職場環境改善機器」業界の開拓者

㈱スイデン

工場の暑さ対策に用いられる工業用扇風機のことを「工場扇」と言うが、これは環境機器メーカーであるスイデンが作った造語だ。１９４７年創業の同社は、２００１年に川合社長が父・雄三氏の後を受け継いだ現在もなお「職場環境改善機器分野のパイオニア」として、働く人々が安全かつ健やかに過ごせる環境作りに取り組んでいる。

■オレンジ色から始まった独自戦略

同社が製造する工場扇の最大の特徴は、何と言っても鮮

社是・理念

●常に次代をみつめ、快適を「かたち」にするモノづくり、そして夢づくりを通じて環境にやさしい社会づくりへ貢献すること。

●ヒトづくり、モノづくり、ユメづくりを語れる企業として、自覚と感謝の気持ちを胸に、幅広くそして着実に、社員一同歩み続けていく。

代表取締役社長
川合 雄治氏

やかなオレンジ色の羽根だろう。1964年に初代モデルが誕生して以来、現在もなお後継製品が販売されていることの工場扇の羽根の色は、川合社長いわく「安全カラー」であり、それまでブルーやグレーが主だった扇風機のイメージを大きく変えるきっかけとなった。ちなみにこのオレンジ色は、創業者・川合雄三氏が事務所を探していた際、物件の所有者に渡す名刺がなく、オレンジ色の広告紙の裏に連絡先を記したことが功を奏して、念願の物件を借りることができたことから、創業以来続く同社のコーポレートカラーとなっている。

また、オレンジ色に象徴される同社の明るい社風は川合社長の人柄にも表れている。若い頃はスポーツ用品メーカーの営業マンだったこともある川合社長。営業畑を歩んでいく中で培ったコミュニケーションスキルを活かして、取引先や自社の各支店や工場を可能な限り訪れ、人と人の

製品開発に没頭する
創業者・川合雄三氏
(1947年頃)

1990年に開設した「鳥取工場」

繋がりを大切にし、感謝の気持ちを伝えている。

そんな同社は現在、中国とタイに海外営業拠点を置いているが、海外戦略においてはOEMに極力頼らず、現地で生産した製品を現地で販売する「地産地消」型の市場開拓に取り組んでいる。また、2012年には新ブランド「nedius（ネディウス）」を立ち上げ、オフィス向けの扇風機や掃除機を展開するなど、他の工業用メーカーとは一線を画す事業展開を行っている。

同社は17年に創業70周年を迎えたが、川合社長はこれからも「創業以来続く『快適な職場環境を実現していく』という目標に向かって、ブレることなく突き進んでいきたい」と語る。「快適を『かたち』にする」を理念とする同社のモノづくりは、今後も目が離せない。

長寿のひけつ

マスコットに見る明るさと親しみやすさ

明るい社風が目立つ同社だが、それは創立60周年を記念して誕生した同社の公式マスコットキャラクターである「はねむちゃん」にも反映されている。「はねむちゃん」は社員の公募で選ばれた。選定にあたって川合社長は、「女性社員の意見を参考にした」そうだ。このマスコットキャラクターからも垣間見える明るさと親しみやすさこそ、同社の長寿のひけつではないだろうか。

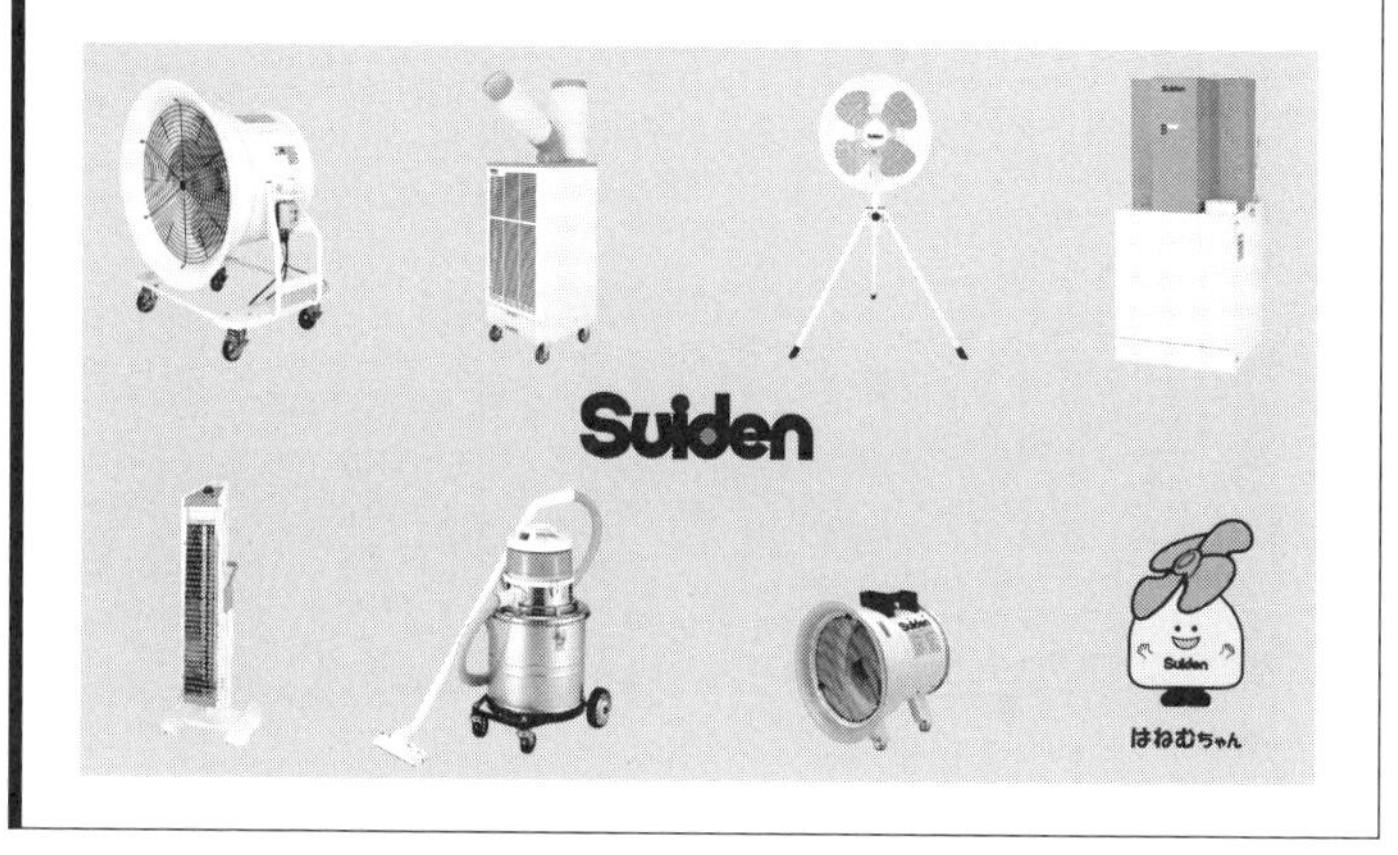

会社概要

所 在 地：大阪市天王寺区逢阪2-4-24
電話番号：06-6772-0460
創業年月：1947年3月
事業内容：業務用扇風機、スポットエアコン、送排風機、掃除機などの製造・販売

URL：http://www.suiden.com/

ワイヤロープ専業メーカーとして安全・安心を提供

泉陽㈱

泉陽は、ワイヤロープ加工関連機器の開発から製造・販売、メンテナンスまでを手がける。ワイヤロープとは、硬鋼線を撚り合わせてストランドとし、ストランドをさらに繊維芯のまわりに複数本を撚り合わせて構成したロープ。産業用途から暮らしまでさまざまな用途で利用されている。

泉陽は機械部品の製造加工で創業したが、1953年に油圧式ワイヤロープカッターを開発したのを機にメーカーへと転身。その後、油圧技術を応用して索端（さくたん）金具の圧着加工を行うワイヤロープブロック（締結）加工用プレス機や油圧

社是・理念

- 実意丁寧
- 物づくりを通じて社会貢献出来る会社づくり
- 製販一体による信頼される製品作りを行う。
- 顧客満足の向上を目指し継続的に品質の改善に努める。

代表取締役社長
廣瀬 信喜 氏

機械
金属・鉄鋼・非鉄金属
化学・繊維・素材・医薬
電機・電子・精密機器
金融・商業
運輸・建設・輸送機器
ガス・その他製造

電動式の加工用プレス機を次々と開発し、ワイヤロープ加工関連機器の専業メーカーとして躍進する。

同社の加工機の特徴はワイヤロープすべてのＪＩＳ規格に対応する高い汎用性。現在も約３００社の顧客を抱えるなど高い支持を得ており、ワイヤロープロック加工用プレス機の国内市場で、同社推定で約70％のシェアを誇る。

■安全なロック加工製品の供給を

ワイヤロープは高度成長期以降に土木向けを中心に需要が拡大。普及とともにロック加工技能は定着しつつあった一方、使用するワイヤロープや締結するクランプ管の品質にはバラツキがあった。また、70年頃は個人事業者がロック加工の担い手となっており、仮にワイヤロープの利用時に事故が起きれば、これらの事業者が廃業になると危惧された。そこで74年に泉陽の創業者らが中心となって「日本

ワイヤロープを締結するクランプ管

ワイヤロープを加工する専用のプレス機

ワイヤロープロック加工協同組合」を創設する。
最大の功績は、生産物賠償責任保険を整備し組合として団体加入したこと。「組合員ならびに組合員の生産物が保証できた」と、創業者から3代目となる廣瀬社長は、その成果を振り返る。組合の事務局は泉陽内にあり、廣瀬社長は創業者の創設時の思いを引き継いでいる。加工機用プレス機の定期点検の実施など組合活動の中核を担い、安全なロック加工の供給に寄与してきた。その成果は、長年にわたる組合としての事故ゼロに表れている。また、泉陽は組合経由でメンテナンス業務を請け負っており、これを通じて顧客との関係を強くしつつ安全の提供で信頼を得てきた。今後も専業メーカーとして、この姿勢を貫き、安全・安心の保証に努める。

長寿のひけつ

顧客と組合員を何より思いやる

現在、多くの製造現場で人材確保という共通の課題を抱える。同社も十分な人材を抱えるわけではないが「顧客はもっとたいへん」と廣瀬社長はこう思いやる。ロック加工は高度な技術は問われないとはいえ、ときには身体的負担が大きな作業を伴う。それゆえの廣瀬社長の言葉であるが、顧客ならびに組合員を思いやる姿勢は信頼と支持を得て、現在に至るのであろう。

会社概要

所　在　地：大阪市大正区泉尾 6-5-69
電 話 番 号：06-6552-0975
設 立 年 月：1953 年 12 月
事 業 内 容：ワイヤロープ加工関連機器の開発・製造・販売・メンテナンス

URL：https://www.senyo-lock.co.jp/

空調世界一が目指す、空気と環境の新たな価値づくり

ダイキン工業㈱

マスコット「ぴちょんくん」でおなじみのダイキン工業。家庭用エアコンはもちろん、オフィスビルや店舗などに使う業務用空調も世界で幅広く展開する。全体の空調事業について年商規模2兆円は世界1位だ。

また、業界で唯一、冷媒も自社で開発製造している。この点を生かし、環境負荷の小さい冷媒「R32」を、世界に先駆けて家庭用エアコンなどに全面採用してきた。冷媒を含むフッ素化学品事業は、半導体製造装置や自動車部品、情報通信機器の材料として欠かせない存在だ。

社是・理念

「人に基軸を置く経営」として、自発的な人を育てる文化が根付く。毎年恒例の淀川製作所（大阪府摂津市）の盆踊りや、沖縄の女子プロゴルフ「ダイキン・オーキッド」の前夜祭では、企画と運営を若手を中心とした社員が担う。担当に選ばれた社員は、来訪者へのおもてなしについて考え抜くことになる。こうしたイベントも社員の成長に一役買っている。

取締役社長 兼 CEO
十河 政則 氏

大阪金属工業所として1924年に創業。当時は飛行機のラジエーター用部品を製造していた。80年代初頭に日本で初めて発売したビル用マルチエアコンと呼ばれる業務用空調は、「ビルマル」と呼ばれ、同社の代表製品となった。

次の飛躍は、井上礼之現会長が社長に就いた90年半ばのことだった。それまでの多角化経営から空調専業へと事業を絞り、当時の不況を乗り切った。

2000年代以降は、07年にOYL、12年にグッドマンといった大型買収に踏み切り、一気にグローバルメーカーに発展した。また08年に中国の空調最大手・格力電器と提携。日本企業が苦手とする中国市場の開拓に弾みを付けた。10年代以降も、ビルや工場に使うフィルタや、食品の配送・流通に不可欠なコールドチェーン事業を拡大するため、海外企業を相次ぎ買収。今やあらゆる空気環境にまつわる商品をそろえた総合企業となった。

© Copyright Daikin Europe

ビル用マルチエアコン（VRV）の設置例

ダイキン・テキサス・テクノロジーパーク（米国テキサス州）

■悲願の米国制覇へ、IoT活用

すでに空調世界一の称号を手にした同社も、米国制覇という悲願の夢がある。ダイキンは過去に2度ほど米国事業から撤退しており、今回が最後の挑戦と腹をくくっている。

だが、同国ではキャリアなど、大型空調機市場で〝御三家〟と呼ばれる3大メーカーが君臨する。そこで、ＩｏＴ技術を生かし、同国で中規模施設の空調を遠隔で効率管理できるサービスを立ち上げつつある。こうした御三家が手の届かない領域を攻め、20年度をめどに「トップクラス入りを目指す」と十河社長は並みならぬ決意を示す。

長寿のひけつ

専業の特徴生かし迅速に経営判断

ダイキンのような専業は、経営の柱を失うと事業継続が困難になる。だからこそ、常に危機感を持ち「二流の戦略より一流の実行力」という井上会長の言葉通り、迅速な経営判断で、大型買収や中国企業との提携などの手を打ってきた。最近は、ソフトバンクなど異分野企業との提携、大阪大学や東京大学と大型の産学連携も始めた。専業だからこそ、自前主義ではなく外部と積極提携できる面もある。

会社概要

所在地：大阪市北区中崎西 2-4-12
電話番号：06-6373-4312
設立年月：1934 年 2 月
事業内容：空調、冷蔵・冷凍、フッ素化学品、フィルタ

URL：https://www.daikin.co.jp/

あらゆる液体に対応できる産業用ポンプの専業メーカー

大同機械製造㈱

2017年に創立70周年を迎えた産業用ポンプの専業メーカー。該当する生産ラインで使われるポンプでは国内で40～50％のシェアを誇る。最高で水のおよそ250万倍の粘度を持つ液体にも対応できる高い品質が強みで、国内、海外の取引先からの評価も高い。

同社は大田社長の祖父・大田一男氏がそれまで工場長を務めていたメーカーから独立し、1947年に創立。工場長時代に手がけていた空気圧縮機、真空ポンプなどの製作から開始。創立翌年には、やはり工場長時代に日本で初め

社是・理念

【社訓】

- 仕事に自信と責任を持ち積極的に行動しよう
- 常に計画をたてアイデアを生み社会に貢献しよう
- 摩擦を恐れず自分の意見をはっきり持とう
- 礼節を忘れず健康で明朗な職場を作ろう
- 和を大切に協力一致して豊かな生活を築こう

代表取締役社長
大田 龍一郎 氏

て開発した内転歯車ポンプの製作も再開した。その後、空気圧縮機から撤退する一方で、ポンプに特化した品揃えの充実を進めている。

■海外売上比率最大7割を目指す

「餅は餅屋。ポンプから離れた商売はしない。その代わり品質は徹底的に追求するというのが、先代社長だった父から教わったこと」と大田社長は話す。品質第一主義が、長寿企業として今も成長を続けるひけつである。例えば主力製品の内転歯車ポンプは「タオクロイド歯形」という独自技術を使っている。内転歯車ポンプは主軸につながったギアと中心からずらした位置に据えた歯車で構成する。ポンプが回転するとギアと歯車のかみ合いが離れる。その隙間に液体を吸入し出口に送る仕組み。「タオクロイド歯形」は、このギアと歯車とがかみ合う時の摩擦を極力なくす技

多様な種類のポンプを顧客ニーズに合わせて製造する

大阪府高槻市にある本社工場で製造や修理を手がけ高い品質の製品を送り出している

術である。耐久性に優れ、導入企業にとってはランニングコストの大幅な軽減につながる。

今後はこの内転歯車ポンプを中心に輸出に力を入れる。現在の海外売上比率は30～50％で推移。今後は東南アジアを中心に最大70％程度まで引き上げを目指す。また、ローターが接触しないため摩耗による不純物発生を防止できるロープポンプを有望製品とみて食品や医薬品向けに拡販する方針だ。

「100周年に向けての課題はまだまだ多い」と大田社長は語る。NC旋盤とマシニングセンタの機能を持つ複合加工機を導入し生産技術向上にも力を注ぐ。また、人財面でも、地元の工業高校新卒者を毎年採用して育てる一方、中高齢者の採用にも積極的に取り組んでいる。

長寿のひけつ

社員同士の輪を重んじる社風

「同族経営にありがちなワンマンではなく、若手の意見を積極的に取り入れる」。大田社長に対する社内の評価である。これは社員同士の輪を大切にするという、変わらない社風が同社にあるからだろう。社員の慰安旅行に積極投資するというのが同社の特徴で、毎年極めて高い参加率となっている。独自の技術を持つことも強みだが、この社員が財産という考え方こそ長寿のひけつと言えよう。

会社概要

所 在 地：大阪府高槻市深沢町 1-26-26
電話番号：072-671-5751
設立年月：1964 年 6 月
事業内容：内転歯車ポンプ、ベーンポンプ、真空ポンプ設計・製造など

URL：http://daidopmp.co.jp/

「オンデマンド製本システム」をいち早く市場投入

太陽精機㈱

太陽精機は製本関連機器大手。前工程のデジタル印刷機と連携し、1冊から製本できる「オンデマンド製本システム」をいち早く市場投入するなど、多品種少量生産時代に最適な製本ワークフローシステムを展開している。米国のネット通販大手などが展開中の注文に応じて1冊から迅速に印刷・出荷するサービスを支えている。

デジタル技術の進展で「上流の印刷工程と、下流の製本工程をつなぐ一気通貫のワークフローが求められている。生産プロセスの合理化によって印刷産業の新しい形を提案

社是・理念

企業理念
「ものづくり精神」を基軸とし50年先を考え続ける。
70年を超える歴史で培われた企業DNA「ものづくり精神」を元に、未来を見据えた経営戦略を考え、挑戦し続け、お客様に役立つ商品・サービスを提供し社会に貢献する。

代表取締役社長
堀 英二郎 氏

したい」と堀社長は話す。太陽精機は、2018年開催の世界4大印刷機材展の1つ「IGAS」で、複数の印刷機器メーカと協業して「スマートファクトリーゾーン」を設置。IoT時代における印刷業の自動化、効率化、省力化の近未来の形を提案した。

■爆発的なヒットを記録

1946年創業、防犯装置の生産が起点。翌年に製造した地震計が大手商社の目にとまり、理化学機器などのOEM供給が始まる。複数の大手電機メーカから部品加工や機械組み立てなど、多くの受注を獲得。製造技術や管理技術を学んだ。独自製品へ思いをはせる中、辿り着いた答えは国産初の卓上サイズの製本機。74年オイルショックで経営は苦しかったが、翌年に販売会社を設立。製本機器の独自ブランド「ホリゾン」を立ち上げた。選りすぐりの社員を

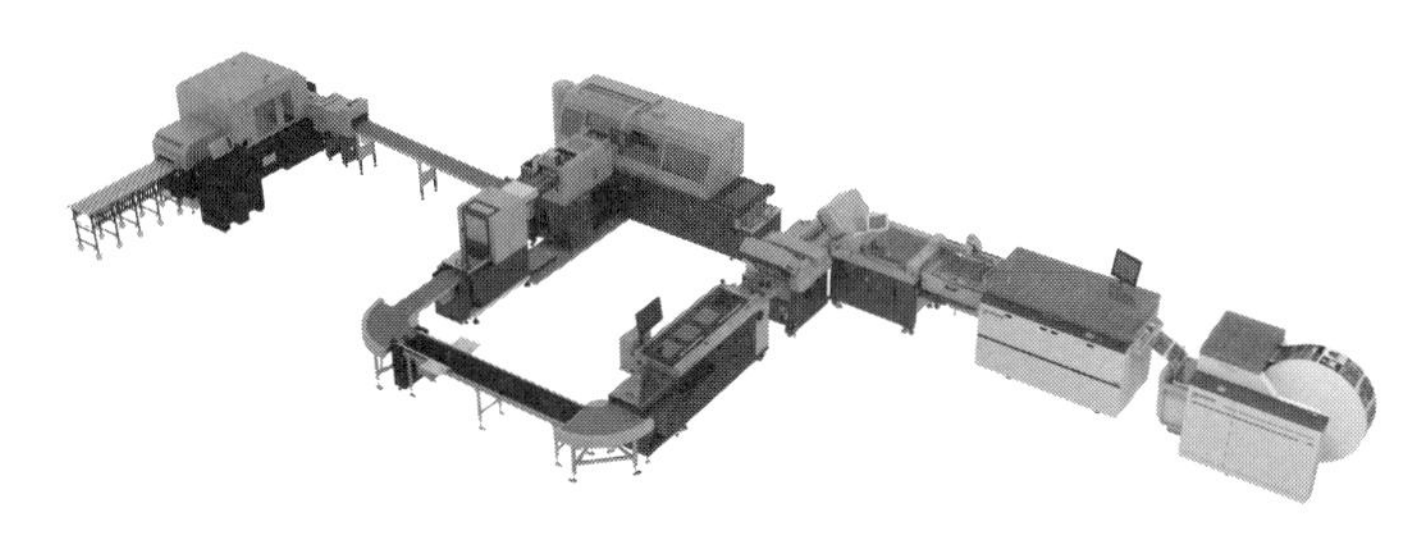

デジタル印刷向け書籍製本システム

1975年 ホリゾン誕生

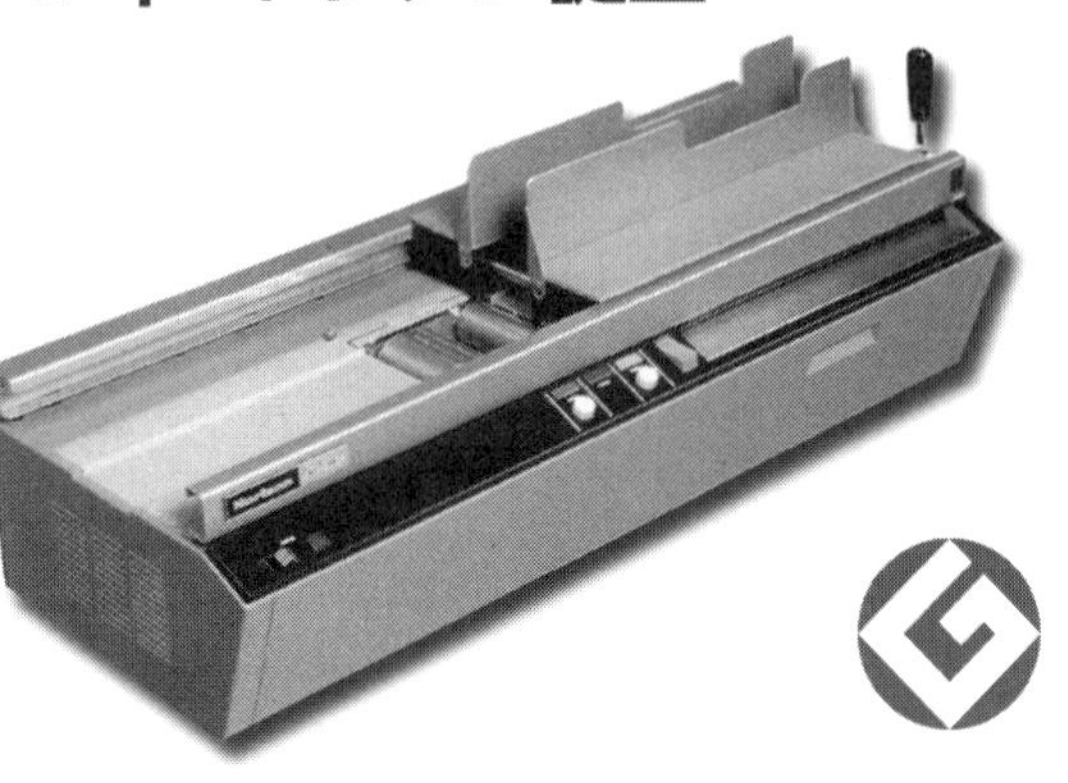

1975 年に投入した「ホリゾン」ブランド第 1 号の製本機

営業に抜てき。熱心な販売活動が功を奏し、京都の大手企業がまず、資料をとじる用途で採用を決めた。卓上で手軽な点が評価され、大学教授の論文とじや図書館で雑誌を1冊にまとめる合本製本などの用途で飛ぶように売れた。

合本製本では雑誌の端を切断するが、当時の断裁機は手動のみ。そこで国産初の電動断裁機を開発。製本機とセットで販売し、爆発的ヒットを記録する。80年頃には軽印刷業では手作業で行っていた丁合工程を自動化する丁合機や、紙折り機も開発した。印刷産業の本場である欧州へも、この時期に本格的に進出した。今では大量生産のオフセット印刷後の工程向けも含め、紙折り・丁合・製本・断裁の4製本工程すべてを担う総合メーカとして世界を股にかける。

長寿のひけつ

顧客の声を聞き、課題を解決

太陽精機は部品加工から組み立てまでを内製化し、顧客の困り事を解決する機器を迅速展開するモノづくり力が強み。琵琶湖の湖岸近くの巨大工場で部品加工、プリント基板生産、メッキ、塗装、組み立て、検査までを自前で担い、生産を見据えた設計でコスト競争力も高めている。顧客の声を聞き、課題を解決するという「当たり前」だが実際は難しいことを実践することで、印刷産業を支えてきた縁の下の力持ちだ。

会社概要

所在地：京都市南区久世東土川町 242
電話番号：075-921-9211
創業年月：1946 年 1 月
事業内容：製本関連機器、特殊印刷機の開発・製造・販売

URL：http://www.taiyo-seiki.jp/

フルオーダーメイド生産で顧客のニーズを確実に取り込む

㈱タナカカメ

1919年に田中亀蔵氏が大阪市福島区で創業し、水圧プレス機などの製造を始めた。50年からは油圧プレス機の製造・販売を開始。67年には本社と工場を現在の枚方市に移した。2019年には、創業100周年を迎える。

同社の強みは取引先と綿密な打ち合わせを重ねて、ニーズに応じたフルオーダーメイド製品を提供できることだ。営業から設計、最終的な製品の引き渡しや、その後のメンテナンスに至るまで社内で一貫して対応できる。常にユーザーと情報を交換し、顧客満足度を高めている。

社是・理念

- 会社の信用を重んじ、顧客に満足される製品を供給する
- 英知を育て、技術革新を計り、常に経営の前進につとめる
- 和と協調につとめ、総力を結集し、会社の発展につとめる

代表取締役社長
田中 俊成 氏

■実績が品質を証明している

自社ブランドによる製造・販売を開始し、ヒット商品となったのが油圧プレス機「C型ブッシングプレス機」。高度成長期、エアコンや掃除機などの家電部品の需要の高まりを背景に製造現場で活躍し、1カ月で約30台売れたこともある。70年から粉末成形プレス機の製造・販売を開始した後、転機が訪れる。当初は事務機やミシン部品の製造向けが中心だったが、徐々に自動車部品製造向けにも用途が拡大。82年には通常、中小メーカーでは認められない大手自動車メーカーとの直接取引が実現。徐々に実績が認められ90年には自動車部品向けがメインとなる。現在も6割が自動車部品関連企業に納入されている。田中社長は「競合他社と遜色ない品質が認められた」と評価に自信をみせた。

現在、粉末成形プレス機が約4割、鍛造プレス機が約3割、

機械加工を行う「第二工場」

組立工場や機械加工工場などを備える「本社・工場」

熱成形プレス機などが約2割、残りの1割は専用機というの製品構成。５００－７５０ｔ規模の製品が主流で、多品種少量生産が同社を支える。田中社長は「標準量産品でやっていたら途中で潰れていたかもしれない。一つひとつ作ってきたことが１００年経営につながった」と分析する。

今後の事業展開については「技術を培ったメーカーと協業していくことも選択肢の１つ」と田中社長は説く。現在は材料を扱う企業や自動車メーカーとの協業を進めている。海外向けにも力を注ぐ。２０１２年から17年の国内外の販売台数２８０台のうち、海外への販売実績は中国向けが32台、東南アジア向けは25台となっており、重要なマーケットと位置付けている。

長寿のひけつ

まさに長生きの「カメさん」

「これからもまじめにコツコツ続けていく」と語る田中社長の言葉に、積み重ねることの重要性がにじみでていた。「商売のチャンスがどこにあるか探っていく」と、貪欲な姿勢も見せる。「カメさん」の愛称で親しまれる同社。一時は自動車部品関連企業への納入が9割を占めたが、自動車分野においては電気自動車の普及拡大が加速するだろう。次の一手を見定めながら、カメのようにゆっくり、でも確実に進んでいく。

会社概要

所 在 地：大阪府枚方市招提田近 1-3
電話番号：072-857-3706
創業年月：1919年10月
事業内容：粉末成形などプレス機メーカー

URL：http://www.came.co.jp/

徹底したサービスと技術力で100％以上の満足と安心を提供

千代田工業㈱

2018年に発生し、西日本に甚大な被害を与えた「西日本豪雨」。この2日後、被災地の1つである広島の自動車メーカーに、修理部品を持って水没した機械の補修作業に奮闘している男たちがいた。彼らは自動車メーカーの社員ではなく、金属パイプ加工機械メーカー「千代田工業」の営業マンや技術者たちだった。いち早く顧客の緊急事態に駆け付け、復旧に取り組む姿には「お客様に100％以上の満足と安心を提供したい」という想いがあふれていた。復旧にかけるその姿に現れるように、徹底したアフターサー

社是・理念

●「人は人、吾はわれ也、吾行く道を吾は行くなり」（西田幾多郎）を座右の銘にする。

●新ブランドの「BECS MASTER（ベックス マスター）」では、金属パイプに関する塑性加工を中心としたすべての加工をMASTER（加工の達人）として、精巧の極致を探求した「完成されたパイプの加工美」を追い求める。

代表取締役
遠越 英行 氏

ビスに賭ける姿が、顧客からの厚い信頼を作り上げている。

■新ブランドで海外へ飛翔

同社は国内初のパイプ曲げ加工機（パイプベンダー）を開発した老舗メーカー。パイプ加工機シリーズは、パイプを「曲げる」「拡げる（絞る）」「切断する」「計測する」といった4つの機能を持っている。一見してニッチな市場ではあるが、この工程なくしてどんな産業機器の組み立ても完成しない。熟練したノウハウを基に70年近く技術力を磨き、さまざまな生産現場にソリューションを提供してきた。

すでに国内では千代田工業の名前は業界において確立していたが、04年に海外市場への本格的な進出を狙って「BECS MASTER（ベックス マスター）」という新しいブランドを立ち上げた。12年には、日系企業の海外進出と東南アジア経済の拡大を見据えて、タイに初の海外生産拠点である現地法人「千代

さまざまな形状に加工されたパイプ製品

千代田工業の技と熱意は次世代へ、脈々と受け継がれていく

田工業（タイランド）」を設立。従来は、日本で生産したものを輸出して、米国、中国、タイ、韓国、ドイツにあるサービス拠点から海外の取引先へ納入してきた。タイに生産拠点を設けたことで、新たに小型から中型で普及型のＣＮＣパイプベンダーを東南アジア各国に供給する。また海外の自動車工場でも日本並のジャストインタイムで生産されているため、国内と同水準のアフターサービスの提供に力を尽くす。

その品質とサービスを支えているのは、人の力だ。人材育成を最大のテーマに掲げ、２０１６年からは役職に応じた社員研修プログラムを立ち上げた。「熟練の技を次代にいかに引き継ぐか」という、課題克服こそが今後の発展を支えることとなる。

長寿のひけつ

徹底した信頼獲得への姿勢

リーマン・ショックの時に、一時的に海外製の安い機械に置き換えた顧客もいたが、その数年後には同社の製品に戻ってきたという。それは、徹底したアフターサービスが、長い目で見た時に顧客の信頼に結び付いていることを裏付ける。そうした信頼関係から生まれる顧客からの期待を裏切らないことが、常に次の注文を生んでいる。そうした徹底した信頼を築く姿勢は、商売としてだけでなく、社会とともに歩んでいく同社の決意を現している。

会社概要

所在地：大阪市淀川区新高 3-9-14
電話番号：06-6150-7071
設立年月：1951 年 11 月
事業内容：金属パイプ加工機械製造、パイプ省力・自動化システム

URL：http://www.chiyoda-kogyo.co.jp/

「動かす」技術でグローバルトップを目指す

㈱椿本チエイン

チェーン、減速機などの動力を伝えてモノを動かす機械部品から搬送装置までの製造・販売を手がける。1917年に創業者・椿本説三氏が大阪市内で自転車用チェーンの製造を始めて以来、100年以上続くモノづくり企業だ。

創業から数年後に主力事業をコンベヤなどに使用される産業機械用チェーンに全面シフトし、1931年に海軍指定工場となってから受注が大きく伸びた。炭鉱、繊維、船舶向けのほか、さまざまな工場に産業機械用チェーンを供給した。戦後は石炭、肥料、セメントなどの資材運搬用

社是・理念

TSUBAKI SPIRIT

【社会的使命】「動かす」ことに進化をもたらし、社会の期待を超えていきます。

【目指すべき姿】 モノづくりにこだわり、モノづくりの先を行く。

【創業の精神】 和を以て貴しと為す

スペースに入りきらないため一部を割愛しています。

代表取締役社長 兼 COO

大原 靖氏

機械 / 金属・鉄鋼・非鉄金属 / 化学・繊維・素材・医薬 / 電機・電子・精密機器 / 金融・商業 / 運輸・建設・輸送機器 / ガス・その他製造

チェーンやコンベヤを開発し、国の復興を支えた。ローラチェーン（ドライブチェーン）の日本工業規格（JIS）制定にも協力し、1953年には鶴見工場（大阪市城東区）が国内で初めて同チェーンのJIS認定工場となった。

大原社長は企業文化について「顧客の困りごとや市場の声を聞き、製品を作り続けてきた」と説明する。この姿勢を貫くことで、複数の製品で世界トップの地位を確立した。自動車エンジンの高性能化に貢献するタイミングチェーンドライブシステムでは、2018年時点の国内シェアが68%、世界シェアは37%で首位に立つ。

■成長の転機となった自動車部品事業

1950年代以降は高度経済成長でチェーンやコンベヤの事業が拡大。1957年には自動車用タイミングチェーンの生産を開始した。大原社長が「自動車部品参入は当社

性能向上を続ける産業機械用チェーンをはじめとする機械部品

物流業界などで活躍する自動仕分けシステム

の成長にとって大きな転機だった」と語るように、自動車部品事業は現在、売上高の約4割を占める主力事業に成長している。バブル経済の崩壊以降、搬送装置事業の再編、人員削減といった厳しい構造改革も経験。だが、2004年以降は産業機械用チェーンの新工場・京田辺工場（京都府京田辺市）の生産が軌道に乗り、再び成長路線に復帰した。中国や北米、アジア、欧州にも生産・販売拠点を増やし、グローバル化も加速。2019年時点で、世界26カ国に82の子会社を置き、グローバルに事業を展開している。

2020年度を最終年度とする中期経営計画では、狙いを定めた分野や地域でトップシェアを確立する「グローバルトップ企業」として、さらなる成長を目指す。

長寿のひけつ

技術力を高め続けるチャレンジ精神

大原社長は、長寿のひけつは「技術力を高め続けるチャレンジ精神にある」と話す。基本のドライブチェーンは10年おきにモデルチェンジを繰り返し、疲労強度、耐摩耗性などの性能向上を実現。自動車用タイミングチェーンも軽量、高強度、低騒音といった性能を持つ製品を開発し、ベルト製品から主役の座を取り戻した。自動車電動化の潮流に対してもモーター動力を伝えるチェーンなどに着目し、新市場を開拓する製品開発に取り組む。

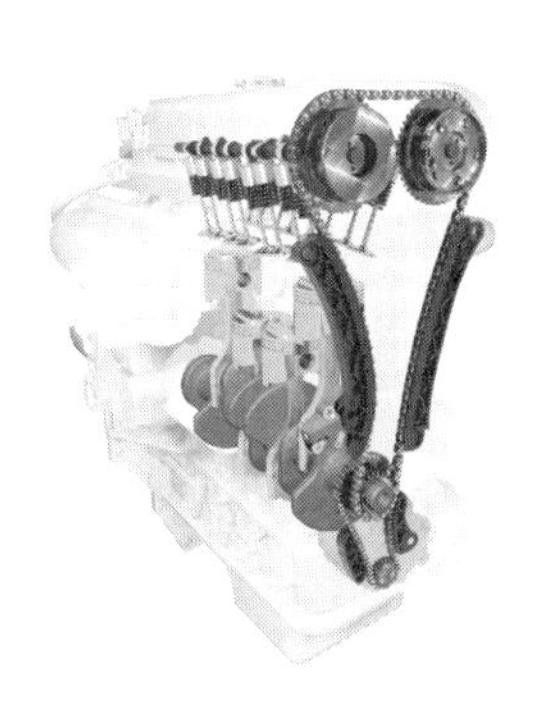

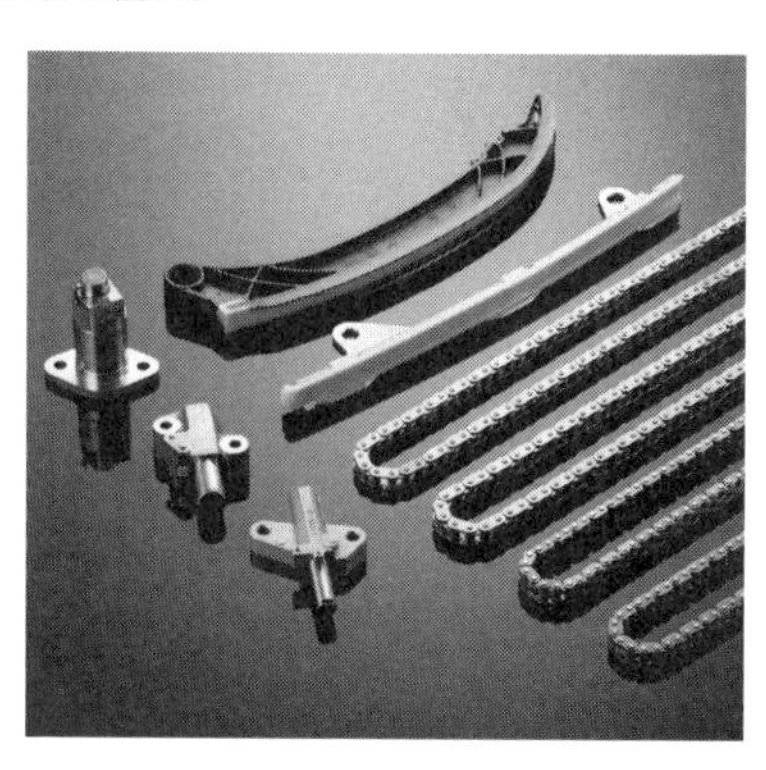

会社概要

所 在 地：大阪市北区中之島3-3-3
電話番号：06-6441-0011
創業年月：1917年12月
事業内容：チェーン、減速機などの動力伝動装置、搬送装置の製造・販売

URL：http://www.tsubakimoto.jp/

精密な機械加工用治具で国内基幹産業支える

東亜精機工業㈱

マシニングセンタなどに用いる機械加工用治具や検査具の専門メーカー。治具は、同一の製品を加工したり、検査・測定したりする場合、作業を効率的にするために製品の位置を決め、固定する器具。同社では全てがオーダーメイドで自動車や航空機、建設機械などの部品製造の現場で広く使われている。特に自動車のエンジンやトランスミッションなどの製造工程向けは国内のみならず、欧米の生産工場にも多く採用されている。

1925年に創業者・十時治太郎(とときじたろう)氏が、現所在地で十時

社是・理念

モノづくりを通じて世の中の役に立つ。

代表取締役社長
十時 理祐 氏

自動車機械工場を立ち上げた。戦後は、戦時中に航空機向け部品や製品サイズなどの検査・測定に使うゲージ（工業用模範）を製作していた技術を生かし、治具の製造に本格的に乗り出した。その後、治具の精度や技術力に対する評価が高まるにつれ、治具だけではなく「生産のための専用機を製作してほしい」という依頼も舞い込むようになり、現在も顧客のニーズに応じて製作している。

治具や検査具は受注生産で、設計・製作・組立・調整まで一貫して対応。設計部門を立ち上げたのは60年代。顧客の声を直接聞くことにより、要求レベルも高くなった。それに1つずつ対応していくことが製造部門も含め、技術力の向上につながっていった。

■カタログやネット通じて情報発信

治具について情報発信も積極的に行う。最新の技術情報

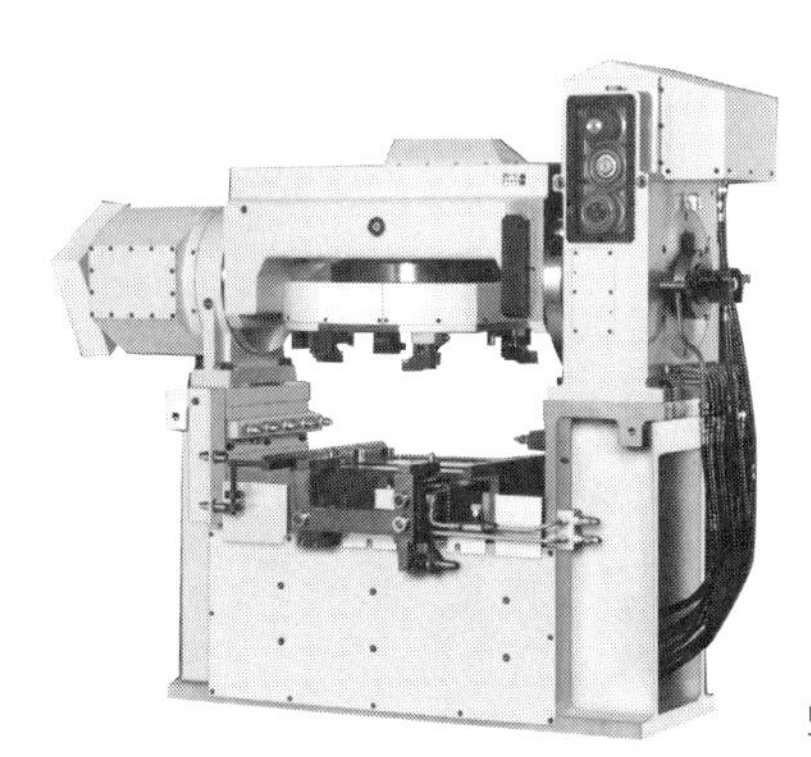

5軸加工用治具

大阪市東成区にある本社

などを紹介する「治具技術ニュース」を自社のホームページを通じて発行するほか、2010年には業界で初めてという工作機械専用治具の総合カタログを作成した。生産効率化や品質向上につなげてもらおうと、部品加工の現場でよく起こるトラブルとその改善策も掲載している。

治具は複数の部品で構成され、それぞれの部品には1000分の1㎜単位の精度が必要になる。さらに、組み上げた状態でも高い精度を出さなければならない。

そんな職人技を持つ技術者が顧客に認められ、世の中の役に立つことが働く意欲にもなると考えている。会社が前進するエネルギーとして同社はモノづくりの喜びも技術とともに次世代に受け継がれている。

長寿のひけつ

モノづくりは人づくり

十時治太郎氏は、技術には厳しかったが、人には優しかった。遅くまで仕事をしていると、自らラーメンを作ってふるまってくれたこともあったという。創業者の孫で現社長の理祐氏も人を思いやる人物で「モノづくり全般を見渡せて、一芸に秀でる技術者を育てる」と人材育成に力を注ぐ。モノづくりは人づくりと言われるが、それを長く実践してきたことが会社の長寿にもつながっていると感じた。

会社概要

所 在 地：大阪市東成区中道 1-5-8
電話番号：06-6972-2431
設立年月：1944 年 5 月
事業内容：機械加工用治具、検査用治具の製造

URL：http://www.toaseiki.co.jp/

港町の紡績機械製造から世界の成形機メーカーへ

東洋機械金属㈱

東洋機械金属は、電動で位置や速度を素早く制御するサーボ技術を強みに、樹脂の射出成形機や金属部材を鋳造するダイカストマシンを製造している。1963年に油圧で駆動するダイカストマシン1号機を出荷後、製品品質の向上や省力化を進め、2017年にはダイカストマシンの出荷累計1万台を達成した。1970年には日立製作所のグループ会社となって電動制御技術を培い、2014年3月には射出成形機事業で日本製鋼所と、ダイカストマシン事業で宇部興産機械（山口県宇部市）と資本・業務提携を

社是・理念

- 信義誠実、和衷協力、不撓不屈、業務必遂
- 新しいアイディアで、早く安く良い品を、常に明るく健やかに
- 品質なくして事業なし、顧客の立場で誠実に
- 事業を通じて社会の進歩発展に貢献しよう

代表取締役社長
十亀 和則 氏

結んだ。十亀社長は「アライアンスを通して企業価値を高める」方針を掲げる。

■専業メーカーの強みを幅広く発揮

創業は1925年に遡る。神戸製鋼所の紡績部門から分離独立し、繊維機械の生産を開始。戦後復興の中で鋳造・鍛造部品の製造を手がけ、鉄道レール用部品などインフラ分野に活用された。1959年に樹脂射出成形機、1963年にはダイカストマシンの生産を開始。だが、どちらもまだ黎明期にあり、主力の繊維分野も市場の不況で経営が悪化。そこで1970年、日立製作所グループの傘下に入り、当時の社員を半減するなど経営の立て直しを図った。

日立製作所グループのもと、機械の電気制御技術を培い、射出成形機やダイカストマシンに特化した専業メーカーとして顧客の役に立つことを主眼に置く。電気制御系統ノウ

プラスチック射出成形をよりシンプルにスマートにする「電動サーボ射出成形機」

中国の常熟工場における射出成形機組み立てライン

ハウを持つ技術者を育成し、納入先の保守や要求に応じたカスタマイズまで、現場のニーズに細かく対応できる体制を築いた。

現在、国内のほか、中国をはじめとするアジア、米国、欧州に対し、半導体関連や自動車部品、医療機器の製造などに幅広く展開している。2007年には、機械の組み立てを担う「常熟工場」を中国・江蘇省に設置。中国向けには「CSシリーズ」として、現地企業向けに、型締め力280t以下の小型機を中心に生産。耐熱性や耐摩耗性を備えた加熱筒を採用し、半導体などの微細な成形を得意としている。今後は電気自動車向け樹脂部品などを成形する中型射出成形機の提案を進めるなど、顧客層の拡大に取り組む。

長寿のひけつ

国際競争力ある人材育成

1980年代に米国市場に進出し、設計部隊から数人、約3年交代で派遣してきた。顧客に近い距離でニーズを取り込むほか「20代の若い設計技術者などが帰国後、戦力になってくれる」という成長の機会として十亀社長は捉えている。現在は、カナダの射出成形機メーカーのハスキー社にも、最新電動射出成形機の技術を供給している。グローバル展開を掲げる同社にとって、海外市場で活躍できる人材育成は欠かせない。

会社概要

所在地：兵庫県明石市二見町福里523-1
電話番号：078-942-2345
創業年月：1925年5月
事業内容：プラスチック射出成形機・関連商品、ダイカストマシンおよび周辺自動機・関連商品の製造・販売

URL：http://www.toyo-mm.co.jp/

金網から金属スクリーンへ目開の微細化でフィルターの領域にも

東洋スクリーン工業㈱

東洋スクリーン工業は逆三角形断面形状のワイヤーを等間隔に並べたウェッジワイヤースクリーンの目(スリット)の微細化を極め、フィルターの領域を攻めつつある企業。従来は水処理が中心だったその用途は、食品や医薬、化学品へと広がっている。最小スリット幅は現在5㎛で、欧米競合メーカーに対して技術で大きくリードしている。経営の特徴は、市場のボリュームゾーンからあえて離れ「当社にしかできないことをやる」ことにある。

創業時は鉄鉱石や採石の振動ふるい機用金網を主力とし

社是・理念

●分離・分級技術を活かして高品質、高精度の装置・製品を製作し、社会資本の整備と、環境保全に貢献する。

●常に目標を設定し、社業の発展に努め、社員の安定した向上を図る。

●社員は、自己の持てる能力を積極的に活用し、且つ礼節をわきまえ需要家に対応する。

代表取締役
廣濱 毅憲 氏

高度経済成長を支えた。曲げるのが難しい硬鋼線の加工技術を保有し、複数の製鉄所の指定工場や特命工場に認定されるも、時代とともに市場自体が縮小。しかし国内初のループ式ウェッジワイヤースクリーンによって水処理分野の市場を開拓し、時代の荒波を乗り越えた。

■循環型社会めざす

同スクリーンのスリット幅を狭め、通常はフィルターを使用する細かな分離分級の領域に攻め込んだ。その背景には経営規模拡大の意図だけでなく、循環型社会へのこだわりがある。ＳＤＧｓ（持続可能な開発目標）が提唱されるはるか前、２００２年頃から同社は将来の資源不足を懸念して持続可能社会を提唱。自社で模索を始めていた。スクリーンの耐久性向上や、交換が必要なフィルターを金属スクリーンに置き換える技術開発は、めざす社会への布石だ。

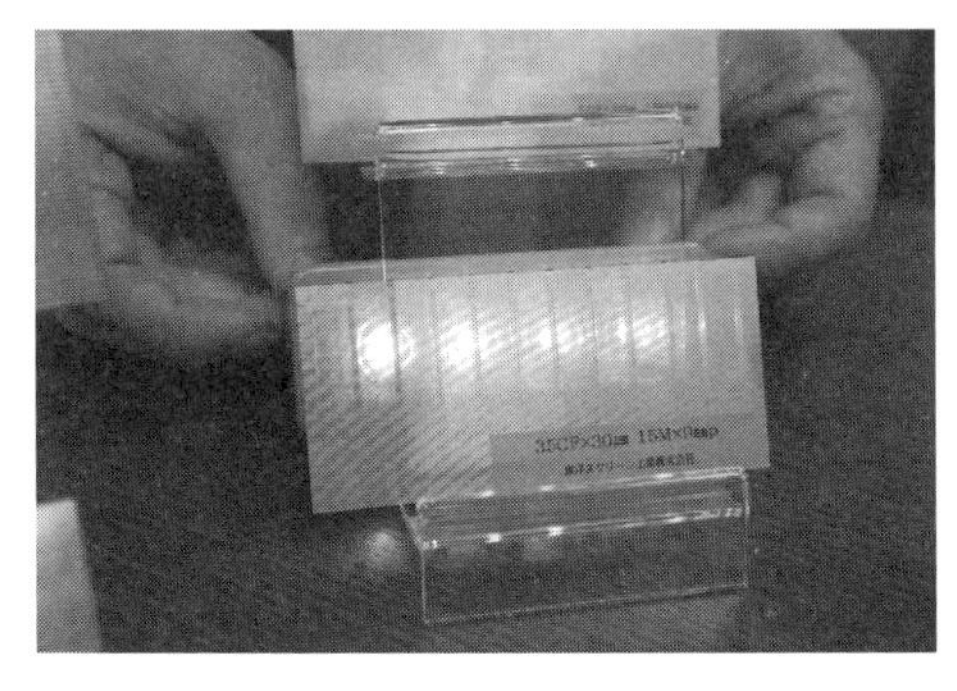

微細なスリット構造を持つ「ウェッジワイヤースクリーン」

自社展示場には、用途や目的別でわかりやすいデモ機を展示

交換作業はモノのコストだけでなく、作業者のコストや手間につながることもあり、長期間使用できる金属製スクリーンの需要は着実に増えている。

現在同社を率いる廣濱社長が今後の課題として挙げるのは、新規分野や顧客を常に開拓する〝狩猟民族型〟経営体制の構築だ。同社のスクリーンは、材料が柔らかく流体圧力も低い食品や医薬の製造プロセスで使用した場合、次の交換時期は長いものだと20〜30年後。「高耐久性は目指していたものではあるが、当社にとって自信でもあり、ネックでもある」と廣濱社長は語る。

同社では商社・代理店社員へ技術講習会の充実を図るなど国内外の営業力をさらに強化中だ。めざす社会と企業成長を両立し次世代に挑む。

長寿のひけつ

利益は開発投資へ循環

他社ができることには手を出さず、すきま市場を狙い成長してきた企業。このスタイルを貫くには開発での先行投資が欠かせない。そのため、利益を開発投資へと循環させている。安定して利益を生み出す経営のひけつは営業の効率性にある。一次的な営業は商社にまかせて市場を面で押さえた上で、自社は仕様の摺り合わせや顧客の技術課題解決に特化しているのが特徴だ。

会社概要

所 在 地：奈良県生駒郡斑鳩町幸前 2-10-6
電話番号：0745-70-1711
創業年月：1954 年 11 月
事業内容：分離、分級、濃縮、脱水に関する部品および機器・装置の製造・販売

URL：https://www.toyoscreen.co.jp/

ポンプのエキスパートとして社会貢献を重ね、創業100周年

㈱酉島製作所

酉島製作所は2019年に、100周年の節目を迎える。1919年8月の創業から、ポンプのエキスパートとして歴史を刻んできた。事業の根幹を成すポンプは、上下水道施設や発電所、海水淡水化プラントなど、多種多彩な場面でインフラを支えている。そのことから、原田社長は「ポンプは人間が営む社会生活を支える存在」と語る。ポンプを通じて社会の発展へ貢献することを目指す同社は、「ハイテクポンプ」「プロジェクト」「サービス」「新エネルギー・環境」と4つのドメインを事業の軸に据えている。

社是・理念

「金銭の赤字は出しても信用の赤字は出すな」これは1949年に当時の社長である原田龍平氏が掲げた言葉で、「金銭的な損失なら時間をかければ取り戻せる。しかし一度失った信用は時間をかけても取り戻すのが難しい。何より信用が大切だ」という氏の経営哲学が込められている。以来何十年に渡り、同社の社是として、今もしっかりと受け継がれている。

代表取締役社長
原田 耕太郎 氏

■世界100カ国以上にポンプを納入

大阪市西区（現・此花区）西島町で創業し、1941年に現在の本社所在地に移転した。79年に同社初の海外駐在員事務所をシンガポールに開設。2002年には、より本格的に海外展開を進めるため、トリシマ・グローバル・チーム（TGT）を発足した。海外での活動は加速し、2000年代初頭は10～20％程度だった海外売上高比率が、現在では50％以上にまで高まった。産業が発達する場所には水と電気が必要であり、そこには必ずポンプが必要になる。そうして世界各地の発電所や海水淡水化プラントなどに提供してきた同社のポンプは高く評価され、納入実績は100カ国を超える。近年では、すでに納入したポンプも含め、顧客のより近くで対応できるよう世界各地にサービス拠点を開設し、アフターサービスにも注力している。

アラブ首長国連邦の海水淡水化プラント向けブライン再循環ポンプ

環境にやさしい高効率なエコポンプ

現代社会に欠かすことのできないポンプだからこそ、稼働台数が多い上に稼働時間も長い。日本全体の年間消費電力量約1兆kWh中、実に※32%がポンプによる消費電力量と言われている。「我々ポンプメーカーとしては、ポンプの効率を少しでも高めて、消費電力を削減すること。これが日本の、ひいては世界の省エネにつながると信じています」。そうした想いから、2009年に「ポンプdeエコ」と銘打った活動を開始。「ポンプで省エネができること」を伝え、顧客のポンプ設備の消費電力量を削減していった。その功績が認められ「平成26年度省エネ大賞」のビジネスモデル分野で、経済産業大臣賞を受賞。その後も「ポンプde省エネ講習会」を実施するなど、継続的な取り組みを続けている。

※出典：一般財団法人省エネルギーセンター
「平成26年度エネルギー使用合理化促進基盤整備事業報告書」

長寿のひけつ

ポンプを軸に、時代に合せて柔軟に変化

創業から100年、酉島製作所がぶれずに取り組んできたのがポンプだ。これが長寿企業としての基盤にもなっている。そのうえで、時代の変化や市場のニーズに合わせて柔軟に変化してきた。ビジネスに国境がなくなってきた今ではダイバーシティ化にも進み、グループ全体での外国人比率は約40%。これからも「ポンプを通して社会に貢献すること」を胸にさらなる挑戦を続けていく。

会社概要

所　在　地：大阪府高槻市宮田町1-1-8
電話番号：072-695-0551
創業年月：1919年8月
事業内容：ポンプ機器の製造・販売、ポンプ設備のEPC（設計・調達・建設）、ポンプ設備におけるメンテナンスなどサービス事業、風力発電システムなど新エネルギー・環境事業

URL：https://www.torishima.co.jp/

バルブ制御システムで船や発電プラントの未来切り拓く

㈱中北製作所

船舶用・発電プラント用のバルブや弁遠隔操作装置の製造を手がける。石油タンカーやLNG船、バラ積み船などの中・大型船舶には荷役作業や船体バランスの維持、エンジン周辺の燃料油や冷却水供給などを目的とした配管が縦横に張り巡らされ、各所には流量調節などを目的としたバルブが多数取り付けられている。これら一連のバルブ制御システムでは国内で90％のシェアを持つ。創業者が残した社是「進取発展（フロンティア・スピリット）」を受け継ぎ、モノづくり企業として進化を続ける。

社是・理念

「進取発展（フロンティア・スピリット）」
中北社長は「時代や社会の変化や、顧客のニーズに対して、次の提案ができるように、常に新しいことに挑戦をし続けたい」としている。

代表取締役社長
中北 健一氏

早くからバルブの小型化や自動化に取り組んできた。1963年に蝶の羽のような円形の弁が回転することにより開閉するバタフライ弁を開発。弁シートにゴムライニングを施すことで漏れゼロを実現した。それまで石油タンカーに使われていた上下に弁が昇降する仕切弁は大型で設置が難しかったが、バタフライ弁では約40%の軽量化・小型化が可能になり、建造工程も短縮できたという。中北社長は「バルブの小型化が進んだことで、30万tを超えるような大型タンカーが建造できるようになった」と説明する。

■提案型モノづくり企業であり続ける

30年に中北社長の祖父・辨造（べんぞう）氏は大阪市内で自動スイッチや暖房用自動調節弁の製造を始めた。戦時中に海軍管理工場に指定され、船舶用バルブを手がけるようになる。中北家は代々、呉服商を営んでいたが、辨造氏は大阪工業学

船用バタフライバルブ

現在の機械加工工場の様子

校（現・都島工業高等学校）の第1期生として学ぶ。「晩年も何か思いついたら、いつも図面を書いていた。生まれながらの技術者で、新しいものを生み出す姿勢は終生変わることがなかった」と中北社長は振り返る。

現在、売上高約218億円（2018年5月期実績）のうち舶用が75％、火力発電所のガス・蒸気タービン向けバルブなど陸用が25％を占める。今後は発電プラントの整備用メンテナンス関連部品の販売拡大に力を入れる。生産現場の合理化や効率化を進めるため協働ロボットの導入も今後のテーマ。「世の中が一歩でも前に進めるように新しい発信ができる提案型モノづくり企業であり続ける」と中北社長。そのためにも経営基盤の強化をさらに進めるつもりだ。

長寿のひけつ

世の中に必要なものは栄えるを胸に

中北社長は若い頃、大阪で商社の岩谷産業に勤務していた。入社式で創業者の岩谷直治氏が「世の中に必要なものは栄える」と発言したことを今でも覚えているという。創業100周年に向けて、中北製作所に勤務する若い世代には「進取発展の気持ちで挑戦してほしい」と呼びかける。挑戦の先に目指すのは「世の中に必要なものを生み出す」ことだ。これはモノづくり企業の使命として、今も昔も変わらない。

会社概要

所 在 地：大阪府大東市深野南町1-1
電話番号：072-871-1331
創立年月：1930年5月
事業内容：自動調節弁、バタフライ弁、弁遠隔操作装置の製造・販売

URL：http://www.nakakita-s.co.jp/

重ねてきた挑戦

㈱中田製作所

1908年に農機具の修理で創業した中田製作所は、その後、信号や標識、踏切警報器などの鉄道信号保安装置の製作を行う。50年代から鉄道以外のモノづくりにも挑戦するようになり、やがて59年に造管設備の製造事業に着手するに至った。

当時は、国内の大手企業がこぞって欧米メーカーのライセンシーとして機械を製造していた。しかし、それらの設備は、パイプのサイズ毎に多段のロールの交換・調整作業が必要であり、大きな作業負担と熟練を要する職人仕事で

社是・理念

【社是】

一、和を以って貴しとなし、常に協調の精神に徹する。

一、撓まぬ努力と創意工夫により、常に一歩先進する。

一、良品の生産をつうじて、常に社会に貢献する。

【品質方針】

世界中のお客様が、
喜んでお使い頂ける製品を
継続的に改善し、
全員でおとどけします。

代表取締役社長
中田　充氏

あった。同社は、欧米の模倣に頼らないで、ロール交換することなく兼用型のロールを自在に移動調整して成形する新しいミルの開発に挑戦、異なる曲率を有するロールを考案し、その一歩を踏み出した。90年代に自社開発した3次元FEM（有限要素法）解析技術「成形解析ソフト」でそこに初めて科学的なメスを入れることに成功した。その技術を駆使して開発された「FFXミル」は現在の主力機となっている。

■技術力を武器に、世界へ羽ばたく

同社の特徴は、その技術力の高さにある。「FFXミル」は従来の厄介なロールの交換・調整作業を無くしたのみならず、冷間ロール成形機の難題であった成形歪みを軽減したことで、より品質の優れたパイプの製造を可能にした。この革新的な技術が評価され、2010年には日本の製造

21inch FFX

ファミリーデー

業で最高の栄誉とされる「大河内記念生産特賞」を受賞するに至る。さらには、走行切断機や水圧試験機といった造管設備に欠かせない機械にも挑戦し、実績を残している。同社の設備で作られるパイプは、自動車用、建材用、石油や天然ガスの掘削・搬送用（ＡＰＩ鋼管）など、多岐にわたる。さらに、海外展示会への参加や学会での技術論文の発表などを継続的に行うことにより、業界内での同社の知名度は世界的に高く、それに伴い、外国籍の社員も多く働いている。

当初は欧米メーカーの後発で取り組んだ造管設備事業だが、社員が一丸となって挑戦を重ねてきた結果、今では海外向けの造管設備エンジニアリングまで行うという文字通りのグローバル企業に成長している。

長寿のひけつ

撓まぬ努力と広い視野を持った戦略

冷間成形機という市場がニッチであることは、言うまでもない。その中で創業110年を刻んでこられたのは、常に挑戦し続ける姿勢と、グローバルにものを見る視野の広さにある。「撓まぬ努力」は連綿と受け継いできた同社の精神でもある。その精神は今も月1回の朝礼や、従業員研修などで未来へ受け継がれようとしている。目標としているのは、利益率の向上を伴う「筋肉質の業績拡大」だ。

会社概要

所　在　地：大阪市淀川区田川3-7-6
電話番号：06-6303-1900
創業年月：1908年6月
事業内容：電縫鋼管成形機および関連製造設備の設計・製造、プラント全体の設計・製造

URL：http://www.nakata-mfg.co.jp/

創業者は双子の兄弟
技術と経営の得意分野で両輪を支える

㈱長浜製作所

創業者の長濱耕作氏が長浜製作所の前身となる精密機械の研究所を始めたのは、1948年。海軍技術士官として船の整備を担当していた時にバランシングマシンの重要性を知ったのがきっかけで、戦後すぐに自ら事業を起こした。研究の傍ら、機械の修理改造を行って資金を集めていた。

長濱氏が株式会社を立ち上げる際に共同経営者として声をかけたのが、平岡耕治氏。長濱氏の双子の実弟である。兄の耕作氏は理系出身の技術専門者、弟の耕治氏は大阪市立大学を卒業しており、労務や財務のスペシャリストとし

社是・理念

【企業理念】

「顧客至上」

【品質方針】

創業以来築かれてきた「長浜品質」は、お客様から得ている信頼の拠り所であることを全社員が認識すると共に、バランシングマシンのグローバルマーケットにおけるリーディングカンパニーとしての自覚と誇りを持ち、たゆまない製品・サービスの品質向上に努めること。

代表取締役社長
三村 昌弘 氏

て会社を長年支えた。しかも、耕治氏は英語が堪能で、会社経営には欠かせない両輪が揃ったことになる。

■語学力と大和魂でドイツ社と対等に

70年、ドイツカールシェンク社と技術提携の契約を締結。当時シェンク社が日本に注目している時代で提携を望む日本企業も多かったという。中小企業の方が大手より交渉しやすいという目論見だったのか、長浜製作所に白羽の矢が当たる。ところが平岡氏の交渉は強気なものだった。シェンク社が主導権を握ることのないよう、対等であることを条件に資本は50%ずつを固持、その契約は今も続いている。

三村社長が同社に入社したのは77年。長濱氏と同じ大学だった三村氏はお世話になった教授を介しての縁だった。入社3年目に1年間ドイツに渡り新技術を学ぶ。その後、東京所長、本社営業部長、常務を経て、94年に39歳で社長

大阪府高槻市に構える本社には、社旗とともに日本とドイツの国旗を掲げる。

本社工場内、バランシングマシンの組立現場。自社の生産現場と製品に IoT 機能を取り入れ、さらなる生産効率や品質の向上を目指す。

に就任。業界からも注目を集めた。

ドイツからの技術導入だけに頼らず、独自の技術開発も行った。バランサーの専業メーカーとして磨きをかけ「長浜に任せたら問題ない」といわれるような「ほんまもん」を目指すと宣言する。単にユーザーの回転体のバランス品質を良くするだけでなく、ユーザーの新製品開発段階や試作段階におけるコンサルタント機能も発揮。また、生産ラインの稼働中は不良品の発生や機械停止によるラインストップを防ぐため、常時機械の状態をモニターした情報をオンラインで発信する機能を付加するなど、ＩｏＴ機能の充実も目指している。

今後のさらなる成長を期し、技術革新に素早く対応する体制の構築を急いでいる。

長寿のひけつ

創業者の教えは「規模を大きくするな」

まず「難しいことを考えず、普通のことを普通に確実にやる」。これが三村社長のモットー。そのベースには資金繰りで苦労した経験のある創業者の一人、平岡耕治氏の「規模を大きくするな」という教えがある。新製品開発や海外進出を考えた時のリスク回避に役立っているという。これまでの経験をもとに、できることをする。この謙虚な姿勢が、お客様からの信頼を得ることにつながると感じた。また、若年層への「技術の伝承が長寿に不可欠」とシニア層の活躍にも期待を寄せている。

会社概要

所　在　地：大阪府高槻市宮田町 1-24-3
電話番号：072-696-3301
創業年月：1948 年 4 月
事業内容：バランシングマシンの設計・製造・販売

URL：http://nagahama.co.jp/

業界を特化しない、全方位型の「総合スリッターメーカー」

㈱西村製作所

西村製作所はロール加工機の1つであるスリッターを手がける。スリッターとは、紙やフィルムなどシート状になったロールを繰りだして、切断し、再びロール状に巻き取る機械のことをいう。切断する材料は、世の中で新素材が開発されるとともに多様化。スリッターのスペックも業界や用途により大小さまざまだ。大半のスリッターメーカーはある分野、業界に特化するが、同社は全方位的に対応できることが特徴。

創業は戦後間もない、1946年に遡る。当初は大手メー

社是・理念

アイデアを練り、独創的な技術を開発し、常に目標意識をもち、自己を磨き、一致協力して企業の発展と社会への貢献に努めよう。

代表取締役社長
西村 久人 氏

カーの機械修理や部品加工の下請け事業だった。

同社がスリッターメーカーへ転向したのは53年。ドイツ製スリッターの分解点検、修理を請け負ったことが発端だった。創業者の西村久雄氏がスリッターの構造にひかれ、試作を開始。翌年には初の国産スリッターが完成。ここから現在の「総合スリッターメーカー」へ至る成長が始まる。

■会社の永続的な成長に向けて

「素材が変わっても、スリッターは無くならない」と西村社長は断言する。切断する対象は時代によりブームがある。70年代は、食品用パッケージの袋だったが、写真用フィルム、ビデオやオーディオ用テープへと変遷した。しかし、かつて主力だった素材向けの需要が無くても、異分野のスリッターへは積み重ねたノウハウを生かせる。

同社は裏打ちされた技術力にこだわり、社員の3分の1

創業以来、受注したスリッターの図面は保存している

リノベーションした執務室

に当たる40人以上が技術者だ。人員をしっかり確保し、顧客対応をきめ細やかにする。手がけた製品の図面も創業時から記録保存し、技術者が変わっても、質の高いメンテナスを提供する。

培ってきた技術が近年、リチウムイオン二次電池のセパレーター向けスリッターで大きく花開いた。車の電動化を追い風に、同スリッターの引き合いが急激に高まっている。その影響もあり、2018年3月期の同社の売上高は前年比2倍の約61億円を達成。19年3月期も67億円を見込む。

生産能力の引き上げと合わせて、本社棟などのリノベーションを進めている。20年3月期までの3カ年中期経営計画では「永続できる企業」の基礎固めをする。西村社長は「長期的には100億円企業を目指す」と力を込める。

長寿のひけつ

素材への対応力を生かす

スリッターで切る素材への対応力が持ち味だ。業界に特化しないことで、新用途への展開もスピーディに進めることができる。一時は主力だったオーディオ、ビデオテープ向けの受注が激減した。だが、パソコンや携帯電話、電気自動車などの二次電池向けスリッターを開発したことにより成長軌道に乗せることができた。用途により業績が左右されないよう、今後は新製品の開発を加速し、「永続企業」を目指す。

会社概要

所　在　地：京都市南区上鳥羽南苗代町 21
電話番号：075-681-0351
設立年月：1957 年 4 月
事業内容：スリッターの製造・販売

URL：http://www.ns-slitter.co.jp/

電子部品業界で不可欠なセラミックス製品を提供

㈱ニッカトー

工業用セラミックスメーカー。加熱装置や計測機器も手がけ、売上高の約4分の3を占めるセラミックス事業は電子部品業界向けの製品がメイン。主力製品の耐摩耗セラミックス「ＹＴＺボール」は、代表的な電子部品である積層セラミックコンデンサーの製造工程で使用され、日本のほぼすべての大手電子部品メーカーで使われる。１９１３年、蒸発皿やるつぼといった理化学用陶磁器の国産化を目指して創業し、91年に西村工業と合併し現社名に変更。電気炉や温度センサーなどを販売するエンジニアリング事業

社是・理念

【社是】

セラミックスと計測システムを通じて社会に貢献しよう

【企業理念】

ニッカトーは創造性に富んだ信頼される商品の提供を通じて科学技術と産業の発展に寄与し企業の成長と発展を期し親しまれる経営で社会に貢献する

代表取締役社長
大西 宏司 氏

が加わった。創業当初、ドイツ製の輸入品ではなく「国産でいいものを」と使命感を抱き、日本の工業の発展のため強い意志で努力してきたという。「収益よりも使命感という価値観がいまも受け継がれている」と大西社長は説明する。

■技術開発に力

C.C.の文字を菱形で囲った商標マーク。創業当初から使われるこのマークは同社の代名詞だ。大学の研究室や企業の開発部門からは「C.C.さん」と親しまれ、何かと頼りにされる。ゆえにブランド力を身をもって知る社員は多く、先人が築いた信頼の証でもある。歴代の経営陣が技術開発に貪欲に取り組んだことも礎になった。顧客の懐に深く飛び込み、ニーズに的確に応えるには技術力が不可欠。「単に売るだけではなく良い製品を使っていただこうと常に意識してきたことが今日につながった」と大西社長

粉砕・分散・混合用セラミックスメディア(YTZボール)

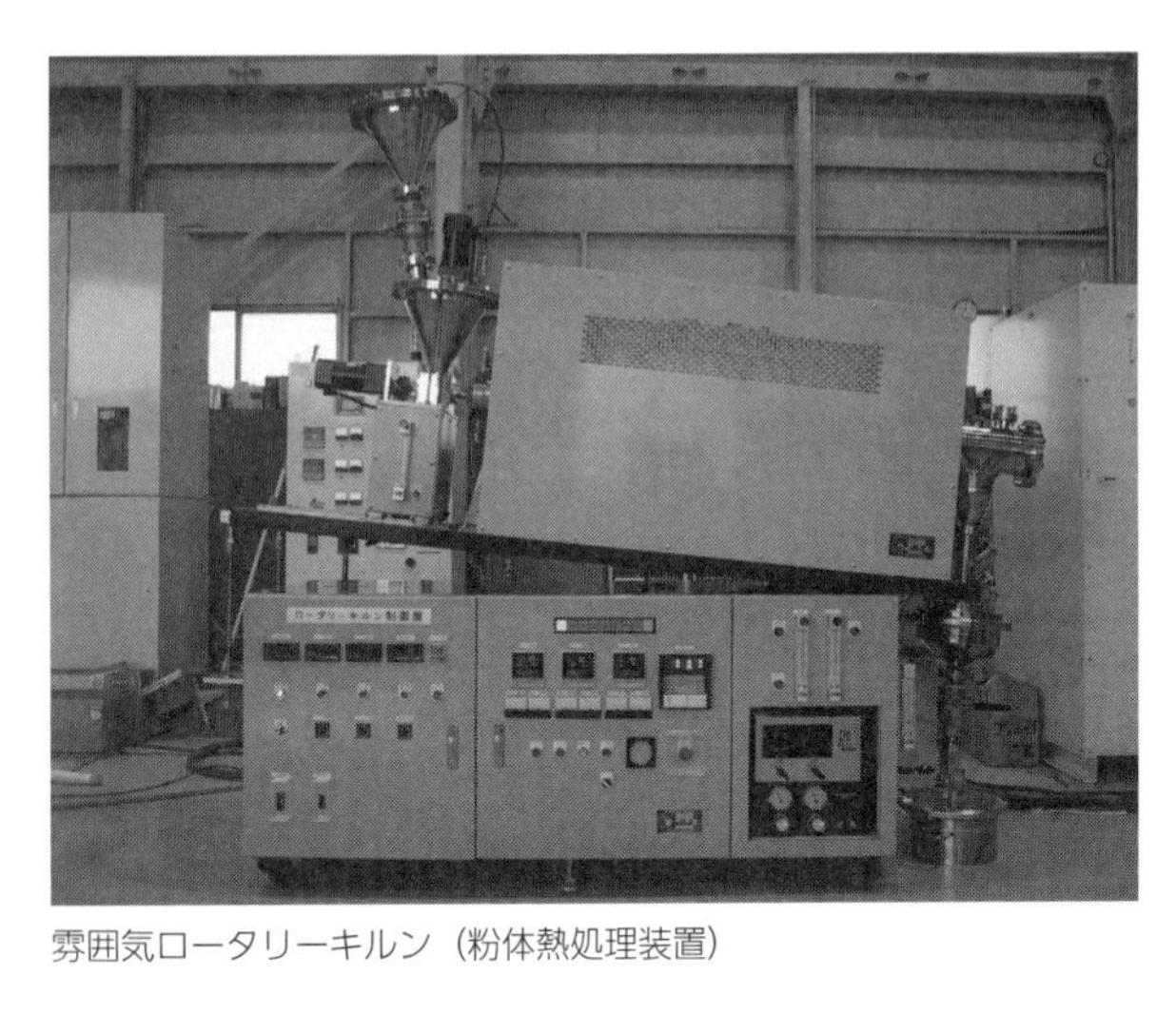

雰囲気ロータリーキルン（粉体熱処理装置）

は強調する。現在、事業の屋台骨を担う電子部品向けの製品も顧客の声を聞きながら地道に改良を繰り返してきた。顧客の開発段階から積極的に関わり、技術的な議論にも加わる。開発状況にマッチした製品の提供を常に模索し、対応する。顧客とパートナーの関係を築こうと積み重ねたことが「ニッカトーに声をかければ何かできるのではないか」といった顧客の期待に結びついている。

今後は、需要の拡大傾向が続く電子部品向けの製品で安定供給の責務を果たしつつ、新たな事業の柱を模索する。環境分野のセラミックスフィルターをはじめ、いくつかのテーマで新製品開発に取り組んでいる。ニーズに的確に応える基本スタンスはどの分野でも変わらない。

長寿のひけつ

大学でも存在感

創業以来、蒸発皿やるつぼなどを扱ってきた経緯もあり、ニッカトー製品のユーザーは大学にも多い。大西社長が「若い時から大学の研究会に参加したり、いろいろな先生を紹介してもらったりした」と振り返るように、大学との太いパイプは同社の〝財産〟の1つだ。「若手社員にも受け継いでほしい」と、研究会や学会には積極的に参加し、出席している人たちにも声をかけるよう指導している。

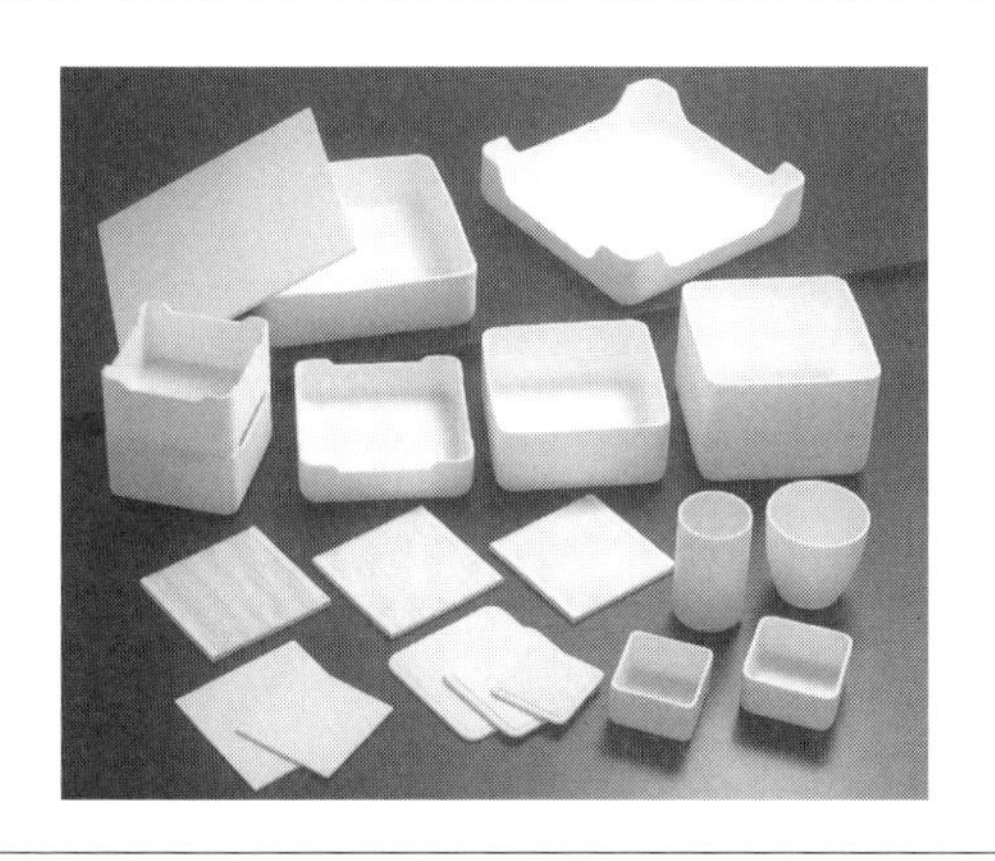

会社概要

所 在 地：大阪府堺市堺区遠里小野町 3-2-24
電話番号：072-238-3641
創業年月：1913年6月
事業内容：工業用セラミックス、理化学用陶磁器、加熱装置、計測機器

URL：https://www.nikkato.co.jp/

打錠機のHATA
妥協を許さないモノづくりの精神

㈱畑鐵工所

「打錠機の歴史はHATAの歴史」と木全社長は語る。医薬品錠剤の主要製造工程を担う打錠機のメーカーとして、国内2強の一角を占める。英国製しかなかった戦後間もない1945年9月に、国産打錠機を開発し、発売。創業者の畑由蔵氏は「図面以上のモノづくり」を胸に部品加工の細部にまでこだわり、日本人に扱いやすくするため操作部やサイズの改良などの手を加えたことで、大手製薬会社が揃って採用した。由蔵氏の妥協を許さないモノづくりに対する精神は脈々と受け継がれ、顧客からの信頼性も厚

社是・理念

- お客様のニーズを的確に把握し、お客様に満足して頂ける優れた技術と高品質の製品・サービスを提供します。
- 常に高品質の製品・サービスを提供し、継続的な改善によって、お客様の高い満足を得ることに努めます。
- 全社員が自ら考え行動し、挑戦する事によって、自己の成長を図り、社会に貢献します。

代表取締役社長
木全 秀文氏

くＨＡＴＡの打錠機は今、世界で活躍している。

創業当時は織機や染色機などの製作、保守メンテナンスを手がけ、京都の大手機械メーカーからも仕事を請け負っていた。その実績から、ある関西の製薬会社から開発依頼が舞いこみ、国産打錠機の歴史が始まった。同社打錠機はシール性に優れ、原料の粉立ちが最小限に抑えられることで、高回収率を誇り、歩留まりが高くできるのが特徴だ。

■グローバル化を見据え

海外からの注目度も高い。日系企業で１９８０年代に医薬品錠剤で世界最大の米国市場へいち早く参入した。当時の米国市場は欧州製しかなかったが、畑鐵工所は米国の打錠機用金型メーカーとパートナーとなり市場を開拓。「打錠機のＨＡＴＡ」という地位を確立する。

同じ頃、打錠機を用いる産業の広がりとともに業容も拡

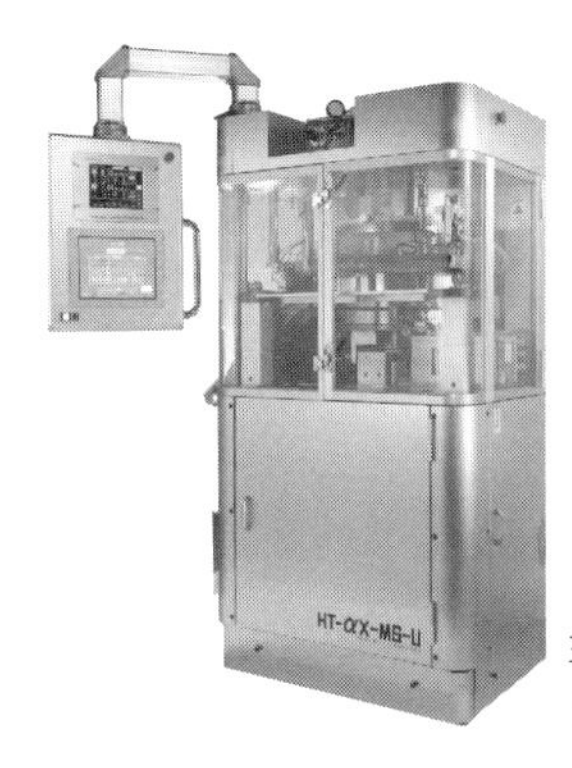

主力の中型打錠機
「HT- α X-MS-U」

京都市下京区の主力工場

大。アルカリ乾電池やボタン電池向けの材料、入浴剤、調味料などの多種多様な成形用途でも同社製機械が活躍している。乾電池向けの打錠機の国内シェアをほぼ占有する。

「グローバル化を見据え、日系製薬会社が進出する前に先行してベトナムで拠点を構えた」と木全社長は説明する。2016年にベトナムの子会社「ハタ・インターナショナル・ベトナム」（ホーチミン）を設立し、日系と現地製薬会社への営業と、納入前の品質検査、保守サービスまで手がけている。将来は、現地で現地人による設計開発と生産を行うことも見据えた拠点。2019年3月末までにベトナム人材を日本の拠点で受け入れ、設計、組み立て、部品加工まで担える人材を育成する方針だ。

長寿のひけつ

「不易流行」の精神でニッチトップ企業に

京都にはニッチ市場や特殊な市場で強みを発揮するニッチトップ企業が多い。畑鐵工所もそんな企業の1社だ。長寿のひけつは「不易流行」と木全社長は話す。創業者から引き継いだ完成度の高いモノづくりを維持しつつ、変えるべき所はドラスティックに変えて挑戦する「変化への対応力」が、同社の強みとなっている。

会社概要

所　在　地：京都市下京区西七条名倉町 20
電 話 番 号：075-313-5101
創 業 年 月：1924 年 7 月
事 業 内 容：打錠機・杵臼・周辺機器・試験用万能機・造粒機の開発製造販売

URL：http://www.hata-iw.co.jp/

「ウェット&ドライのコーティング装置」で世界トップ企業へ

㈱ヒラノテクシード

ヒラノテクシードは塗工機や化工機といった産業機械を手がけている。電気自動車（ＥＶ）のリチウムイオン二次電池には金属箔にコバルトやマンガンなどの電気反応を起こす物質を塗布した電極が不可欠であり、その電極塗工装置や、電子回路で使われる積層セラミックコンデンサーの成膜装置など、素材の製造装置として用いられる。この品質のよし悪しが製品の性能を左右する。強みは顧客の要望に合う装置開発に対応できる技術力だ。

経営理念

【トータルコンセプト】
人と技術と未来を創る
【モットー】
働きがい・生きがいを大切にする経営
【ポリシー】
最新の技術で、最善の創造
最適な製品で、最大の信頼

取締役社長
岡田　薫 氏

■最先端技術を追い求め

１９３５年、熱交換器と送排風機の専門メーカーとして大阪で創業、その後は染色仕上げ用乾燥機などを造る繊維機械メーカーとして成長した。だが徐々に国内の繊維産業が海外にシフトしていく中で、現在の核となる塗工機事業の拠点として、奈良県河合町に奈良工場を完成させ、顧客との技術交流の場として研究開発拠点「テクニカム」を開設した。これが大きな転機となり、繊維から塗工・化工へと事業を転換・拡大してきた。

塗工機や化工機を造るには、ミクロン単位の高精度で膜全体に薄く均一に塗る技術や、膜を貼り合わせる技術、基材の特性に合わせ乾燥する技術、装置ライン上で基材をずれずに走行させる制御技術などが不可欠だ。テクニカムは多数のテスト機を備えることで、顧客の要求仕様に応じ、

リチウムイオン二次電池
向け塗工機

本社工場内にある組立ブース

塗工幅や厚み、乾燥速度など細かい調整ができるほか、納品後の装置不良の低減にも貢献する。自社技術力と顧客からの高評価が、最先端装置の製造・販売につながる。

近年はＥＶ関連の受注が増え、全体売上高の３割がＥＶ関連だ。２０１８年9月期の受注残高は４１４億円に達する。このため19年10月稼働を目指し京都府木津川市にて新工場建設を進める。新工場の稼働で成膜や塗布に使うコーティングヘッドなどコア部品の内製比率を高め、納期短縮や品質向上につなげる。開発では、顧客の各オペレーターによる品質のばらつきが出ない装置など「新規性のある開発」に挑む考えだ。

長寿のひけつ

「技術」を大事にする社風

ヒラノは創業の地「大阪の平野」、テクは「工業技術」、シードは「種」の意味を指し、社名から「技術の種を育てよう」とする社風が伝わってくる。テクニカムを構え顧客の要望に応えてきた結果、主力業種は時代とともに変わるも、他社が模倣できない技術力を手に入れた。EVの次に展開できそうな業界を岡田社長は「まだ分からない」と話す。今後どんな仕事をしていくか非常に楽しみだ。

建設中の新工場予想図（京都府木津川市）

会社概要

所在地：奈良県北葛城郡河合町川合101-1
電話番号：0745-57-0681
設立年月：1949年7月
事業内容：コーティング・ラミネーティング装置といった塗工機、成膜装置や不織布・高機能繊維製造装置などの化工機の製造

URL：https://www.hirano-tec.co.jp/

油圧機器バルブを中心に、多品種少量で産業界を支える

廣瀬バルブ工業㈱

油圧バルブや昇圧機など油圧機器に強く、中でも油圧用ストップバルブは国内シェア8割以上と圧倒的な存在感を放つ。「液体が漏れない」にこだわった高い技術力と妥協を許さない品質管理、ユーザーニーズにきめ細かく対応する製品開発力など「モノづくりの総合力が顧客から高く評価されている」と小野社長は強みを紹介する。製鉄プラントや建設機械、船舶、工作機械など従来顧客をはじめ食品や医薬、航空宇宙などさまざまな業界から頼りにされている。

滋賀県彦根市はバルブの一大産地として名高い。同社は

社是・理念

誠実、社会貢献、開拓者精神、努力を創業精神とし、常に従業員の働きがいのある職場として社業の発展を図り、企業の社会的使命を全うするとともに、従業員の生活繁栄を図る。

代表取締役社長
小野 慎一 氏

彦根バルブの創始者である門野留吉氏の甥・廣瀬善吉がバルブコックの販売で1923年に創業した。64年に開発した油漏れのないストップバルブが転機となり、今の基礎を築いた。以来、研究開発を重ね、製品力を充実。主力のストップバルブやスロットルチャックなど扱う製品は、手動開閉式や電磁操作式、手のひらに乗る小型機種や直径350mmのコックに対応する大型機種、400メガパスカルの高圧対応機種など多岐に展開する。年間3000機種にのぼり「大手では難しい多品種少量対応で差別化を図っている」。

■アクアドライブ、新分野を強化

成長を目指して注力するのが新分野や新市場の強化だ。油圧用に次ぐ事業の柱にしようと、水を利用する駆動システム「アクアドライブ技術」に参入している。水という流

電磁操作ストップバルブ

アクアドライブ

体特性から漏れが課題だったが、加工や組み付けなどモノづくりの総合力で実現。リリーフバルブなど30機種を用意している。今後はバルブを組み込んだシステム提案で食品や医薬・化粧品など取引の少なかった市場を開拓する考えだ。海外市場への取り組みも積極化する。売上高の約4割がアジアなど海外関連で、製鉄プラントの補修用など日系企業向けが多い。現地代理店との連携強化などで「ローカル企業の需要を取り込む」計画だ。

2015年に新本社が稼働した。「将来に備えた体制固めとともに、社員のやりがいや満足につながっている」と自負する。23年の創業100周年に向けてさらなる成長を目指す。

長寿のひけつ

期待と信頼に応える対応力

油圧バルブへの徹底したこだわりが顧客の大きな支持につながっている。大手にはまねの出来ない多品種少量生産などで、「廣瀬バルブに頼めばやってくれる」と顧客を裏切らない対応力が信頼や品質を下支えしている。インバーター制御やIoT対応のセンサー搭載など高度な制御機能を持ったバルブ開発など、絶えず時代のニーズに先駆けた技術開発を心がけている。

会社概要

所在地：滋賀県彦根市芹川町436
電話番号：0749-23-2020
創業年月：1923年6月
事業内容：油圧用バルブ、油圧機器

URL：https://hirose-valves.co.jp/

新市場に挑戦するプレスベアリングメーカー

㈱富士製作所

生産工場や物流倉庫などで使われるコンベヤ用やキャスター用ベアリング（軸受）の製造・販売を手がける。同製品は外輪やケースといった部品の生産とそれらの組立工程にプレス加工機を使うため「プレスベアリング」と呼ばれる。2018年12月期の売上高は約12億円。村上社長は「プレスベアリングメーカーとしてはトップクラスの事業規模」と胸を張る。大手搬送機器メーカーや自動車部品メーカー機械商社などに納入される。近年は国内自動車メーカーの高級車に「スラストベアリング」という部品が採用

社是・理念

- ●公約した品質の厳守
- ●国際的視点での先進技術の開発と情報の提供
- ●正直な意見交流のできる誠実な会社

代表取締役社長
村上 吉秀 氏

されるなど高精度、高信頼性の部品生産を拡大している。

■品質を守りつつ新たな市場にも挑む

１９３９年に大阪市東成区でベアリング保持器の部品生産で創業。64年にコンベヤ用プレスベアリングの生産を始めた。70年にはドイツ（現在はスイス）のコンベヤメーカー・インターロール社と提携し、同社の樹脂製ローラの国内販売も開始。インターロール社からは全方向搬送ローラ「オムニホイール®」の技術を学び、台車用の全方向移動型車輪を新たに自社開発した。

現在、本社は大阪市北区に置くが、本部機能は主力工場のある三重県伊賀市に集約。主力の伊賀工場は独自の生産技術を結集した自動組立機やプレス加工機などを揃え、部品加工から組立、検査、出荷までの一貫生産体制を敷く。ＩＳＯ９００１、ＩＳＯ１４００１を取得しているほか、

全方向移動型車輪
「オムニホイール®」（上）、
コンベヤ用のプレスベアリング（下）

三重県伊賀市に構える「伊賀工場」

全社員に品質管理のための品質管理検定（QC検定）3級以上の取得を義務づけ、経営理念に掲げる「公約した品質の厳守」を追求している。
２０１８年には初の海外拠点を中国・上海に設立。日本の品質基準にも適うような精密ベアリングを現地で調達、供給するなど商社的な事業も展開する考えだ。主力のコンベヤ用ベアリングは海外でも工場向けの需要が増えており、東南アジアなどに拠点を構えることも検討する。
今後、高精度、高信頼性が求められる自動車用や医療用の部品生産に挑戦するほか、超精密部品などの新しい機械部品や自社製品事業の展開も模索する。「新しい製品をつくり、文明や文化を生み出すことがメーカーの役割」という村上社長の信念のもと、さらなる飛躍を目指す。

長寿のひけつ

新たな挑戦が次の仕事につながる

2019年に創業80年を越え、さらなる成長をめざすため村上社長は「自動車、医療、航空宇宙といった新分野の事業を伸ばしたい」と意欲を見せる。特に航空宇宙用のベアリングには潤滑剤にグリースではなく粉体を使うなど、「既存の製品にはない発想がある」と力説する。「常に新しい挑戦を続けることが、次の仕事につながる基礎をつくる」。新分野に挑み続けることこそが、長寿のひけつとなっている。

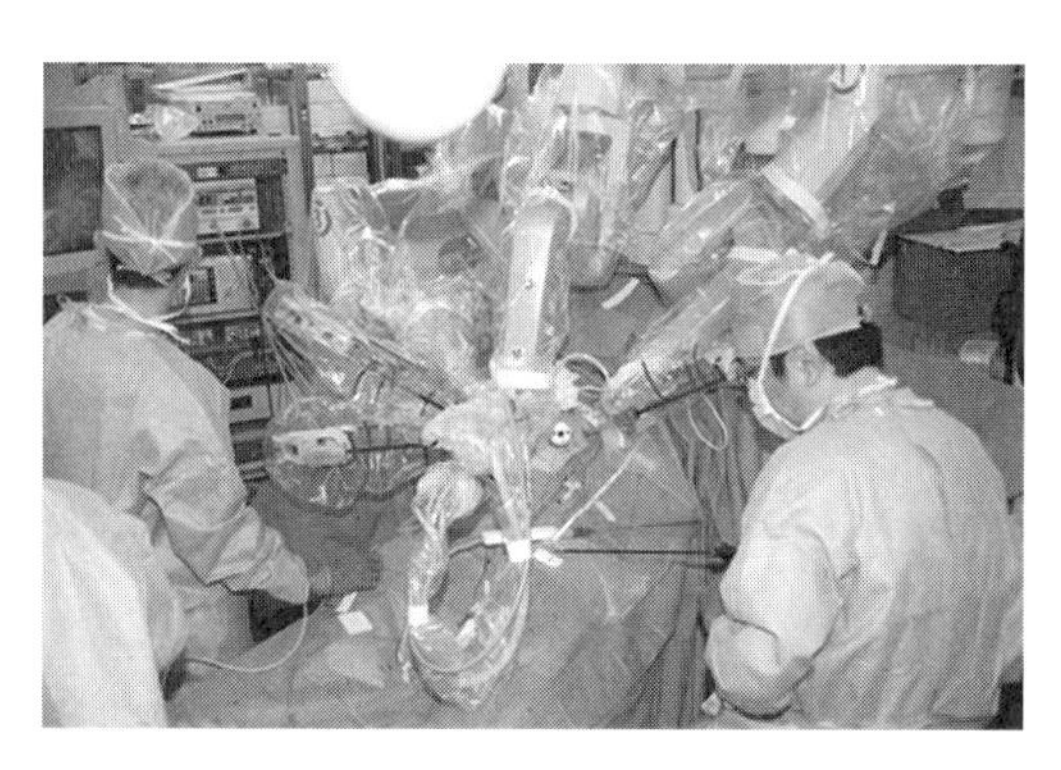

会社概要

所 在 地：大阪市北区天神橋2-3-8
電話番号：06-6948-6411
創業年月：1939年6月
事業内容：プレスベアリングおよびコンベヤ部品の設計・製造・販売

URL：http://www.fuji-bearing.com/

無限の可能性を持つ「粉体技術」

ホソカワミクロン㈱

太古の昔、穀物を粉砕することから始まった「粉体技術」。現在は、食品や医薬品のような身の周りの製品から二次電池や電子材料など先端技術の分野に至るまで幅広く使われている。ホソカワミクロンは粉体技術の開発を通して顧客の多様なニーズに応え、社会に貢献してきた。1916年創業で歴史は100年を超える。細川会長兼社長は事業を長きにわたり継続してきたことについて「当社の強みの一番は技術開発」と話す。同社には世の中のさまざまなニーズに対応する開発力がある。

社是・理念

●和と誠意と積極性
●創造の精神
●来たらざるを頼むなかれ　我に備えあるを頼む

代表取締役会長兼社長
細川 悦男 氏

■技術開発力を強みに「粉体技術連峰」の形成

粉体技術の分野で、業界のトップメーカーたるゆえんは「粉体技術連峰」の形成に基づくもの。さまざまな物質を砕く粉砕、必要な大きさの粉のみを効率良く取り分ける分級、それに混合・乾燥・造粒・捕集・供給・排出・輸送・計測など、幅広く高度な粉体技術の開発に努めている。それらの優秀な機器を「峰々」とし、それを取り巻く周辺技術が裾野に広がる。周辺技術はシステムエンジニアリングや新素材の開発など多岐にわたる。この粉体技術連峰の形成で、同社は常にグローバル・リーディング・カンパニーであり続けている。もちろん粉体技術連峰の根幹を成すのは技術開発の追求である。粉体における世界のニーズはミリからミクロン、ナノへと微細化の流れにシフトしている。そのニーズに応えるべく、同社は技術革新を続けている。

衝撃型超微粉砕機
ACM パルベライザ CR 型

1987年グループ傘下となった欧州最大の粉体機器メーカーアルピネ社（ドイツ）

粉体技術連峰の形成はグローバルなM＆Aがその一助となってきた。創業100年以上の長寿企業と成し得た要因でもある。M＆A第1号となったのは82年のオランダのナウタ社。当時はまだ「買収」という言葉が浸透していない時代だが、世界の粉体機器市場には大きなインパクトを与えた。その後もM＆Aを次々と成功させ、日本企業らしからぬ「スピード感」が決め手にもなったという。買収交渉の現場で、迅速な意思決定をしてきたことがM＆Aを成就させる勝因となった。日本からの派遣は最小限にし、現地の人間に権限を移譲する「現地経営」というM＆A戦略も功を奏した。創業100年がひとつの節目となる中、M＆Aや事業提携は次の100年に向けても飛躍への基盤となる。

長寿のひけつ

「一騎当千の人材集団」を形成

粉体技術連峰の形成にまい進してきたホソカワミクロンだが、それを支えてきたのは人材である。基本方針に掲げるのは技術開発とM＆Aに代表される国際化、そしてもうひとつは人材集団の形成だ。独自の研修・資格制度を設け、グループ間の人材育成を通じて、グローバル企業に相応する「一騎当千の人材集団」を形成してきたからこそ、創業100年以上にわたってリーディングカンパニーとして輝き続けている。

会社概要

所在地：大阪府枚方市招提田近1-9
電話番号：072-855-2226
創業年月：1916年4月
事業内容：粉体機械・装置、環境関連機器の開発・設計、製造、販売、そのシステムエンジニアリング提供、各種粉体の受託加工、分析、化粧品販売など

URL：http://www.hosokawamicron.co.jp/

破砕機専門メーカーがオイルショック、バブル崩壊を乗り越え最高益へ

㈱前川工業所

岩石やガラス、化学原料、石炭・コンクリートなど、硬いものを砕いたり粉にしたりする破砕機、粉砕機の専門メーカー。元々、鉱山で使用することが多かったため、いずれの製品にも過酷な使用条件に耐えうる設計を行っており、堅牢な構造や高い破砕性能が備わっている。国内外の砕石場やコンクリート工場、製鉄所、発電所、窯業、環境リサイクルなど、さまざまな現場でその威力を発揮している。

1963年開発の「ロールブレーカー」は1000台以上の納入実績があり、回転する2本のロールの間に原料を

社是・理念

正直に、まじめに、一生懸命やることが自身のモットーだという山田社長。「今までと同じことをしていても、同じ結果しか得られない。だから、行動を起こす前に熟慮を重ね、やるとなれば思い切って一歩を踏み出すのが大事だ。一方で、我慢して伝統を守り、変えない勇気も必要」と話している。

代表取締役社長
山田 和寛 氏

通して粉砕するロールクラッシャーの代名詞にもなっている。破砕物や求める粒度に応じてロール形状を選択できるほか、独自のゴムタイヤ同調機構と間隙調整機構によりロールの間隔を0・1㎜単位で調整できる。このほか、硬質から軟質物まで対応する「ハンマークラッシャー」や一次破砕向けで1700台以上の納入実績のある「ファインジョークラッシャー」などをラインナップに揃える。

46年、鋳物製造の前川電気鋳鋼所（大阪府大東市）の機械製造部門が分離独立して創業。高度経済成長期には、道路やビル建設に用いる砕石や砂利の破砕用で販売を伸ばす。オイルショックやバブル崩壊により事業を縮小。2008年4月にプラントメーカー日工（兵庫県明石市）の子会社となり、当時11名だった社員は現在18名となった。日工出身の山田社長は「小さい所帯ならではのフットワークの軽さ、きめ細かな対応力、豊富な納入実績が強み」と語る。

主力製品
「ロールブレーカー」

工場での組み立ての様子

■テスト結果を踏まえた最適な提案

社内に15台以上のテスト機を揃え、顧客ニーズに合わせて年間１２０～１５０件の破砕実験を実施。テスト機のレンタルや自社の中古機の整備販売も行う。さらに数トン程度までの各種原料の受託粉砕も引き受ける。山田社長は「テスト結果を踏まえ、顧客に最適な製品を提案して喜んでもらうことが我々の使命」と強調する。

今後は新製品開発や主要部品の内製化などの生産体制強化に力を入れる。現在、売上高4億円に対して、営業利益1億円と過去最高の利益を更新。海外向け売上比率は約3割。「厳しい経営環境の時期が来ても、確実に利益を出せる企業にしたい」と山田社長。製品同様、タフでパフォーマンスの高い経営を目指すつもりだ。

長寿のひけつ

変わらず愛されるロングセラー製品

「ロールブレーカー」などの主力製品の多くは1940～50年代に開発され、基本構造は現在も大きく変わっていない。60年代に納入され、今も現役で稼働する製品もあるという。機械としての完成度が高く、顧客に長く愛される製品を有するということは事業を長期間継続するうえで、これ以上の強みはないだろう。

会社概要

所 在 地：大阪府大東市新田中町7-2
電話番号：072-872-7321
創業年月：1946年4月
事業内容：破砕機、粉砕機の製造・販売

URL：http://www.maekawa-kogyosho.com/

高速・5軸のマシニングセンタで世界に展開

㈱松浦機械製作所

松浦機械製作所は、中堅・中小規模の金属加工会社が主要顧客の高付加価値の工作機械メーカー。主力製品は工具自動交換の機能をもつマシニングセンタ（MC）で高速加工、5軸、自動化などの機能を誇る。早くから海外販売にも乗りだし、グローバル展開の深化へ挑戦を続けている。

■顧客ニーズ先取り、新技術を商品化

創業は1935年、初代社長の松浦敏男氏が21歳で福井市に立ち上げた部品加工業。戦後、多くの同業者とは違い、

社是・理念

わが社は、一流の製品を作り、
顧客の揺るぎない信用を築き、
社員とともに発展繁栄する。

代表取締役社長
松浦 勝俊 氏

旋盤ではなく自由形状の加工に使えるフライス盤の製造に挑戦。プログラム式、数値制御式を導入。MCが登場した頃、独自の着眼で立形のコンパクトMCを開発し、それに惚れ込んだ米国現地ディーラと独占販売契約が成立。75年に米国での販売を開始し、それをテコに欧州、アジアへと販売地域を広げ、経営基盤を厚くした。現在、世界で同社製MCの累計販売数は2万台超。2017年12月期の単体売上高155億円となり、米国、欧州、日本・アジアそれぞれの市場でほぼ3分する。

顧客は多様な金属部品を扱う中小加工業が主力。主軸の超高速MC、複数工程の加工を1台でこなす長時間無人化対応の5軸制御MCは、現場ニーズの先取りで送り出した。「高速のマツウラ」「5軸のマツウラ」の呼び名が定着した。

金属3Dプリンタも、産学連携で切削加工とハイブリッド式の工作機械を03年に世界で初めて商品化。現機種

生産の中核拠点とする
福井市内の本社工場

使いやすさと自動化機能を備えた５軸制御立形マシニングセンタ「MX-330　PC10」

「LUMEX（ルーメックス）」は商業ベースの製品に育った。

これら新技術の基軸にあるのはつくり込みだ。「20年は使える機械が当社への信頼。あらゆる工程で社員は心を込めてモノづくりにあたる。今後も当社が変えないところ」と松浦社長は話す。今後推進するのは、グローバル展開の深化だ。工作機械の無人運転・自動加工が普及したことにより、トラブル時の迅速なサポートなどがさらに重要になった。00年代後半から主要国に順次、自前の販売・サポート拠点を整え、顧客ニーズの把握にも活用している。

松浦社長は「先の目標は単体売上高200億円規模に。地に足を着けて顧客ニーズに対応し、身の丈を少しずつ大きくしていく」と今後の展望を語る。

長寿のひけつ

創業精神とマザーマシンを生み出す誇り

創業者精神「人のやらないことをやる」が今も脈々と息づく。節目で重要な縁があり、ソニー元会長・社長の大賀典雄氏は取引関係を超え、社外役員で長年、経営の助言役でもあった。新技術に挑み、粘り強く注力することは同社の活力の源のようだ。モノづくりのマザーマシンである、工作機械の市場を活性化させるプレイヤとして、今後も目が離せない存在だ。

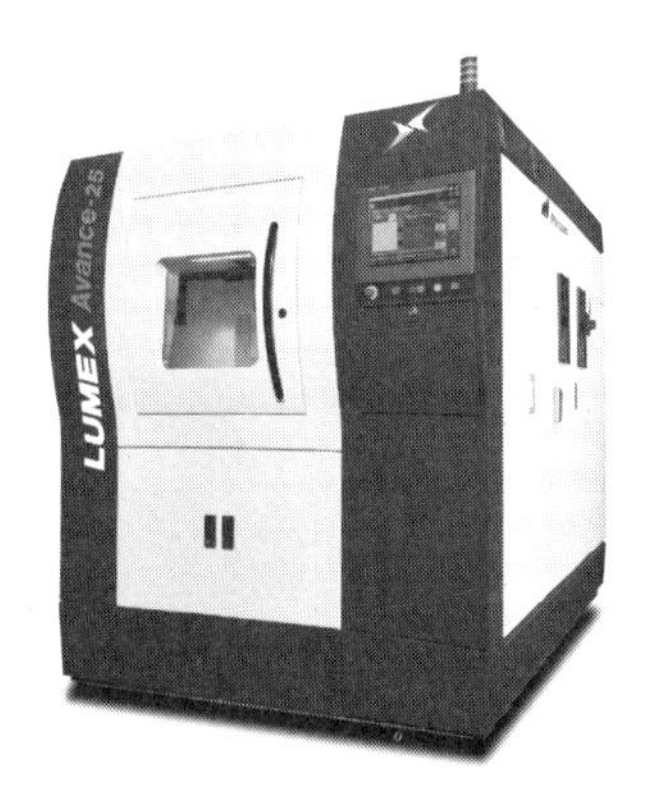

会社概要

所　在　地：福井県福井市東森田 4-201
電話番号：0776-56-8100
創業年月：1935 年 8 月
事業内容：工作機械（マシニングセンタ）、ハイブリッド金属 3D プリンタの製造・販売、CAD ／ CAM 販売

URL：https://www.matsuura.co.jp/

遠心分離機のパイオニア 医薬品向けで国内シェア70％

㈱松本機械製作所

松本機械製作所は遠心分離機の専業メーカー。医薬品をはじめ化学薬品、農薬、食品、自動車、電子材料、リサイクルなど幅広い分野で使われ、国内外で５０００台を超える納入実績がある。医薬品向けで長年、国内トップシェアを堅持し、現在は70％を占める。

１９３９年設立の同社は戦後、ある縁から遠心分離機を始めた。洗濯機の製造経験がある技術者の入社を機に「洗濯機の修理」を看板に掲げたところ、大手製薬会社から「ドイツ製の遠心分離機を修理できないか」と依頼された。こ

社是・理念

「技術の松本」
- 提案力
- 諦めない粘り強さ
- スピード感

代表取締役社長
松本 知華 氏

の会社とやりとりする中でノウハウを蓄積。50年に専業となり、国産遠心分離機のパイオニアとして地歩を固めた。

■惜しみなく提案

2代目の松本孝社長は徹底して技術にこだわった。顧客の声に耳を傾け、当初の要望を超える新たな機能まで提案した。他社がやらない難しい案件にも好んで関わった。機械を納めた後も必要があれば改良に出向いた。勝ち取った「技術の松本」の評価は現在の礎になっている。

「お客さまのニーズに合わせて完全オーダーメイドするところ。使いやすさ、品質を重視して惜しみなく提案する」。4代目の松本社長は長寿企業として発展した理由を説明する。また顧客に寄り添い「一緒にがんばりましょう」という姿勢を続けていることや、社内のコミュニケーションがきちんと取れていることも重要な要素だという。

漢方薬、澱粉などの濾過(ろか)に最適な難濾過性対応遠心分離機「HERVA」

2018年8月に業務を開始した新本社社屋の外観

近年、顧客から短納期の要望が強まる一方、メンテナンスなどで出張作業も多く、技能継承や若手職人の早期育成が急務だ。そこで熟練職人の作業一つひとつをビデオで撮り、ある作業での工具の持ち方や「なぜこの手順ではだめなのか」といった説明を付けた動画を18年から制作している。〝できる人〟のノウハウを抽出し効果的に伝えることで、一人前になるのに10年かかるところを3年に短縮するのが目標だ。

今後は主力の医薬品向けに加え、食品、化粧品、電子材料などニーズが拡大している分野で営業を強化する。ロボットやＡＩといった思いがけない分野から想定外の使い方を相談されるケースも増えた。松本社長は「お客さまと一緒に開発できれば」とこうした相談も歓迎する。

長寿のひけつ

顧客本位の姿勢を続ける

2代目の松本孝社長が掲げた「仕事をあきらめない、断らない会社」という姿勢が現在も生きている。顧客からは「徹底的に提案してくれる」「妥協しない」「粘り強い」と「技術の松本」を裏付ける声が聞かれる。夜遅くに顧客から「機械が止まった」と連絡があっても、翌朝一番の新幹線で工場に駆けつける。そんな顧客本位の姿勢を続けてきたことが長寿企業につながっている。

会社概要

所 在 地：大阪府堺市堺区三宝町6丁326
電話番号：072-229-3388
設立年月：1939年9月
事業内容：遠心分離機の開発・製作

URL：http://www.mark3.co.jp/

レシプロ一筋 技術力と徹底したアフターサービスで圧倒

三國重工業㈱

工場の生産ラインに欠かせないコンプレッサ。ピストンの往復運動による国内唯一のレシプロ専業メーカーとして異彩を放つのが、三國重工業。創業120有余年に渡り、一貫して、コンプレッサの研究・開発・製造に取り組んできた。レシプロコンプレッサ市場では推定で約3割の市場シェアを持つ「隠れた巨人」だ。

国産初のオイルレスコンプレッサを出した技術力で、今もコンプレッサのモーター容量で小さなものは3・75kWからある。この10年間ほどは、特に大型機の分野に力を入

理念

- 希望と情熱を忘れず、顧客第一の信念を貫き大きく和す心で人とのつながりを大切にし、誠実・丁寧な対応で社会発展に貢献する。
- 日々探究心を以って技術開発に努め持場立場での一人ひとりの力の結集が企業継続となり世界に貢献する。

代表取締役社長
佐上 栄介 氏

れている。2250kWの超大型機までカバーし、そのすべてを受注生産で供給している。細部に至るまで、顧客の要望に対応しており、半世紀を超えて使用され続けている機械もあるという。

1960年代から力を入れ始めたガス用コンプレッサはその使用環境から、使用条件が過酷になりがちな製品である。同社では基本設計に工夫を凝らし、材料の選択も吟味して部品を組み上げる。必要な構成部品は世界中から調達する。そんな中、同社が業界に先駆けて連続8000時間の保証を付けたのは40年以上も前の話だ。

■負けるはずがない「暖簾パワー」

過去に、スクリュー型のコンプレッサが業界に普及し始め、終始順風満帆というわけではなかった。それでも、同社では1975年には省エネ型のレシプロエアコンプレッ

レシプロ式
水素ガスコンプレッサ

現在の山口工場の全景

サを開発するなど一矢を報いている。

技術力に加え、69年にサービス部門を「三国工販株式会社」に、74年に営業部門を「三国エンジニアリング株式会社」に別会社化して、アフターサービスの徹底に乗り出した。この結果、今では同社の機械は同業他社からもテスト用に求められるほどになった。価格競争でも「大手には負けるはずもない」と自信を持つ。

同社の山口工場（山口県防府市）では2017年9月に「技術開発部」が設けられ、今後また、レシプロエアコンプレッサで攻勢をかけるべく新製品の開発を急いでいる。「縁の下の力持ち」的な存在のコンプレッサだが、120有余年の「暖簾パワー」が静かに、そして力強く脈打っている。

長寿のひけつ

信頼を積み重ねる経営

特に中長期計画で数値目標を上げるわけでもない。ただ自社の技術力に対する自信をもとに、顧客のクレームには「逃げずに前向きに問題に対処する」ことを徹底している。そうして、顧客からの信頼を積み上げてきた結果が「長寿」となって結実している。コンプレッサ同様、地道な経営で特別な立ち位置を作ってきた。

会社概要

所在地：大阪市淀川区三国本町 3-20-13
電話番号：06-6391-2121
創業年月：1894 年 3 月
事業内容：エア・ガスコンプレッサ、真空ポンプの研究・技術開発と製造販売

URL：http://www.mikuni-group.co.jp/

エア技術のパイオニア
自動スプレーガンでトップシェア

㈱明治機械製作所

明治機械製作所は塗装で使うスプレーガンや塗装設備、そしてコンプレッサを中心に開発を進める「エア技術のパイオニア」だ。同社が初めての国産によるスプレーガンを試作したのは1932年。もともと工作機械の輸入販売を行っていた縁で米国メーカーのスプレーガンの輸入総代理店となったことが、開発のきっかけとなった。当時は、塗装は刷毛を使って手作業で行うのが常識だったため市場開拓に苦労を重ねた。

その苦労を重ねたことが市場の声を徹底的に聞く現在の

社是・理念

【当社の使命】

当社は空気圧縮機・塗装機器・塗装設備などのエアを基礎とする豊かな経験と蓄積された頭脳・技術力を結集し、産業と生活社会に貢献するエアシステムの開発を続けてまいります。

【社是】

自主創造（顧客第一）、開発一路（人材・製品・事業・組織・制度）

代表取締役社長

佐伯 直泰 氏

姿勢に繋がっている。作業性の良さや、霧の出方、軽さ、そして吹き付ける圧力を最適化して塗料の消費量を減らすなど、随所に顧客のニーズを反映した工夫がみられる。これらを可能にしたのは、経験と勘に頼っていた作業工程を、自らカスタマイズしたシミュレーションソフトを使い、条件出しを簡略化することで実現した。

■海外市場に注力、技術の広がりも

塗装作業は、今でも職人が幅を利かせる世界だ。その道具として、ハンドタイプのスプレーガンは職人の誇りでもある。製品の良さと「かゆいところに手が届く」対応は口コミで広まり、2000年代に入ってから本格的に力を入れ始めた自動車修理業者向けのスプレーガンは思わぬ大ヒットとなった。このほか同社の自動塗装機に使うスプレーガンのシェアは37%を超え、業界トップクラスでもある。

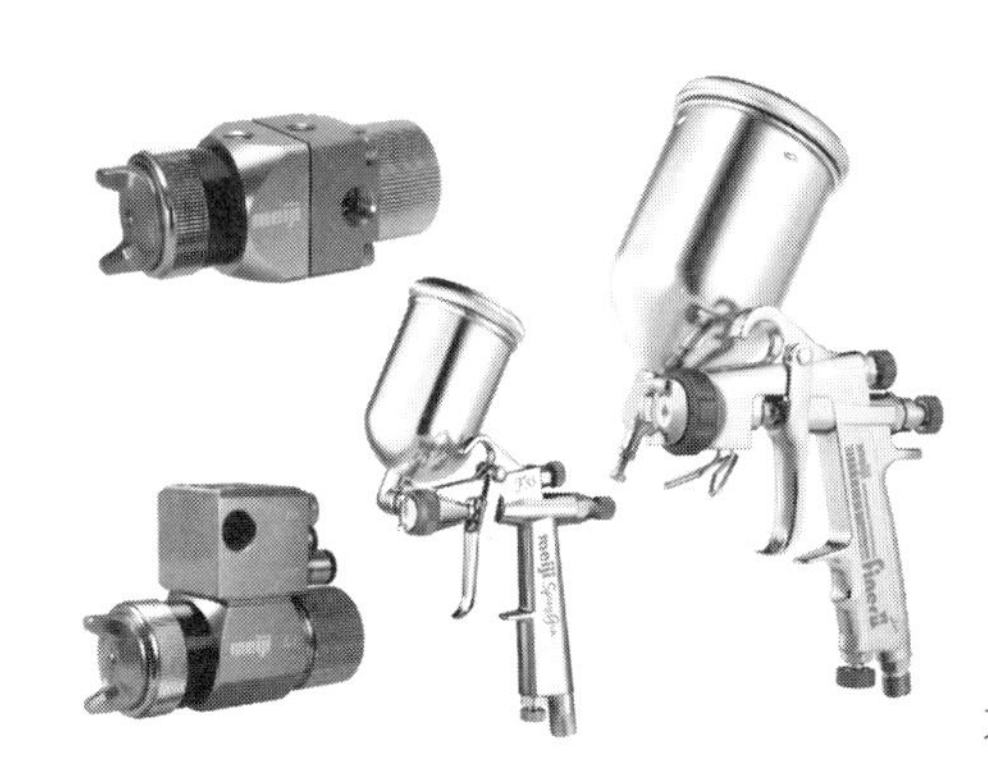

スプレーガン商品群

エアコンプレッサ商品群

主力事業のもう1つの柱であるレシプロ式コンプレッサも、「丈夫で良い製品を」という同社の基本姿勢を体現する。40年以上も前の製品のアフターサービスの依頼を受けることもあるほどで、その結果、スプレーガンを合わせて現在市場に出回る同社の製品は細かい仕様も含めると2万2000種類以上に及ぶという。

2022年3月期までの、中期経営計画では、2つの目標を掲げている。コンプレッサで断トツの差別化商品を出すことと、スプレーガンで中国、米国を中心にした輸出に注力し、売上高比8%程度の現状から輸出比率15%を目指す。今後は、農産品の皮むき機や食品工場の洗浄用スプレーガンなど、製品の幅のさらなる広がりも見せようとしている。

長寿のひけつ 

愚直なまでの「ものづくり」

製品の「LCC（生涯コスト）の追究」を訴え、製品価格は少し高くてもランニングコストやメンテナンスコストの安さで、特殊な需要にも対応する。その愚直さが顧客の支持を集めてきた。この「顧客に寄り添ったものづくり」を支えるのが同社の社員。「社員を幸せにする環境づくり」にも力を入れる。社員あってこそ、顧客に必要とされる品質を保つことができることと考えて、顧客と社員の幸せを願う姿勢が長寿のひけつだと感じた。

LCC（Life Cycle Cost：生涯コスト）の追究

LCC（生涯コスト）に着目し、ランニングコスト低減を重視した製品作りをめざします。

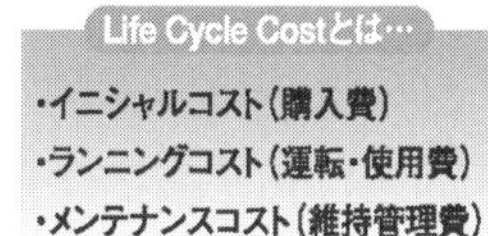

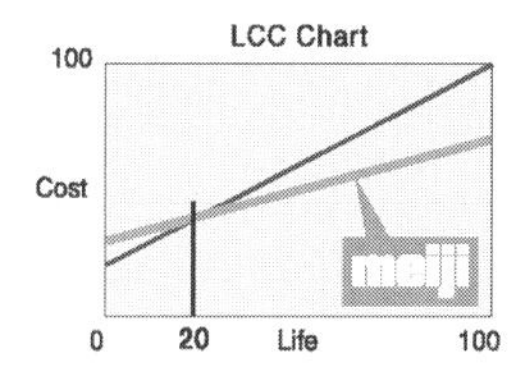

会社概要 

所　在　地：大阪市淀川区田川 2-3-14
電話番号：06-6309-1225
創業年月：1924 年 1 月
事業内容：空気圧縮機、塗装機器およびそれら関連製品の製造・販売

URL：https://www.meijiair.co.jp/

工作機械、舶用機器、医療機器でモノづくりの進歩に貢献

山科精器㈱

工作機械、熱交換器、注油器、医療機器を事業の柱に据える。1939年に、山科精器研究所を設立。以来80年の長きにわたって船舶や自動車、発電プラント向けなど産業機器を多角展開し、広く社会の発展に貢献してきた。「機械でなく機「器」を使った社名にモノづくりの方向性やこだわりを託す。大日社長は「ホールディングカンパニーのように、事業部や社員が自主性をもって開発に挑戦してきた結果だ」と自負している。

工作機械は多軸加工機や深穴加工機、舶用エンジンに特

社是・理念

私たちは先進の技術で広く人類の発展に貢献します。

代表取締役社長
大日 陽一郎 氏

化した排気弁の研削盤など高効率で省人化・省力化を実現する専用機械を主力にする。一方で塗装が剥がれにくいように鋼材の角を効率的に丸く削る「卓上R面取り加工機」のように150台以上を販売するヒット専用機を生み出すなど柔軟な開発体制を誇る。熱交換器は耐圧性に優れるシェル&チューブ式をメインとして、二重管や遊動管板構造を提案するなど常に安全性や使いやすさの向上を追求している。注油器は63年に始めたボッシュ型が舶用エンジンのシリンダー注油器の基礎となり、電子化を含め潤滑油の使用量低減を目指した精力的な開発を続けている。

■医療機器を強化

ファクトリーオートメーション(FA)・環境・医療を重点3分野に掲げており、中でも、長寿社会の到来で医療機器への期待は大きいという。2004年に参入し、「第

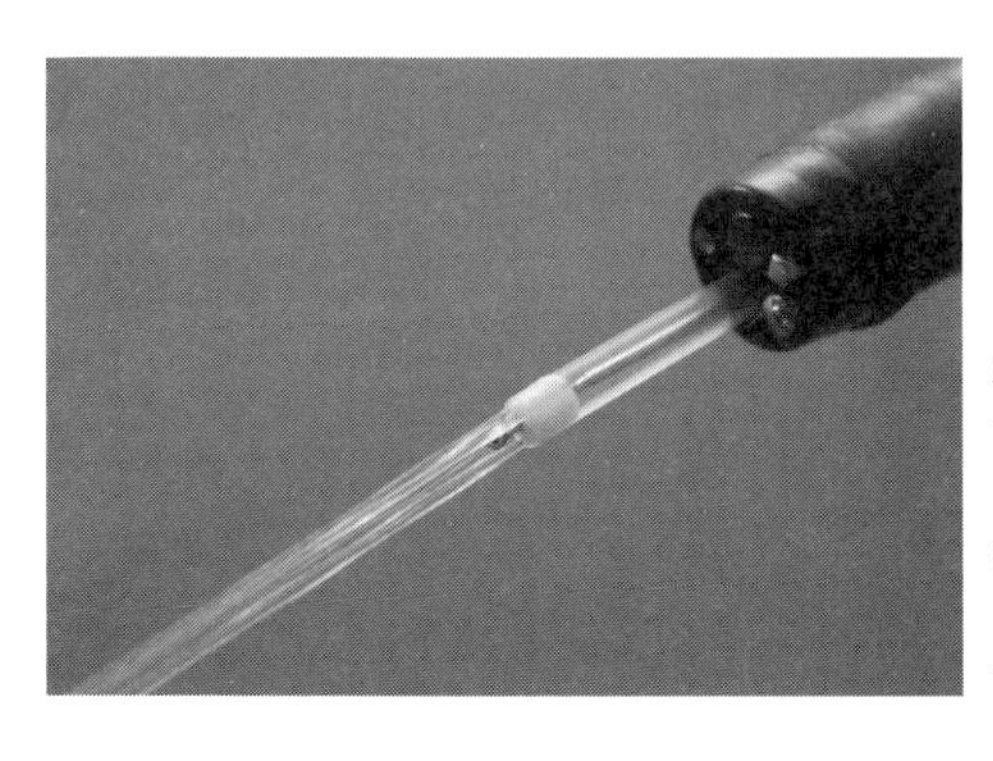

早期胃ガン切除において洗浄・吸引・切開・はく離など必要な6工程の作業を1本で可能にした医療機器「エンドセイバー」

新形態の情報発信拠点として大阪に設置した「リラエスタ」

5回ものづくり日本大賞特別賞」「超モノづくり部品大賞」受賞など評価は高い。全国の名だたる大学と産学連携で進め、外科や内科用の術具を「yasec」ブランドで展開。今や30アイテムを超える。注目されるのが内視鏡用処置具「エンドセイバー」だ。早期胃ガン切除において洗浄・吸引・切開・はく離など必要な6工程の作業が1本でできる。欧州やアジアでも好評で、19年は海外展開を本格化する。

20年度を最終年度とする3カ年計画が始まった。本社工場の再編、「yasec」の世界ブランド化、大阪市内に設置した新形態の情報発信拠点「リラエスタ」の本格活動に取り組み、「社員が家族に誇れる会社づくり」を目指す。

長寿のひけつ

ニーズをカタチにする　世界にないモノを生み出す

顧客の評価は全ての事業に共通する。ある顧客の自動車部品の加工ライン構築では、それまで 20 人が行っていた作業をわずか 2 人で済むという大幅な効率化を実現した。その高い設計・開発力とモノづくりへの姿勢は顧客から口コミで広がったという。同社はノウハウを生かした提案型営業を展開。顧客のテーマをあらゆる角度から分析し、ベストな対応を心がけている。

大径管加工用大型 CNC フェーシングマシン

会社概要

所 在 地：滋賀県栗東市東坂 525
電話番号：077-558-2311
設立年月：1939 年 7 月
事業内容：工作機械、熱交換器、注油器、医療機器

URL：https://www.yasec.co.jp/

ユーザごとのニーズに応じ、液圧を利用した装置を受注生産

㈱山本水圧工業所

山本水圧工業所は、液圧を利用して金属管などを加工・検査する機械を主力製品とし、山本俊雄氏が1930年に創業し、水圧ポンプ製造を祖業とする。戦後は、食糧事情より搾油機の相談を持ちかけられたことをきっかけに「YS搾油機」を製品化。やがて、パイプ内に高い水圧をかけることで膨らませ、外型の金型などに合わせて成型加工を行うハイドロフォーミングマシンや、曲げ加工を行うパイプベンダー、パイプの試験機などに展開していった。現在は「HYPREX」ブランドを掲げ、高水圧技術と塑性加

社是・理念

【社是】 創造する技術で社会に貢献する

【経営理念】1 自ら活動して他を動かしむるは水
2 常に己の進路を求めて止まざるは水
3 障害にあい激しくその勢力を百倍し得るは水
4 自ら清うして他の汚濁を洗い、清濁併せるは水
5 洋々として大海を満たし、発しては雲となり、雨と変じ霞と化し、凍っては玲瓏たる氷雪と化けす、しかしその性を失わざるは水

代表取締役社長
山本 知弘 氏

工技術のトップブランドとしてユーザにも浸透している。

現在、同社の製品ユーザは、自動車部品や造船、鉄鋼業界などさまざまで、対象ワークのサイズや材質も多様化している。そのため基本的に標準品を持たず、個々のユーザニーズに合わせて、受注生産体制を取る。山本社長は「蓄積したノウハウで理にかなったものを提案し、ユーザからの宿題に応える」とそのスタイルを表現する。

主力製品のハイドロフォーミングマシンは、複雑な形状のパイプ部品を溶接せずに製造できるため、耐久性の高い金属管部品を作りたいユーザの需要がある。その声に応えるため、対象形状のシミュレーションおよび試作を行い、装置仕様を固めていく。

■ブランド力を維持する責任感

受注生産では、製品価格が高くなりやすい。価格を抑え

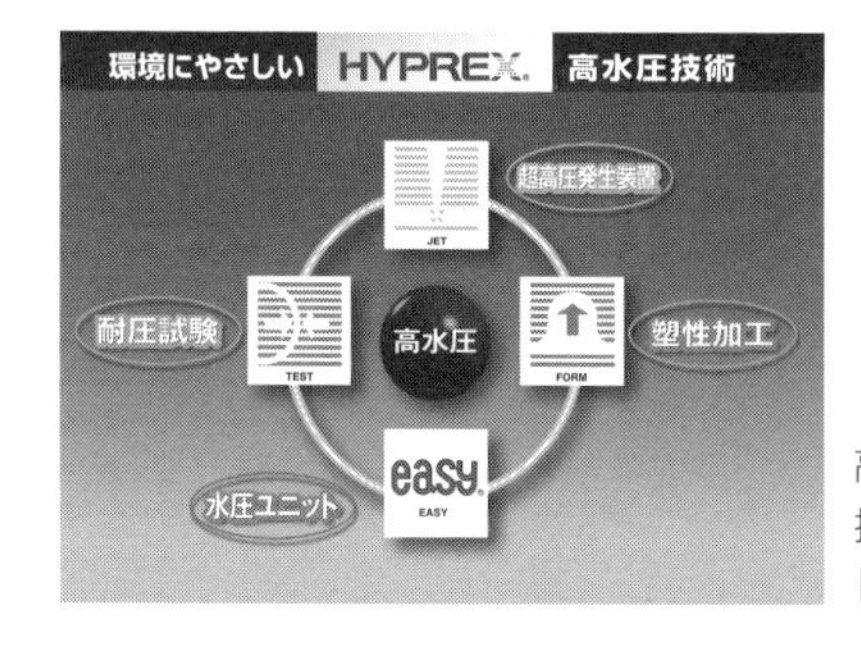

高水圧技術と塑性加工技術のトップブランド「HYPREX」

ハイドロフォーム工法を用いて自動車フレーム部品などの各種構成部品を加工する装置「ハイドロフォーム」

るべく海外からの部品調達も行っている。「海外とのやり取りで、納期や品質など社員の管理能力が鍛えられる」と山本社長は話す。さらに「自社のブランドで製品を出すという責任感を持って管理する」ことで信頼性を保つ。

細やかな対応の受注生産でユーザの信頼を得る一方、山本社長は自社の課題を「大規模な装置の受注で収益が上下する」点としている。そのため、安定した収益を確保できる商品として、生産現場向けの、水圧を利用した治具・工具などの開発に取り組む。小型の消耗品のため、標準品として製造でき、安定した需要が期待でき、売り上げの10〜15%まで成長させたい考えだ。これらの商品開発で得られるノウハウを受注品にも反映することも期待される。

長寿のひけつ

細やかな受注設計・製作による好循環

さまざまな業界のユーザの多様なニーズに応えるためには個別対応が重要だが、それこそが長年継続してきた理由だ。量産ではなくオーダーメイドでの製造は小規模の企業でも対応しやすく、創造的な技術も生まれやすい。要望は違っても技術を応用することで、好循環を生んできた。また､受注生産により「相談に乗ってもらえる」「要望を聞いてもらえる」というユーザからの信頼を得てきた。

会社概要

所　在　地：大阪府豊中市庄本町 2-8-8
電 話 番 号：06-6334-4651
創 業 年 月：1930 年 4 月
事 業 内 容：水圧・油圧応用機械装置、水圧・油圧機器の製造・販売

URL：http://www.hyprex.co.jp/

電動送風機や集塵機で幅広く展開、自社モーターで柔軟対応

淀川電機製作所

業務用の電動送風機や集塵機などを自動車、電機・電子部品、公共インフラなどさまざまな業界向けに展開する淀川電機製作所。特徴は、搭載組み込むモーターを全て自社で製造していること。導入環境に合わせて柔軟な特注対応で、幅広い顧客から高い信頼を得ている。

自社専用モーターと、同モーターを組み込んだ電動工具や音響機器用モーターメーカーとして、1948年に創業。同技術を生かし、次第に電動送風機や小型の集塵機を手がけるようになった。高度経済成長期になると、工場現場で

社是・理念

【社是】

「創意　誠意　協調」

【経営理念】

我々は健康で明るい生活と礼節を重んじ、
創意と工夫をもって、高品質、高技術をめざし、
全員一致で常に高い目標を追求し、
限りなき前進を続け社会に奉仕する

代表執行役　社長
二井 愼一郎 氏

機械 / 金属・鉄鋼・非鉄金属 / 化学・繊維・素材・医薬 / 電機・電子・精密機器 / 金融・商業 / 運輸・建設・輸送機器 / ガス・その他製造

発生する粉じんによる健康被害が社会問題となった。そうした背景のもと、配置を柔軟に変更できる同社の小型製品が好評を博した。同社製品の搭載モーターは全てが自社製のため、モーターの大きさや電力などを柔軟に調整できる。その柔軟さこそが、小型化を実現できた大きな要因だ。

70年代には金属加工などに用いるグラインダーに集塵装置を組み合わせた製品を投入。「両頭」、「ベルト」、「バフ」の3種類を標準展開する唯一のメーカーとして強みを発揮し、業界標準品としての地位を確立していった。

■要望に応じた新製品を相次ぎ投入

2000年代以降は、作業台と組み合わせた集塵機を相次いで投入。粉じんの発生源ごとに効率良く吸引することで設備の省電力化を実現する「集塵装置付作業台」や油分を含む粉じんの飛散を防いで工場内の汚れ発生を防ぐ「エ

集塵機を工作機械周辺用に特化した「エアブロー作業台　YMS」によって、工場現場を汚さず作業できる

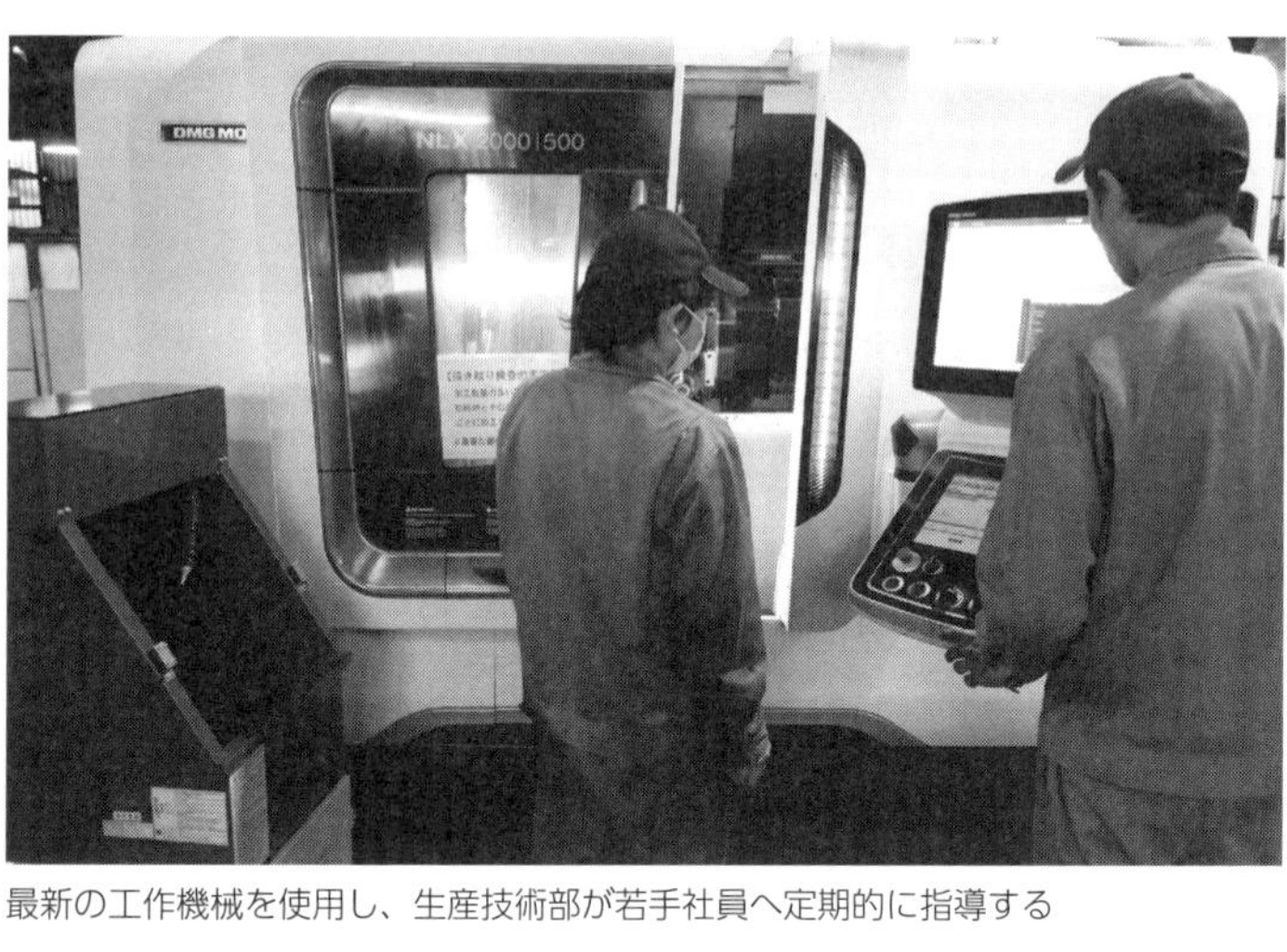

最新の工作機械を使用し、生産技術部が若手社員へ定期的に指導する

アブロー作業台」などだ。18年にはエアブローを自動化することで、ロボットと組み合わせやすくした新製品を発表。ＩｏＴ化を進める工場向けに、訴求力を高めている。

一方で売上の約5割を占める電動送風機はさまざまな現場で採用されている。鉄道インフラ向けでは、豪雪地帯を走行する新幹線の線路の除雪用途でも採用。機器が凍結した状態でも十分に稼働する同社製品の性能は顧客を驚かせた。

2代目の二井社長は「社会のニーズを絶えず先取りしてきた」と強みを語る。その先取りも、社内で培ってきたモーター技術があってこそできることだ。独自の存在感でこれからも日本のモノづくりを縁の下で支えていく。

長寿のひけつ

急がず進み、後戻りしない

送風や集塵の動作に不可欠なモーターを内製化することで、顧客の細かい要望に対応してきた。モーター製造技術が高いため、モーター自体を外販しても強みを発揮できるかもしれない。だが、あえてそれに踏み切らないのは、他社との苛烈な価格競争に陥ってしまうことを避けるためだ。確かな技術を自社で保有するからこそ、低コストでの製造を可能にし、顧客からの高い信頼を得ている。

会社概要

所在地：大阪府豊中市走井 2-1-8
電話番号：06-6853-2621
創業年月：1948 年 7 月
事業内容：電動工具、集塵機などの設計・開発・製造・販売

URL：http://yodogawadenki.gr.jp

自転車用リムの製造技術生かし鋼管を幅広く供給

新家工業㈱

自転車用リム（車輪を構成する円環の部品）製造で培ったロールフォーミング技術を生かし、さまざまな鋼管や型鋼製品を製造している。この技術は複数のコマが並んだローラーの間に鋼板を通すことで少しずつ鋼板を変形させ、円形や四角の鋼管、さまざまな断面形状をした型鋼に仕上げる手法である。他の手法に比べ精度が高く、長いサイズの製品を作れる利点があり、ビルの内外装や家具、門扉、柱、手すりといったエクステリアに加え、自動車部品や温室フレームなどに加工され、利用されている。

社是・理念

常に技術と品質の向上に努め創造と革新に挑戦する
公正かつ誠実に企業運営し社会の発展に貢献する
自然と調和し国際社会に共生する
お客様を大切にし、株主・取引先との相互繁栄をはかり従業員の福祉向上を目指す

取締役社長
井上 智司 氏

石川県で漆器の製造・販売業を営んでいた初代・新家熊吉は、1903年に日本で初めて木製の自転車用リムの製造に成功。19年に新家自転車製造（現・新家工業）を設立した。当時の日本では確立していなかったフォーミング加工技術を導入、金属製リムの量産を開始し、現在に繋がる技術基盤の礎を築いた。鋼管事業は57年に開始し、名古屋工場を皮切りに、関西工場、千葉工場と製造拠点を拡大。ロールフォーミング技術を活用し、多種多様な鋼管・型鋼製品を製造、現在のメイン事業に成長している。近年は付加価値の高い製品の開発にも取り組み、新製品の「指紋が目立ちにくいＢＥＰ工法のステンレスパイプ」は複数の鉄道会社において電車内手すりに採用されている。

■創業者の姿勢が今後の成長のカギ

鋼管や型鋼は規格品もあるが、一品一様の特注品も多い。

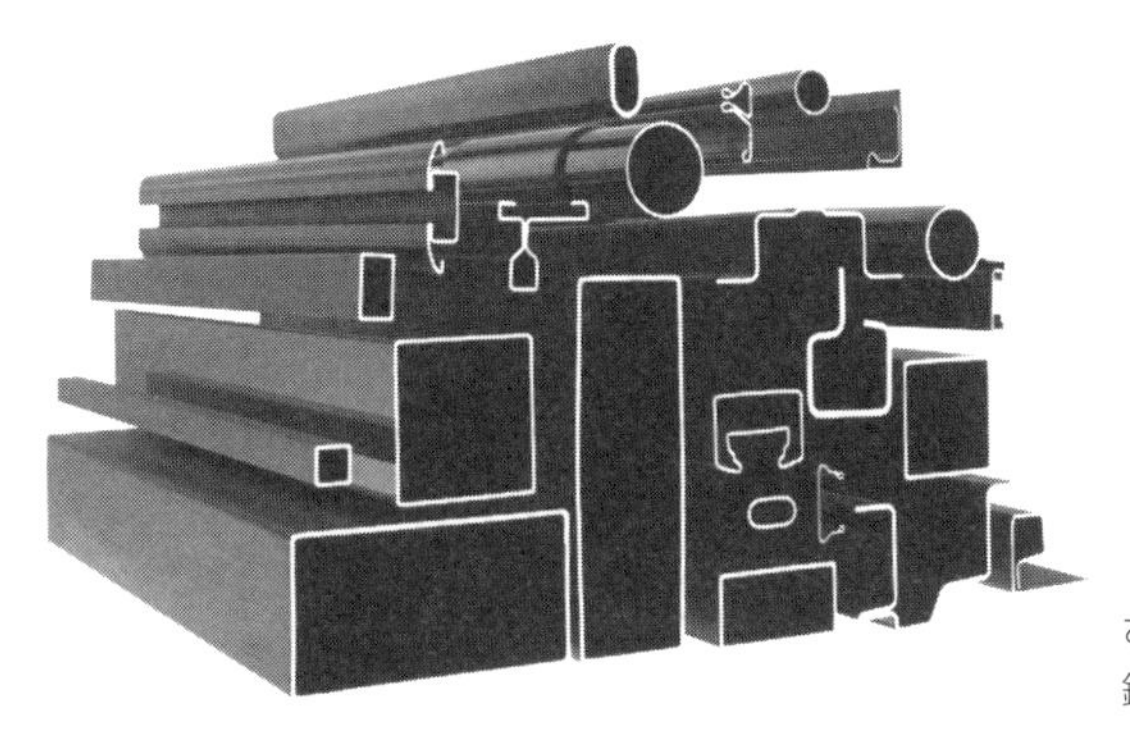

さまざまな形状の
鋼管や型鋼

電車の手すりに使用されるBEP工法のステンレスパイプ

井上社長は鋼管事業の営業畑が長く、顧客が抱える課題を解決するために、顧客と一緒に製品開発を進める提案型営業を展開してきた。製販一体となって顧客の顕在的・潜在的ニーズに応えることで「技術革新」につなげた。自動車の座席用シートレールにおいて、プレス加工していたものをプレスとロールフォーミングを組み合わせた連続加工にしたことなどが一例だ。

創業者の新家熊吉は海外の自転車を見て、漆器の製造技術が木製リム作りに生かせると考えた。「私達も普段からモノづくりの意識を持ち熊吉翁のように何か気づきがあれば行動を起こして作ったり提案したりすることが大切」と井上社長は強調する。この姿勢が今後の会社の成長や若い人材の飛躍のカギになると考えている。

長寿のひけつ

何をすべきか考え未来につなぐ

本社ビル前の彫刻「平和の像」の台座には「無限」の言葉が刻まれる。井上社長は「企業として限りなく存続するために、今を生きる私たちは何をすべきか考える必要がある。そして、それをバトンとして未来に繋いでいかなければならない」という。この言葉は円形の自転車リムにも重なると感じた。創業者・新家熊吉が前に進もうと回し始めたリムづくりの輪は今日も回り続ける。

会社概要

所在地：大阪市中央区南船場 2-12-12
電話番号：06-6253-0221
設立年月：1919 年 11 月
事業内容：各種鋼管・型鋼、自転車用リムの製造・販売

URL：https://www.araya-kk.co.jp/

家庭に1つは生野金属の缶
高品質な缶作りと新事業への挑戦

生野金属㈱

戦後まもなく、大阪市生野区にて生野金属製作所を創業。ブリキ製缶・各種ブリキ製品の製造販売会社としてスタート。当時はブリキ製の玩具も製造していたという。食品用途の缶製造で事業を拡大し、1976年に高石市に工場を移転。現在は菓子缶などの「一般缶」、食油や食品用途の「18リットル缶」を製造する。一般缶では大型テーマパークや有名菓子メーカーが販売するデザイン性の高い「美術缶」の製造を多く手がける。「どの家庭にも1つは、うちの缶があるのでは」と小西社長。高石から大阪の産業を支える。

社是・理念

We Love Cans　缶文化の追求

代表取締役
小西 康晴 氏

■チャレンジ精神が成長を支える

缶の製造会社は社名に「製缶」とつけるのが主流だったが、あえて「金属」と命名。理由は缶だけにこだわらず、新規事業への積極的な参入を社内外に印象づけるため。金属の薄板を切断し成型する缶の加工技術はさまざまな領域に応用できる。その名の通り、家電や日用品の本体成型事業といった、缶以外の金属加工分野にも積極的に挑戦してきた。

また、製缶業界としては先んじてISO9000（品質）の規格認証を2002年に取得。2015年にはFSSC22000（食品安全）規格の認証を取得し、高い安全性を有した製缶工場として業界をリードしてきた。「食品用途の缶とはどうあるべきか」を問い、若手が中心となって難易度の高い認証取得に取り組んだ形だ。「チャレンジ精神を

一般缶。我々の生活になじみの深い缶も多く製造する

18リットル缶の製造工程。工場内は機械化が進む

持って先手を打ってきたことが、長年の堅実経営につながったのでは」と小西社長は振り返る。人手不足についても同社では早くから課題を見据え工場の自動化に取り組んできた。工場では検査など「熟練の目」が必要となる工程を除き、ほぼ全て自動機で製造を行う。次に缶へのラベル貼り付け作業が不要な18リットル缶「Labeless（ラベレス）®」の量産化に取り組む。ラベレスは缶の表面に特殊な顔料を疑似ラベルとしてあらかじめ塗布し、そこにレーザー光を照射すると印字される仕組み。缶ユーザーは、ラベルの発注・在庫管理、貼付けなどの工程が不要になる画期的な商品だ。このラベレスの量産ライン構築に向けてまい進している。これからも業界の常識を覆すべく、挑戦を続ける。

長寿のひけつ

缶におさまらない技術追求

全社一丸となって品質向上・技術革新に取り組む。変動の激しい容器業界にあって、常に先を見据えた技術投資に力を入れる。「業績が好調なときこそ次の一手を」と小西社長が示す通り、工場の機械化や新商品の開発に努めてきた。「Labeless®」もその取り組みの１つ。業界事情にとらわれず革新を求める「缶におさまらない」チャレンジングな姿勢こそが長寿のひけつといえる。

会社概要

所在地：大阪府高石市高砂 3-24
電話番号：072-268-0777
設立年月：1949 年７月
事業内容：美術缶、18 リットル缶の製造・販売、ブリキ板、薄鉄板の販売、加工およびこれらに付帯関連する事業

URL：http://www.ikuno.co.jp/

「削るだけでは終わらない」設備設計製作で高生産性を実現

㈱伊藤金属製作所

ラジオなどの民生用部品に始まり、建設機械用の油圧部品や空調用圧縮機部品、自動車用エンジン部品などを製造してきた伊藤金属製作所。金属切削だけではなく樹脂成形、さらには組立（アッセンブリ）までを手がける。1935年の創業からの歴史と関西3カ所と中国江蘇省での拠点展開を支えてきた強みは主に3つ。1つは自社内での設備設計製作、次にミクロンオーダーに応える超精密加工技術、3つ目は500台に上る生産・組立設備を保有すること。

切削業界では汎用設備を購入して金属を削るのが一般的

社是・理念

【企業理念】

「共生」

――自然、社会、お客様、従業員と共に――

【経営理念】

安全で安心な未来の実現に、地球環境の保護、地域社会との調和、従業員の福祉向上を常に念頭において、質の高い人財と独自のノウハウで、お客様にベストソリューションを提案する。

代表取締役
川崎 恭子 氏

だが、同社では注文内容によっては生産設備や検査設備の設計・開発から手がける。ニーズにぴたりと適応した設備が高生産性と高品質を生み、蓄積ノウハウとモノづくり集団の誇りが精密技術を育んでいる。また、多数保有する多軸自動盤やNC旋盤が、コストと品質の要求に応えることを実現する。「その積み重ねが、『削るだけでは終わらない』自社一貫の生産体制を実現させた」と川崎社長は説く。

■常に時代に即した製品をつくる!

同社は、川崎社長の祖父・伊藤留吉氏が家電メーカーの専属工場として創業。戦前から戦後はラジオやテレビ部品を製造し、高度経済成長期には建設機械・工作機械など産業用の油圧配管用継手部品にも着手して事業を拡大。工場を奈良県大和郡山市に設け、後に兵庫県小野市にも設けた。バブル期には自動車用のABS（アンチロック・ブレーキ

27,060㎡の敷地面積を誇り、奈良県大和郡山市に構える「郡山工場」

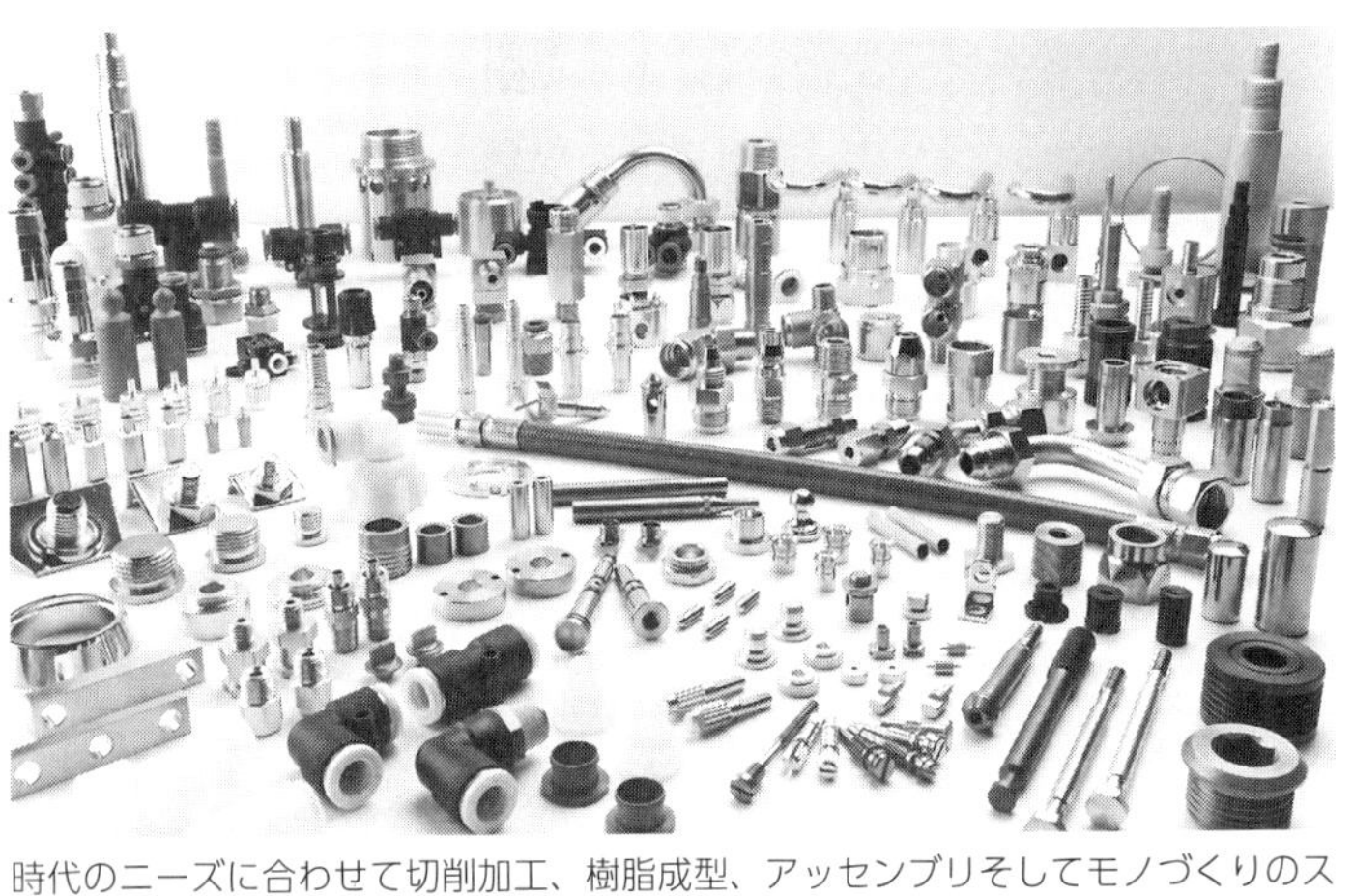

時代のニーズに合わせて切削加工、樹脂成型、アッセンブリそしてモノづくりのスペシャリストとして、多種多様な製品を産業界に供給してきた

システム）部品を主要製品とした。その後、油圧・空圧配管用継手、バッテリー部品、光通信コネクターなどへと主力を移す。時代に求められる製品をローコスト・高品質で製造する。そのために終戦の十数年後に生産技術部門を設立。社員の10％を生産技術に割り当てる戦略が、創業者から先代、現社長へと受け継がれた。

現在の川崎社長は2000年代初頭に就任し、販路拡大により自己資本率を引き上げ、財務基盤を固めてきた。また、大手取引先との共同出資で中国現地法人を設立。今後は防災機器・エネルギー・医療分野への進出も視野に入れ新技術を開拓する。「真摯にモノづくりと向き合い、信頼を勝ち得る製品づくりを継続する」。そう話す川崎社長を中心に前進し続けている。

長寿のひけつ

「技術力＋人財力」がその歴史を育む

顧客から「技術的に難しい案件ほど伊藤さんへ依頼する」との声があがっている。その信頼・評価の原動力として、また長寿の理由の１つとして見逃せないのが、同社の「人財力」だ。先代社長時代から活発に行われてきたQCサークル活動や5S安全衛生活動が浸透し、「ベテランから若手への技術継承もうまく進んでいる」という。時代が求める技術力、人財力を駆使した今後の展開に期待したい。

会社概要

所　在　地：大阪市東住吉区山坂 1-7-2
電話番号：06-6628-2421
創業年月：1935年１月
事業内容：金属（精密）切削・樹脂成型部品、配管関係組立部品の製造・販売

URL：http://www.itoh-kinzoku.co.jp/

安全と環境への貢献に尽力
発電用バルブのトップメーカー

ウツエバルブ㈱

2015年、戦艦「武蔵」がシブヤン海の海底で発見された。同艦のバルブの一部には1931年創業のウツエバルブが製作したバルブが使用されている。「もし引き揚げられたら当社のバルブを確認したい」とは清政社長の弁だ。船舶用バルブメーカーとしてスタートした同社は現在、火力・原子力発電、石油精製、高圧ガス設備などのあらゆる分野に貢献するバルブ専門メーカーとして国内外から高い評価を得ている。

戦前は海軍監督工場だったウツエバルブは、戦後は火

社是・理念

安全への高い意識で災害のない快適な職場環境を創造、「お客様の信頼・満足を得る品質の追究」を品質方針に掲げ、全社一丸となりお客様の満足をいただける製品の提供に努めている。

代表取締役社長
清政 德一氏

力・原子力発電施設に用いられるバルブ製作に注力。特に原子力発電用のバルブを作れるところは少ないことから、国内すべての原発には必ず同社のバルブが使用されており、「日本の原発の歴史とともに歩んできた」メーカーであると清政社長は語る。原発関連の売上は東日本大震災が発生した2011年を境に落ち込んだが、現在は木質チップを用いたバイオマス発電やゴミ焼却発電用バルブなどの分野にも参入しており、「今後も環境に配慮しつつ、安全・安定な電力供給の一翼を担っていきたい」としている。

■創業以来のオーダーメイド生産

同社のバルブの特徴は、創業以来一貫してオーダーメイド生産を行っているところにある。清政社長はバルブの基本3要素として「圧力・温度・流体」をあげるが、これらは使用環境によって異なるため、同社では自社のバルブを

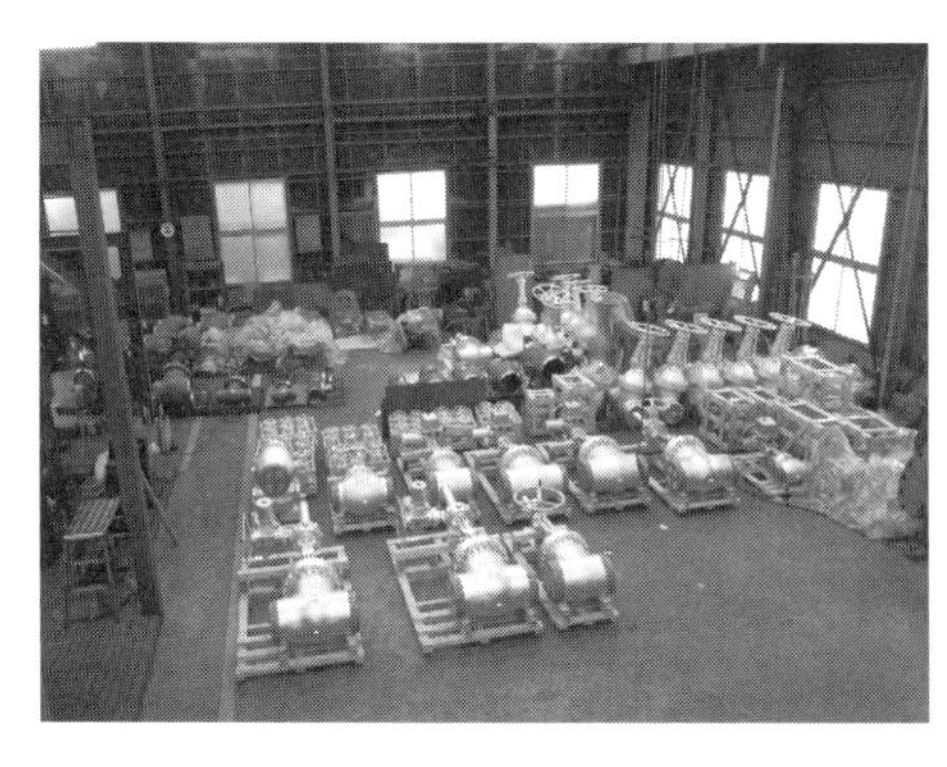

出荷を待つ多様なサイズのバルブ

工作機械を使用して製品製造に取り組む

1個単位で追跡できるトレーサビリティシステムを構築。2011年にはISO9001を取得し品質管理にも徹底して取り組んでいる。

同社がある大正区は古くからモノづくりの街として有名である。古き良き町工場の雰囲気を残す同社の工場は、大正区が発行しているポスター「モノ語る大正オンエアー」でも取り上げられ主要な駅などに掲示されている。同社は工場見学も受け付けているが、町工場ブームの影響もあってか、近年は修学旅行生の訪問もあるという。

同社は国内外へ製品を多数提供しており、今後も「初心を忘れることなく、発電用バルブメーカーとして安全と環境に配慮していきたい」としている。

長寿のひけつ

多能工育成への取り組み

清政社長によれば、同社ではジェネラリストとスペシャリストの両面を兼ね備える多能工の育成のため、公的なものも含めて、積極的に社員の資格取得を支援している。また、熟練の技術を要するバルブ製造技術の継承にも力を入れており、定年を過ぎた社員が若手を指導している光景も目にする。同社を支える長寿のひけつは、こうした優れた人材育成への取り組みにある。

会社概要

所在地：大阪市大正区北村 2-1-13
電話番号：06-6552-3161
創業年月：1931 年 8 月
事業内容：鋳鍛鋼製各種バルブの製造販売およびメンテナンス

URL：http://www.utsue-valve.co.jp/

世界有数のローリング鍛造、あらゆるサイズと材料、高品質高精度で

近江鍛工㈱

高温、高圧力でリング状の鍛造品を製造するローリング鍛造で産業界になくてはならない存在感を放つ。新幹線の車軸用軸受部品の鍛造で国内トップシェアを誇り、建設機械など産業機械のベース、船舶、航空宇宙分野などの部品部材の製造などあらゆる産業をささえる。直径5mの大型リングから15cmの小型までさまざまなサイズを提供。手のひらに乗る小型軽量から重量25t、高さが160cmの長尺品など、また、銅やアルミニウム、チタンなどあらゆるサイズや素材に対応できるのが強みだ。しかも「1個でも受

社是・理念

「良い品物をつくる＝社会に貢献する」という考えのもと、高品質の製品づくりに取り組みます

代表取締役社長
坂本 宏之氏

注できる、言い換えれば究極の小ロットで生産できるという我々のモノづくりへの顧客評価は高い」と坂本社長は胸を張る。これらが高い信頼や品質につながっているからだ。

■一貫生産で高品質や納期を実現

同社の生産拠点は本社工場、信楽工場（滋賀県甲賀市）、長崎工場（長崎県松浦市）の3拠点で大小あわせて約30ラインをそろえる。本社と長崎は中・小型のリング鍛造を得意とする。主力の信楽は日本最大級の1万5000tの自由鍛造プレスを導入するなど大型鍛造を実現する。鍛造にとどまらず、焼鈍、旋削加工、調質工程と一貫生産が特徴で、効率化と品質や納期、コストで顧客要望に応えられるのが強みだ。

絶えず生産ラインへの投資を行っており、前年に引き続き2019年には本社工場に自動車産業向け小型リング鍛

高温、高圧力でリング状の鍛造品を製造する

豊富な設備と熟練した技術をもって製造された製品

造ラインを新設する計画。生産の効率化投資に積極的で、「環境へ配慮したモノづくりが求められている。シニアが活躍できる作業環境づくりも不可欠だ」とこれからの投資方針を明かす。省エネ・省人型の生産設備への更新、工程間の搬送にロボットを導入するなど働き方改革を視野に入れている。

今注力するのはアルミニウムやステンレスなど非鉄素材のウエートアップだ。産業界の軽量化要望を背景に、アルミ用専用設備を導入、積極対応していく。また、人材育成も引き続き強化する考えで「担当する機械は自分で修理できるくらいの習熟度を目指す」。60年以上蓄積してきた経験やノウハウを効率化など現場に磨きをかける。

長寿のひけつ

高効率、高品質なモノづくりを提供

日本一の鍛冶屋を目指して1951年に創業した。鍛冶屋は本来小ロット受注で、認められて次の受注につながり商売が大きくなる。これを地で行くのが同社だ。坂本社長が声を大にする「小ロット」に強みが凝縮されている。サイズや材料などさまざまな種類の部品部材を生産、しかも一貫生産など効率的で高品質のモノづくりの仕掛けや作業員の的確なオペレーションがなければ成立しない。

会社概要

所　在　地：滋賀県大津市月輪1-4-6
電話番号：077-545-3281
創業年月：1951年4月
事業内容：鍛造、熱処理、機械加工

URL：http://www.omitanko.co.jp/

自由な発想や工夫で大物部品加工に挑み続ける

㈱大波機械製作所

発電所に設置されるガスタービンやパワーショベル・ブルドーザーといった建設機械など、高さや幅が数メートルにもなる大型機械の部品加工を得意とする。「いかなる図面でも加工不可能と諦めず、実現可能な提案をする」のがモットーと太田社長は力を込める。製造現場では、平均年齢30代半ばの若い作業者たちが自由な発想や工夫で加工設備を使いこなし、高難度の加工に挑戦している。

１９３４年、太田社長の祖父・武雄氏が造船部品を加工する鉄工所として創業。60年代、高速道路の構造物を手が

社是・理念

社是、経営理念は特に定めていない。太田社長は「人生で幸せを感じられるとすれば、人のために何かをして喜んでもらえる時だと思う。友人や家族に対してだけでなく、会社で仕事を通して顧客や同僚に喜んでもらうことができれば人生はより楽しくなる。社員がそれを実現できるような組織のあり方や運営方法を考えている」とする。

代表取締役
太田 恭弘 氏

けたことを契機に「大物」と呼ばれる大型機械部品の加工技術やノウハウを蓄積した。太田社長の父で2代目の雄也氏は70年代に大物加工に適した5面加工機を他社に先駆けて導入するなど、設備や人員を充実させ業容を拡大した。当時の武雄氏は終日、加工作業に没頭し、寝ているところを見たことがないほど懸命に働いていたという。このような「顧客の期待に応えたいという精神は3代にわたって受け継いでいる」と太田社長は強調する。

■自由度を高め強い気持ち引き出す

太田社長は製造現場に権限を委譲し、作業はどんなやり方でも、どんな道具を使ってもよいと一任している。また、複雑形状部品の表面や内部の高精度加工を可能にするために切削工具の角度などを自在に調整できるアームのようなアタッチメントや、ワークを最適な位置に固定できる独自

現在地へ移転する前の旧・工場

最新鋭の機械で加工を行う

の治工具類を自社開発してきた。そうした強みを引き出したのは、権限委譲による効果のひとつだ。「切削加工では作業のやり直しができないし、納期や品質、コストなど求められる条件も多数ある。それをクリアしようという気持ちを高めるためにも現場では自由な環境で仕事をしてもらっている」と太田社長は話す。

近年、多くのモノづくり企業で熟練職人が第一線を退き、現場力の低下が社会課題となっている。これに比し、同社は若手技術者を多く抱えるものの、自由度を重視した企業風土を背景に高度な問題解決力を備える。その力は、今後も多くの顧客から頼りにされるであろう。また将来に向けては、海外へもその強みをアピールしたいと太田社長は考えている。

長寿のひけつ

1人ひとりの能力を引き出す風土

権限委譲は「エンパワーメント」とも言われる。組織内での自主性や自律性を尊重し、一人ひとりの能力を引き出して開花させるという意味合いがある。「頂上を目指すルートがいくつもあるように、モノづくりの正解は無限大にある」と太田社長は語る。顧客のために最適解を求め、最大限の力を発揮しようと試みる企業が多い中で、同社は実践して成果を出している数少ない企業の一例だろう。

会社概要

所　在　地：大阪市大正区泉尾 7-5-47
電 話 番 号：06-6552-5115
創 業 年 月：1934 年 3 月
事 業 内 容：大型産業機械部品の加工

URL：http://www.oonami.co.jp/

画期的な替刃式鋸の開発で躍進

㈱岡田金属工業所

金物のまち・兵庫県三木市で鋸（のこぎり）メーカーを営む岡田金属工業所。１９４３年の設立当初は川崎重工業の協力会社として軍用機器部品の製造をしていたが、終戦後の45年には平和産業に転換。菜切包丁やラシャ切はさみ、鉋（かんな）刃の製造を開始するものの、ほどなくして鋸や鏨（たがね）を手がけるようになり事業軸を移行する。

「良いモノづくりは良い材料から」そんなキャッチフレーズを念頭に、高品質で使い手に喜ばれる製品開発を続けることで数々のヒット商品を生み出してきた。

社是・理念

社員一人一人が誠意を尽し、使う人に満足していただける製品を作り、市場に供給し続けることにより、社会に貢献するとともに、社員自身に作る喜びを与え、あわせて「ゆとり」と「豊かさ」を創出する。

代表取締役社長
岡田　保氏

なかでも、同社の主力商品である「替刃式のこぎり」の開発は当時の業界に新しい風をもたらした。その新しい風が起こったのには明確な理由がある。そもそも手挽き鋸とは目立て（刃の研磨）が必要なものであり、当時は切れ味が悪くなると目立て直しに出すのが一般的だったからだ。

従来品に対して同社が82年に発売した「ゼットソー」は、目立て直しをせず、新しい刃に交換するという替刃式の鋸。さらに、その刃には「衝撃焼入れ（ハード・インパルス）」という特殊な加工が施されており、切れ味・耐久性は従来の性能を上回っていた。

「目立て代でサラ（新品）が買える」そんな謳い文句で売り出したこの鋸は瞬く間に業界の主流になり、ピーク時の売上高は現在の約2倍の37億円に達した。「画期的な鋸として飛ぶように売れ、生産が追いつかなかった」と岡田社長は当時を振り返る。

種類豊富な鋸製品を
製造販売する

目立て（右）など製造を行う現場の機械化を進め高生産性を実現している

■国内市場縮小で海外に活路見いだす

現在は建築工法の変化や電動工具の発達、市場の縮小などさまざまな要因により、手挽鋸の需要は縮小傾向にある。そんな時代とともに移り変わる需要に応えようと研究開発を重ね、現場での仕上げ加工に適した製品や電動工具用鋸刃も新たに展開している。

さらに岡田社長は国内市場の成熟対策として、海外市場にも目を向ける。「日本の木工文化は世界一」という自信を胸に、精密な鋸が必要とされる家具修繕用や果樹剪定用の商品展開を増やしていきたいと力を込める。

長寿のひけつ

攻めの経営でヒット商品を開発

どんな困難な状況に置かれても、前を向いた改革は好循環を生む原動力になる。1976 年、オイルショックによる不況は同社にも深刻な経営危機をもたらした。もう後が無い状況下で導入したドイツ製高周波焼入れ装置により、いち早く衝撃焼入れの技術を刃先に応用。これが後の「ゼットソー」となり、現在では替刃式鋸のスタンダードとして国内外から広く支持を集めるまでになった。

会社概要

所在地：兵庫県三木市大村 561
電話番号：0794-83-1111
設立年月：1943 年 4 月
事業内容：鋸、その他金属製品の製造・販売

URL：https://z-saw.co.jp/

技術と発信力で世界一のパンチングメタル企業へ

㈱奥谷金網製作所

奥谷社長の曾祖父・奥谷儀三郎氏が淡路島から大阪に奉公に出て金網業者で修業した後、1895年に神戸市内で創業した。創業当初は手作業でかごや篩（ふるい）など金網製品の加工を行っていた。地元・神戸の竹中工務店を通じて網戸サッシなどの製造を受注。さらに神戸で重工業が発展したことに伴い工業用製品にシフトしていった。

1962年には国鉄（現・JR）神戸駅前に鉄筋コンクリート造のビルを建設、現在も本社社屋として使用し続けている。

社是・理念

①我が社はメッシュ・パンチングメタル・フィルター等の製造・販売を通じて、地球環境維持に貢献できる製品を世の中に提供できる企業である。
②お客さま・仕入れ先さまから選ばれる企業へ。
③我が社は、社員の自己実現を達成する、挑戦空間である。

代表取締役社長
奥谷 智彦氏

同社が技術力を持つパンチングメタルメーカーへと変身したのは67年に明石工場を新設してからのことで工場新設とともにパンチングメタル（打抜金網）の製造を開始。従来の織機による金網は汎用品となり、国内外のメーカーが乱立したことで価格競争に陥っていた。それに対してタレットパンチプレス機の登場で、鋼板を打ち抜くことで一気に加工できるパンチングメタルが製造できるようになった。

その後、自社加工はパンチングメタルのみに集中し、その他の金網はすべて他社からの購買に切り替えた。パンチングメタルであればどこにも負けないという気概をもって、技術開発に明け暮れた。

■技術の進化で他社と差別化

奥谷社長は技術の強みを蓄積していくことと並行して、強みの発信にも力を注いだ。インターネットが台頭した頃

現在も使用している1960年代当時の本社ビル

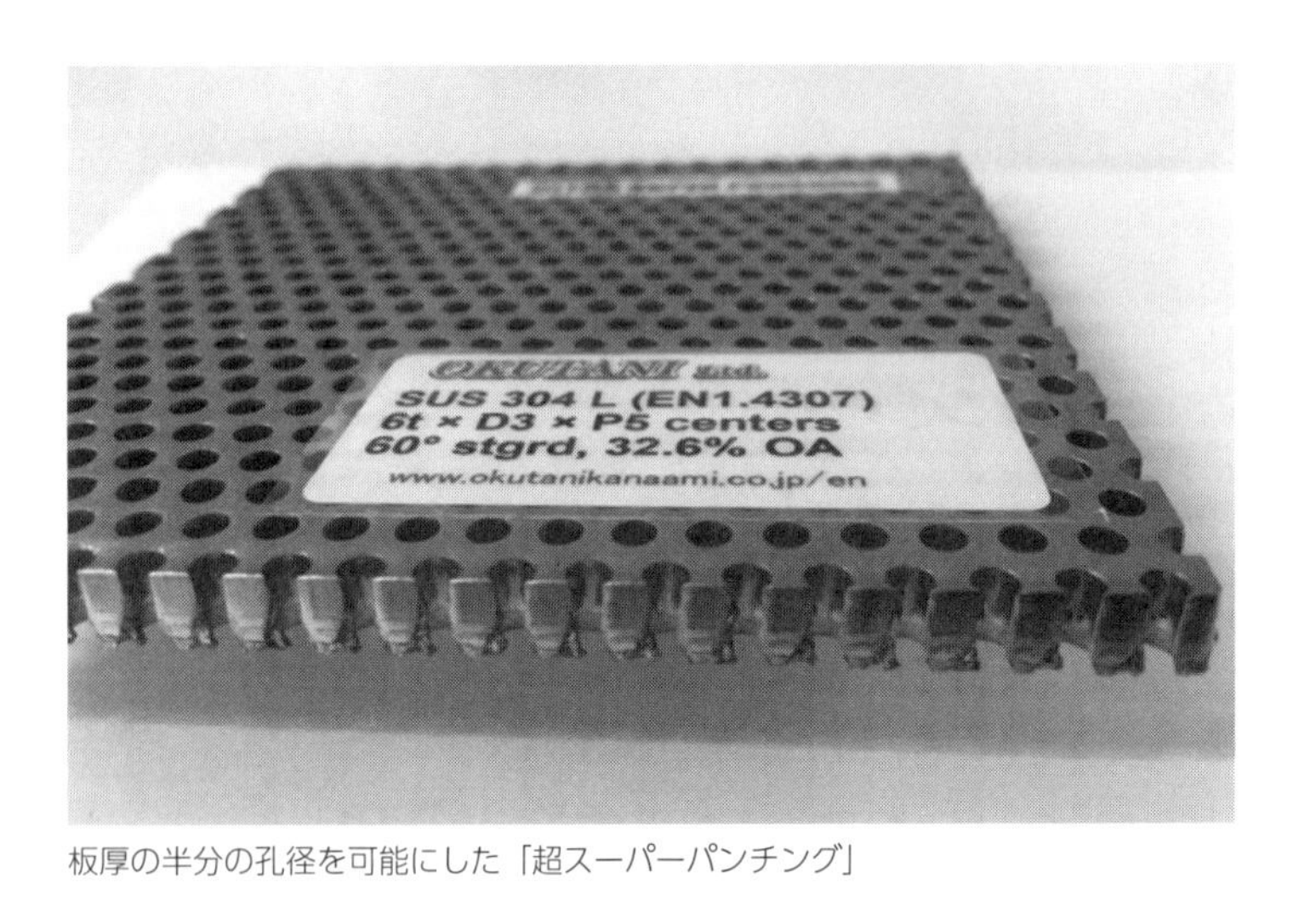

板厚の半分の孔径を可能にした「超スーパーパンチング」

からホームページを開設し、コンテンツを充実させた。その他にも、国内外の展示会で技術、製品をアピール。自治体の制度や認定事業を積極的に活用した。

新製品や技術開発も惜しまない。2009年に板厚より小孔径をプレス加工する「スーパーパンチング」を開発。また、鋼板だけでなく樹脂などのパンチング技術も開発した。さらに18年には「超スーパーパンチング」を開発。従来は板厚の70%程度の孔径が限界だったが、50%の孔径を可能にした。板厚を維持することでフィルターなどの耐久性を高められる。奥谷社長は「実用性もあるが、他社が追随できない技術をアピールすることに意味がある」と開発のポイントを語る。

長寿のひけつ

「緒行無常」

成長を支えてきたのは「他社と同じことをやりたくない」という奥谷社長の反骨精神である。歴代トップは技術を磨き受注先を広げる努力を重ねてきたが、それだけでは満足しなかった。情報発信に努め、「ウェブだけでなくリアルも」との思いで本社にショールームも開設した。技術力と発信力の相乗効果で業界における同社の地位は右肩上がり。「日本一」という目標は「世界一」に変わった。

会社概要

所　在　地：神戸市中央区相生町 4-5-5
電 話 番 号：078-351-2531
創 業 年 月：1895 年 5 月
事 業 内 容：打抜金網（パンチングメタル）加工・販売、金網製品販売

URL：https://www.okutanikanaami.co.jp/

培った金属加工技術と積極的姿勢で新価値創造

カネエム工業㈱

カネエム工業は、ジーンズボタンや靴に使用される「ハトメ」など服飾や生活業界向けのパーツを製造している。その中でもハトメは、創業から続く主力製品となっている。

一貫生産体制を整えており、全てを自社内で対応している。順送プレスなどの金属加工から、パーツの装飾性を実現するバレル研磨、薬品加工などによる表面加工から製品の組み立てまで自社内でその全ての工程を行う。

■物心両面の豊かさを実現

社是・理念

わが社は、良質、高機能、ファッショナブルなカネエム商品の提供を通じて社会に貢献するとともに、社員の資質向上に努め、物心両面の豊かさを実現します。

代表取締役社長
島田 真輔 氏

1947年に服飾資材商社のモリト（大阪市中央区）のハトメ製造協力会社として森藤（もりとう）金属工業を創業し、61年に八尾市に移転。71年に現社名に改称した。モリトとの共同開発で海外産のハトメを国内向けにリメイクしていた。

その後、2代目の島田恒幸社長（現・相談役）のもとで経営改革、組織改革を進めた。経営を進めるうえでは、「偽りのない健全な経営」をモットーとし、法令を遵守するとともに社員に向けても誠実性を大切にし、互いに信頼関係を築ける土壌を培ってきた。財務面では、内部留保を重ねて、自己資本率を高めることに努めた。その結果、盤石な財務基盤を構築し、今日の安定した経営基盤を築くことができ、幾度も優良申告法人として表彰をうけてきた。

リーマン・ショックの影響や服飾パーツ業界が飽和状態なことによる逆境のため、既存品だけでは不透明感が漂うようになり、新たな基盤の創出に力を入れている。

顧客のさまざまなニーズに応えるためプレス機をはじめ、多種多様な設備を取り揃えている

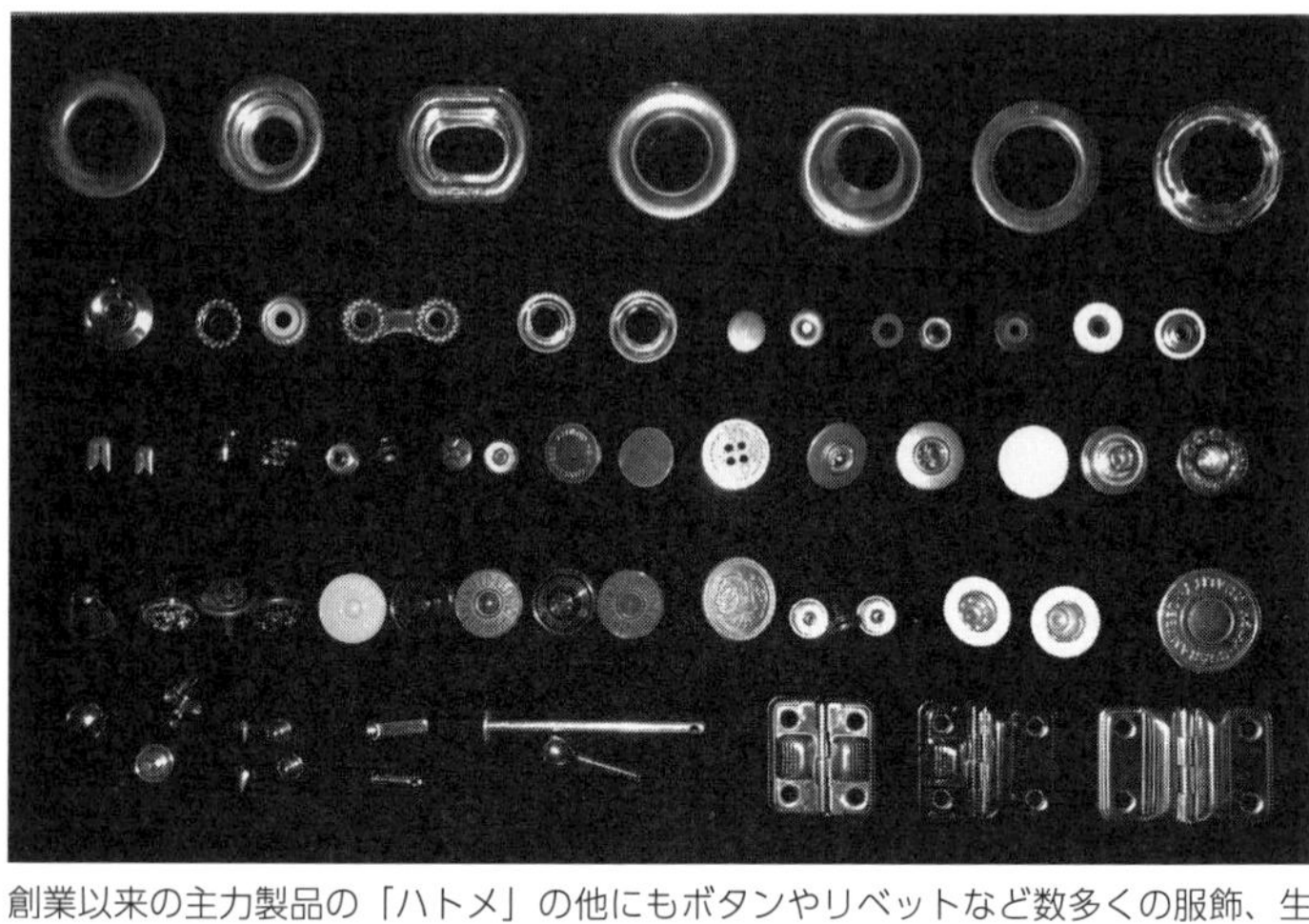

創業以来の主力製品の「ハトメ」の他にもボタンやリベットなど数多くの服飾、生活関連業界向けのパーツを製造している

その1つが、線材への対応だ。2017年に線材を加工して製造するランス鋲の生産を開始。板材を主な材料として、製品の製造を長年続けてきた同社にとっては、新たな挑戦だった。島田社長は「金属加工にさらなる磨きをかけながら、モノづくりの幅を広げられる」と、この挑戦に期待を寄せる。また、数年前に再開した新卒採用による、若い力を生かした製品開発にも、力を入れる。既存品のジーンズボタンなどを生かしたデザイン画びょうやマグネットなど、一般消費者向けの新製品を輩出。そうした商品が、小売店に商品が並ぶことで、新たな商圏へ販路を広げ、BtoBからBtoCという新たな基盤が生まれた。今後もさらなる挑戦を重ね、新たな価値を世の中に提供し続けていく。

機械

金属・鉄鋼・非鉄金属

化学・繊維・素材・医薬

電機・電子・精密機器

金融・商業

運輸・建設・輸送機器

ガス・その他製造

長寿のひけつ

偽りのないまっとうな経営で

長い間、大きな危機なく堅調な経営を続けてきた。その要因は「堅実かつ誠実な経営」を続けてきたことにある。利益を追求することよりも、常に「心の底から良い商品を送りたい」との思いを第一に考えてきた。ただし、保守的になるばかりでなく、挑戦をすることも大切にしている。線材への対応や新卒採用といった積極的な挑戦姿勢が、今後のさらなる隆盛のカギになる。

会社概要

所　在　地：大阪府八尾市泉町 1-93
電話番号：072-999-1231
設立年月：1947 年 10 月
事業内容：服飾資材の専業メーカー

URL：http://www.kanem.com/

世界に通用する技術力で幅広い分野に応用

神谷機工㈱

神谷機工は1953年、木材を切削する丸鋸の製造と刃先の研磨をするアフターサービスを主業として創業した。高度経済成長の波に乗り、住宅着工件数が年々増加する中、木材を切断する丸鋸の需要も高まっていった。

しかし、同社は単にそれに乗じただけではない。より鋭い切れ味を求め、さらに切粉を抑えるようにするなど、現在の工業用刃物の基礎となる技術を構築していった。

その技術の1つに「歪み（ひずみ）」と「腰入れ」がある。「刃振れを起こさずに真っ直ぐ切断できて、かつ、切断面を美し

社是・理念

社員が主人公
弊社は、社員一人ひとりが主役として満足度を感じるように経営努力をして参ります。
安定したお取引様と安心して働ける環境
変化の激しい時代において、安定した財務内容を維持してお取引様と安定した信頼関係を築き、安心して仕事に邁進できる環境をつくれるよう経営努力をして参ります。

代表取締役社長
神谷 明史 氏

く仕上げたい。」とのお客様からの一番の要望をベテランの職人の手で可能にしている。

この技術があるからこそ、世界各国へ円建てによる輸出を可能にしている。現在では同社の刃物は航空機業界をはじめ、自動車部品、家電製品、食品加工、半導体など幅広い分野に用いられている。

■課題解決能力が顧客を呼び込む

刃物に関する課題に常に挑み続けてきた。近年、次々に新素材が開発され、それとともに、どのように切削加工すればよいかという課題が生まれる。同社では刃物の材質だけでなく、回転数、刃数、刃型、熱処理など、用途に応じて課題を解決する方法を提案してきた。また、現在は産業廃棄物になる切粉の発生を抑えた、環境にやさしい刃物づ

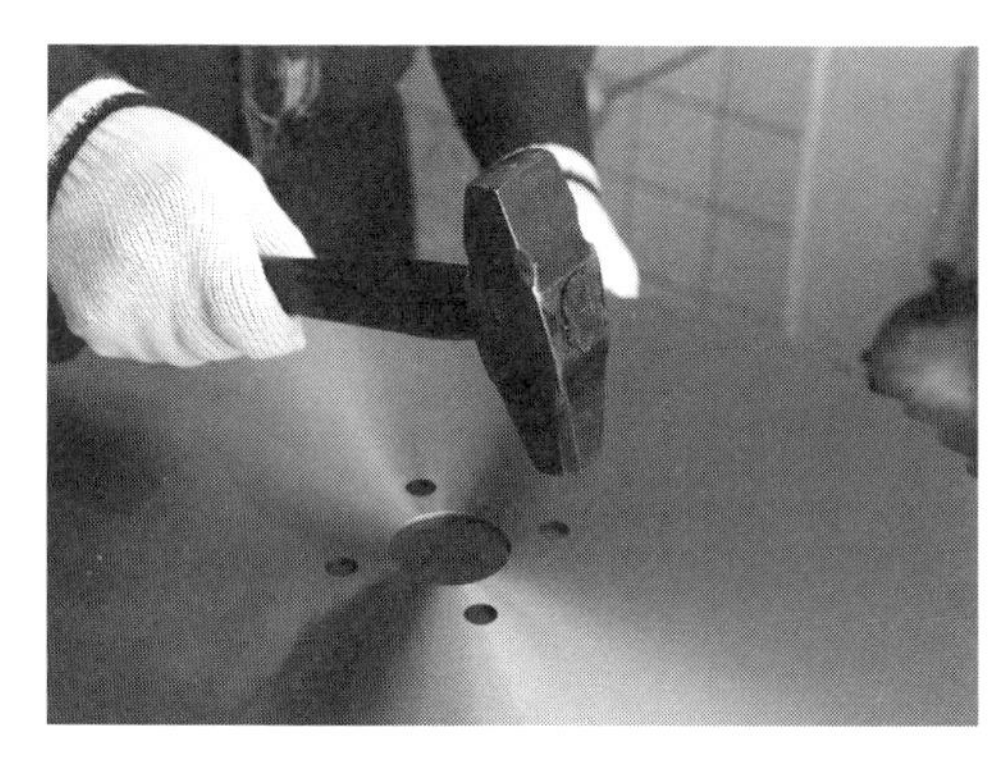

ベテランの職人の手で顧客の求める最高品質の商品を提供している

非接触3D測定可能なマイクロスコープで刃先の精密検査。常に高品質で優れた製品を提供する。

くりにも挑戦している。同社の挑戦心と高い課題解決能力を頼りに、今もなお、途切れなく新規案件が持ち込まれている。

さまざまな課題に対応するうちに、同社の取引先は今では400社を超える。野球で言えば、どんな打球もキャッチしてきた結果だ。たとえ、それがファールフライであっても、場合によってはボールを取りに行かねばならないというのが同社の姿勢だ。

仕入先には現金決済を基本とし、信用に重きを置く。企業が長く生き延びるコツは、売り上げも「微妙に上げ続けるぐらいが良い」といたずらな成長を追わない方針を掲げる。その方針をよそに世間からの呼び声の高さから、実際は企業調査会社が驚くほどの成長を見せている。

長寿のひけつ

社員全員が主役

自由なテーマで、一人ずつ話をする時間を朝礼に取り入れている。これが、社員同士が互いのことを知るきっかけになっている。営業マンにノルマはなく、残業もない。それは社員自ら考え、動く人であってほしいとの思いからだ。そして、自らが望めば何歳まででも働ける環境を用意するなど、安心して働ける会社であり続けることを目指している。ここでは、社長だけが会社を切り盛りするのでなく、社員全員が主役となって活躍している。

会社概要

所 在 地：大阪市平野区平野西4-10-23
電話番号：06-6702-3022
創業年月：1953年2月
事業内容：工業用機械刃物の製造・販売

URL：http://www.kamiya-saw.co.jp/

鋳造を核とした精密加工で成長軌道を描く

カルモ鋳工㈱

カルモ鋳工は、自動車・鉄道部品などの木型・金型製作、鋳造、機械加工を手がける。第5工場には5軸マシニングセンタ（ＭＣ）約20台を完備する。２０１５年には航空・宇宙産業の品質マネジメント規格「ＪＩＳ Ｑ ９１００」の認証を取得。航空機の翼といった機体構造部品などの切削加工に本格参入した。工程ごとの技術力を高め、23年8月期の売上高は18年同期比約1・8倍の15億円を目指す。

■持ち前の技術を多分野に応用

社是・理念

当社はお客様の繁栄に貢献し、社員の幸せを実践するために存在します。

代表取締役
高橋 直哉 氏

同社は１９４４年、大手電機メーカ向け銅合金の鋳造から始まった。高度経済成長期を経て、自動車が普及し、自動車のエンジン構成部品向けに鋳造部品を手がけるようになる。その後、低燃費実現の開発競争が激化するに伴い、軽金属であるアルミ鋳造の需要が増加した。高橋社長は、バブル経済が崩壊した90年代を時代の転換期とし、「品質が良いだけでは売れない。売れるものは何かを考えた」と述懐する。当時は鋳造に特化していたが、徐々に木型・金型製作も始め、鋳造品の機械加工にも参入した。

機械加工は後発だったが、高橋社長は「顧客が求めるものを敏感に察知して事業を変化させる」という揺るぎない意思の基、自ら欧州のメーカなどを通して技術を培った。２００３年には5軸ＭＣを導入し、従来は複数のＭＣを用いていた工程を集約、短納期対応を強化した。

事業が軌道に乗り、設備投資も積極化していたところに、

仕上げ加工に取り組む若手社員

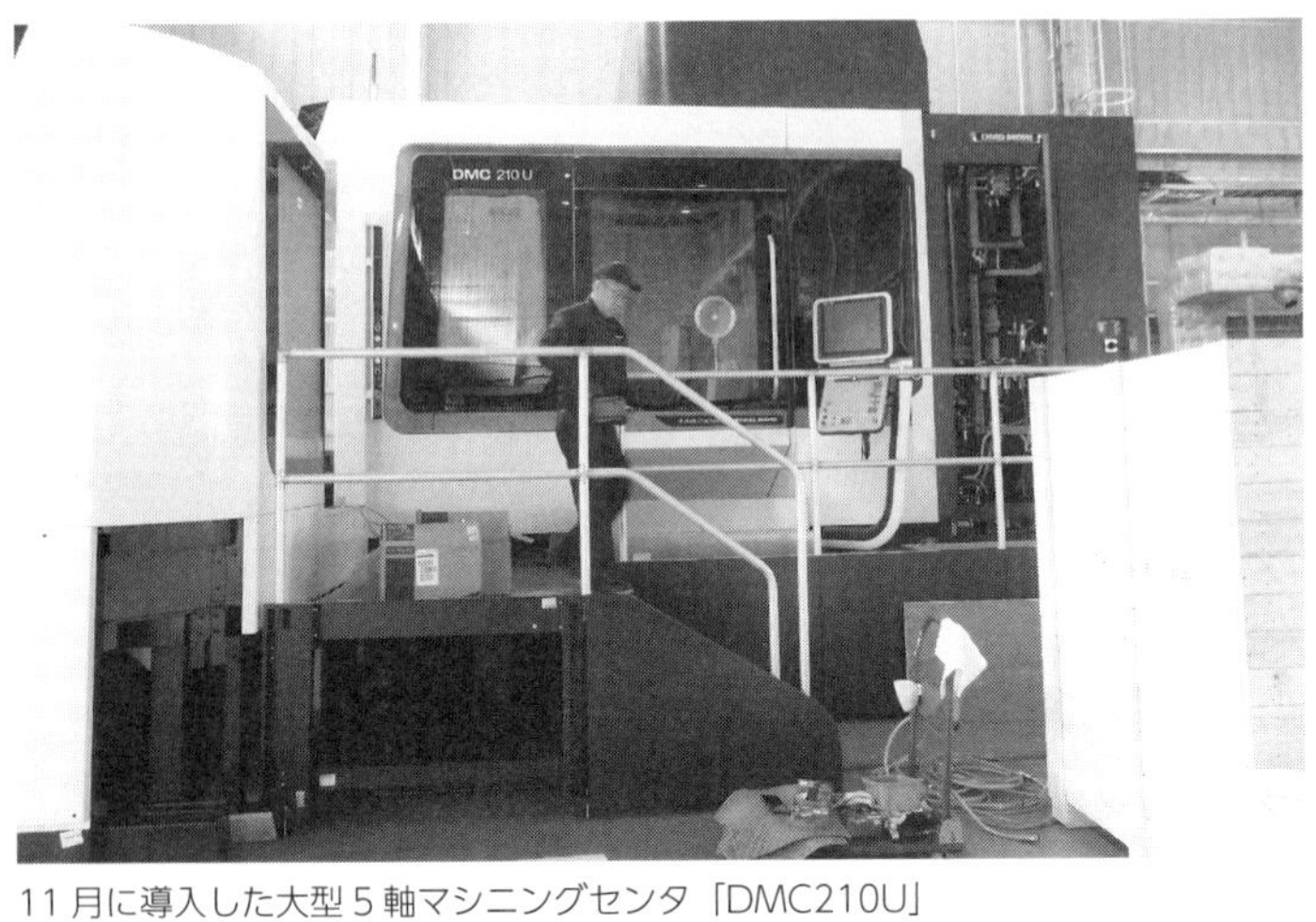

11 月に導入した大型 5 軸マシニングセンタ「DMC210U」

リーマン・ショックが発生。これにより、自動車向けの加工に集中しており、全ての開発プロジェクトが停止。事業は頭打ちになった。それから2年間で売り上げは4割落ち、苦境に陥った。そこで、自動車のほかにも鉄道車両や航空機分野の部品加工に進出した。多分野に精密加工技術を応用し、景気変動のリスク分散を図る。国際認証を取得し、地域企業などから成る航空機クラスターを通じて情報網を張るなど、成長の礎を築いてきた。18年11月には航空機のエンジン部品を加工できる大型5軸MCを導入した。今後は、航空機部品に関しても金型製造から鋳造、機械加工まで一貫した生産体制の構築を目指す。そして、常に顧客の求めるモノを提供し続けていく。

長寿のひけつ

魅力あふれる職場づくり

「働く人にとって魅力のある会社をつくる」理念をもとに醸成されるチームワークで、経済状況の変化に応じていくことのできる技術を磨いてきた。それに加えて「いきいきとモノづくりができる」という方針を高橋社長は掲げる。社員の発想を採用し、来客や学生向けに手づくりの会社案内をデザインしたり、ホームページに社員のインタビューコーナーを設けたり、共同で魅力ある職場づくりの発信に取り組んでいる。

会社概要

所 在 地：神戸市西区高塚台 3-1-45

電話番号：078-991-1414

設立年月：1944 年 11 月

事業内容：非鉄金属鋳物（銅合金、アルミ合金）の製造、精密機械加工、木型・金型製作

URL：http://karumo.com/

パイプ加工と電子機器加工の二刀流で取引先拡大へ

岸本工業㈱

岸本工業はテレビアンテナなどに使うパイプ加工と、その周辺機器の基板実装・はんだ付け・組み立ての、2事業を手がけている。1社下請けの期間が約40年と長かったが、その間にパイプ加工やプリント基板実装の技術を磨くことで、地上デジタル放送移行による売り上げ減を経験するも、現在はその窮地を脱し取引先の拡大につなげている。

■多品種少量変量生産

1960年、創業者の岸本文雄氏がプレス加工や板金加

社是・理念

真摯な「ものづくり」を通じ、社会に喜びの輪を提供する。
企業を継続・発展させ、関係する「人」の幸せを実現する。
新しいビジネスを創造し、地域社会の発展に貢献する企業になる。

代表取締役
岸本　明氏

工の岸本工業所を立ち上げ、77年に岸本工業として法人化した。当時の取引先は兵庫県内にある大手アンテナメーカー1社のみ。送受信用アンテナパイプの加工をしていた。

テレビアンテナはＶＨＦやＵＨＦ、ＢＳなど周波数の違いで形状が異なるほか、同じＵＨＦでもテレビ電波が届きにくい地域ではアンテナの仕様が変わる。高層建築や山岳地帯など保守点検が難しい箇所に設置するアンテナには頑丈さも要求される。例えばパイプ直径32㎜×肉厚1・5㎜の素材などだ。同社は常に取引先からの多品種少量変量生産に対応することで、パイプの切断や穴開け、曲げなどを強みにできたほか、ＮＣ自動アーム穴開け機といった専用機を導入し作業効率化も図った。

83年からは業容を拡大すべく、テレビ用ブースター分配器の加工を開始。本社近隣に新工場を設け、プリント基板実装や電子機器の組み立て、検査などの仕事を次々と開始。

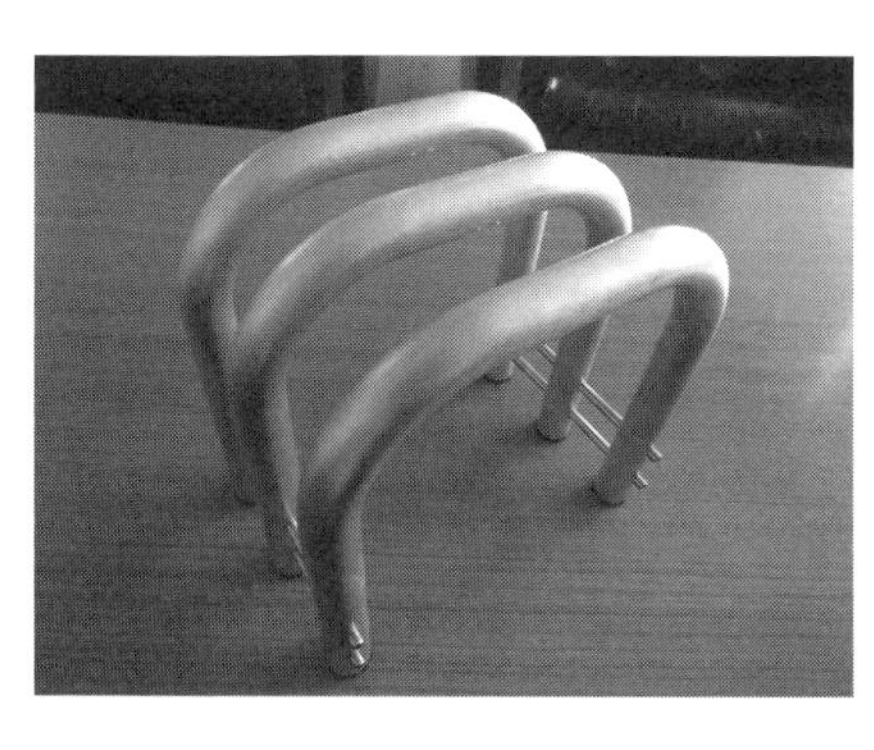

曲線に加工したパイプ

電子部品をプリント基板に配置する高速チップマウンター

2事業部制の岸本工業が誕生した。

転機は２０１１年7月の地上デジタル放送完全移行。移行前はアンテナ買い替え需要で仕事が大幅に増えるも移行後は激減。売上高も減った。アンテナ以外に活路を見い出すべく、現社長で当時常務だった岸本明氏が商工会議所や協力会社のつながりを生かし、取引先を開拓。自動車に使われる配管チューブ向けジョイントの受注に成功するなど、ここ数年で取引先が１社から12社に拡大。業種も広がった。

今後も引き続き、協力企業からの紹介や展示会への積極的な出展で会社の認知度を高めるほか、「取引先を姫路だけでなく大阪地区にも拡大したい」と岸本社長は意気込む。パイプ加工と電子機器の二刀流で業容拡大を目指す。

長寿のひけつ

社員交流で自社の団結力向上へ

2018年10月、社長が岸本文義氏から長男の明氏に交代した。就任から日は浅いが「社長の立場から今の会社に足りない点が分かってきた」という。その1つが社員同士の交流。今後は全社員を集めた会議を定期的に開く予定だ。パイプと電子機器の2つを手がけるユニークな岸本工業で、社員のさらなる団結により岸本社長が語る「各人が他の社員を意識して仕事をできる組織」を目指してほしい。

会社概要

所　在　地：兵庫県姫路市飾東町八重畑558-1
電 話 番 号：079-262-1189
設 立 年 月：1977年4月
事 業 内 容：パイプ加工、電子機器組立

URL：http://www.kishimoto-kk.jp/

船舶から航空機部品まで大物加工のスペシャリスト

㈱きしろ

「きしろ」は1915年の創業から一貫してモノづくりを続けてきた。ただし100年余の間に、その中身は時代の変化や経営者交代を機に変貌を遂げてきた。製造品目は小型船舶用の焼き玉エンジンから船舶用エンジンのクランクシャフトの加工、航空機部材加工へと変わった。

大型部材を加工できる播磨工場には、戦艦「大和」の砲身を削り出した旋盤が今も残る。そうした古い設備を改良したり、自社で専用機を製作したり、工夫を重ねて他社にはまねのできない大型品の加工法を編み出してきた。今も

社是・理念

頭は低く
思いは高く
常に前進

代表取締役社長
松本 好隆 氏

社名に名を残す創業者の木代重行氏が、明石で小型船舶用内燃機の製造を始めた「きしろ発動機」が原点。漁船用で当時主流だった焼き玉エンジン製造で事業を拡大し、明石に大工場を建設した。販売先はアジア各国に広がり、中国・上海にも工場進出。だが第2次大戦中に鐘淵紡績(かねぼう)に吸収合併され明石造機工場となるも空襲で工場が全焼した。

■戦後、社員が会社を復興

木代氏はもともとの夢であった社会福祉事業家に転身、残された社員らが復興に立ち上がった。同時、製造責任者だった松本社長の祖父・松本金次氏が中心となり、旧・明石造機工場を買い戻し、再び船舶エンジンの製造を開始。55年には、その後の屋台骨となる船舶部材加工の仕事を神戸製鋼所から初受注した。プラスチック製造にも進出した一方で、小型船舶用の焼き玉エンジンは需要が減少。60年

きしろ発動機時代に建設した林崎（現・兵庫県明石市硯町）大工場

現在の本社ビル

に祖業であるエンジン製造から撤退した。その後は神戸製鋼所から受注するクランクシャフトなど船舶用大型部材の切削加工を一手に担ってきた。大型鋳鍛鋼を加工、全長20ｍ、１６０ｔのタイロッドも国内で唯一加工できる存在だ。一般産業部品でも風力発電用ローター軸や製鉄用バックアップロールなどを加工する。

71年から38年間社長を務めた松本好雄氏はスピード感のある柔軟な経営を推し進めた。２００９年に社長を引き継いだ松本社長とともに、新事業分野にも歩み出した。航空宇宙向け部材の品質規格「ＪＩＳＱ９１００」認証を取得し、航空機部品事業に進出。航空機部品加工の専用工場を設立し、チタン切削加工によるファンケースやランディングギア部品を製造している。

長寿のひけつ

「丁寧な仕事」の継承と色の変遷が強み

同社の歴代経営者は独自のカラーを持つ。社会に役立つ事業を興した木代氏、モノづくりを追求した松本金次氏、営業センスで事業分野を拡大した現会長の松本好雄氏。それぞれが異なる時代に異なる強みを発揮して、企業を継続してきた。松本社長は「丁寧に仕事をすることだけは変えたくない」とし、顧客ニーズに応える基本姿勢を継承しながら、新たな時代に合ったモノづくりに挑む。

会社概要

所 在 地：兵庫県明石市天文町 2-3-20
電話番号：078-917-1223
創業年月：1915 年 11 月
事業内容：切削加工、大型溶接構造物の製作・組立、機器類の設計・製作

URL：http://www.kishiro-g.co.jp/

ユーザーニーズに向き合い高品質の磨き棒鋼を製造

協同シャフト㈱

丸、六角、四角の断面形状を有する寸法精度、機械特性に優れた鉄鋼製品・磨き棒鋼の専門メーカー。棒鋼や線材の鉄鋼素材をダイスと呼ばれる金型の穴に通し、引き抜いて加工する。引き抜きや熱処理、研磨などの工程を経ることで鋼材の特性を飛躍的に向上させて、表面品質や加工性に優れた製品に仕上げている。シャフトをはじめ、油圧部品やボルト、ナット、ばねなどの機械部品に加工され、最終的には自動車や二輪車、建設機械、工作機械など幅広い分野で使われている。

社是・理念

社訓「技術奉仕」
安西社長は「社内的には技術向上に努力し、社外的には責任のある品質の製品を供給することで、社会に貢献していく」としている。

代表取締役
安西 正幸 氏

■鉄鋼メーカーと技術交流や共同事業

１９４７年の創業当初から戦後復興期にかけては自転車やミシン向けなど軽機械分野への製品供給が中心だった。50年代後半に線材から磨き棒鋼を連続的に製造する生産性の高い抽伸機をいち早く海外から導入。この頃から生産台数を伸ばしていた自動車メーカー向けに製品を供給する方向へ大きく舵を切り、業容を飛躍的に拡大させる。

磨き棒鋼の製品寸法は外径で４～１２０㎜。これだけ幅広いサイズに対応しているメーカーは他にはない。サイズのほか、鋼種や強度など製品の種類は多岐にわたるが、安西社長は「ユーザーニーズに真正面から向き合うことで、技術やノウハウが蓄積され、品質や精度も向上させることができた」と強調する。

現在、磨き棒鋼や線材として供給する冷間圧造用ワイ

創業期の引き抜き加工の様子（1951年）

現在では、さまざまな設備を駆使し、機能やロットに応じた合理的な生産体制を築いている

ヤーのほか、磨き棒鋼に切削や表面処理などの仕上げ加工を施したシャフトも製造する。製品の品質は生産技術のほか、炭素鋼や特殊鋼といった素材の品質にも左右される。そのため、素材を供給する鉄鋼メーカーとの技術連携も欠かせない。2006年には鉄鋼メーカーとともに中国に特殊鋼鋼線メーカーを立ち上げるなど、海外での事業も展開している。

社名の「協同」は、創業者・塚本小太郎氏が仲間3人と会社設立したことに由来する。「1つの目標、目的に向かって心と力を合わせ社員一丸となって頑張っていくという意味が込められている」と安西社長は説く。社内はもちろん、顧客や鉄鋼メーカーと一体となってこれからもさらなる成長を続けていく。

長寿のひけつ

ユーザーの本音に応える対応力

磨き棒鋼は中間素材として顧客に納入される。単に顧客の求めに応じた製品を供給するだけではなく、納入後、製品が扱いやすいか、生産ラインとの相性がいいかといったことも重要になってくる。安西社長は「ニーズの本質をつかむことはもちろん、言外から顧客の思いやニーズの背景も感じ取って応えていかなければいけない」という。この姿勢こそがメーカーとしての矜持なのではないか。

会社概要

所 在 地：大阪市淀川区加島 4-7-8
電話番号：06-6301-1931
設立年月：1947 年 11 月
事業内容：磨き棒鋼、冷間圧造用ワイヤーの製造

URL：https://www.kyodoshaft.co.jp/

細かな要望に応える段ボール用刃物の受注生産で着実な歩み

近畿刃物工業㈱

近畿刃物工業は1960年の創業から、段ボール製造用の刃物の専門メーカとして製品を生み出し続けている。

段ボールの生産量は輸送用の箱の材料などとして、年々増加している。それに伴い、段ボール工場から同社への依頼は絶え間なく続いている。段ボールは、複雑な形状に切る必要があることも多く、同社の製品は1個からの完全受注生産。さまざまな種類の刃を用意し、ユーザごとに違う細かな要望に応えている。「ユーザのニーズという球を受けては投げ返す」ことが同社のスタイルだと阿形社長は語る。

社是・理念

創業以来、段ボール用刃物一筋に製造してきた。技術革新に伴う高精度化・高速化した段ボール製造装置に製品群を提供している。切断により現場の問題にユーザと取り組み、成果を上げている。今後いっそう新しい分野の開拓に努力し、社会に貢献していく。

代表取締役
阿形 清信 氏

一時は営業力強化に取り組むことも考えたが、社内一貫生産の強みを生かし数多くの特許を取得。近年は各種測定機器を利用して新たなモノづくりの深掘りを行った結果、「企業基盤の強化につながってきたように感じる」と阿形社長は言う。

■信頼を育むニーズや思いへの共感

ユーザニーズに細やかに対応する姿勢を反映した製品といえるのが、2008年に誕生した「サクット」と「スパット」だ。段ボールを切る刃物は劣化すると切り口の形状がきれいな直線にならず、段ボールの品質に影響を与える。ユーザからそうした課題解決を要望する声が高まっていた。それに対応するため、ユーザから要望を聞き取り、開発を進めた。従来製品と比べてさらに鋭利な刃先をユニット化。ユニット式にしたことで段ボール製造装置本体を変

下刃（ノコ刃）

一体ヅノ、サクット、スパット

更してもそのまま付け替えて使用できる。切れ味・切断力の高い刃物だとわかりやすい製品名で浸透を図った。

社内に向けても、心遣いを忘れない。最近は職場環境改善などの動きが活発化しているが、同社はそうした動きがない時代から長年、職場環境への気配りを重視してきた。阿形社長は「社員が安心して眠れる会社」を方針に掲げている。収入面でも精神面でも安心して働ける会社にすることがその意図だ。安定した給与に加え、人間関係にも細やかに気を配っており、社員の定着率は高い。「会社は喜んでもらえる製品を作る場所であり、同時に人を育てる場所でもある」と阿形社長は説く。顧客のニーズや社員の思いへの共感が、内外の信頼を生んでいる。

長寿のひけつ

堅実で親しみやすい経営で生き残り

製造装置や人員、工場などの増強を随時続け、堅実にステップアップしてきた。プロバスケットボールの試合のスポンサーになったり、社員や協力会社から自社イメージを聞き取った結果を歌詞に反映した社歌を作ったりし、社会の中で広く参画を行うことで親しみやすさも高めている。段ボールの用途拡大が進む一方、段ボール刃物の専門メーカは、現在では貴重な存在。生き残りにより、さまざまな業界の物流を支えている。

会社概要

所　在　地：大阪府守口市大日町 3-33-12
電話番号：06-6901-1221
創業年月：1960 年 6 月
事業内容：紙器・段ボール加工用刃物製造業

URL：http://www.kinkihamono.co.jp/

実績が実績を呼ぶ鍛造
顧客層を拡大し安定経営

草川鉄工㈱

大正期に大型捕鯨銛を国産化した草川鉄工。4代目の五十嵐社長の曾祖父にあたる創業者は遅延信管を使った捕鯨銛などで特許を持つ。捕鯨文化の衰退で銛の製造はなくなったが、培った鍛造部品の製造技術は年々進化している。金属をたたくことで衝撃や曲げに強い組織へ変え、なおかつ求められる形状にする鍛造は、各種部品の軽量化や複雑化対応、材料の無駄削減などニーズは大きく、自動車や船、原子力プラント、建機、農機、産業機械など多くの分野で使われている。

社是・理念

- 1914（大正 3）年の創業以来培った熱間鍛造技術をもとにさまざまな業界のニーズに対応した製品づくりを提案し、社会に貢献できる企業でありつづけます
- 心を込めたものづくりとたゆまざる技術革新により顧客満足を指向し社会に貢献します
- 企業活動を通じて継続的に従業員の幸せを追求する企業でありつづけます

代表取締役社長
五十嵐 宏明 氏

たたけば強くなる、という単純な加工ではないのが鍛造。素材に応じて温度の上昇スピードを変え、どの程度たたくか、冷却時間をどの程度にするかなど、少し条件が異なれば内部欠陥が生じる複雑な科学の世界だ。このため実績がノウハウとなり、さらなる実績を呼ぶ。五十嵐社長は「顧客と仕事に真摯に向き合い、信頼されることで既存顧客から別の顧客を紹介され業種や顧客が増えてきた」と振り返る。現在、特定の業種に集中することなく、それぞれの市況に左右されない安定した経営を実現している。

■切削、検査まで一貫で

工場の鍛造設備は量産部品に向く型鍛造が5ライン、大型部品や特殊部品用のフリー鍛造が1ライン。小さなもので数百グラム、大きなもので2tと極めて広いレンジの鍛造をこなす。またレンジの広さは生み出す鍛造品にとどま

幾度もたたきながら強靭な部品をつくり出す鍛造

有資格者が社内で非破壊検査する

らず、加工種も同様だ。切削加工など、一般的に鍛造企業が外注に出すことが多い加工を内製。より短い納期で顧客に納める体制を構築している。さらにこだわりを見せるのが検査体制。磁粉探傷や、超音波探傷、浸透探傷など各種非破壊検査で社員が、検査と良否判定の両方ができるレベル2の資格を持ち、工場内で完結する。これも短納期対応が主目的だが「個人的には、鍛造屋は形状だけでなく中身まで保障すべきだと考えている」と五十嵐社長は矜持を示す。

品質へのこだわりと短納期対応力の高さから受注は着実に伸長している。2018年末には製品や金型の切削加工の内製率を高めるため工場を拡張。マシニングセンターを新たに導入し、より複雑な加工に挑戦する。

長寿のひけつ

失敗は成功のもと “勉強代”可能な安定経営

析出硬化系ステンレスで耐食性と高強度を持つ「SUS630」など難しい素材をも鍛造する草川鉄工。しかし新素材の加工は失敗なしには、なし得ない。五十嵐社長は「顧客からの支給材をダメにして弁済することもあるが、これらはすべて勉強代。同じ素材やできる素材だけやっていては生き残れない」と語る。もちろん“勉強代”が払える背景には安定した経営基盤があることは言うまでもない。

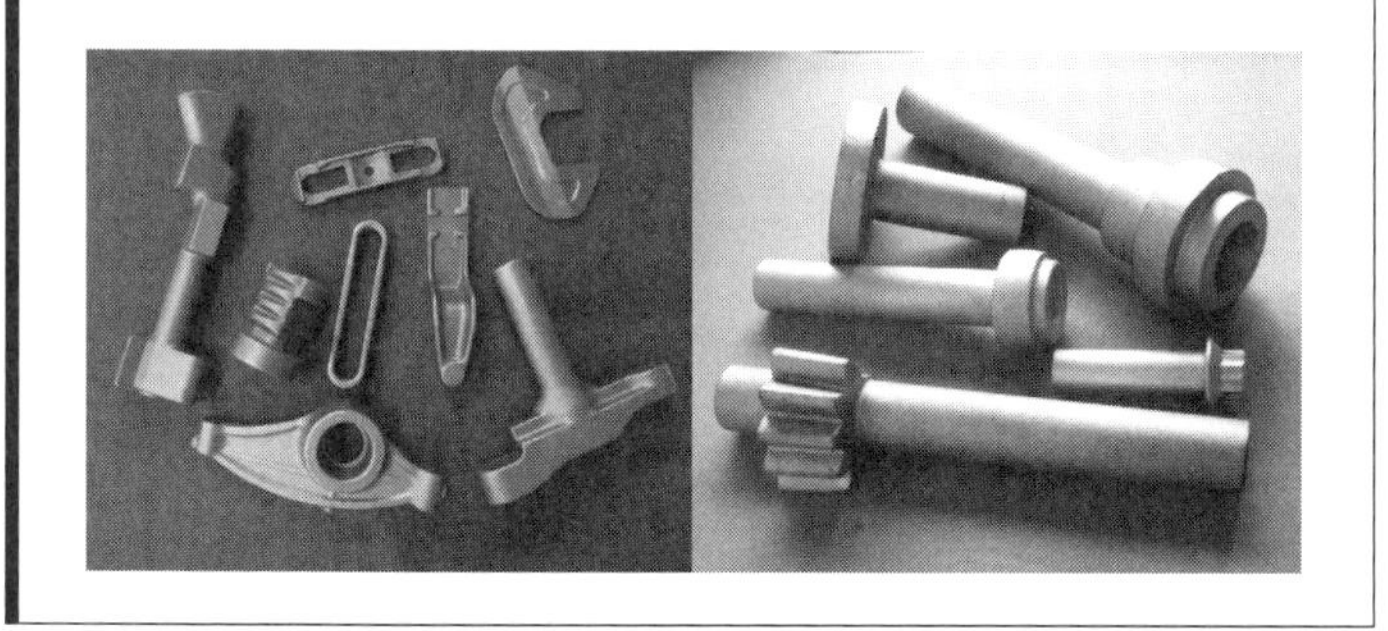

会社概要

所 在 地：大阪府八尾市老原 8-79
電話番号：072-922-7165
創業年月：1914 年 5 月
事業内容：熱間鍛造

URL：http://www.kusakawa.net/

硫化いぶし仕上げを次世代に継承 新技術も取り込み100年企業へ

㈱光栄プロテック

硫化いぶしは銅合金パネルを表面処理し、アンティーク感を生み出す伝統的な手仕上げ技術。光栄プロテックは、その金属製品の塗装や特殊表面処理のパイオニアとして知られる。機械には出しにくい重厚な色味や暖かみ、わびさびを感じさせる仕上げは寺社仏閣をはじめ、高級ホテルの内・外装やエレベータ扉、フロント建具など印象に残る部分で採用されている。現在も、ホテルオークラ東京やリッツカールトン日光、京都東山に建つ高級ホテルの建築金物の表面処理仕上げに対応している。

社是・理念

光栄プロテックは社会に必要とされる人と企業を目指して日々努力する会社でありたいと考えています。

光栄プロテックは企業経営を通じ、お客様の信用・信頼を最も重要なものと位置づけし、その為に社員一同が切磋琢磨し結果、お客様と共に発展していける企業を目指します。

代表取締役
三田 雅憲 氏

さらに銅合金でしか発色できなかった硫化いぶし仕上げをステンレスやスチール製品でも表現できる表面処理塗装技術を独自に開発。「関西ものづくり新撰２０１６」に選ばれ、金属意匠製品の分野でさらに名を上げることとなった。

■社員の成長こそ、会社の成長

同社の基礎を築いたのは道下正治会長。東京の別注金物大手で硫化いぶしの技術を磨き、会社の関西進出時に、請われて大阪へ。１９６２年に光栄塗装を創業し、76年には枚方に現本社工場を建設、工場での塗装生産が可能になった。同金物製作所の専業下請けとして硫化いぶしを担当し、当初は順風満帆だったが一時仕事が激減。その後、当時付き合いのなかった建材メーカー数社から硫化いぶしの依頼が増加し、販路が大きく広がった。

三田社長は93年に入社。バブルが崩壊し経営環境が厳し

脈々と受け継がれてきた職人たちの手仕上げ技術により、美しい金属意匠が生まれる

社員教育に力を入れるほか、オフィスをリノベーションしたり福利・厚生の充実を目指すなど社員たちの働く環境の向上にも努めている

い状況の中、営業部を創設し営業に力を入れる。自動塗装のラインを持つ第2工場を建設し、大手エレベーターメーカーの認定工場になる。2015年には千葉に工場を建設し、関東へ進出。英国ブルームバーグ社屋の硫化いぶしに大きく貢献した。三田社長は「硫化いぶしは我々のアイデンティティであり原点。この技術を高めながら引き継いでいく」と話す。この伝統技術の継承と応用こそが他社との大きな差別化になるのだ。ただ、硫化いぶしは職人の手作業であるため技術難度が高い。そのためには時流に合う新技術開発も必要。社員教育に力を入れ、働く環境を整え、女性技術者の登用を含め若い技術者を育てていくことが、次の50年を生き抜くには、必要不可欠であると考えている。

長寿のひけつ

特殊塗装・硫化いぶしとともに歩む

硫化いぶしは簡単に真似のできる技術ではない。ゆえに、この伝統技術を継承してきた光栄プロテックの優位性は高い。またニッチ分野ながら営業力があり新しく建つ高級ホテルや高級商業施設に対する引き合いも多い。同社では、生産増加と技術継承を目的とし 2019 年に硫化いぶし専用の第 3 工場を大阪に稼働させるが、この継続的な技術投資と人材育成こそが長寿の要となるだろう。

会社概要

所　在　地：大阪府枚方市春日野 2-2-12 枚方東部企業団地内（本社工場）
千葉県白井市名内 320-1 白井工業団地内（千葉白井工場）

電 話 番 号：072-859-1365

創 業 年 月：1962 年 4 月

事 業 内 容：建材・内外装意匠金物、電車車両塗装、エレベータ製品塗装

URL：http://koeip.co.jp/

鋳物づくりを通じて社会や地域に貢献

虹技㈱

虹技は創業102年目の鋳物メーカー。自動車用プレス金型鋳物や製鉄所などで溶鋼を流し込むインゴットケース（鋳型）、鋼材や棒線を成形する圧延ロールなどの製造を得意とするほか、マンホールの鉄蓋といったデザイン性に富んだ製品も手がけている。中でも高品質の鋳鉄棒「デンスバー」は国内シェア7割を誇る。1世紀にわたり事業を続ける中、鋳物事業で培った技術を活かし事業を多角化したことが会社の安定成長に寄与した。

社是・理念

1. 社会における「信頼」を創造する。
2. 社内における「相互信頼」を大切にする。
3. 自分自身で考え行動できる「自立人」をめざす。
4. 「挑戦する姿勢」を尊重する。

代表取締役社長
山本 幹雄 氏

■事業多角化が奏功

虹技の事業内容は、鉄鋼、大型鋳物、小型鋳物、デンスバーの鋳物4部門に、産業用送風機などの機械事業、メタルファイバーや世界に1つのカーボンセラミックなどを扱う機能材料、都市ゴミ焼却炉の設計・施工・保守の環境装置を加えた7事業で構成する。

1916年に創業者の堀田正夫氏が鋳物会社を引き継ぎ神戸市で神戸鋳鉄所を発足。37年に姫路西工場、61年に姫路東工場を開設。姫路は戦前から同社の主力拠点だった。

月間1万8000tの鋳型を作れる生産能力を持つなど、重厚長大のモノづくりを手がけてきたが「1事業だけでは心もとない」と当時の経営者の判断から62年に産業用集塵機の製造を開始。多角化の第一歩だった。以後、既存事業で培った技術を横展開し新事業を次々と立ち上げていく。

製造する高品質の鋳鉄鋼「デンスバー」

中国・天津で自動車用プレス金型鋳物を生産する現地の合弁会社「天津虹岡鋳鋼」

2004年には、自動車用プレス金型の製造販売を目的に中国・天津に「天津虹岡鋳鋼」を岡谷鋼機と合弁で設立。16年には同・南通に南通虹岡鋳鋼を設立し、海外にも事業を広げている。

事業が多岐にわたるため経営は比較的安定し山本社長は「リーマン・ショック時でも利益面で赤字転落しなかった」と振り返る。反面「ある事業は好調なのに、他の事業では売上が不調な時がある」とし、まんべんなく各事業での利益アップが今後の課題だ。そこで、鋳物4部門では製品の品質向上・コストダウン・付加価値の創造を徹底し、製鉄や建機、自動車など既存取引先での製品シェア率を高めていく。さらに鋳物以外の3部門では、新規取引先への営業展開を積極化し、事業拡大を進める計画だ。

長寿のひけつ

継続的な発展のために人材確保を

社名の「虹技」には「虹のように輝く7つの技術で、夢あるモノづくりに取り組み、未来志向の企業を目指す」意味がある。1993年の社名変更から25年経つが「知名度不足が課題」と山本社長は語る。そこで自社CMを姫路の映画館で流している。市民に広く会社を知ってもらい人材確保につなげる狙いだ。地元企業であることを全面に打ち出し、収益面と同様に継続的な社員確保につなげてほしい。

会社概要

所 在 地：兵庫県姫路市大津区勘兵衛町4-1
電話番号：079-236-3221
創業年月：1916年12月
事業内容：鋳物関連事業、機械・環境関連事業

URL：http://www.kogi.co.jp/

変革の志でニーズに応え、お客様のかけがえのない存在に

㈱神戸製鋼所

その歴史は1905年まで遡る。東京で書籍業を営む小林清一郎氏が、神戸で製糖業などを手がけていた鈴木商店からの融資で神戸市に工場を建て、同年9月に「小林製鋼所」として製鋼事業に乗り出した。

当初は操業が思わしくなく、同氏の売却に応じた鈴木商店の下で工場は「神戸製鋼所」と名を改めて再出発。同年末にはトロッコの車輪や船のいかりなどの生産を始め、11年6月に株式会社として独立し、その後は新しい事業への挑戦の道のりだった。

社是・理念

「KOBELCO の 3 つの約束」として、「1. 信頼される技術、製品、サービスを提供します」「2. 社員一人ひとりを活かし、グループの和を尊びます」「3. たゆまぬ変革により、新たな価値を創造します」の 3 点を神戸製鋼グループの企業理念に定めている。また、これを実現するための行動指針として、「KOBELCO の 6 つの誓い」も策定している。

代表取締役社長
山口　貢 氏

鋳鍛鋼から事業領域を広げ、今では鉄鋼、アルミ・銅、溶接、産業機械、建設機械、エンジニアリング、電力などを有する複合事業体になった。多角化の根源にあるのは今日の双日に至る総合商社「鈴木商店」から受け継いだ「お客様本位」の姿勢と、新しいことに挑む「変革」の志だ。「お客様が必要とするものを提供すべく、新しいことに挑戦する。そんなＤＮＡが息づいている」と山口社長はいう。

製造現場で培った知見を生かし、従来にない特長のある技術、製品、サービスを生み出すことで、顧客にとってかけがえのない存在となり、その分野で高いシェアを獲得する。こうした顧客志向と変革への挑戦が、今の地位につながる。自動車エンジンの弁バネ用特殊鋼線材や、各種プラントなどで使われるスクリュ式非汎用圧縮機は世界シェアが5割に達し、自動車のエンジンフードなどに使うアルミパネル材や、鉄道車両用アルミ型材でも国内最大手だ。

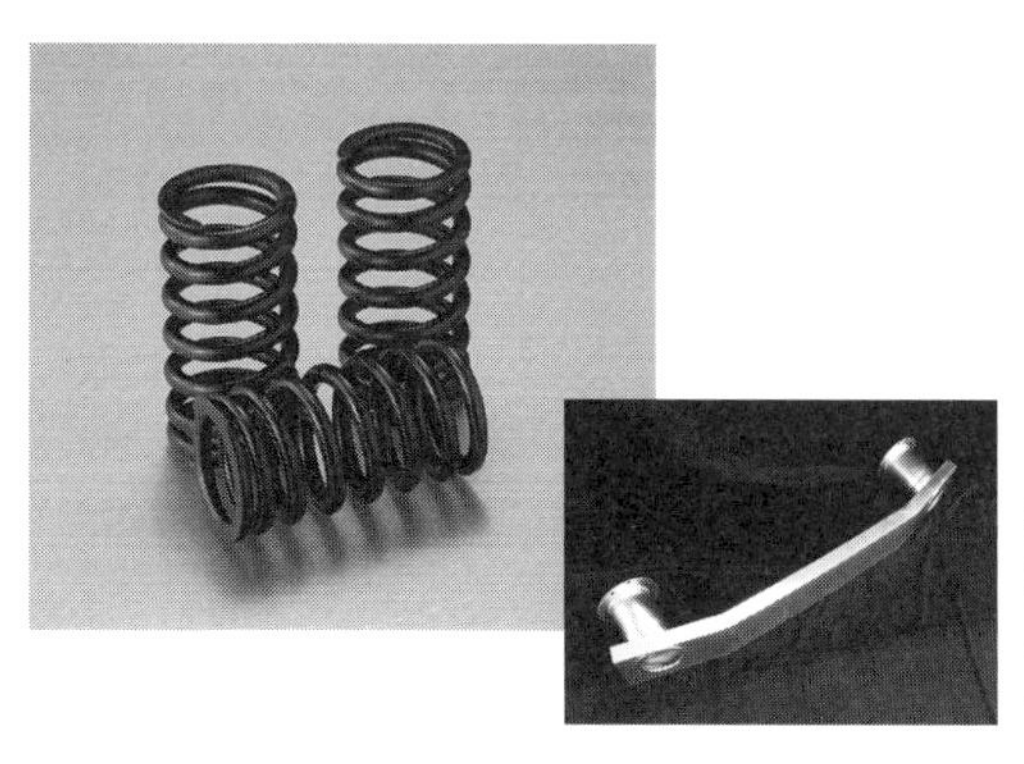

鉄とアルミを有する世界でも稀有なメーカーとして、自動車軽量化への貢献に取り組む

ラグビーを通じた社会貢献活動の実施（トップリーグ参戦、高校ラグビー支援）

■企業理念に立ち返り「ものづくり」に磨き

だが創業以来、何より大切にしてきた「お客様の信頼」を損なう問題が17年10月に表面化する。品質データ改ざんだ。現場の創意工夫を支えてきた自由闊達（かったつ）な社風が、一方で規律の緩みへとつながったとも考えられる。

山口社長は「良い製品・技術を提供し続けることが、信頼回復への道だ」と気を引き締める。それは「信頼される技術、製品、サービスの提供」や「たゆまぬ変革による新たな価値の創造」を掲げたグループの企業理念に立ち返り、顧客本位の製品づくりにまい進するとの決意表明でもある。特長ある「ものづくり」に磨きをかけ、顧客の信頼に応えていくための挑戦が続く。

長寿のひけつ

常にお客様を第一に

最大の危機とも言える1995年1月の阪神淡路大震災からの復旧を支えたのも「お客様のため」の一念だった。神戸市内の本社屋や製造設備が損壊し、総額1020億円もの被害が出たが、操業再開を待ち望む顧客に一日も早く製品を届けようと全社が結束し、復旧を急いだ。品質問題からの立て直しでも「お客様のため」という思いと全社の結束が、大きな力になるだろう。

会社概要

所在地：神戸市中央区脇浜海岸通2-2-4

電話番号：078-261-5111

創業年月：1905年9月

事業内容：鉄鋼、アルミ・銅、溶接材料・溶接機械、産業機械、建設機械（コベルコ建機㈱）、エンジニアリング、電力

URL：http://www.kobelco.co.jp/

精密加工技術が光る世の中にない製品を開発

㈱坂製作所

手のひらに収まる小型サイズでハイパワー、エアコン並に静かな静音性が特徴のコンプレッサ「mote con（モテ・コン）」で注目される坂製作所。2013年に投入した初の自社製品で、16年の全面改良を経て、大型コンプレッサの代替、多様な産業機器への搭載、ロボット向けの用途で引合いが増える。他分野では、博物館などの展示ショーケースの湿度管理向けなどの用途開拓にも挑戦している。

通常、工場などで使われるコンプレッサは大型品が多い。コンプレッサ室から長いエア配管で送った圧縮空気が、生

社是・理念

高度化する社会ニーズを捉え、設備と技術を蓄え、人材を育成し、信頼性と独自性にあふれる企業をつくる。

代表取締役社長
坂　栄孝 氏

産ラインの産業機械や空圧工具などに使われる。導入工場では生産ラインなどのレイアウトが制限され、配管の長さで発生するエネルギーロスも課題となっている。

「モテ・コン」は、産業機器へ搭載可能な小型サイズ。圧力が高く、静音性にも優れる。研究開発現場での採用を皮切りに、自動車業界などのフレキシブルな生産ライン向けでも期待が大きい。坂社長は「まだ売り上げ規模は小さいが、将来は売上高全体の半分を自社製品にしたい」と意気込む。17年に「モテ・コン」を基に、空気清浄や除菌、消臭、芳香発生などに使える噴霧器も市場投入している。

■強みの精密加工技術がにじみでる製品

創業は1960年。大手の機械や電子部品メーカー向けで、生産ラインに使われる産業機械の金属部品加工が起点だ。時代は高度成長期。波にのって事業は拡大し、70年代

コンプレッサ「mote con」

噴霧器

には、組み立て作業も受託する。85年頃からは、大手企業の製品開発に参画を開始。このことが、加工技術だけでなく、設計開発力を磨くきっかけとなった。現在の自社製品につながり、金属加工事業は今も坂製作所の屋台骨だ。

多様な金属に対応できる知見と、1000分の1の精度を誇る精密金属加工技術が強み。バブル崩壊、大手企業の海外生産移転といった苦境を社員のベクトルを一にし、文字通り一丸となって乗り切ってきた。ただ、リーマン・ショックの影響は大きかった。坂社長は、生き残るには「精密加工技術がにじみ出るような、世にない自社製品が必要」と決断。加工技術を駆使した独自設計のスクロール型コンプレッサのモテ・コンで、第2創業期を切り開く。

長寿のひけつ

京都で鍛えられた加工技術

リーマン・ショック後、2009年9月期売上高が前期比で半分以下となり、危機に陥る。この時に坂栄孝氏が社長に就任。完全下請け業からの脱却を目指して、京都の大手企業に長年鍛えられた精密金属加工技術を軸に、自社製品開発に着手する。足かけ4年の歳月を経て、投入した独自の小型・静音コンプレッサは多くの賞を獲得。知名度向上が既存の部品加工事業の受注拡大にもつながっている。

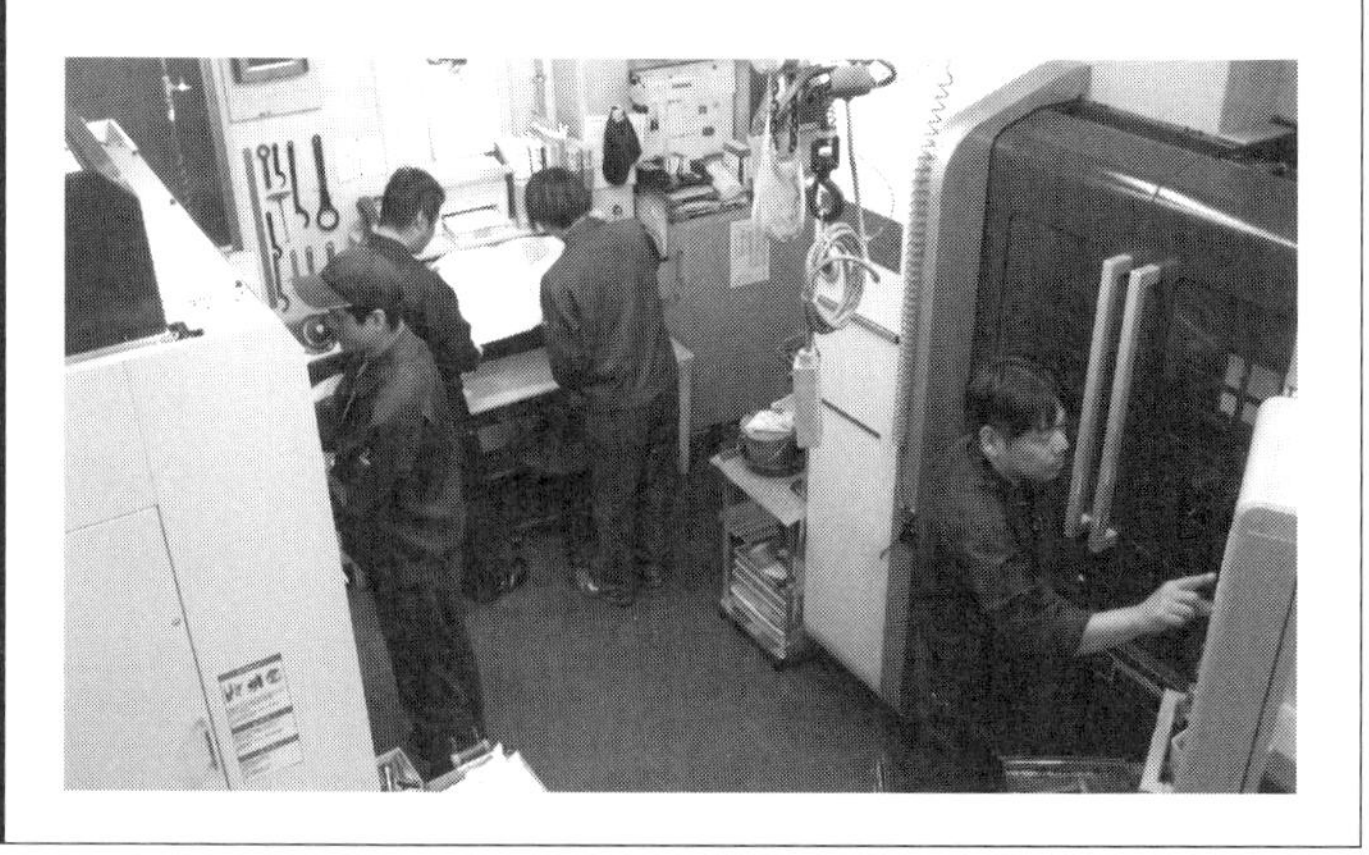

会社概要

所　在　地：京都市右京区花園伊町44-12
電話番号：075-463-4214
創業年月：1960年4月
事業内容：金属加工業、コンプレッサの開発・製造・販売

URL：http://www.sakass.com/

誰もやりたがらないことをするナンバー1、オンリー1企業へ

さくら精機㈱

さくら精機は教育機器、オフィス機器、製本機械を手がける。戦後間もない1948年、村本社長の祖父が創業した。戦前は大阪の銘菓「粟（あわ）おこし」の原料を製造していたが、戦争で工場が全焼。そこで旋盤工の知人と新たに会社を立ち上げ、理科実験機器の製造を始めた。49年には現在の主要取引先である内田洋行との取引を開始。70年にはオフィス機器の生産も始めた。

81年には製本機械分野に進出。内田洋行向けに製本機械を納めていた会社の廃業で、事業と社員を受け入れたのが

社是・理念

小さな業界や市場でもいい。きわめて特殊な技術分野でも構わないから、とにかくそのトップに立ちたい

代表取締役社長
村本 一平 氏

きっかけだ。当時機械設計は同社の研究所が担っていたが、研究所の廃止に伴い、自社で行うことになった。現在では機械や電気、ソフトの設計が社内でできるようになり、企画から製品の完成まで一貫で取り組める体制が整っている。

■少量多品目、小規模市場に特化

会社を3本の事業の柱が支えるが、そのいずれもが小規模マーケットを対象とした「少量多品目生産」だ。社員数65人の会社規模ながら、1200品目もの商品を取り扱う。

戦後は復興のため、とにかく〝モノ〟が必要な時代で大量生産が主流だった。しかし同社が当時から少量多品目生産に取り組んでいたのは「もうからなくて、誰もやりたがらないことをやっていれば、ライバルは現れない」という考えがあってのことだった。例えば教育機器は、製品によっては年間に1台しか売れないようなものもある。他社は同

設計風景。設計した部品を即座に社内で加工できる体制を整えている

大きな機械製品から小さな製品まですべてを手作業で組み立てる

じ製品を生産できても売り上げにならないため、参入してこない。

同社は戦後の時代から約70年にわたり、少量多品目生産のノウハウを培ってきた。「金属加工であれば何でもできる」と高い技術力を持ち、幅広く製品を手がけている。1つの製品の売り上げだけ見れば小さい数字だが、全体でしっかりと売り上げを上げている。そのため金属加工の設備も充実させ、商品数や会社規模の維持につなげることができる。またライバルが少ないと取引先との関係は密になるため、信頼を重視し、取引先との関係性も大切にしている。

今後は製本機器の新製品開発に注力し、海外比率の拡大にも取り組む構えだ。

長寿のひけつ

教育・福利厚生の充実にも注力

「いい仕事には、いい環境とゆとりが必要」との考えの基、教育研修や福利厚生の充実に努めている。1968年に資格制度、69年に完全週休2日制を導入するなどした。年間休日は123日あり、充実したワークライフバランスを築くことができる環境だ。また配属はできるだけ社員本人の希望に添い、工場内も冷暖房を完備。社員が働きやすい環境を整えている。「社員を大切に考える風土」が同社が長寿企業である一因だ。

会社概要

所　在　地：大阪府八尾市楠根町2-61
電話番号：072-996-5528
創業年月：1948年4月
事業内容：教育機器、事務機器、製本機器の開発・設計・製造・販売

URL：http://www.sakura-seiki.co.jp/

時勢を読む先見性
ニーズに応える独創的商品

㈱三和歯車

戦前に創業の仲製綿所を前身に、顧客ニーズに応える製品づくりで時代の先駆を務めてきた三和歯車。創業者の仲安太郎氏は、仲社長の祖父。染色整理機やコットンロールなどの製造販売を主軸に、戦時中は海軍艦船用高圧バルブの製造にも携わった。2代目の昭雄氏は、開発を得意とし、プレス金型やドアチェックなど特許も多く取得。

仲社長が3代目社長就任後は、歯車(スプロケット・ギア・プーリー)・ラックなどを多数製造した。特にステンレス製歯車・ラックの製造・加工では高い技術力と対応力を誇

社是・理念

三和歯車の製品に関わった
すべての人たちが幸せになる「ものづくり」

代表取締役社長
仲　龍彦 氏

り幅広いメーカーや商社からの高い信頼を獲得している。

■多品種小ロットの別注品で差別化

勤めを辞め自営に就いた仲社長が中古機械を入手して始めた歯車製造。直感的に需要性の高さを感じたという。1年をかけて標準歯車製品をつくり続けて十分な在庫を蓄えた後、自ら歯車が必要な大手チェーンメーカーに営業してすぐに在庫が完売。時代の流れが中国などの低価格な製造ルートへと移行すると、次は多品種小ロットの別注品を取り扱うことにする。大手が不得意とする部分を受け持つことで、顧客からの信頼を得ることができたという。ステンレス製歯車の製造を国内でもいち早く着手。食品や薬品関係などの新たな顧客も広がった。攻めの姿勢は止まらず、門型マシニングセンタやターニング旋盤・ワイヤーカットなどを導入。特殊歯型や大型商品など、製造の幅を広げる。

三和歯車が提供する標準歯車・ラック（ステンレス製スプロケット／ラックギア）

小さい製品から外形 2000㎜を超える製品まで対応できるよう、さまざまな汎用・NC 工作機械を揃える

歴代社長がその時代ごとのニーズに合わせた製品を取り扱ってきたが、一貫してこだわっているのは純国産材料の使用。特にステンレスはオーダー製品だけでなく、在庫している標準品スプロケット・ラックにおいても純国産材料の使用を徹底。顧客は価格が多少上がっても材料証明のついた国産材料を用いることで納得するため、評判が日本中に知れ渡り、「ステンレス歯車なら三和歯車」と呼ばれるようになった。

社内一貫生産体制での対応もこだわりの1つ。あらゆる歯車・ラック製作を材料から完成までワンストップで購入できることが評価を得て、オーダー製品で高い製作実績を誇る。すでに創業100周年に向けて次の時代を見据え、新しい機械を導入し新製品展開を思案中だという。

長寿のひけつ

時代の製造を支える開発・営業スタイル

創業以来、時代に合わせた製作や技術に着目。設備投資をしながら新商品をつくり、的確なブランディングを図ることで、販売実績も常に安定している理想的なスタイル。メーカーに勤めていた長男の祐槻氏が加わり、営業管理部門が強化されることにより、ホームページも町工場のイメージとはかけ離れた斬新なデザインに一新。創業者時代からの親子バトンはしっかりと受け継がれている。

会社概要

所　在　地：大阪市都島区高倉町 3-9-1
電話番号：06-6925-1900
創業年月：1925 年 4 月
事業内容：各種チェーンホイル・歯車・ラック製造、NC 旋盤・マシニング・ワイヤー放電・キー加工他

URL：https://www.sanwa-gear.com/

「ゆりかごから墓場まで」鉄に関する一貫ビジネスを展開

㈱シマブンコーポレーション

シマブンコーポレーションの創業者は、神戸の海岸で漁業関連の仕事をしていたが、付近に神戸製鋼所の製鉄所が建設されたのに伴い、製鋼原料となる鉄スクラップの取り扱いを目的に島田商店を創業。現在は、製鋼原料・鉄鋼製品の加工・販売などを行う営業事業部、大手鉄鋼メーカーの作業請負を行う生産事業部、建設機械パーツの設計・製作やクレーン検査を行うエンジニアリング事業部、貸会議室・ホールやサービスエリア運営、飲料水受託製造などを行うサービス事業部の四事業部で構成し、主に鉄に関する

社是・理念

地域に根ざし、世界へ広がり、人々の暮らしに潤いをもたらす揺るぎない大樹のような企業であることを理想に、お客さまをはじめ、株主、社員、地域社会などステークホルダーとともに持続可能な未来を築いていく。

代表取締役 社長執行役員
木谷 謙介 氏

機械
金属・鉄鋼・非鉄金属
化学・繊維・素材・医薬
電機・電子・精密機器
金融・商業
運輸・建設・輸送機器
ガス・その他製造

る一貫ビジネスを展開する。

木谷社長は同社の強みを「モノづくりの『ゆりかごから墓場まで』関わっていること」と胸を張る。創業以来、徐々に事業範囲を広げ、取引先からの信用を積み重ねてきた。

■同業と連携、コスト競争力高める

製鋼原料である鉄スクラップの供給、鋼材の加工・販売、鉄鋼メーカー主要製造ラインの作業請負、大型構造物・船舶などの解体まで一連のビジネスを手がけており、神戸製鋼所をはじめ高炉・電炉メーカーや商社など多くの企業が取引先に名を連ねる。特に創業当時から鉄スクラップの取扱量では国内トップクラス。2015年には同業2社と提携し、コスト競争力の強化を図っている。

今後の展開について木谷社長は「鉄鋼関連を中心にBtoB分野のニーズを捉え、『とりあえずやってみよか』の

神戸市灘区に構える本社ビル

専用岸壁を持ち、スクラップの直接輸出が可能な呉工場

精神で新たなビジネスにつなげていく」と話す。

その一環として、特殊ラベル「ガルバタグ」を販売している。これは溶融亜鉛メッキの工程後も印字が消えず、鉄骨部材の個体識別が容易になるラベルで、細かい情報記載が可能なうえ、めっき後も見やすいと好評を得ている。さらに、過酷な環境下で働く作業者の労働災害を低減する「作業者見守りシステム」を大手電子部品メーカーと共同開発している。生体情報や活動情報をモニタリングし、作業者の体調管理や安全管理に役立てられる上に、今後は機械設備の見守りなど、用途の広がりも想定される。このように鉄に関わる根幹は維持しながらも、時流に応じて商品を変化させながら、柔軟に変わり続けている。

長寿のひけつ

復旧作業や震災くずの処理で地域に貢献

同社の歴史は1995年の阪神淡路大震災を抜きにして語れない。神戸市灘区の本社ビルなどが全壊。兵庫県内各地の拠点も被害を受け、被害総額は70億円を超えた。自ら深い傷を負いながらも社員一丸となって、大量の震災くずの処理や神戸製鋼所の復旧作業を担い、地域社会に大きく貢献した。

会社概要

所在地：神戸市灘区岩屋中町4-2-7
電話番号：078-871-5181
創業年月：1909年10月
事業内容：鉄スクラップ、鋼材販売、機械設計製作、作業請負など

URL：http://www.shimabun.co.jp/

あらゆる溶射で機械を長寿命化、85年以上連綿と

㈱シンコーメタリコン

溶射は産業機械や鉄鋼構造物など金属表面に金属やセラミックスなどを吹きつけて、耐摩耗性や耐食性などさまざまな機能を付加、長寿命化を実現する表面処理技術で、コスト低減やメンテナンスフリーを目指す要望が多い。シンコーメタリコンは溶射一筋85年と業界で最も長い歴史を誇る。時代に反映したユーザーの要望に対応して多様な溶射技術を生み出し、産業界に貢献してきた。立石社長は「技術の蓄積と広がり、社員のスキルがかみあい、顧客に高い満足を提供して支持を得てきた」と強みを明かす。

社是・理念

【私たちが願う社会】
日本を機械長寿の国に
【私たちのありかた】
機械に未来を溶射する

代表取締役
立石　豊氏

同社は立石社長の祖父・立石亨三氏が、日本に溶射技術を紹介した江沢謙二郎氏と出会ったことをきっかけに1933年に創業した。江沢氏は美術工芸品向け展開を考えていたが、亨三氏は工業製品向けの将来性を見抜いていた。そして今や手がける溶射はプラズマや高速フレーム、コールドスプレー、サスペンションなど「すべての溶射法を手がけ、取引先は3500社に昇る」と胸を張る。毎年の顧客満足度調査では品質や納期、価格、おもてなしなどで高い顧客満足度を得ている。

主力はプラズマ溶射だ。セラミック材料を溶射でき、耐摩耗性に優れる。航空機や半導体などあらゆる分野で採用される。高速フレーム溶射はマッハ4のスピードで超硬材料を基材に衝突させ皮膜形成するプロセス。建設機械や粉体分野などで耐摩耗に用いられている。あわせて業務管理システム「シン魂」を独自に開発し、的確な納期を実現す

ロボットやハンドワークによってプラズマ溶射を行っている

2018年の社員旅行では、ベトナム・ダナンへ

るなどトータルで存在感を放つ。今後は、業界でいち早く開発着手したナノレベルの微粉末を溶射するサスペンション溶射を軌道に乗せる。半導体向けなどに期待されるという。

■社員満足がいい仕事につながる

技術とともに注目されているのが高い社員満足度だ。年に1度の海外への社員旅行参加は「入社の必須条件」で「人を大切にする経営」にこだわり、「滋賀でいちばん大切にしたい会社」や「ホワイト企業大賞」も受賞した。働き方改革で社員満足と人材育成の両立を実践。溶射を施したように固い絆が会社の成長を強く後押しする。

長寿のひけつ

独自の制度で社内の活性化を推進

ユニークな福利厚生や働き方改革の現場視察に多くの企業が訪れる。入社直後からきめ細かくフォローするチューター制度、育児休暇中のコミュニケーション制度。7日間連続休暇の「ドリームセブン」は多能工育成も兼ねる。さらに男性の育児休暇制度「イクメンファイブ」、資格手当（10万円）、スーツ手当（5万円）、誕生日手当（10万円）など充実した福利厚生だ。新本社工場ではフィットネスやレストランなどを計画中で、立石社長の愛は尽きない。

会社概要

所　在　地：滋賀県湖南市吉永405
電話番号：0748-72-3311
創業年月：1933年10月
事業内容：表面処理・溶射施工

URL：http://www.shinco-metalicon.co.jp/

銅線を礎に120年　自動車、エネルギー、情報通信事業などに飛躍

住友電気工業㈱

自動車用の組み電線（ワイヤハーネス）や電力ケーブルなどの電線製品、情報通信用の光ファイバーや化合物半導体、携帯電話用の電子基板、超硬合金工具などの産業素材まで幅広い事業を手がける。グループの売上高は3兆円を超え、事業展開は世界40カ国、社員は約25万人におよぶ。

源流は17世紀に住友家初代・住友政友氏が京都に開いた書物と薬の店まで遡る。住友家（グループ）の発展の礎となった銅事業の一環で1897年、大阪に「住友伸銅場」を開き、銅電線の製造を始めたのが同社の創業にあたる。

社是・理念

【住友事業精神】住友家初代・住友政友が遺した、商人の心得である「文殊院旨意書」を基盤とし、何代にもわたって脈々と受け継がれたもの。要諦は住友家法の中で「営業ノ要旨」として2箇条にまとめられた。

第一条　我が住友の営業は、信用を重んじ確実を旨とし、以てその鞏固隆盛を期すべし

第二条　我が住友の営業は、時勢の変遷、理財の得失を計り、弛張興廃することあるべしと雖も、苟も浮利に趨り、軽進すべからず

代表取締役　社長

井上　治氏

井上社長が「銅電線の製造技術を基に、新しい技術を生み出し、新製品を世に送り出すことで発展してきた」と話すように、国内の電力や通信事業の黎明期に始めた電線製造の技術からさまざまな事業が生まれた。

電線を伸ばす工具からは超硬合金工具や焼結合金が、導体技術からは化合物半導体や電子基板、絶縁技術からは車両用空気バネなどゴム製品が生まれた。電線事業も情報通信用や自動車用に用途を広げ、光ファイバー、交通管制システムなどに発展。電力用も再生可能エネルギーや仮想発電所（ＶＰＰ）といった新展開が生まれており、これら電力網を制御するエネルギー管理システム（ＥＭＳ）や大型蓄電池、超電導製品といった先端技術の開発を進めている。

■自動車向けの投資により成長果たす

企業として大きく成長した転機は、自動車用ワイヤハー

自動車用ワイヤハーネス

高圧電力ケーブルの船積みの様子

ネス事業の拡大だ。電力会社や通信会社の設備投資が縮小し、世界を含めた価格競争が激しくなった2000年頃、自動車関連事業に投資を振り向け、世界で事業展開する企業へと改革を進めた。日系自動車メーカーが海外に工場を構え、世界中で生産を増やすのに合わせて、住友電工も海外に拠点を構え、事業規模を拡大した。その結果、自動車関連事業は売上高の5割以上、営業利益の6割近くを占めるまでに成長した。

今後、自動車関連はCASE※など新しい潮流に対応する必要がある。井上社長は「車と道路の通信など、モノ（製品）と一体となったサービスで新しい付加価値を提供する」考え。エネルギーや通信関連も同様の展開を見据える。モノとコトの組み合わせで、さらなる成長を目指す。

※C：コネクテッド、A：自動運転、S：シェアリング、E：電動化

長寿のひけつ

価値判断の基礎となる「住友事業精神」

長寿の理由は「400年にわたり受け継ぐ『住友事業精神』に基礎がある」と井上社長は断言する。「萬事入精（ばんじにっせい）」「信用確実（しんようかくじつ）」「不趨浮利（ふすうふり）」といった言葉で表す。その精神には、人間として誠意をつくす、信用を重んじる、事業と公共の利益の一致を求め、安易な利益追求を戒めるといった価値観が込められている。その普遍性は海外の社員にも理解でき、経営陣や社員が共有する価値判断のよりどころとなっている。

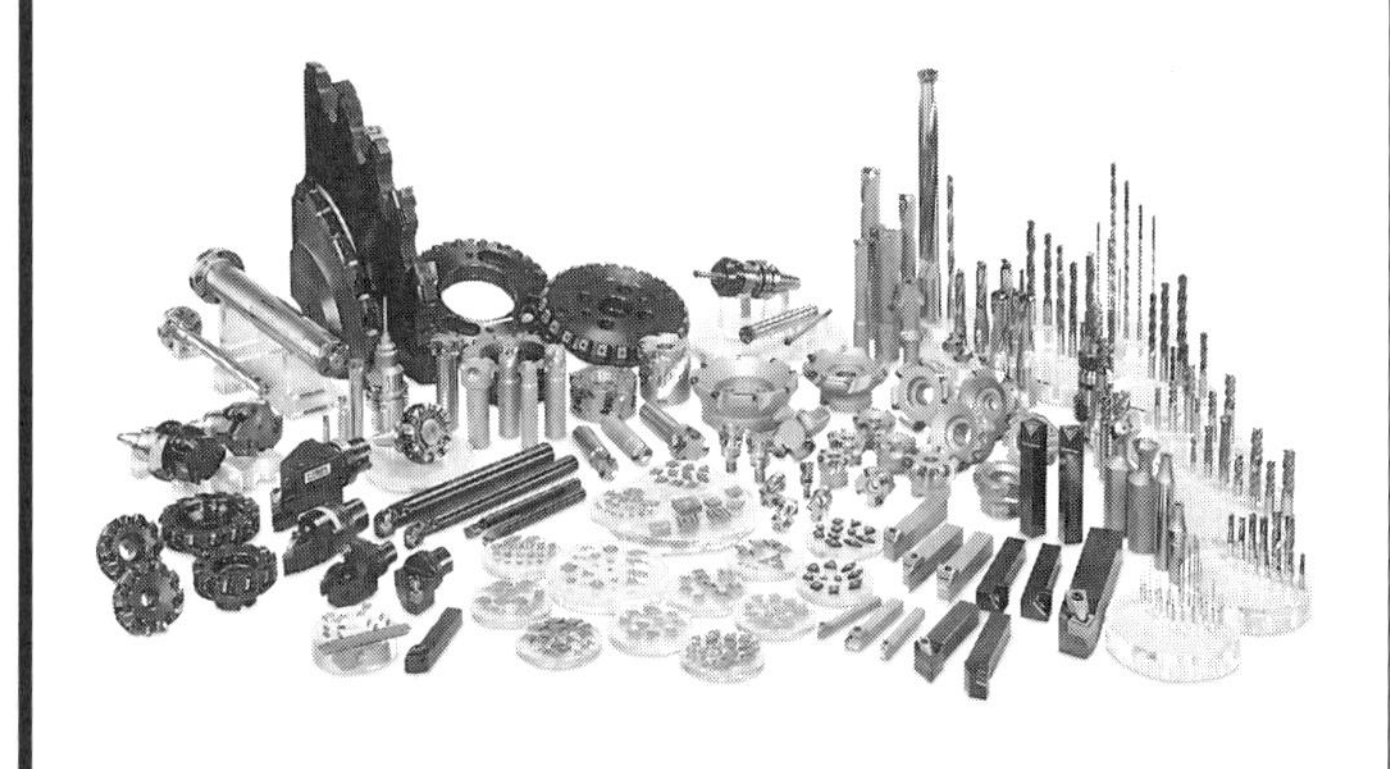

会社概要

所 在 地：大阪市中央区北浜4-5-33
電話番号：06-6220-4141
創業年月：1897年4月
事業内容：自動車、情報通信、エレクトロニクス、環境エネルギー、産業素材に関連する製品

URL：https://sei.co.jp/

電線の周知拡大に熱意を注ぐ
ロボットケーブルのパイオニア

太陽ケーブルテック㈱

1923年創業の太陽ケーブルテックは、谷口社長の大伯父・奈良松氏が1908年に興した谷口電線を前身とする老舗のケーブルメーカー。主力商品は、創業時から製造しているゴム線のほか、産業用ロボットや工作機械のアーム部およびケーブルベア内部の配線に用いるロボットケーブルなどである。奇しくも同社は日本初の国産産業用ロボットが誕生した1968年からロボットケーブルの製造・開発を行っており、ロボットケーブルのパイオニアとして知られる。

社是・理念

1. 優良製品の適正提供
2. 社会の環境変化適応型企業の構築
3. 国際社会に通用する優秀人材の育成

代表取締役社長
谷口 直純 氏

■ケーブルの未来を見据えて

ロボットケーブルのパイオニアとして、創業以来作り続けてきた電線にかける谷口社長の情熱は、近年ますます強まっている。谷口社長が副会長を務める一般社団法人日本電線工業会は2018年に、毎年11月18日を「電線の日」に制定した。「電線は社会における重要かつ最も身近なインフラの1つ。これを機に多くの人に電線について知ってもらえれば」と話す谷口社長は、同社WEBサイト上でも製品のPRや製造・耐久試験に関する動画を公開するなど、一企業としても電線の周知拡大に努めている。

また同社は現在、国内に2つ、海外では中国、タイに3つの生産工場を有している。国内はもちろん、近年は電線の需要が年々高まっているASEAN諸国に向けての供給に注力している。海外の需要増加に伴って同社の業績も上

兵庫県豊岡市に構え、主にロボット用ケーブルの製造マザー工場となる「豊岡工場」。各工場への技術指導も行い、また環境活動にも積極的に取り組んでいる。

中国・上海で開催されたFAオートメーションの専門展示会に出展。2018年まで10年連続で出店している。ロボットケーブルを中心に展示し、海外市場に向けても積極的にPRする。

がっており、谷口社長は「海外でのさらなるシェア拡大」と「創業１００周年までに売上高２００億円を達成」を今後の目標に掲げている。

そんな同社のロボットケーブルは現在、産業用ロボットや医療用ロボットを中心に広く導入されているが、谷口社長は「ケーブルメーカーが自社ブランドを立ち上げて、独自のロボットを作るのも面白いのでは」と新たな開発にも意欲的だ。ＩｏＴやＡＩの普及、ロボットの導入が進展しつつある中で、長年ケーブルの製造を通じて社会のインフラを支えてきた同社は環境アセスメント分野や次世代ネットワーク分野にも力を入れており、今後の活躍に目が離せない。

長寿のひけつ

業界全体を支えるリーダーリップ

日本電線工業会の副会長でもある谷口社長は、自社のみならずケーブル業界全体の発展にも熱意を注いでいる。そんな同社では谷口社長の「経営者はちゃんと見ていることを社員に知ってもらいたい」との発案のもと、半年ごとに社内発表会を設けて社員のモチベーション向上に取り組んでいる。この谷口社長のリーダーシップと、経営者と社員の距離の近さこそが、同社の長寿のひけつであろう。

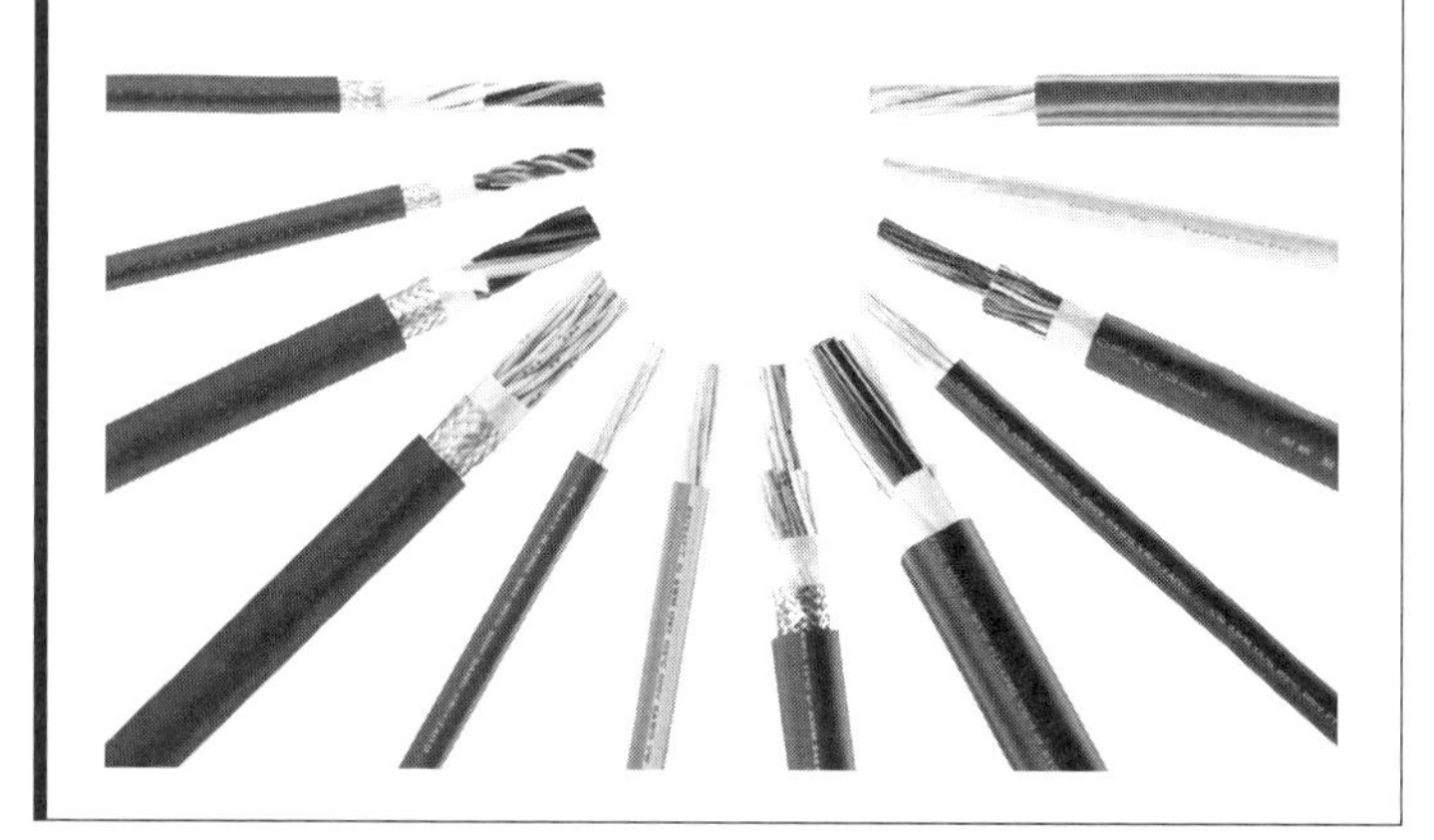

会社概要

所 在 地：大阪市北区梅田 3-3-20　明治安田生命大阪梅田ビル 21 階
電話番号：06-6341-6101
創業年月：1923 年 7 月
事業内容：電線および電線加工品の製造販売

URL：https:// taiyocable.com/

日本の工業技術を欧米に負けないものに鉄道架線金具を国産化

㈱電業

電車に電力を安定的に供給する架線を支持する金具は鉄道の安全・安定輸送に貢献する重要部品。可動ブラケット、テンションバランサ、曲線引金具、振止金具、スリーブなど各種金具において鉄道会社ごとの違いもあり、その種類は極めて多様だ。電業はサイズ違いも含め数万種を製造する架線金具の総合メーカーとして業界で確固たる地位を築いている。信頼性が重視される市場のため、原料はインゴットごとに管理し、どの社員が造型したかまで記録。試験片は25年間保管する。濵谷社長は「正直、手間暇はかかる。

社是・理念

当社は国内唯一の架線金具の総合メーカーとして、様々な転換期・変革期や未曾有の災害復興で培ってきた経験・技術を糧とし、JR 各社、公営・民営鉄道、海外鉄道建設における多種多様のご要望に応えるため、日々研鑽を積み重ねます。

代表取締役社長
濵谷 和也 氏

ただそれだけに新規参入が難しく、他社が代替することが難しい仕事だ」と誇りを持って語る。

■鋳造工程含め一貫で品質管理

創業は1919年で大正時代。すべての工業製品が海外からの輸入でまかなわれていた。濵谷社長の曾祖父・勇太郎氏が英国製の金具に出会い、友人と「日本の工業技術を欧米に負けないものにする」と誓い、貿易商社社員を経て立ち上げたのが大阪電業（現・電業）。不良品がけっして許されない世界で、品質管理体制を徹底し悲願の国産化に成功するも当時は数あるメーカーの1社にすぎなかった。転機は23年に発生した関東大震災。壊滅的な打撃を受けた東京市交通局から製品供給の要請があった。支払いの裏付けも予算もない要請に関西の金具メーカー各社が尻込みする中、要請に応えて復興に尽力したのが電業。以後、同社は全

創業当時　右が創業者である濵谷社長の曾祖父、中央が祖父

可動ブラケットとハンガイヤー

国区となり東海道新幹線建設などでは新しい金具の開発にも参画して数多くが採用されている。
競合他社が歩留まりの悪い鋳造工程を外注に出す中でも同社は内製にこだわり、品質を一貫して管理する。加えて、鋳造時に発生する戻り材のうち、酸化皮膜が少ない部分を活用することで品質を高めている。また量産品の砂型作製を自動化する一方で、手作業による砂型作製の技能も若手に継承させ、多品種少量の体制を保持している。今後、狙う分野は架線の保守メンテナンスに使用する測定器や管理記録装置。鉄道会社の保守点検人員が減少する中、濵谷社長は「金具の供給だけでなくシステム面でも鉄道の安全に貢献していく」と展望を語り、電業の新たな道を指し示す。

長寿のひけつ

市場の特殊性とモノづくり体制

新規参入が事実上、不可能と言える特殊な市場。実績と信頼が必要なビジネスで、なおかつ多品種少量すぎて手間がかかる。10年に1度しか発注がない製品も少なくないという。電業のモノづくりの凄さは、これらの多品種少量に対応するだけでなく、品質および安全を維持し、短納期化や効率化を着実に進めてきたことにある。更新需要があり安定したビジネスだが、後発で参入しても「追いつくことが難しい」と他企業が思わざるを得ない強固な壁を構築している。

会社概要

所　在　地：大阪府東大阪市高井田中2-5-25
電話番号：06-6781-2612
創業年月：1919年5月
事業内容：鉄道用架線金具製造販売

URL：なし

ボルトの締め付け工具を通じて世界へ信頼と安全を

TONE（トネ）㈱

ソケットレンチや電動レンチなど、ボルト・ナットの締め付け作業に必要な工具や収納ケース、トルク（回転力）測定機器を開発・製造する総合工具メーカー。２０１８年に80周年を迎えた。アイテム数は４０００点超。ビルや橋梁の建設工事やプラントのメンテナンス、航空機や鉄道の整備、工場の組立ラインなど、あらゆる現場のプロの仕事を手元で支える。13年には長年ブランド名として使ってきた「ＴＯＮＥ」に社名を変更。製品デザインやＰＲ活動の強化など、ブランド戦略にも力を入れる。

社是・理念

【コーポレートメッセージ】
「ボルティング・ソリューション・カンパニー」

ボルト締結にかかわるすべての課題を解決していくとともに、お客様の要望を的確に捉え、信頼、安心そして満足を与える製品を供給し、社会への貢献を果たしていく。

代表取締役社長
松村 昌造 氏

1925年、創業者の前田軍治氏が大阪市内で輸入工具商社を立ち上げたことが会社のスタート。「品質の高い工具を作りたい」と38年に国内で初めてソケットレンチの製造を開始。現在も主力製品の一角を担う。また、鉄骨建築や橋梁などのボルト締結で幅広く使用されている電動工具「シヤーレンチ」は国内外ナンバー1のシェアを持ち、創業以来、ボルト締結をぶれずに追求してきたという。

■受賞を契機にデザイン性を重視

2000年代に入り、それまで重視してきた機能や頑丈さに加え、本格的にデザイン設計を取り入れた。プロ向けの電動工具では、重量バランスの最適化で作業者のふたんを軽減するとともに、コーポレートカラーと大きなロゴマークの採用でブランド向上も意識した。作業工具では、手触り感の追及やロゴをイメージした形状の採用を行い、

1938年に前田金属工業を大阪市東成区に設立し、国内初のソケットレンチの製造を手がけた

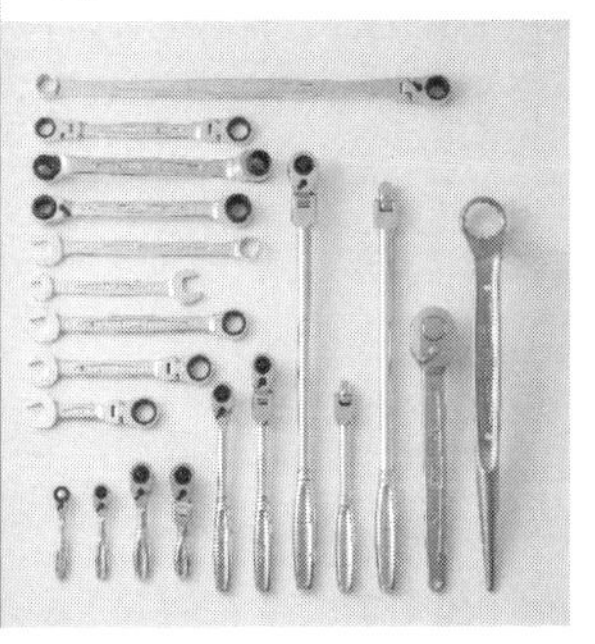

本格的なデザイン設計を取り入れた工具の「グッドデザイン賞」の受賞やモータースポーツの支援により加速的に「TONE ブランド」が浸透している

それぞれグッドデザイン賞を受賞。これを契機に、デザインやブランド意識が全社的に高まり、顧客へのブランド浸透が飛躍的に向上し、営業面でも成果を得られた。近年ではモータースポーツのサポートにも力を入れている。

「ＴＯＮＥ」は１９４１年に商標として登録された。流域面積が日本で一番広い利根川に由来しており、「日本を代表する工具メーカーに」という創業者の思いが込められている。現在は安全性や信頼性をキーワードにトルク測定機器の開発を加速させるほか、海外での販売拡大に力を入れているという。２０１５年にはベトナムに営業と生産を担う拠点を開設するなど布石を打っている。全世界にＴＯＮＥブランドの製品を浸透させ、育て上げるのが目的だ。

長寿のひけつ

ユーザー目線で思いを込めて

河内長野工場（大阪府河内長野市）に併設されているショールームには、現行製品約 4000 点が展示されている。営業企画部部長の髙橋裕和氏は「ユーザー様のボルト締結にかかわるお困りごとを解決するためには工具はどうあるべきかを考え続けた結果、この製品点数につながった」と説明する。企業姿勢はもちろん、地道に 1 つずつ積み重ねてきた労力やそれに費やした時間の長さも、ショールームに並ぶ製品群は表していると感じた

会社概要

所 在 地：大阪市浪速区湊町 2-1-57　難波サンケイビル 12 階
電話番号：06-6649-5967
設立年月：1938 年 8 月
事業内容：作業工具、電動工具、トルク管理機器の開発・製造・販売

URL：https://www.tonetool.co.jp/

金属に魂を入れる

㈱TONEZ（トーネツ）

　1909年に木村鋼化工場として創業し、その後38年に株式会社に改組し東洋金属熱錬工業所と改称。業界最古参企業の1つとして、熱処理加工の道を一貫して歩んできた。2018年10月に、長らく親しまれてきた愛称『TONEZ』に社名変更し、新たな歴史を刻み始めた。
　熱処理加工は、耐熱性、耐摩耗性、耐衝撃性、耐腐食性などの面で金属の性質を向上させる。素材の持っている潜在能力を加熱と冷却によって適切に引き出すことで、世の中に役立つ製品を生み出す「金属に魂を入れる」仕事だ。

社是・理念

経営理念 顧客の信用を大切にする。／自己啓発・相互啓発に努める。／効率化の追求をする。
日常の姿勢と心構え お客様には明るく親切な態度で接しよう。／感謝の心と謙虚な心を育もう。／挑戦の精神をもって仕事に創意工夫を加えよう。／チームワークを大切にしよう。／会社の仲間から多くのものを学ぼうと努力しよう。

代表取締役社長
大山 照雄 氏

同社ではそれを棒鋼・線材から素材、機器部品に至るまで幅広い需要に対応している。

基盤技術の1つとして長年、日本の産業を支える縁の下の力持ちとして活躍してきた。今日では自動車を中心に、鉄鋼、建設機械、農業機械、産業機械、工作機械など広範囲の分野のニーズに対応している。そして、将来に向けて航空・宇宙産業を睨んだ展開へも、着々と手を打っている。

■航空・宇宙産業にも布石

5つの国内工場では、160基を超える熱処理炉を持ち、小物から大物まで多様な熱処理のニーズに応えることができる。特に「有効直径4mの大型ピット型浸炭炉」は国内のみならず、世界でも最大級の浸炭炉で、製鉄機械や船舶用の歯車、風力発電用のベアリングなどの熱処理を行う。そのほかの熱処理炉も一部は設計開発を自社で行っており、

2018年10月1日にこれまで長らく親しまれてきた愛称「TONEZ(トーネツ)」へ社名を変更した

多様な熱処理設備を保有し、さまざまな熱処理ニーズに対応している

そのノウハウは簡単には模倣できない。

熱処理加工は外見で品質を評価することが難しいため、顧客ニーズに対応するために2004年7月に品質マネジメントの国際規格「ISO9001」の認証を取得。2015年12月には高砂第2工場（兵庫県）航空宇宙ユニットが、航空宇宙産業の規格「JIS Q 9100」を取得した。このほかにも、各ユーザーの熱処理工程の認定・指定を受けている。

2013年1月に、中国（江蘇省常州市）の工場を稼働したほか、タイに現地法人を設立し、工場建設の準備を進めている。また、優秀な人材の確保に向けて、外国人技術者などの採用に向けて動き出した。海外を取り込みながら、さらなる拡大へ向けて着実に進化を続けている。

長寿のひけつ

積み重ねたノウハウ、対応の速さ

熱処理加工は、目には見えない技術の上に、設備投資もかさむため参入障壁が高い。その中で、時代とともに変化する多様なニーズに対応し続けてきた。その対応力は、設備の一部を自社で設計開発するなど、積み重ねてきたノウハウの蓄積の賜物である。現在の旺盛な需要に対しても、3班3交替制度を採用して残業を減らす工夫を取り入れ、いち早く改善の手を入れるなど、何事へも柔軟に応じていく姿勢が長寿のひけつだ。

会社概要

所 在 地：大阪市西淀川区福町 1-6-20
電話番号：06-6477-3881
創業年月：1909年6月
事業内容：金属材料および部品の熱処理加工全般

URL：http://www.tonez.co.jp

時代のニーズに沿った製品開発で最適な住環境の提供を

㈱ニシムラ

ニシムラはドアの開閉に必要な「丁番（ちょうつがい）」のトップメーカー。3000品種をそろえ、年間1200万個を生産。国内シェア70％を誇る。開発力が高く機能的な丁番が多様で、大手ハウスメーカーや建材メーカーから信頼されている。

代表製品である「3次元調整丁番」は従来、「大工さん」がノミやカンナで建具を削って位置調整していたものをドライバー1本で上下・左右・前後の3方向への調整を可能にした画期的な丁番である。時代のニーズに合わせた研究開発で、平成以降顕著な住宅内装建具のユニット化などに

社是・理念

「調和と進歩」
英知を結集し、創造力を発揮して、お客様のニーズにあった製品の開発、提供を行ない、社会に貢献して参ります。そして、互いに相和し、人格の形成につとめ、相互信頼に基づいた、明るく健全で活力のある職場づくりに努めます。また、日々革新、企業の永続発展の中に、社員及びその家族の幸せと生活レベルの一層の向上を目指し、創意工夫を続けます。

代表取締役社長
西村 成広 氏

も積極的に対応している。

■徹底した高品質と価格競争への努力

1935年に西村社長の祖父・西村末吉氏が大阪市内で事業を開始。48年に専用の自動加工機を開発し、丁番の量産化に成功した。50年には兄弟とともに「西村蝶番工業」を設立。家具に使われる薄口丁番を中近東や東南アジアに輸出。事業は好調で外箱まで酷似した商品が出回るほどだった。しかし2度のオイルショック、円高の進行、海外市場での価格競争を背景に輸出の割合を徐々に削減し、国内市場に軸足をシフトした。内需拡大に向け81年にドア向けの厚口丁番を製造していた「西村金属」と合併。当時隆盛にあった住宅産業に参入したが、大手メーカーが丁番のシェアを握っていた。その中で販売代理店の協力の下、徹底した品質の追求と価格競争への努力で着実に取引を拡

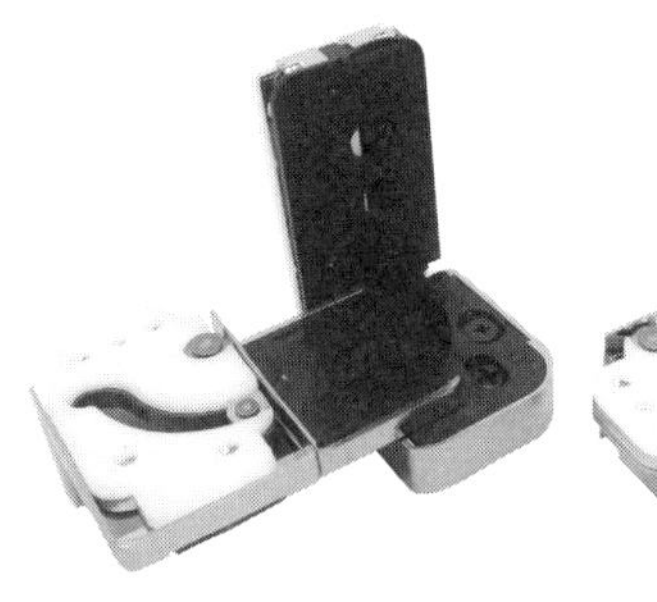

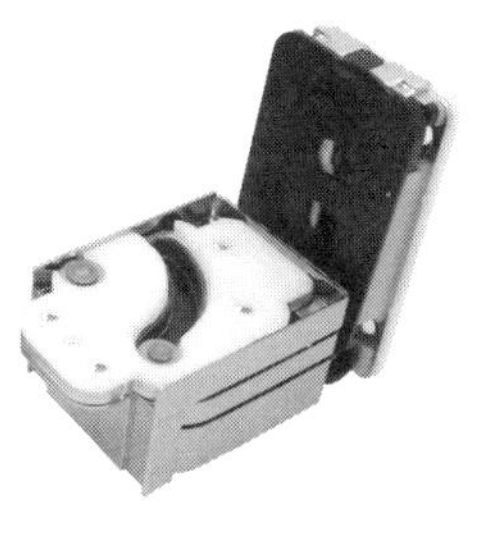

グッドデザイン賞を受賞した「フラット丁番」

1957年頃の千塚工場（大阪府八尾市）

大。今日に至る取引先との関係を築き上げた。89年には新工場を建設し、翌年社名を「ニシムラ」へ変更した。

時代の流れに沿った商品展開でシェアを高めてきたが、今後国内の住宅着工数減少が予測される。こうした中、より付加価値の高い丁番の提供を推し進める。住宅自体の寿命は数十年以上で、丁番など内装品も品質や耐久性が高く求められる。そのため国産品に対する需要はまだまだとどまることはない。今後は顧客の声を拾いながら製品の改良や新製品の開発を進めることで、次代のニーズを先取りした丁番の提供にまい進し、より豊かな住環境を届けていく。

長寿のひけつ

互いに切磋琢磨し合いながら

世間のニーズに沿う製品の開発を続け、高品質かつ適正な価格で製品を提供し続けてきた。それだけではなく、歴代守り続けてきた「人を大切にする」企業風土も成長の要因の１つだ。「人を大切にする。それを続けていると、結果は後からついて来た」と西村社長をはじめ、現経営者陣はその実感を語る。同社の歴史は兄弟で設立するところから始まった。互いに助け合うことで成長を重ねてきたことが同社の継続のひけつだろう。

1950年頃の社員旅行

会社概要

所 在 地：大阪府八尾市千塚2-162
電話番号：072-941-8681
創業年月：1935年4月
事業内容：ドア用丁番、ドア関連商品

URL：https://www.nishimura-arch.co.jp/

表面処理のオールマイティーを目指して

㈱姫路鍍金工業所

姫路鍍金工業所は、創業104年目を迎えたメッキ処理会社。自動車や蓄電池などあらゆる分野に使われる金属製品への亜鉛メッキやクロムメッキ、無電解ニッケルメッキなど10種類以上のメッキ処理を手がけている。古江社長は「取引先からの要望に、できることを当たり前にやること」が1世紀にわたり事業を続けられてきた要因だと話す。

創業の地は大阪・玉造。自転車の外周リムと車輪中心部のハブをつなぐスポークに錆防止や装飾のためのクロムメッキを施す会社として1916年に誕生した。戦災で姫

社是・理念

「環境にやさしく、地球を大切に」を念頭に置き、顧客の満足を最優先に考え、積極的に社会貢献する。

代表取締役
古江 裕人 氏

路に移転。電装品やモーターといった電気部品の仕事が増えていき、65年に現在地へ移転拡張した。その後も自動車部品や産業用機械へのメッキ処理に対応すべく、97年から2011年にかけて段階的に工場を拡張し、需要増大に応えた。さらに古江社長が海外で得た情報をもとに11年にベトナム、16年にフィリピンと2カ国に工場を開設。現在は日本と東南アジアで事業を展開している。

■取引先の求める3要素に応える

メッキで求められるのは「納期・品質・コストの3点」と古江社長はいう。重厚長大産業の集積地・姫路にはメッキ業者が10社以上存在するため、3要件のうち1つでもクリアできなければ仕事が他社に流れる。顧客の求めに応じて現場で小さな工夫を積み重ね、メッキの処理技術を向上し、短納期に対応。そうして3要素を満たすことに力を注

無電解ニッケルのメッキ装置

フィリピン（左）とベトナム（右）の海外工場

いできた。さらに、処理可能なメッキの種類を増やすことで、どんな製品でもオールマイティに対応できる体制を確立した。古江社長はこれらを「日々の努力の積み重ね」とし、「昨日より今日。今日より明日と、日々の改善なしに技術は向上しない」と断言する。

18年5月期の売上高は日本と海外含めて約18億5000万円。今後の目標は年間売上高20億円を達成することだ。その実現には、既存の処理だけでなく、新たな処理技術を増やすことが必要だ。例えばこれまでに開発した、ナノサイズの粒子を活用したエンジニアプラスチックへのメッキ処理などだ。新たな材質にメッキ処理が可能な技術開発に挑み、他社との差別化を図っていく考えだ。

長寿のひけつ

不断の努力

「会社にあまりいないから強みとか分からへん」。古江社長は海外で情報収集や取引先開拓に回ることが多く、取材では具体的な話をあまり伺えなかったが、「儲かって忙しい時でも次を考えなあかん」と話していた。取引先の要望でやる仕事が変わるメッキ処理業。取引先とのやりとりから、何を求められているか感じ取り、必要なことに投資する古江社長の才覚も、強みの1つでないかと感じた。

会社概要

所在地：兵庫県姫路市北条北河原978
電話番号：079-225-0831
設立年月：1916年8月
事業内容：●各種金属メッキ：亜鉛・硬質クロム・無電解ニッケル・ニッケル・錫・金・銀・銅　●その他の表面処理：アルマイト加工、アルミ化成被膜処理　機械加工：円筒研磨、バフ加工

URL：http://himeji-mekki.co.jp/

豊富な製法を武器にニッチ領域を開拓

福田金属箔粉工業㈱

「多種多様な製法をそろえている」と自信に満ちた表情で話すのは園田社長。それもそのはず、福田金属箔粉工業が材料供給する金属粉は自動車部材に、金属箔はプリント基板向けとしてスマートフォンや電装化が進む車載製品に使われる。IoT技術など、産業界の先端製品は、300年以上の歴史を有する同社に支えられている。「金属の箔と粉」というニッチな領域を深耕し、堅実な事業展開を図る。

同社の業態が大きく変わったのは、明治時代。扱う製品用途は江戸時代より伝統工芸分野だったが、工業分野に大

社是・理念

- 「身の程を知る」
  創業家の家憲「家の苗」に記された言葉。企業では金属箔と金属粉の2つに注力する意味。
- 「メタルスタイリスト」
  金属のスペシャリストとして、さまざまな顧客ニーズに対応する姿勢を表す言葉。

代表取締役社長
園田 修三 氏

きく舵を切る。その分岐点が水車の導入だった。

■水車が「工業化」の原動力

1908年、山科工場（現・本社・京都工場）を設置し、水車動力を活用し、真鍮粉の量産体制を整備した。工業製品に多用される真鍮粉やカーボンブラシ用銅粉を製造したほか、36年には国内初の電解銅粉を生み出した。第2次世界大戦後は、テレビの普及で電解銅箔の需要が一気に高まった。現在、プリント基板には同社の銅箔が多く使われている。「世界一の銅箔表面の加工技術」を駆使し、機器の高性能化に貢献している。

取り扱う金属粉は、多岐多様にわたる。主な用途は粉末冶金材料や導電材料だ。粉末冶金とは金属粉を圧縮成形、焼結させてさまざまな部品を作る技術。種類豊富な金属粉からニーズに合う材料を自動車部品メーカーなどへ供給し

ニーズに合わせて材料を選定できるように1000種類以上の金属箔、金属粉を取り揃えている

1908年に開設した山科工場の地は、現在の本社および京都工場となっている

ている。

同社は小ロットから対応し、金属箔粉の多様な製法を熟知する。顧客とは製品の開発段階から協力し、業界の最新動向を捉える。

同社の歩んできた道のりは、金属材料の用途が急拡大した歴史と重なる。金属箔はデジタル化の波と合わせ、さらなる成長が期待される。

一方、昨今のガソリン車市場の縮小と電動自動車市場の拡大を受け、今後はエンジン搭載車が減少することを想定。自動車のエンジン部品などに使われる金属粉については新規用途の探索を急ぐ。ただ「この100年で会社も変わった」と園田社長が語るように、金属粉が求められる製品領域は拡大すると見て、研究開発に力を注ぐ。

長寿のひけつ

素材メーカーのポジション、極める

福田金属箔粉工業は創業から一貫して「素材メーカー」というポジションを崩さない。バブル景気に湧いた1980年代後半から90年代初頭においても、創業家の家訓である「身の程を知る」を忘れずに、「箔」と「粉」以外の製造には手を広げなかった。道を変えないことがかえって、事業環境の変化に合わせた豊かな創意工夫を生み出しやすい土壌を作るのかも知れない。

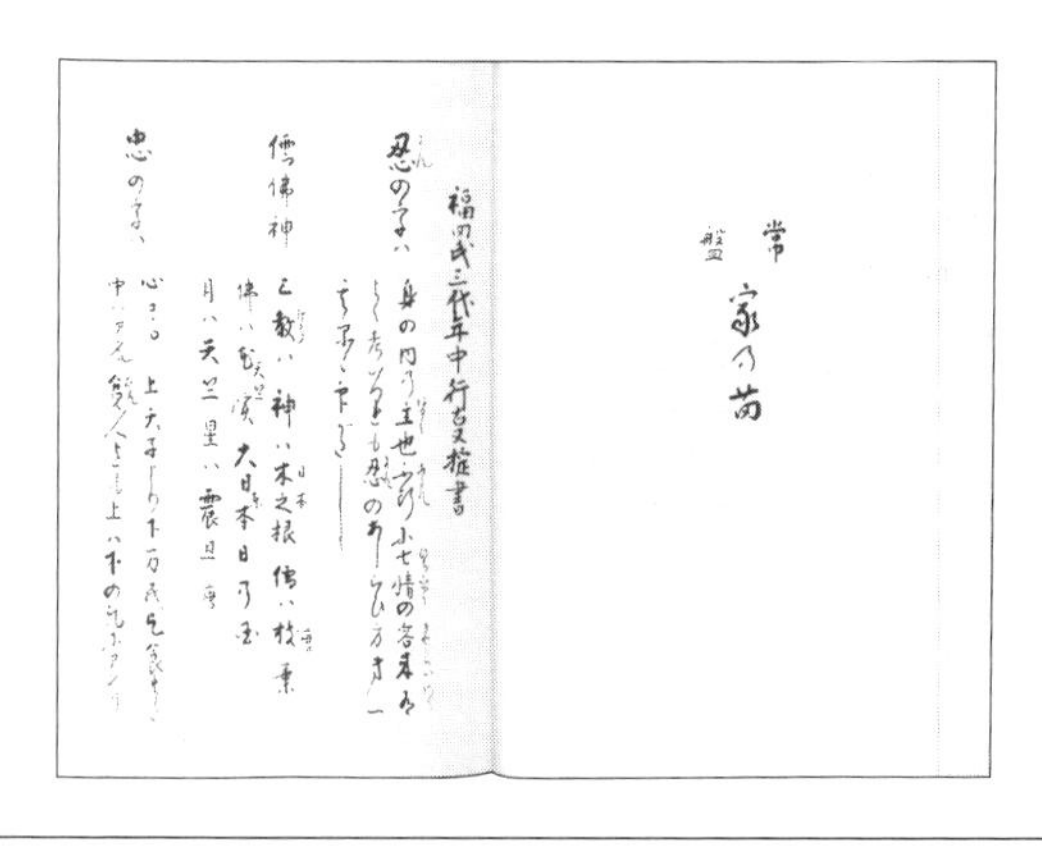

会社概要

所　在　地：京都市山科区西野山中臣町20
電 話 番 号：075-581-2161
創　業　年：1700年
事 業 内 容：金属箔、金属粉の製造・販売

URL：https://www.fukuda-kyoto.co.jp/

時代の転換期に着実に対応、堅実な成長を続ける

㈱フセラシ

鍛造・圧造による、精密ナット・自動車部品の製造販売を手がける。主力事業の1つである精密ナットの分野において、自動車関連部品を中心に1万種類、年間29億個を製造。ナット専業メーカーとして世界トップのシェアを誇る。

同社の歴史は1933年、大阪市天王寺区に嶋田栄太郎氏が「嶋田製作所」を創業したことに始まる。当時は家電向けやミシン向けのナットを主に手がけていた。43年には大阪府東大阪市の現本社所在地に「布施螺子（ふせらし）工業所」を設立。「布施」は当時の地名「布施市」のことで、現在は他

代表取締役社長
嶋田　守 氏

社是・理念

常に他より一歩前に進む

市と合併し「東大阪市」となっている。また「螺子」は「ネジ」の漢字表記だ。

59年には日本でのモータリゼーション到来を受け、ナットの大量生産に着手。スイス・ハテバー社のナットホーマーを導入し、日本で初めて切削から圧造にナット製造の方式に切り替えた。76年にはねじ部品だけでなく、機能部品も手がけていきたいとの思いから、社名をカタカナの「フセラシ」に変更。「布施螺子」という漢字表記では「ねじだけを製造している印象を与えてしまう」と考えたためだ。90年代は経済のグローバル化に応じ、海外に進出。現在は米国、中国、タイの3カ所に海外工場を構えている。

■事業拡大を主目的にしない

社是として創業者・嶋田氏の口癖である「常に他より一歩前（さき）に進む」を掲げる。「二歩も三歩も前に行く必要はない。

ホイールナット

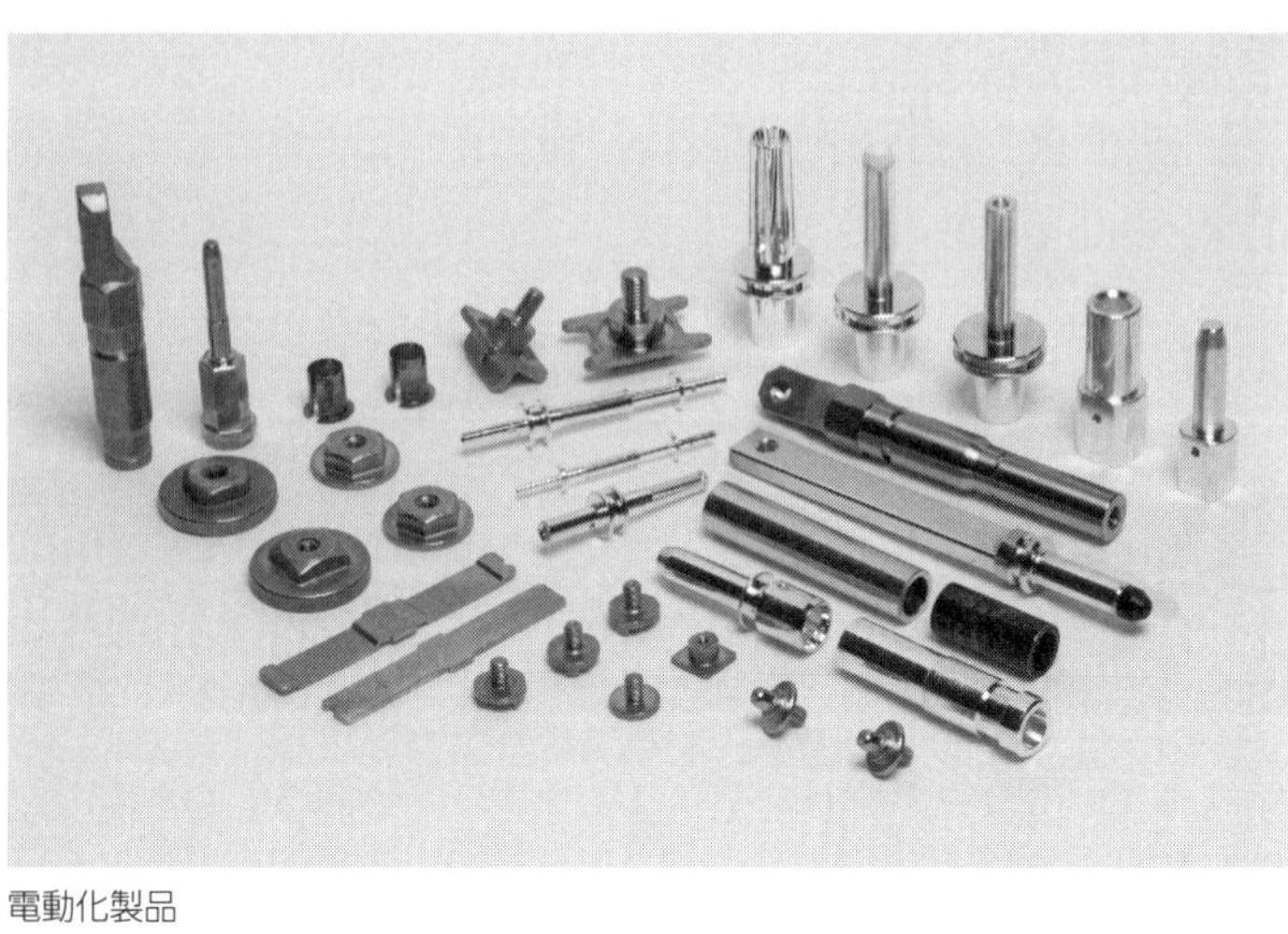

電動化製品

ほんの少しでええんや」と続く。自分たちにできることを着実に実行し、時代に合わせて応用する「一歩前に行く」努力は必要だ。しかし「二、三歩も前に行き」、事業を拡大しようとすれば、関係各所に無理をさせ、長くは続かない。また利益を上げられたとしても一時的なもので土台がしっかりしておらず、会社はすぐ危険な状態に陥ってしまうという戒めを含んでいる。事業や会社の拡大を主の目的とせず、着実に成長し、強固な土台を作り上げてきた同社の姿勢を表す言葉だ。同時に創業から80年以上も事業を継続する長寿企業たる理由を示す言葉でもあり、赤字を計上したのはリーマン・ショックが原因の2009年9月期だけだ。これからも、変わらず確実かつ堅実に成長を続けていく。

長寿のひけつ

ほんの少し、前に行く

取材前は、社是の「常に他より一歩前に進む」という言葉を「トップを走り続けることで他を圧倒し、生き残っていく」という意味に解釈していた。しかし取材で「進みすぎを戒める言葉」だと分かり驚いた。前に進むのには違いないが一気に進むのではなく、社業から逸脱せず着実に歩を進める。同社は今後も自社の技術が応用できる分野で、安定した経営と事業拡大に取り組む構えだ。

会社概要

所 在 地：大阪府東大阪市高井田 11-74
電話番号：06-6789-7121
設立年月：1943 年 10 月
事業内容：鍛造・圧造による、精密ナット・自動車部品の製造・販売

URL：http://www.fuserashi.com/

鋼材と鉄スクラップの販売を通じ、資源リサイクルと産業発展に貢献

扶和メタル㈱

扶和メタルは、製鋼原料の加工販売や鉄鋼資材販売、貿易業などを国内外で展開する老舗企業。創業は1908年、大阪市東成区に黒川商店を開業。日本鉄屑統制会社の指定商認定を経て、46年には住友金属工業（現・日本製鉄）の直納店になる。50年には扶和金属興業として法人化。関西地場の電炉各社の直納業者となり確固たる地盤を築いていく。業容拡大とともに全国各地に支店やヤードを開設。アジア圏との輸出入など貿易業務にも活路を見出していく。2003年には扶和メタルへ社名変更。07年には米国

社是・理念

「人が環境を変える」という使命のもと、「10年先を見据えて」を企業理念に掲げる。顧客の信頼に応え、高品質な製品を安定供給するため、つねに研鑽は怠らない。また社会との共生・発展を願い、スピーディーかつ変化が求められる現代に整合したビジネスモデルを体現するため、日々取り組んでいる。

代表取締役社長
勝山 正明 氏

ニューヨークに初の海外拠点「ＦＵＷＡ ＭＥＴＡＬ ＵＳＡ」を設立し、米国から鉄スクラップのコンテナによる輸出事業で物流革命を起こした。営業活動は国内12の支店やヤード（関西地区６拠点・関東地区６拠点）、米国社テキサス本社および２支店（ロサンゼルス・ニューヨーク）で展開する。拠点毎に機動力を発揮し製鋼原料・資材の最適な集荷・加工・出荷体制を構築している。

■足元を固めつつ新規事業も開拓

16年、創業家の黒川友二氏（現・会長）から５代目社長として経営を引き継いだ勝山正明氏は、「現状を見極め、足元を固める」ことに取り組んだ。各支店の収支を底上げするため人材補強や体制づくりに努め成果を発揮した。18年に創業１１０周年を迎え、勝山社長は記念式典の場で、「次世代へバトンを渡すまでにグループ合計の扱い量を倍

北関東支店

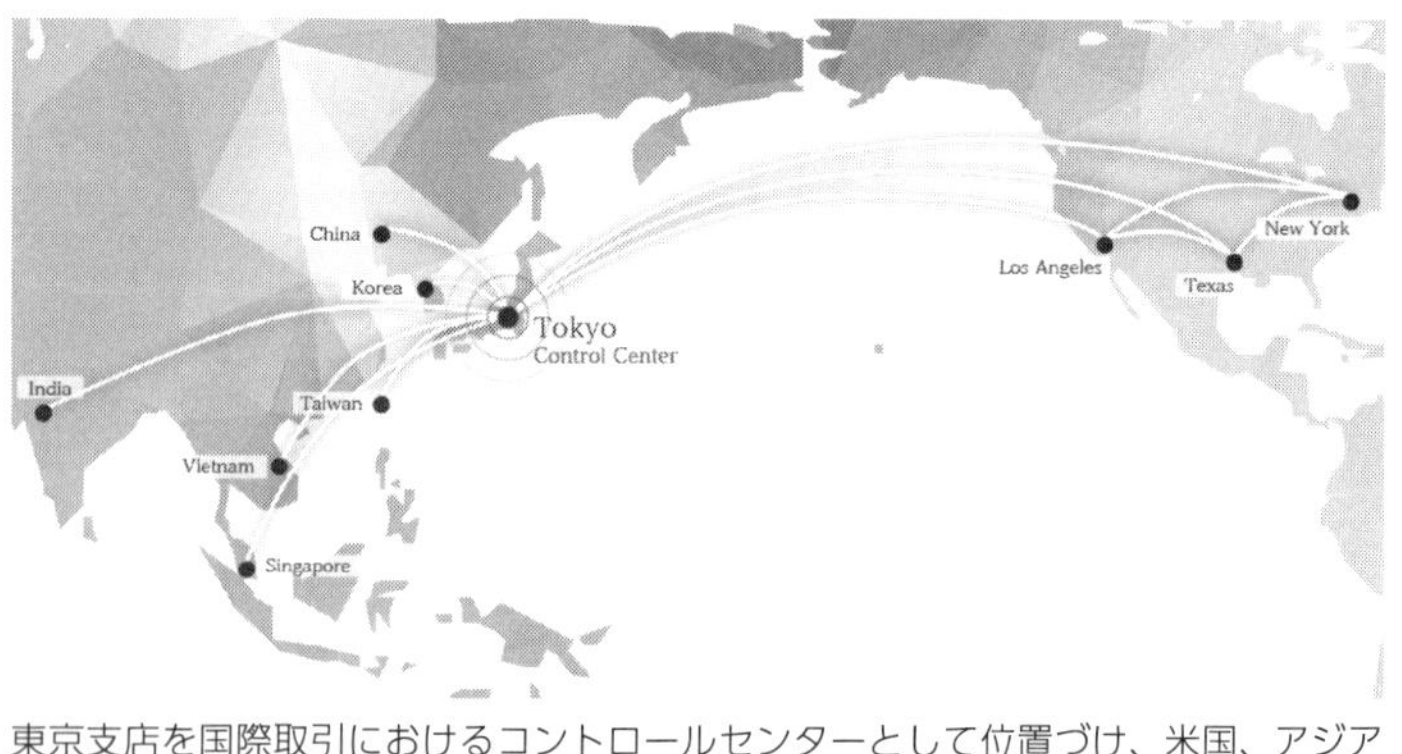

東京支店を国際取引におけるコントロールセンターとして位置づけ、米国、アジアのさまざまな国との取引を展開している

増の年間200万tに伸ばす」と表明した。その計画に向け、19年を初年度とする3カ年中期経営計画の骨子を固めた。需要拡大が見込める東南アジアでの支店新設を核に、国内事業の拡充と海外市場での販路開拓を進める。海外の地場で回収した製鋼原料を現地需要家へ供給するために工場機能を持たせる。豊富な米国屑を東南アジアへ供給するなど3国間貿易の強化にも努める。さらに新規事業の開拓に拍車をかける。教育や介護、インバウンド事業、地方自治体への事業支援など、鉄鋼業種のみならず異業種での新展開も模索する。さらには、「社員間での公募に加え、社外起業家のアイデアを形にするための支援も検討したい」と勝山社長は語り、さらなる成長を目指す。

長寿のひけつ

同業を裏切らずともに成長を

「敵をつくらず互いに協力する」という黒川友二会長の言葉を念頭に、同業者を裏切らず業界全体の成長を考えてきた。他社に向けて進むべき指針を示すため、時には自社を犠牲にすることもあった。こうした姿勢が信用につながり取引先を広げている。また“変革と挑戦”を原動力に、次代を担う新たな事業創出に努めている。多様な成果を業容拡大につなげ、長きにわたる企業の発展を支えてきた。

埼玉支店

会社概要

所 在 地：大阪市中央区千日前 1-4-4
電話番号：06-6213-6581
創 業 年：1908 年
事業内容：製鋼原料の加工販売、鉄鋼資材販売（鋼材・ビレット・銑鉄・半製品）、貿易（コンテナおよびバルク船）

URL：http://www.fuwa.co.jp/

ばね製品で産業を支える老舗

平和発條㈱

平和発條はばねの専業メーカー。創業者の鶴本市三氏が太平洋戦争中に兵器用、航空機用の精密ばねの製造に技術者として携わった経緯から、終戦後その技術を平和産業に生かして、日本復興への強い願いを込めて始まった。最初に手がけたのは自動車メーカー向けディーゼルエンジン用の弁ばね。いかに、品質に重きを置いてきたかは、設立2年後の1953年、ばね座金のJIS表示許可工場認可を申請、翌年異例の早さで取得できたことにも見て取れる。

今は、自動車やベアリング業界向けのばね・部品が事業

社是・理念

【社是】誠実

【社訓】

品質本位、堅実経営、協力一致、積極明朗、業界一流

【経営理念】

会社の事業活動を通じて、従業員の生活の安定と向上をはかり、株主に報い、地域や社会に貢献する。

代表取締役社長
濱中　豊 氏

の主力になっている。自動車に用いるミッションや駆動系に使用される「止め輪」は、業界シェアが高く、ベアリングの金属製保持器でも、ナンバー1のシェアを誇る。

製品の設計に当たっては、自社で顧客の要望に合わせた設計を行うほか、その製品を造り出すための金型の製作も自社で行っている。また、その生産においては素材を圧延する工程から性能を左右する熱処理・表面処理工程に至るまで一貫生産を行っているのが強みだ。

■制振対策にも弾み

自動車向けには、2017年からステアリング部品の量産も開始。2019年には、年間数億円ほどの事業に成長する見込みだ。これら自動車向けの事業は、将来の電気自動車化の流れに対しても、安定した成長が考えられている。

このほか、同社の技術力は、山陽新幹線や台湾の新幹線

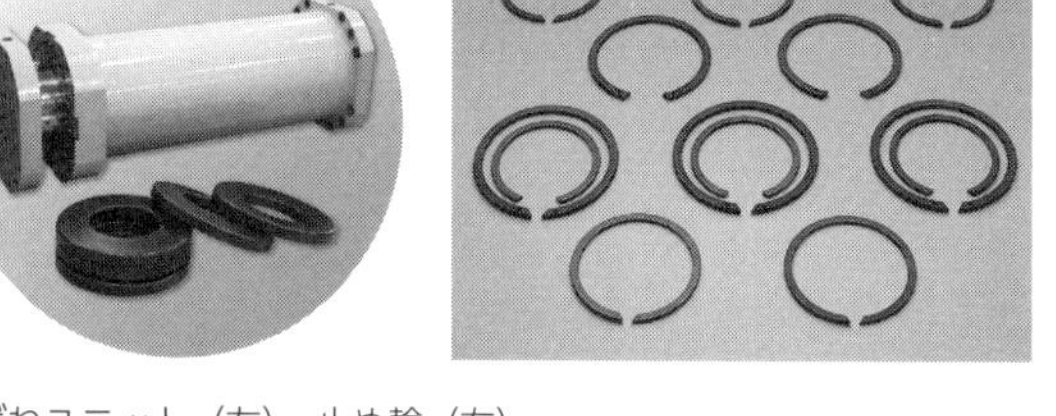

皿ばねユニット（左）、止め輪（右）

滋賀工場

の枕木のＰＳロックワッシャーで使われていることでもわかる。さらに84～85年にかけて瀬戸大橋の制振用皿ばねユニットを開発。鉄道と車が走り、本州と四国をつなぐ橋全体の風、地震による揺れ防止に使用されている。今日では建物の制振装置用としても利用が進んでおり、さらなる応用にも弾みがつくことが期待される。

２０１１年に中国・蘇州で現地市場向け、14年にタイに生産拠点を立ち上げ、海外生産体制を整えた。今後はタイ国内の需要開拓をすすめ、タイから海外輸出へ向けたさらなる対策を検討しているところだ。篠山工場（兵庫県）に設けた試験棟では、次なる事業の柱を構築すべく、実験が続けられている。

長寿のひけつ

創業者の思いを今に引き継ぐ

軍需産業のために使われた技術を平和のために利用するという志は社名にも表れている。その創業者の実直な人柄を今に引き継ぐ。技術力に重きを置き、時代の変化に合わせてニーズを先取りするための営業に力を入れてきた。事業の内容は変わっても「社員に報い、大切にする」という姿勢は変わらず大切にしている。

篠山工場 試験棟

会社概要

所　在　地：大阪市淀川区加島 3-7-26

電話番号：06-6302-5311

設立年月：1951 年 4 月

事業内容：皿ばね、止め輪、座金類、薄板ばね、線ばね、異形線などの製造および販売

URL：https://www.hhk.co.jp/

国内初のマイナスドライバーを製造
開発への熱意衰えず

㈱ベッセル

　1916年に大阪市城東区で田口鉄工所（現・ベッセル工業）として創業。農業をやりながら鍛冶屋を営んでいた創業者の田口儀之助氏が、マイナスドライバーの製作を依頼されたことから事業を始めた。1日300本と手作りであったが、引き合いが多くドライバー製作を専業とした。その後工業高校でプレス機や旋盤を学んだ2代目社長の田口輝雄氏により、機械を活用することでマイナスドライバーの量産化にめどをつけた。技術力がある人材の入社が相次ぎ、品質を向上しながら業容を拡大していった。

社是・理念

- どこにも負けない独創的で高品質な製品をお客様に供給し、大きな支持を得られ続ける会社を作る
- 各人の生活が向上でき、安心して働けて、かつ自分自身が絶えず成長できる職場を作る
- 前向きな挑戦ができ、かついかなる環境に置かれようとも動じない強い競争力と体力を持つ会社を作る

代表取締役社長
田口 順一 氏

■リーマン・ショックが開発のターニングポイントに

２０００年代に入ると、製品開発を加速させていった。２０００年に静電気除去分野に進出。電子部品の不良などの原因となる静電気を除去する「静電気除去装置」を開発した。事業の裾野を順調に広げていったが創業以来、同社を襲った危機は幾度かあった。

２００８年のリーマン・ショックもそのひとつ。業績は悪化したが、人員整理には抵抗がありリストラを行わなかった。田口社長は、「売り上げが下がったからといって人員整理はしないと宣言した」と振り返る。生産活動を月曜から木曜に変え、その空いた時間を活用し技術者は開発に専念できるようにした。そうした取り組みの結果、約60品を発売することになりヒット商品が２つ生まれた。さび付いたねじを容易にはずすことができるドライバーの「メ

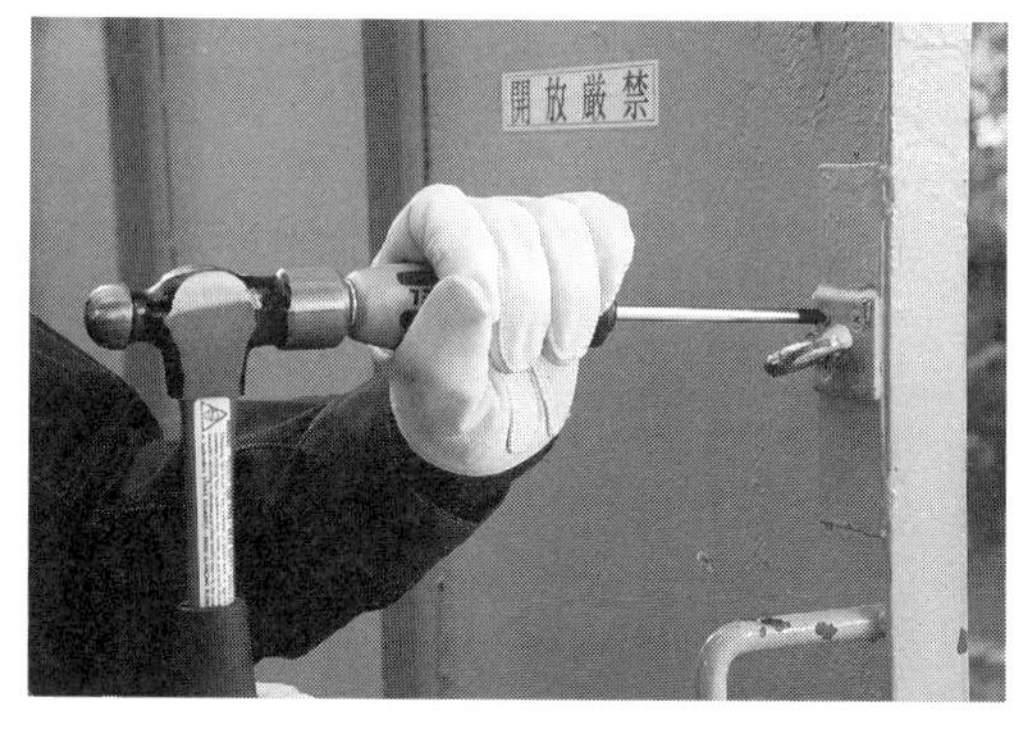

ヒット商品となった
メガドラインパクタ

動くショールームの「キャラバンカー」

ガドラインパクタ」と靴底の汚れを取り除く粘着床マット「クリーンウォーカー」だ。

「ヒット商品と営業の努力のおかげで、社員の一時帰休が半年で終了した」と田口社長は話す。リーマン・ショックを乗り越えたが、２０１１年に生産拠点の１つに試練が訪れる。１９９５年にタイのアユタヤで操業していた工場が洪水に見舞われ、浸水被害を受けた。それを受けて２０１３年に新たな工場を稼働した。また福地山工場も同じく水害により、現在地の長田工業団地（京都府福知山市）に移転した。

こうしたＢＣＰに目を配りつつも、重視しているのは「前向きな挑戦」。社名のベッセルは大型商船を意味しており、これからの１００年も産業界という大海を突き進む。

長寿のひけつ

独創的な製品の開発で飛躍

「経営理念を実行していけば、次の100年も成長はまちがいない」と田口社長は強調する。創業から常に独創的な製品を生み出してきた。バブル崩壊やリーマン・ショックにより経営が厳しい状態に追い込まれたこともあったが、前向きな挑戦をし続ける事で次の成長につながった。

会社概要

所　在　地：大阪市東成区深江北 2-17-25
電話番号：06-6976-7777
創業年月：1916年8月
事業内容：ベッセルブランド各種ドライバー、ビット、作業工具、空気動工具、静電気対策品販売(グループ会社にて製造)、スウェーデンQマティック社製品の販売、ホームセンター直営店経営

URL：http://www.vessel.co.jp/

アトマイズ法によるアルミ粉で7割のシェア

ミナルコ㈱

アトマイズ（噴霧）法によるアルミニウム粉の製造で、専業メーカーとしては国内唯一。今では年間7000t程度あるとされるアトマイズアルミ粉の一般国内市場で、約7割ものシェアを持つ。残りはほとんど輸入品だ。

ミナルコの創業は第1次世界大戦中の1917年に遡る。水車小屋で粉砕業を営んでいた創業者が当時、貴重だったアルミ箔の生産工程で出た端物の払い下げを受け、戦争で用いる火薬の原料や船底の錆止め用塗料の原料用として製※造を開始。44年には米国で開発されたアトマイズ法をいち

社是・理念

社是：真面目。安全衛生はすべてに優先する。創業100年の歴史と信頼を守る。常に時代に欠かせない存在であるために先駆の技術でアルミパウダーの可能性を追求します。

取締役社長
柳生 宗一氏

※この事業については現在も「大和金属粉工業㈱」にて継続されている

機械 / 金属・鉄鋼・非鉄金属 / 化学・繊維・素材・医薬 / 電機・電子・精密機器 / 金融・商業 / 運輸・建設・輸送機器 / ガス・その他製造

早く導入し、生産効率に優れる同製法を使って第2次大戦中、軍の増産要請に対応した。戦後、需要減退したものの、アトマイズ事業を新会社（現・ミナルコ）として独立させた。朝鮮戦争を経て、その後、高度経済成長期の工業化の波に乗ったアルミ粉需要の拡大を担ってきた。

■安全衛生をすべてに優先

アトマイズアルミ粉の製造は、比較的小規模でも可能なことから、高度経済成長期の半ばには十数社の同業者がひしめいていた。それが徐々に淘汰されたのは、その取り扱いの困難さにある。アルミ粉の扱いには粉塵爆発の危険を伴う。同業他社がそうした事故の影響により十数年の内に次々と廃業していく中、同社は安全対策に費用を投じ国内需要を積極的に引き受ける事により生き残った。

現在、アルミ粉は広い用途で用いられている。石油化学

安全対策を施した製造設備類を整備した三重工場

アトマイズアルミ粉

業界で重合用の触媒として利用されたり、無機化学系の素材原料や、製鉄用の耐火煉瓦や坩堝の構成原料となったりまた、助燃材として産業爆薬やロケット推進薬の原料として使われたりしている。さらには、電気自動車用途でも熱伝導材料として応用研究が進められている。

その応用が進展するのに伴い、用途によってはアルミ粉粒子の微細化が課題になる。現在、同社では3μmの粒径まで対応しているが、粒径が細かくなるほど取り扱いの危険性も増す。同社では「安全衛生がすべてに優先する」ことを大切にしつつ、製品の均質性や短納期、一斗缶ひとつの量（15kg）という少量にも小廻りの効いた対応をすることで輸入品との差別化を図る。

長寿のひけつ

本業一筋

第2次大戦後、軍需が一気に消失した時は、アルミの鍋や釜を作ってしのいだ。そのこだわりを大切に「本業一筋」を貫いてきた。また、同社も事故とは無縁ではなかったが、その時の経験を生かし、さらに安全衛生確保に努めてきた。高いシェアに奢ることなく、他の素材との競合も常に意識した取り組みが、顧客からの信頼につながり、顧客が同社を支えている。

会社概要

所 在 地：大阪府堺市堺区翁橋町 1-1-1
電話番号：072-224-2101
設 立 年：1917年
事業内容：噴霧（アトマイズ）法によるアルミ粉・アルミ合金粉の製造・販売

URL：http://www.minalco.co.jp/

全社一丸で「強い会社」「良い会社」の両立を目指す

明石プラスチック工業㈱

1959年、神谷光郎氏が1台のプレス機で熱硬化性樹脂の成形業として創業した。当初は家電部品などを製造していたが「他社にできないプラスチック製品をつくる」という信念で、熱可塑性樹脂の成形、金型製造へと手を広げていった。樹脂成形を行う他社は金型を支給されることが多いが、同社は成形精度にこだわり、金型を内製化。金属と同等の強度を持ち軽量の樹脂性プーリー（特許取得）など精度にこだわった製品を開発し、顧客の評価を得ている。

2018年に就任した生水口社長は4代目。商社で働い

社是・理念

【会社方針】

1. 技術と誠意をもって顧客のニーズに応える
2. 弛まぬ努力をもって固有技術を磨くとともに技術革新に挑戦する

【ビジョン】

兵庫県を代表するものづくりメーカーになる

代表取締役社長
生水口 高志 氏

ていたが、義父にあたる2代目の福田孝治氏が急逝した際に、後継者として入社を決断した。当面は義母の福田方子氏（現・会長）が3代目社長に就任したが、ほどなくバトンタッチが行われた。生水口社長は会社改革を断行した。目指すは「強い会社と良い会社の両立」である。「強い会社」とは、景気に左右されず収益力を維持し、なくてはならない会社になることである。熱可塑性樹脂と熱硬化性樹脂の両方を成形加工できる自社の強みを前面に打ち出し、多様なプラスチックで顧客ニーズに応える。

■働き方改革で生産性向上

一方の「良い会社」は社外から見てという意味もあるが、同社で働く社員にとっての意味合いも大きい。「会社に滅私奉公することなく家族、自分の時間を大事にしてほしい」との思いから、残業削減、休暇取得促進など働き方改革に

明るいイメージカラーの
本社工場

射出成形の作業風景

取り組む。勤務時間中は徹底的に無理・無駄を省き、会社として10％の生産性向上を目標に掲げる。「何のために働いているのか」と全社員と対話を重ね、意識を共通化。社風改革は人材確保でも成果を上げた。人手不足時代にあって1年で8人が入社。「良い会社」を目指す同社に魅力を感じて意思を固めた人、いったん同社を退職し外から見て「良い会社」であることを再認識した人など理由はさまざまだが、改革と発信が人員増につながった。

急激な人員増は短期的には利益を圧迫するが、これからの人手不足も見据え「強い会社」を実現するには人材の確保が欠かせない。入社した人材には研修費用を惜しみなく投入し、コミュニケーションを密にしながら戦力化する。

長寿のひけつ

「基本は人」の考えで生産性向上

生水口社長は生産性向上のため、ロボットやIoTなどの導入を検討する中でも「基本は人」という姿勢を堅持する。優秀な人材を採用するためには手段を問わず、例えば時間に制約のある女性社員の場合、「勤務時間をその人の都合に合わせる」など柔軟に対応する。幸い、同社には創業者時代からの「定時でしっかり働いて、社員が心身ともに健康であるようにする」という方針があった。

品質管理に従事する女性社員

会社概要

所 在 地：兵庫県明石市魚住町金ヶ崎1182-1
電話番号：078-936-1601
設立年月：1959年9月
事業内容：プラスチック成形加工（圧縮、射出）および金型製造

URL：https://akapla.co.jp/

濾紙から特殊紙へ、可能性は限りなく

安積濾紙㈱

安積濾紙は1919年2月安積洋紙店として創業し、一般的な紙の卸問屋として輸入販売を手がけたのが始まり。その後、数ある商品の中でも、濾紙(ろし)に特化したメーカーとして、31年安積濾紙工業所を設立。再スタートを切った。この濾紙に絞ったところが、今日まで100年におよぼうとする暖簾を継ぐことができた大きな転機になった。

当時メーカーとして再スタートを切ったとは言っても、そこはノウハウがない中での決断。紙の職人を連れてきて、見よう見まねで始めた手漉きの濾紙の製造は、それこそ試

社是・理念

- 我々は企業倫理を重んじ、常に謙虚に、誠実に、かつ公明正大に企業活動を行います。
- 我々は企業活動を通じ、常に人間社会に役立てる商品作り、人間作りを目指すことによって社会に貢献します。
- 我々は企業活動を通じ、文化の伝承、維持、向上をはかり、豊かな精神文化を育てます。
- 我々は人類の世界平和を願い、世界平和に貢献するための企業活動、技術を追求します。

代表取締役社長
安積　覚 氏

行錯誤の連続だった。それでも、電力会社のトランス油を濾過するための需要をはじめ、各種産業の勃興期に当たり、それら産業における各種濾過工程向けに引き合いを集めた。

■技術力で特殊仕様品に対応

飛躍のきっかけは、1960年代ごろからの自動車産業の発達だ。ちょうどその頃から自動車向けのオイルフィルターの需要を賄うため、製造の機械化が進んだ。

現在では工業用以外にも、外食産業や一部家庭用にまであらゆる場面の需要を賄っている。特に、強みを発揮しているのが、小ロット品やオーダーメイドの特殊仕様品への対応だ。同社では自動車用途に向けた製品開発を始めた時から技術開発部を設け、年々高度化する要求に多様な原材料を用いて対応してきた。その技術力が、これら特殊品の製作を可能にしている。

抄紙機で上質な濾紙を製造し、広く社会へ貢献している

脱臭や消臭などの機能を持つ「活性炭」を使用した製品にも同社の濾紙が使用されている

それは今日の品質方針や環境保全へ向けた徹底した方針にも現れている。品質の行動指針には、「品質第一主義に徹した事業活動を行う」、「お客様の満足度の向上を図る」、「常に継続的な改善活動を推進する」の3つを掲げる。

環境方針でもこれからの時代に「地球環境にやさしいフィルトレーション&セパレーションを研究し提案する」ことを謳う。

同社は2012年に福井工場、14年に岐阜工場を加え、大阪工場と合わせて3工場体制を整えた。輸出比率も3割ほどに増えており、中国など海外を視野に入れ積極的な展開を図っている。オンライン環境の発達による販売網や情報網の発達による国際化を背景に、世界への事業拡大にも拍車がかかる。

長寿のひけつ

先手先手の行動と共感が支える

これまで同社が追求してきた、濾紙からはじまる特殊紙の可能性は、今後も計り知れないものがある。同社はその可能性にいち早く目を付け、その可能性に挑戦する設備投資を怠ることがなかった。今日、団塊の世代の退職などで技能の伝承が問題になっているが、いち早く採用・教育・育成活動に力を入れ、そうした問題へ先手を打ってきた。先を読んだ動きと、それに対する周囲からの共感が同社を支え続ける。

会社概要

所　在　地：大阪市東淀川区小松4-2-15
電 話 番 号：06-6327-5145
創 業 年 月：1919年2月
事 業 内 容：濾紙、フィルターをはじめとする各種特殊紙の製造・販売

URL：http://www.azumi-filter.co.jp/

エンジニアリング専門集団を掲げるメーカー

岩崎工業㈱

岩崎工業は、樹脂の家庭日用品雑貨を中心に製造販売をする。この業界では東南アジアからの低価格品に押されて苦戦する企業が多い中で、同社はいち早くブランド戦略を進めて差別化に成功した。自動車部品や浄水器部品などでOEM生産も展開しているが、あくまで主力は自社ブランド。売り上げに占める自社ブランド比率は95%にのぼる。

ガラスのような透明感を持ち、耐熱性と柔軟性をも併せ持つ特殊素材の自社開発など、競合他社が追随できない技術を多く保有しているのが同社の特徴。特に自社ブランド

社是・経営理念

【社是】I will

●無関心さ、無責任さを徹底的に排除し、自主的に考え行動することにより自己変革を常に行い、健全経営を実践する企業の一員となる

●相乗効果を生み出すための協調性をもって時代変化を的確に捉えた経営資源の集中・活用・拡大を行う

代表取締役社長
岩﨑 能久 氏

「Lustroware（ラストロウェア）」は機能性とデザイン性を高次元に両立したブランドとして浸透している。デザインや素材、成形手法などにおいて自由度が高い自社ブランドを手がけることが「社員の自発性と開発力向上につながる」と家根谷武常務取締役は言う。

■医療器具で新分野開拓にも挑戦

1934年に大阪市内でセルロイド板加工企業として創業。57年に株式会社を設立。樹脂成形をはじめ、ノベルティーグッズの受託で成長を遂げた。しかしノベルティーは採用されれば量を確保できるが、経営の安定感や技術向上の面で限界がある。

このため68年に米国企業が保有する「ラストロウェア」ブランドをサブライセンス化。後に自社ブランドとして買い取ることで、自社開発の事業スタイルを構築した。

透明感と耐熱性、柔軟性を持つ特殊素材を使った製品

2018年にJR郡山駅（奈良県大和郡山市）徒歩3分の場所に新社屋を建設

93年には約1万坪の土地を三重県に取得し、新工場を建設。これまでのノウハウを活用して新分野への参入も進めている。

医療分野では自社ブランド展開のため2018年11月に「第二種医療機器製造販売業許可および医療機器製造業登録」を取得。現在、主に使用されている減菌して繰り返し使うステンレス製などの器具を安心・安全で使い捨てできる軽くて丈夫な樹脂製に切り替える提案を計画中だ。コアとなる技術は同社が家庭用保存・卓上容器で磨き上げてきた技術・開発力を生かした異なる樹脂の一体成形法。持ち手は硬質樹脂を使用し、患者の身体に接触する部分に軟質樹脂を採用し、患者にやさしく、使い勝手の良い器具の実現化を図り、医療現場の改革をめざす。

長寿のひけつ

戦略はブランドのみならず知財にもあり

岩崎工業が持つ知的財産は素材や機能、デザイン、作り方など多岐におよぶ。自社単独で開発することもあれば、素材メーカーと共同で新素材を生み出したり、金型メーカーと成形法を考案したりするなどオープンイノベーションも得意だ。また時には特許をあえて出願せずブラックボックス化する技術もあると言う。華々しいブランドの裏を支えているのは、用意周到かつ綿密に計算された知財戦略だ。

会社概要

所 在 地：奈良県大和郡山市高田町 421-2
電話番号：0743-56-1311
創 業 年：1934 年
事業内容：樹脂製品の製造販売

URL：http://www.lustroware.co.jp/

環境に優しいと再評価されるレーヨンの数少ないメーカー

オーミケンシ㈱

1917年に絹綿製造・販売の「近江絹綿」としてスタートしたオーミケンシは、設立以来100年を超える老舗企業となった。環境変化が目まぐるしい繊維業界にあって、これほど長く存続してきたのは、日本では現在2社しか製造していないレーヨンにこだわってきたからだ。

36年にレーヨン紡績糸製造に進出し、56年に加古川でレーヨン生産を開始。88年には、これを超近代設備とする。

繊維産業が日本の産業全体を支える時代の中で発展を続けてきた。国内10工場を擁して、自社および協力工場とと

社是・理念

【企業理念】

私たちが目指すのは人と地球への「やさしさ」です。

オーミケンシはグローバルな視野と確かな技術力で人と地球に優しい環境とゆとりのある生活を演出する企業を目指します。

代表取締役社長

石原 美秀 氏

機械 / 金属・鉄鋼・非鉄金属 / 化学・繊維・素材・医薬 / 電機・電子・精密機器 / 金融・商業 / 運輸・建設・輸送機器 / ガス・その他製造

もに原材料から日用身の回り品にまで、一貫したさまざまな分野の商品提供を行ってきた。

その後、日本国内紡績事業が海外移転してゆく中、工場を電子部品製造などへ業態を転換。工場屋上への太陽光発電設備の設置や工場跡地の有効利用を積極的に進めてゆく。

■有害物質使用せず、食品にも利用

ただ、長寿企業として安定した経営を続けている最大の要因はやはり「レーヨン」という太い柱があることだろう。大手繊維メーカーが次々レーヨンから撤退する中で、同社が生産を続けてくることができたのは、レーヨン製造工程で付加価値を付ける商品を常に開発し続けてきたからである。

そのレーヨンが近年再評価されている。合成繊維と異な

オーミケンシのレーヨンの開発製造を担う要である「加古川工場」

PRODUCT CYCLE [プロダクトサイクル]

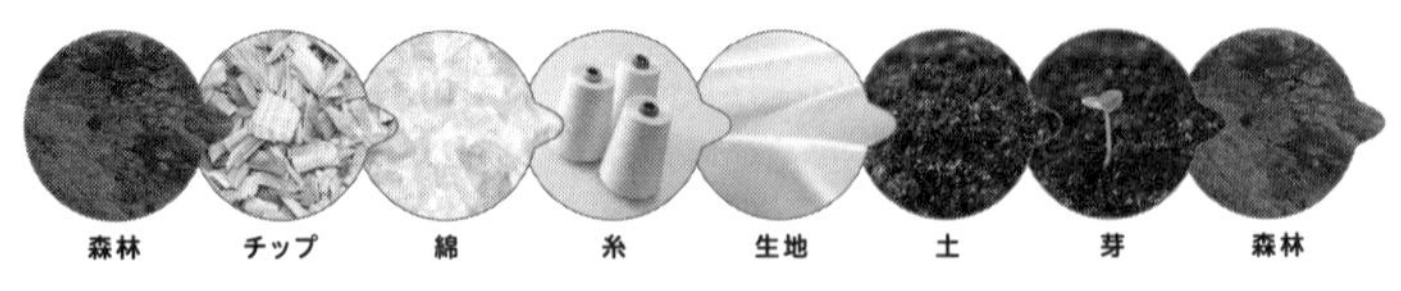

レーヨンは木材パルプのなかの天然セルロースから作られるため、
土中に捨てるだけでもバクテリアによる分解で、約2か月で消滅する環境型繊維。
この循環性からサスティナブルな繊維とも言われています。
また、燃焼している有毒ガスを発生させる成分を含みません。
このような特徴を持つ私たちの主力製品である繊維、レーヨン。
私たちは「エコロジー・クリーン・ファイバー」と名付け、世に送り続けています。

再生繊維レーヨンのプロダクトサイクル

り、木材パルプから作られる再生繊維であるため、土中でバクテリアにより容易に分解される。燃焼しても二酸化炭素は増加しないため、地球温暖化対策にも対応できている。

そして、この木材パルプを原材料として、2015年には、独自のノウハウによる低カロリー食材の製造・販売にのりだした。また、地球環境の循環サイクルに有効な「再生」のために、レーヨン製造技術が高く評価され始めている。

このような製造技術の高さが注目され「さまざまな業種の企業から提携の要望が来ている」と石原社長は言う。「再生セルロースの開発センター」の機能を強みとして、多様な分野の企業と協業しながら、新たな機能を持ったレーヨンの開発や用途の開拓を進めていく考えである。

長寿のひけつ

「やさしさの創造」を実践

「人へのやさしさ、暮らしへのやさしさ、地球へのやさしさ」が経営理念の同社。スクラップアンドビルドをタイミングよく繰り返してくる中で、工場の合理化で得たノウハウをもとに、病院向けシステムの構築などを展開しているのも、人に優しくという理念の実践だ。無関係の事業を展開しているように見えても一本筋は通っている。

会社概要

所 在 地：大阪市中央区南本町 4-1-1
電話番号：06-6205-7300
設立年月：1917 年 8 月
事業内容：ファイバー、テキスタイル、生活雑貨品、ソフトウエア開発ほか

URL：http://www.omikenshi.co.jp/

「常に種まき」5年先を見据えた研究開発

奥野製薬工業㈱

日露戦争終結の年、1905年に「奥野藤商店」として奥野藤吉氏が創業。食品・工業用原料などの小分け問屋を経て、研究開発型の材料提供企業として発展した。現在はメッキ薬品などの「表面処理部門」、ガラス材料などの「無機材料部門」、食品品質改良剤などの「食品部門」の3部門を軸に事業を展開。とりわけメッキ薬品の販売では国内有数の規模を持ち、2800種類もの製品を製造販売する。3部門の異なる分野間の人材交流を武器に、新しい発想を取り入れ、研究開発に力を注ぐ。

社是

ほんとうに愛される製品をつくり
みんなに愛される人になれ

代表取締役社長
奥野 和義 氏

■柔軟な事業展開と人事を強みに

創業以来、市場に合わせてさまざまな事業を展開。主に工業薬品の小分け販売からスタートした。2代目の奥野清六氏の代になってからは、工業製品の製造販売を手がけ、青写真現像用のカリウム塩および陶磁器用絵の具や金属用の油脂性研磨剤、焼付け用ガラス絵の具の製造など、多様な製品を開発・製造してきた。スポンジケーキ用のふくらし粉を日本で初めて生産したのも同社だ。

第2次大戦後は、メッキ薬品の製造販売に着手。市場の変化に対応し、環境に配慮したメッキ薬品など、より付加価値の高い製品づくりに取り組む。奥野社長は「1つの分野に過大な投資をせず、複合的に事業を展開したことが現在までの成長を支えた」と振り返る。今は順調に見える3つの事業についても、市場の変化を見据え「常に種まきを

国内で初めてふくらし粉の生産に取り組んだ

無機材料部門製造工程

欠かさないことが大事」と開発を重視する。
　研究開発に力を入れるため、別々だった3部門の開発拠点を1つに統合し、柔軟に人事を刷新することで、新しい発想を取り入れやすくした。研究開発型の企業と銘打つ通り、開発部門の人員は全体の4割近くを占め、息の長い基礎開発にも積極的に人材を配置する。
　今、新たに取り組んでいるのは環境負荷を減らす製品の研究だ。同社の開発した「クロムフリー樹脂メッキプロセス」は、従来技術よりも人や環境への負荷が少ないとして注目度が高い。「ほんとうに愛される製品をつくり みんなに愛される人になれ」を社是に、次のビジネスの種を探す。

長寿のひけつ

複合的な事業展開と人への投資

化学薬品と食品という、一見全く異なる分野を事業の両柱に、複合的な事業展開をしてきたことが同社を支えてきた。また「研究開発が会社の基本」とし、技術開発に重きを置いた社員への投資も成長を支える要因の一つだろう。奥野社長はフロアで社員と机をともにし、450人近くいる社員とも年2回、直接面談する。種まきを欠かさない複合的な事業展開と社員への投資が長寿のひけつといえる。

会社概要

所 在 地：大阪市中央区道修町4-7-10
電話番号：06-6203-0721
創 業 年：1905年
事業内容：各種表面処理薬品、ガラス材料、食品品質改良剤の製造と販売

URL：http://www.okuno.co.jp/

ミクロンの精密微細加工技術で繊維から最先端分野へ！

㈱化繊ノズル製作所

化繊ノズル製作所は１９４８年の創業以来約70年の間、化学・合成繊維の製造過程で使用する紡糸用ノズルを製造、供給してきた。精密微細加工技術のスペシャリストとして国内トップシェアを誇り、海外でも高く評価されている。岡山に工場があり国内、中国、韓国、台湾、欧米向けの製品を供給するほか、インドネシアに生産拠点を持ち東南アジア、南アジア向けの製品を担当する。リーマン・ショック後の赤字以外はずっと黒字を続ける健全経営の企業だ。

主力商品は売上の7～8割を占める化学・合成繊維を製

社是・理念

サブミクロンの技術で最先端技術を支える。
世界トップの技術をチャレンジングに開発し続ける、高付加価値、高採算メーカーを目指します。

- 社員全員が技術、技能に誇りを持ち、常に磨き続ける精鋭となります。
- 検証と分析による計画性を持った経営により、新しいことに挑戦し続けます。

代表取締役社長
戸川 和也 氏

造する紡糸用ノズルと不織布製造部品、そしてフィルム・シート成形用の押出し金型。さらに20年ほど前から精密加工技術・技能を発展させた超精密微細加工に注力。人工透析や水処理に使う中空糸用ノズル、他分野向けの精密機器を作り出す微細孔加工（工具）などで、半導体、医療、航空宇宙、環境へと事業分野を広げている。

■真似のできない職人による加工技術

紡糸用ノズルにはミクロンサイズの孔（あな）があいており、高い加工精度が求められる。その精度を支えるのが手作業でつくる超微細工具と職人による微細孔加工。手作業でつくる工具は顧客ニーズに合わせてサイズを自由にアレンジでき、他社には真似のできない細かなサイズの違いにも対応できる。「すべてを機械で製品化するのではなく、機械で加工した後に人が手加工でひと手間加える、それが付加価

精密微細加工技術のスペシャリストとして紡糸用ノズルをはじめとする最高品質の製品を提供する

展示会にも積極的に出展し、その製造品質の高さと技術力の高さをPRする

値になる」と戸川社長は胸を張る。

顧客とともに進める研究開発にも力を入れている。ほとんど受注生産のため、技術者が打合せに出向き、細かい要望に合わせて設計。社内にテスト装置を設け、確認してから納品する。人の手による加工があるため検査もシビアだ。微細な孔を2万ホール開けたら、そのすべてを人の手で検査する。戸川社長は「当たり前のことを当たり前にやっている」と言うが、これらが品質を保証し、高い評価につながっている。

今後の課題は技術力を高めて既存事業を強化するとともに、半導体や航空宇宙など新分野を事業の柱として育てていくこと。毎年黒字を出し続け、１００周年で売上高が現在の約2倍となる１００億円企業を目指している。

長寿のひけつ

微細加工の技能伝承と新分野への挑戦

化繊ノズル製作所の長寿のひけつは技術力。ミクロンオーダーの加工技術とそれを実現するための超微細工具をつくる技術。2002年には工具づくりの職人が黄綬褒章を受賞。この研ぎ澄まされた技術を途切れさせないよう技術の棚卸しを行い、OJTで後輩たちに伝承している。さらに、ナノレベルの加工技術にも対応すべくさらに技術を磨き、微細加工による新分野＝未知への挑戦を続けている。

会社概要

所 在 地：大阪市北区西天満6-3-17 みなと梅田ビル

電話番号：06-6313-2557

創業年月：1948年10月

事業内容：合成繊維用ノズル・不織布製造用ノズル、押出成形金型、各種精密加工

URL：http://www.kasen.co.jp/

変化に対応し高機能シール製品を生み出し続ける

光洋化学㈱

パッキンやガスケットなど、流体の漏れを防ぐシール製品の専門メーカー。建設機械、バルブ・ポンプ、食品、医療、半導体などの分野で広く使用され、中でも、耐薬品性や耐熱性など機能性の高い製品が評価されている。元々、合成ゴムとフッ素樹脂の両製品を手がけている強みに加え、独自の成形や接着技術を生かして、ゴム、樹脂、金属などを組み合わせた複合材や異形の特殊製品の開発や製造にも柔軟に対応している。

1954年設立で、工業用ゴムパッキンの製造・販売か

社是・理念

【経営方針】
時流変化に対応する
三宅社長は「これを実践してきたからここまで企業として事業を継続することができた。顧客のニーズや業界の動きを的確にキャッチして、それを生かしたモノづくりを続けていきたい」としている。

代表取締役
三宅 一宏 氏

らスタートした。61年に当時、国内ではあまり知られていなかったフッ素樹脂を使った工業用部品の製造・加工に乗り出す。97年には工場内にクリーンルームを設置し、半導体製造装置向けゴムパッキンの製造を始めた。この時点でゴム成形加工メーカーがクリーンルームを導入するのは珍しく、マスコミにも取り上げられ話題になった。

三宅社長が経営トップに就任した2003年以降、エンドユーザー指向へ営業体制を徐々に変革。品質や環境マネジメントシステムの国際規格認証を取得するなど、時代やユーザーの変化に合わせてさまざまなチャレンジを続けてきた。三宅社長は「新しい顧客と取引を始めるために国際規格認証は必要だった。エンドユーザー指向になったことで顧客の声を基にした新製品の開発が増えた」と振り返る。

■「進取の精神」を受け継ぎ世界へ飛躍

クリーンルームを導入し、半導体製造装置向けゴムパッキンなどを製造している

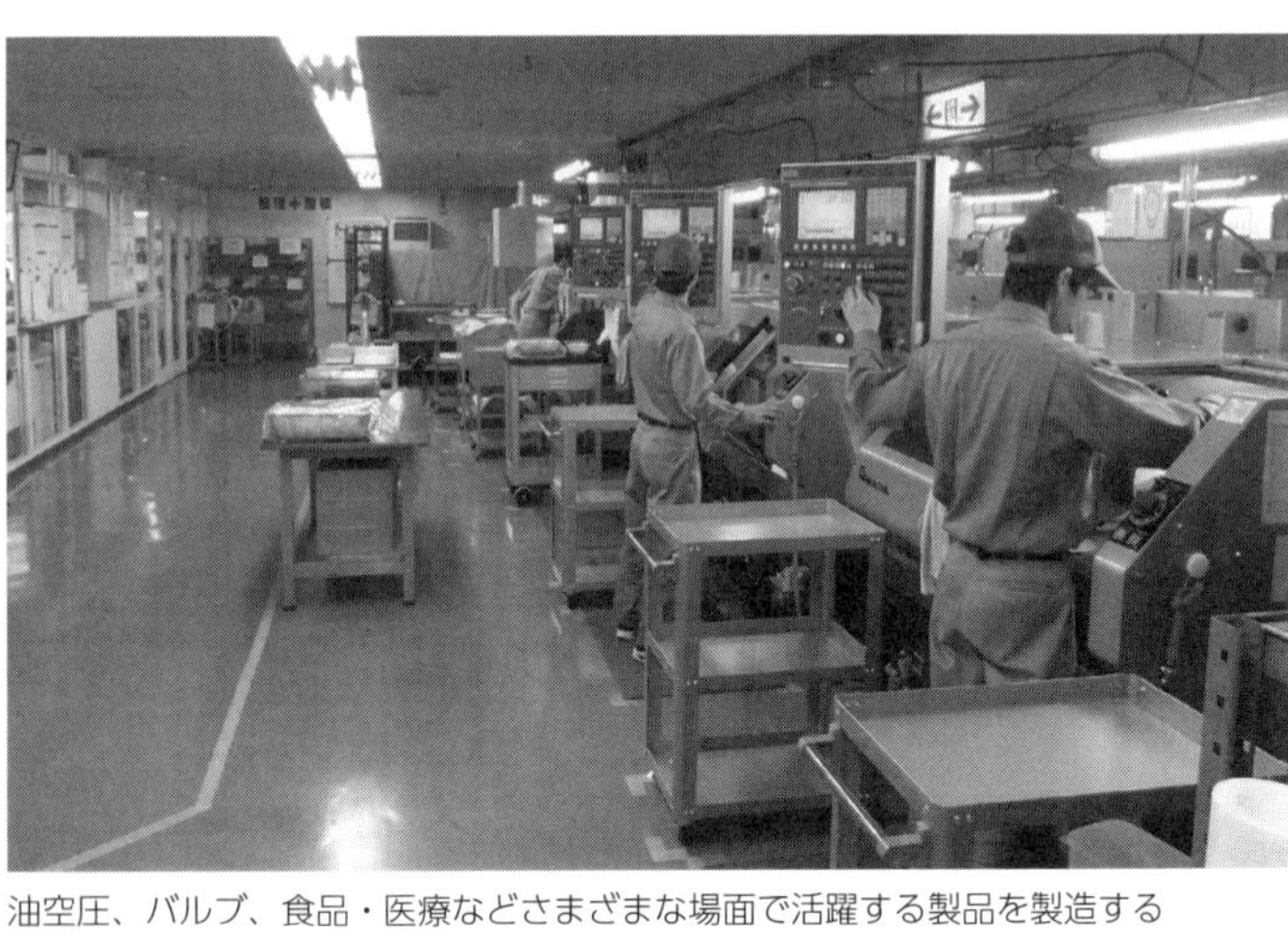

油空圧、バルブ、食品・医療などさまざまな場面で活躍する製品を製造する

創業者で三宅社長の父である一次（くにつぐ）氏は、取引先の話からフッ素樹脂の存在を知る。戦前に米国で開発され、注目されていた新素材で1961年当時ダイキン工業（大阪市）が国内で最初に製造していた。一次氏はダイキン工業でフッ素樹脂を入手し、その翌日には自ら製作した製品を持って同社を再訪したという。「その後、事業化に向けて品質面などでかなり苦労したようだが、先代のモノづくりに取り組む姿勢は継承していかなければならない」と三宅社長は話す。

今後は製造現場の合理化や自動化を進めて企業体質を強化するとともに、製品開発にさらに力を注ぐという。「海外勢にも負けないモノづくりをしたい」と三宅社長は語る。視線の先には海外での拠点整備というプランも見据えている。

長寿のひけつ

創業者の思いを今に受け継ぐ

フッ素樹脂は耐薬品性や耐熱性、電気絶縁性に優れている。「テフロン」という商標でフライパンの焦げ付き防止のための表面コーティング素材としても広く知られている。まだ普及していなかった1960年代に創業者・三宅一次氏がこの新素材に目をつけ、入手した翌日に製品を作って披露したという話には驚いた。将来を見通す眼力や行動力、素材を製品に仕立て上げるアイデアや技術は経営には重要な要素だと改めて感じるエピソードだ。

会社概要

所　在　地：大阪府八尾市宮町3-2-15
電話番号：072-923-3555
設立年月：1954年5月
事業内容：各種シール製品の製造・販売

URL：http://www.koyo-chem.co.jp/

商社からメーカへ転身
トップシェア製品に次ぐ新たな事業を

コニシ㈱

接着剤・ボンドで有名なコニシ。現在はボンド事業が主力だが、1870年に薬種問屋として創業し、84年に「朝日麦酒」、88年に「赤門印葡萄酒」の製造を開始するなど製造業へと転身を遂げた。後にビール事業からは撤退したが商号は現在のアサヒビールに引き継がれた。またサントリー創業者の鳥井信治郎氏が、同社で奉公生活を送ったことも有名だ。1903年には広さ320坪の大店を構え、当時の事業の勢いを象徴する。2020年に創業150年を迎える同社は、創業期から積極的に事業拡大を図ってきた。

社是・理念

「堅実且つ積極的な経営」と「品質第一」を信条として絶えず新しい価値の創造をめざし社会の発展に貢献する。

代表取締役社長
横田　隆 氏

ボンド事業を始めたのは1952年。化成品商社として多くの化学品材料を当時は取り扱っていた。その商材使用で新製品を作り、顧客の需要に応えた。被接着物に合った材料の配合を調整し、個々の需要に対応。その結果、一般家庭・建築内装用、シーリング材、工業用テープなどのべ6000種類の製品を世に出し、国内接着剤市場約2500億円のうち約13%を占めるトップ企業に成長した。

■新たな成長基軸を開発

しかしリーマン・ショックの際は、売り上げが落ちて2割の人員を削減。生産効率を上げ、現在では接着剤の年間生産量は当時の2割も増した。出荷価格を抑えられ、顧客に提案しやすくなり、新規顧客の開拓にもつながった。生産体制については、人員配置や工程などを見直し、その時々の最適化を図る大切さを学んだことが現在に生きている。

現本社に隣接する旧本社
当時の事業の勢いを感じさせる

2019年秋に完成予定の「関東支社」 営業と開発の同居で相乗効果を狙う

横田社長は「国内の接着剤市場は頭打ち」と、化成品事業、主力のボンド事業に次ぐ新たな事業育成の必要性を説く。既存事業で構築したネットワークと、新たにグループに加えた土木建設工事企業などの強みを生かし、橋梁や道路の補修工事請負を成長分野と見据え攻勢をかける。

約20億円を投じ、東京本社機能を浦和工場跡地に移設し、開発体制もさらに強化していく。同拠点で研究開発と営業部隊が同居することで、顧客のニーズを迅速に開発に生かせる。地域の防災拠点機能も備え、2019年秋に「関東支社」となる予定だ。横田社長は「20年後にはコニシはボンドもやっているメーカだと言われるのが理想」とし、接着剤にとらわれない全く新しい研究シーズを芽吹かせる決意だ。

長寿のひけつ

「使い勝手の良い製品」がひけつ

誰もが一度は使ったことがある「ボンド木工用」や瞬間接着剤「アロンアルフア」。一般消費者向けにとどまらず建築内外装、自動車、土木補修用など業務用途も次々に発売。競合もある中トップを走り続けられたのは「使い勝手の良い製品を常に作り続けてきたから」と横田社長はいう。接着ノウハウを生かした工事請負事業も軌道に乗った。今後出てくるであろう接着剤以外の新規事業にも期待がかかる。

会社概要

所　在　地：大阪市中央区道修町 1-7-1
電 話 番 号：06-6228-2811
創 業 年 月：1870 年 11 月
事 業 内 容：ボンド・土木建設・化成品事業

URL：http://www.bond.co.jp/

高い技術力と迅速・丁寧な提案型営業体制をグローバルに展開

サカタインクス㈱

明治維新から30年、日清戦争は近代化を進める日本に立ちはだかった試練であったが、同時に新聞が普及した大きな出来事でもあった。創業者・阪田恒四郎氏は、市民の情報への渇望を有望なビジネスの源泉ととらえ、大阪の地で新聞インキ事業を開始した。現在は新聞だけでなく、段ボールやパッケージ用途の印刷インキをグローバルに展開し、環境に配慮した製品にも力を入れている。さらに、従来の枠を超え、デジタル印刷用インキや機能性材料といったコア技術を応用した事業も進めている。

社是・理念

「ビジュアル・コミュニケーション・テクノロジーの創造」をビジネステーマに、人々の暮らしを快適にする情報文化の創造を理念に掲げる。明治維新後の印刷産業黎明期から、新聞インキをはじめ、日本の印刷産業を支える裏方として大きな役割を果たし、創業から123年が経った今では、世界三大インキメーカーの地位を得るまでとなる。

代表取締役 社長執行役員
森田 耕太郎 氏

■グローバル・ローカリゼーション

印刷インキは、ボールペンや印鑑のインクと異なり、「輪転機」と呼ばれる大型印刷機などで使用される産業用途向けのインクだ。印刷インキメーカーは世界に多くの会社が存在するが、サカタインクスは世界3位の位置を占める大手有力インキメーカー。日本の厳しい消費者の目で育てられた高品質なインキは、米国をはじめ海外市場でも高い評価を受け、毎年シェアを伸ばしている。同社は早くから海外に目を向け、積極的な海外展開を進めてきた。特に近年は、アジアを中心とした経済発展が著しい新興国で伸びており、サカタインクスブランドの浸透が進んでいる。また、営業と技術が一体となった迅速かつきめ細かい対応が極だっており、評価の高い提案力で、国内だけではなく海外でも業界をリードしている。

米国・オハイオ州に建設した最新鋭の工場

ボタニカルインキが使用された印刷物に付与できる『ボタニカルインキマーク』

近年、コンビニなどの流通産業の発展やネット通販の隆盛により、パッケージの重要性がますます高まっている。それに伴い、品質や機能性と同時に、環境への対応ということが重要な課題となっている。同社は早くから環境に配慮した、大豆油を使用したインキの開発などに取り組んできた。その考え方をさらに進め、業界に先駆けて材料の一部に植物由来成分を含んだ「ボタニカルインキ」の展開を始めた。そして、日本のみならず、海外からも環境配慮型インキの引き合いが増えている。これまでと同様に、高品質なインキで世界に展開しつつ、地域に根差したきめ細かい対応で、ユーザーに支持されるプロのインキ集団としてのブランド価値を、今後も高め続けていく。

長寿のひけつ

培った技術と創造力で新たな価値を提供

印刷産業は情報のデジタル化により、時代の大きな転換点に差し掛かっている。パッケージ用インキで強固な基盤を確立しつつ、インキ事業で培ったコア技術を、新たな分野へ飛躍させることが21世紀でのさらなる発展につながっていく。技術者としての経験が長く、また海外経験も豊富な森田社長を筆頭に、次の「ビジュアル・コミュニケーション・テクノロジー」の創造に挑む。

会社概要

所在地：大阪市西区江戸堀1-23-37
電話番号：06-6447-5811
創業年月：1896年11月
事業内容：印刷インキ・機能性材料の製造・販売、印刷用機材の販売など

URL：http://www.inx.co.jp/

カプセル・錠剤にいち早く取り組み受託製造中心に転換

佐藤薬品工業㈱

佐藤薬品工業は大手製薬企業の医薬品受託製造と、自社ブランドのOTC医薬品（一般用医薬品）や健康食品を製造販売する奈良の企業。「国民の保健衛生に貢献する」ことを掲げ、1947年に佐藤又一氏（現・会長）が、原料を購入して配合・分包する家内工業で創業した。当時、県内に同業は100社程度あったが多くの企業が現存していない。一方で同社は現在約500人の社員を抱え、売上高100億円規模に成長した。カプセル化や錠剤化にいち早く取り組み、技術と品質管理の蓄積を武器に大手からの受託

社是・理念

1. 我が社は事業を通じ国民の保健衛生に貢献する
2. 我が社は全員が聖人の教えを学び立派な人格品性をつくり真の幸福を実現する
3. 我が社は幸福な社員の集団化を図りもって社会の善導に努める

代表取締役社長
佐藤　進 氏

製造中心の事業に転換したことで業績を大きく伸ばした。

■〝日本初〟が多い攻めの経営

50年代、粉状の風邪薬や頭痛薬の配置薬メーカーとして地盤を築いた同社は60年に業界で先駆けてカプセル剤の開発に着手。61年には日本で初めて許可を得て販売を開始した。競合が追う前に、海外製の全自動カプセル充填機を導入して効率的な生産体制を構築。以後、充填や錠剤の打錠機、コーティング機などの各種設備を常に更新し続け、品質と効率で業界をリードする。２００１年には受託加工メーカーとして国内で初めてＦＤＡ（アメリカ食品医薬品局）の査察に合格し、生産管理体制のレベルの高さを知らしめた。〝日本初〟の枚挙にいとまがない同社の歴史は、常に先手を打つ攻めの経営姿勢が現れている。

一方で深さが際立つのが技術面。特殊な膜コーティング

徐放性技術などで強みを持つカプセル剤と錠剤

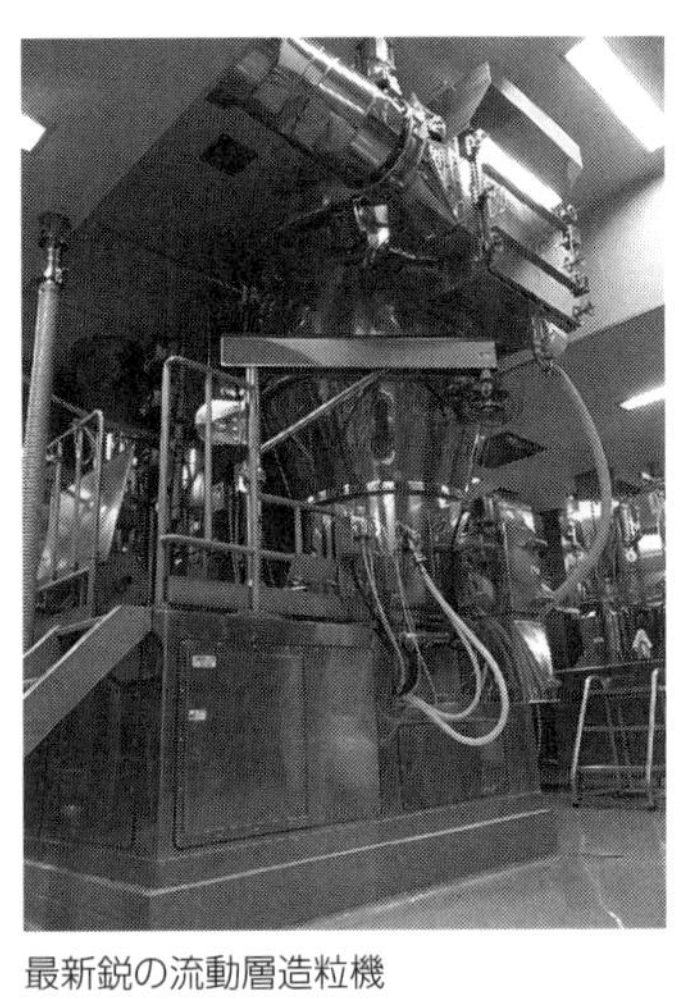

最新鋭の流動層造粒機

で、薬の有効成分をゆっくり溶け出させて薬効を長時間持続させる徐放技術が強み。独自技術によって複数の有効成分に徐放性を持たせることも可能にした。製薬企業の世界的な統合が進み、新薬開発に特化してファブレス化が進む中、受託加工メーカーの存在感はさらに高まりつつある。ただ佐藤社長は「受託は、状況によっては値段を叩かれる可能性もあり、受託一本足はリスク」とし、将来を見据えた自社ブランド強化に取り組んでいる。国内では地元の休耕田を活用して大和トウキなどを栽培して生薬事業を開始。海外ではベトナム向けに健康食品の販売をはじめ「手応えが出てきた」と佐藤社長は語る。時代や環境の変化に対応するための布石を打ち続ける経営はいまなお変わらない。

長寿のひけつ

変化を読む目と“妙手”

先手を打つことは、他社の事例や手本がない状態で動くことでもありリスクも生じる。このため経営陣の変化を読む目や“妙手”を考え出す知恵、遂行する社員団結力が必要だ。佐藤薬品工業の長い歴史の中には、常にこれらがそろっていた。日進月歩の医薬業界で変化を機敏にとらえて自社を変革し、国民の保健衛生に貢献し続けるという企業理念を継承する。

会社概要

所　在　地：奈良県橿原市観音寺町 9-2
電 話 番 号：0744-28-0021
設 立 年 月：1951 年 4 月
事 業 内 容：医薬品および健康食品の製造・販売

URL：http://www.sato-yakuhin.co.jp/

人の気持ちにこだわる紙管業界のリーダーへ

三協紙業㈱

2019年に設立80年目を迎えた総合巻芯メーカ。紙やプラスチック、金属の基本材料で大小・数百種類の巻芯を扱い、量産品から多品種少量品まで全国8生産拠点で顧客ニーズに応える。社名の〝三協〟は協調の精神で仕入れ先と社員、顧客が一致協力する意味を持つ。4代目の佐方社長は次の100年に向け「取り巻く環境変化への対応力と創業理念の継承具現に力を入れていきたい」と語る。

創業者の横田義明氏は「運は努力によって生まれる。自分で運をつかむ努力をすべきだ」という教えを残した。困っ

理念・経営ビジョン

経営理念の『相互信頼』を柱に、仕入れ先や顧客との信頼関係にとどまらず、社員と経営陣や社会との信頼関係を深く追求している。経営ビジョンの『人の気持ちにこだわる業界リーダー』には、ヒトの気持ちにこだわることがいかに合理的でありかつ、現代社会に求められている最も基本的な価値観であるかという佐方社長の強い想いが込められている。

代表取締役社長
佐方 将義 氏

ている人を次々会社に採用し、稼いだ財産全てを〝ヒト〟に投じ続けた。倒れかけた顧客から一斉に取引を引き上げる紙管メーカを脇目に、同社だけで全社員徹夜で供給し続けた。誰もが嫌がる取引を愚直に取り組んで生まれる信頼関係が同社の最大の強みとしてきた。

佐方社長は就任以来、規則や命令でなく〝ヒトの気持ち〟こそが真に会社を動かすと唱えつつ、社員と社長・工場と本社の距離感を極限まで縮めることに成功した。資材調達や営業に価格決定などの権限委譲を積極的に進める一方で、社長自身はアイデアを常にメモに残し、人材育成制度や新商品や新製法など350以上の経営アイデアを戦略的に具現化しつつある。クリーンルーム用全層無塵紙製紙管「クリーンコア」の製品化もこの一例だ。

■今後の成長へ紙管業界に新しいビジネスモデル

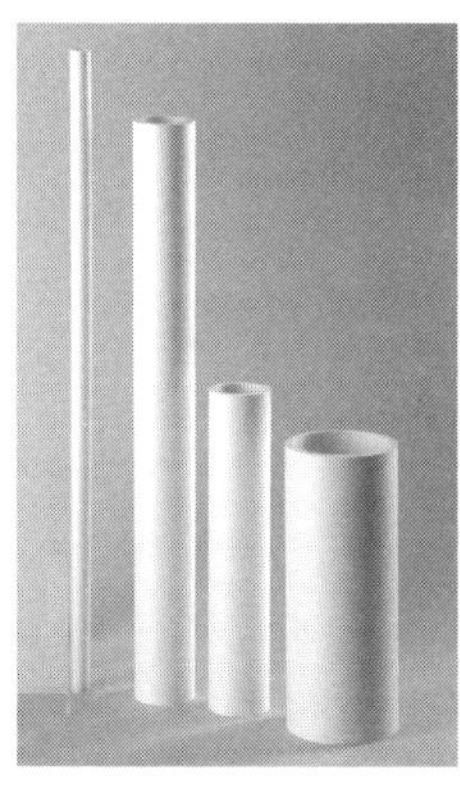

クリーンコア（全層無塵紙で構成された紙管）

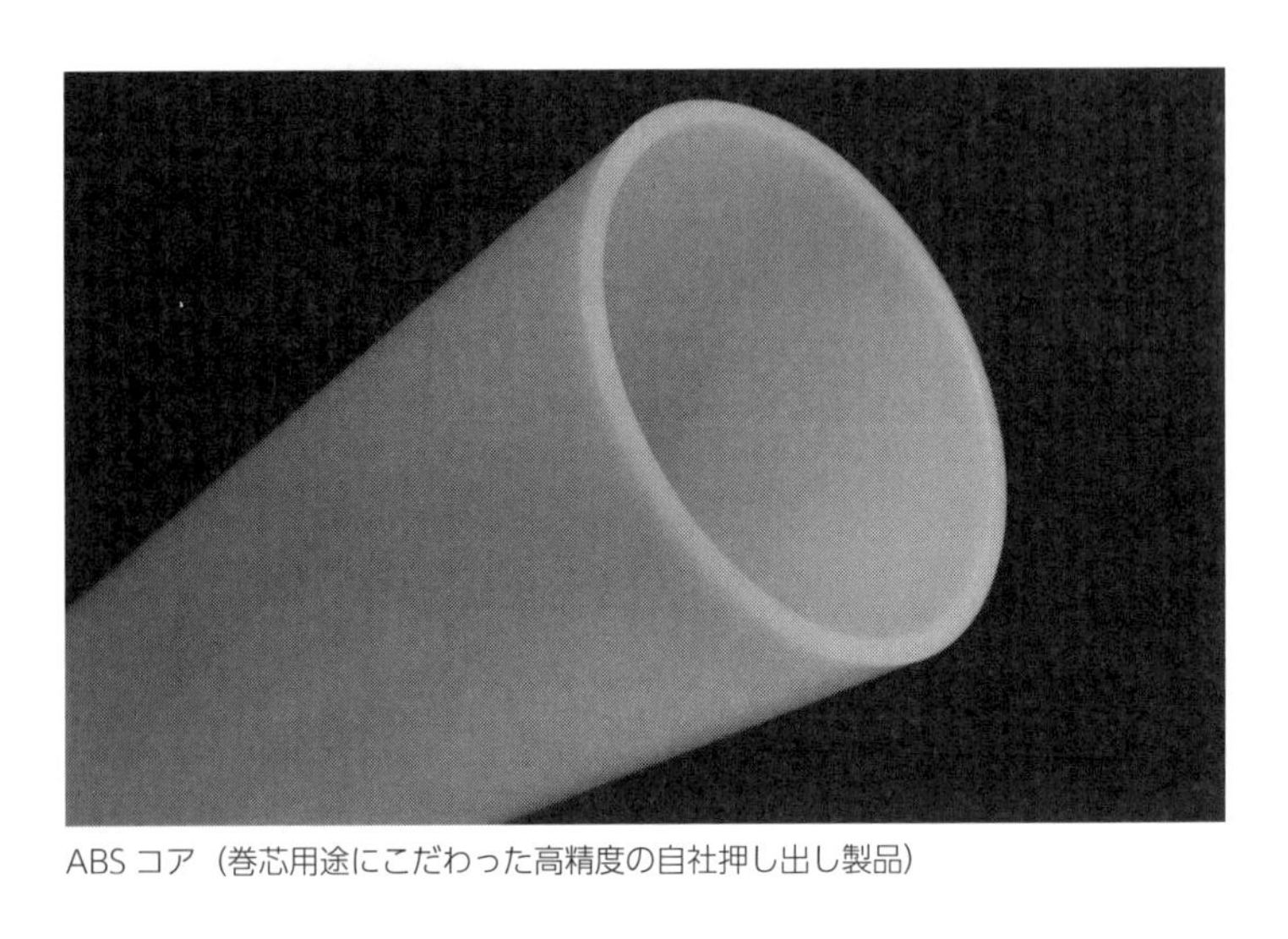

ABS コア（巻芯用途にこだわった高精度の自社押し出し製品）

今から50年以上前に現在の全国紙管工業組合の前身となる組織の立ち上げに創業者が参画し、多くの加盟各社のおかげで今日まで維持継続してきた紙管業界。4代目佐方社長は、「今こそ紙管業界を革新させねばならない」と唱える。

自社の今後の進化を語る佐方社長は就任以来一貫して、魚を長生きさせるためには水を替えねばならないと説く。まずは自らが実験台となり実証実験を繰り返し、小さな波をやがて大きな波に変えてゆくことで紙管業界に新しいビジネスモデルを根付かせようとの挑戦を始めて10年が経過した。近年には、本社を大阪から名古屋へ移転させるという異例の戦略にも着手し内外にその本気度を伺わせた。

長寿のひけつ

徹底的にヒトの気持ちにこだわる経営思想

同社が長く顧客に大切にされる最大の要因は“徹底的にヒトの気持ちにこだわる経営思想”によるものといえる。しかし、これまで築いてきた相互信頼の強みだけではこれからの時代は通用しないという危機感の中で、同社はいま大きく変わろうとしている。同社が挑戦している新しい買い方・新しい造り方・新しい売り方の開発こそが次の90年、100年の業界・自社の発展につながる。

会社概要

所在地：大阪市中央区材木町1-8
電話番号：06-6947-0323
設立年月：1939年7月
事業内容：紙管、プラコア、メタルコア、シームレス紙管、各種巻芯・容器などの製造・販売

URL：http://www.sankyo-paper.co.jp/

界面制御技術でソリューション　ユニークで世界的な高収益企業へ

三洋化成工業㈱

1978年に紙おむつなどに使われる高吸水性樹脂（SAP）の商業生産に世界で初めて成功するなど世界初、日本初の製品を数多く世に輩出する機能化学品メーカー。近年は高容量で安全性が高い新型リチウムイオン電池開発でも注目される。界面活性剤や界面制御技術が強みで車や電機・情報機器、住宅、薬品、日用品市場はじめ、多くの顧客製品の付加価値を高める機能化学品を展開している。

ルーツは1907年創業の多田石鹸油脂製造所（京都市東山区）。欧州並みの良質な国産せっけんを志し、京都大

社是・理念

企業を通じてよりよい社会を建設しよう

代表取締役社長
安藤 孝夫 氏

学などの協力も得て開発に力を入れた。界面活性剤の一種「せっけん」を起点に潤滑油用添加剤などへも業容を広げ、43年の三井物産と東洋レーヨン（現・東レ）による三洋油脂設立に繋がった。戦後の財閥解体を経て49年に三洋油脂工業（現・三洋化成工業）が創立された。全社員の約30％が研究開発に携わり、ソリューション提案が得意な同社の企業文化は多田石鹸油脂製造所時代から培われてきた。

■スローガンは「変える。」

「界面制御技術を中心とし、多様な製品・研究実績を組み合わせたソリューションが当社の強み」と安藤社長は分析する。自動車産業には車向け塗料用や潤滑油用の添加剤などを展開。界面制御技術を活用した新規事業の新型リチウムイオン電池も注目される。バイオ・メディカル向けの新規事業にも注力。今後、外科用止血材は海外展開、人工

三洋化成工業の本社と本社研究所

変える。

New Sanyo for 2027

第 10 次中期経営計画のスローガン。ありたい姿の実現に向け、変えていく。

タンパク質のシルクエラスチンは再生医療などへの用途拡大を見込む。米国に輸出していた複写機向けトナー用原料を90年代初頭に現地生産へ切り替えたことを皮切りに、海外への工場進出も開始。今は中国やタイ、マレーシア、北米など複数の国に拠点を構える。

２０１８年5月に「全社員が誇りを持ち、働きがいを感じるユニークでグローバルな高収益企業に成長し、社会に貢献する」を目標に27年を見据えた長期ビジョンを打ちだした。20年までの3カ年計画のスローガンを「変える。」に設定。高付加価値品へのシフト、ムダ・ムリ・ムラの排除、多様な働き方、風通しの良い風土醸成を進め、三洋化成工業ならではの価値ある機能・ソリューションを顧客に提供する。

長寿のひけつ

潜在ニーズに応え、価値創造

三洋化成工業の社是に「価値の創造のみが永続的な利益を生み出す源泉であることを思い、浮薄な利潤追求は行わない」という一文がある。好景気に浮かれ、不動産投資などの本業以外に手を出す企業が多かったバブル期含め、社是を遵守して本業のソリューション提案にまい進した。ビジネスの大小にかかわらず、顧客の困り事に真摯に向き合い、引き出した潜在ニーズに応えることで歴史を積み重ねたと言える。

会社概要

所　在　地：京都市東山区一橋野本町 11-1
電 話 番 号：075-541-4311
創 立 年 月：1949 年 11 月
事 業 内 容：機能化学品の製造・販売

URL：https://www.sanyo-chemical.co.jp/

個性が光るモノづくりで衣料用繊維から産業用・工業用繊維へ

シキボウ㈱

1892年に綿紡績の「有限責任伝法紡績会社」として創立。産業材事業のルーツとなる朝日紡績との合併で「敷島紡績株式会社」に改称し、本社を大阪市東区（現・中央区）備後町に移転。2002年に現在の社名「シキボウ株式会社」となった。原糸販売やアパレル向けに生産する衣料繊維事業、製紙用ドライヤーカンバスやフィルターを生産する産業資材事業、化成品や複合材料を擁する機能材料事業と独自性と存在感を持った繊維メーカーとしてモノづくりにこだわり続け、創立から127年を迎えている。

社是・理念

わたしたちは、シキボウグループのものづくり技術・ものづくり文化で新しい価値を創造します。

―安心・安全・快適な暮らしと環境にやさしい社会の実現へ―

代表取締役社長執行役員
清原 幹夫 氏

■繊維を軸に進化を続け、その最先端へ

祖業である綿紡績を主体に発展してきた衣料繊維事業ではいち早く「機能加工」に着手。抗菌加工、臭気対策などの独自性を付加した新商品を次々に生み出し、機能加工ならシキボウという確固たる地位を築いた。また日本の品質と風合いが要求される輸出分野では「Shikibo」ブランドが定着している。製紙用ドライヤーカンバスに代表される産業資材事業では、品質ときめ細かな技術によるアフターフォローで大きな信頼を得ている。またフィルター分野では環境への意識の高まりを背景に用途が拡大している。化成品事業では食品用の増粘安定剤、電子基板に使用されるガラス繊維集束剤、捺染用糊剤など食品分野から工業用糊分野まで広範囲の用途に活用され、先進の化学技術を生かして天然原料の可能性を広げ先端技術の一端を担っている。

フィルター織機

尾道事業所（広島県尾道市）

長野事業所（長野県上伊那群）

建設中の八日市新研究棟のイメージ図（滋賀県東近江市）

成長事業として位置付けられている機能材料事業の炭素繊維複合材料誕生のきっかけはカンバスの製織と加工技術によって大幅に強化された※ACMプロジェクトから始まった。加工・成形の技術開発、国際認証の取得を進め、航空機関連部品の受注を徐々に増やしている。尾道事業所では航空機（機体）部品製造を行い、2014年には長野事業所で航空機エンジン部品の生産をスタートした。また八日市では次世代航空エンジン事業への研究開発を行う研究棟の建設を着工した。

こうした取り組みを背景に、産業材部門の売上比率を高める方針。清原社長は「産業用・工業用繊維はまだまだ伸びるチャンスがある」と期待を寄せている。

※ Advanced Composite Material：先進複合材料の略

長寿のひけつ

「産業のフロントランナー」としてあくなき挑戦を続ける

繊維産業は他の産業に先駆けた国際競争にさらされ、生産拠点の海外移転などの構造改革を進めてきた。同社も例外ではなく、苦渋の決断だったが、衣料繊維、産業用工業用繊維ともに同社が培った技術力とコスト競争力で、独自性を発揮して勝ち残ってきた。一方で、航空機部材としての炭素繊維複合材料など新たな展開が期待される。

会社概要

所　在　地：大阪市中央区備後町 3-2-6
電 話 番 号：06-6268-5493
創 立 年 月：1892 年 8 月
事 業 内 容：繊維製品や化成品、複合材料の製造・販売

URL：http://www.shikibo.co.jp/

困りごとを聞き、解決する製品を作り続ける

シルバー㈱

シルバーは創業当初、大阪市内で鋳物関係の仕事を手がけていた。1953年に、同社の代表製品で国内トップシェアを誇る「ガラス繊維を使用した灯しん」を開発し生産を始めた。従来の灯しんは綿製で、燃えて消耗するだけでなく火事につながる恐れがあった。加えて品質の悪い製品が市場に多く出まわっており、石油ストーブメーカーも困っていたという。当時社長だった平松秀一氏が「もっと安全で良いモノを作ろう」と、市場に出まわり始めたばかりのガラス繊維に目を付けた。

社是・理念

公益を忘れず　社益を考え　自益の為の行動

代表取締役社長
平松 直人 氏

機能部品を手がける同社は「完成品メーカーが何を求めているのか」という考えのもと、業界にこだわらず幅広く事業を展開する。80年からは、灯しんで培った技術である「油を供給する」機能に着目し、ファンヒーターの電磁ポンプの開発に着手。現在では冷却水や薬液向けにも展開する。業務用食洗機に使用するポンプの耐久性に問題があるとの話を営業社員が社内に持ち帰ったことをきっかけに、2010年に「洗浄剤用のポンプユニット」を開発した。しかし製品品質への疑念から前社長の西岡義彰氏は「顧客に迷惑をかけられない」という想いで、販売中止に踏み切る覚悟だった。それを顧客に伝えたところ「品質が悪いと思ったことはない」という意外な声が返ってきた。顧客が求める以上の品質を追求し、顧客や社会の利益になる製品作りに尽力する同社の姿勢を表すエピソードだ。

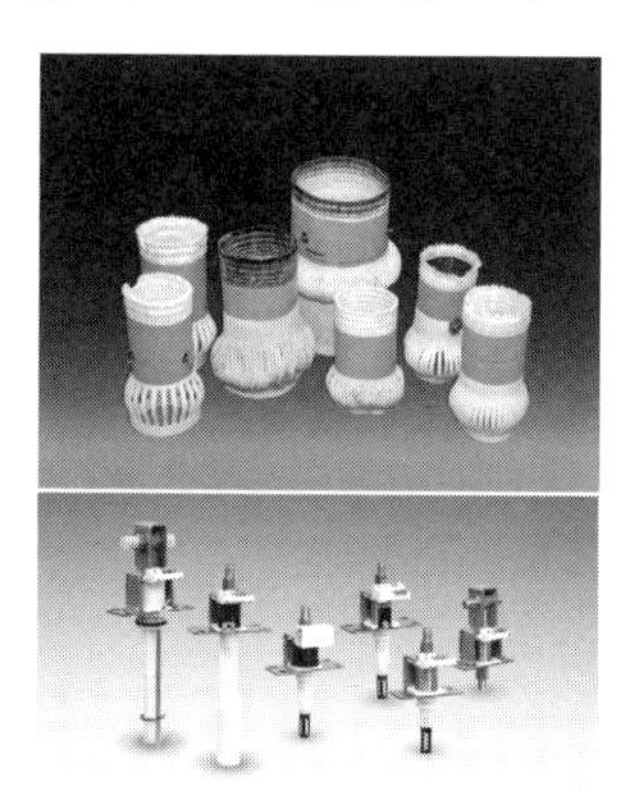

上段から、さまざまな石油ストーブに使われている灯しんと小型電磁ポンプ（プランジャーポンプ）

自社工場では組立ラインや生産システムを構築し、高効率、高品質を実現する生産体制を整えている

■築き上げた盤石な経営土台

同社は16年に社長が交代。平松社長は就任から約2年たち「土台がしっかりしているので、安心して会社を経営できる」と実感するという。加えて「うわべだけの会社なら、代が替わったらすぐだめになる」とも話す。顧客のニーズを考え、品質にこだわり、自社にできることを脈々とやり続けてきた同社。その結果、しっかりとした土台を作り上げ、間もなく100周年を迎える長寿企業となった。今後は先代が作り上げてきた製品を土台に、社会を豊かにする新製品作りに取り組む考えだ。灯しんで培った技術を基に石油ストーブ以外の用途展開を目論見、電磁ポンプを携えて他業界への進出を目指している。

長寿のひけつ

「泥臭く古くさいやり方」も大切

顧客、社会に喜んでもらうには何をすればよいかを考え続け、創業から約90年の歴史をつなげてきた同社。その精神は社是にも表れており、平松社長は「筋が通った良い言葉」だと自信を見せる。「泥臭く古くさい」と感じることもあるが、そこが崩してはいけない同社の根幹ともいえる。その上で、時代に合わせた新しいことを積み重ねることで、また新しい強固な土台が作られていく。

会社概要

所在地：大阪府八尾市北亀井町 2-7-15
電話番号：072-991-2111
創業年月：1927年5月
事業内容：灯しん、電磁ポンプ、暖房機器用断熱カバーなど製造・販売

URL：http://silver-yao.co.jp/

独自技術で新原料や添加剤を創り出す化学のスペシャリティ

新日本理化㈱

新日本理化は創業当初に確立した水素添加技術をベースに誘導体を開発。また油脂化学・石油化学を融合した分野でさまざまな技術・ノウハウを保有し、化学の中間素材メーカーとして2019年に創業100周年を迎える企業だ。

事業分野は大きく2つある。1つは油脂化学製品（オレオケミカル）で、高圧還元・選択水素化技術で創り出した高級アルコールや脂肪酸、界面活性剤は工業用原料から化粧品、シャンプー・トリートメントなどの基剤まで幅広く使われる。一方、化成品事業では石油化学製品を扱い、壁

社是・理念

もの創りを通して広く社会の発展に貢献する。もの創りにこだわり、安定した品質の製品を安定して供給することにより、顧客の信頼に応える。／最先端の化学技術に挑戦し、地球環境に調和した製品を開発する。／安全な職場環境を確保し、活力ある働きがいのある職場を創る。／健全かつ透明度の高い経営に努め、ステイクホルダーズの理解と信頼を深める。

代表取締役社長
藤本 万太郎 氏

紙や床材、天井材、電線などに使う可塑剤のほか高機能原料・添加剤（スペシャリティケミカル）がある。半導体やプリント基板、LEDなど産業の先端分野でも使われる。

■マーケットインのモノづくり

新日本理化が100年続いたのは、その高い技術力による。基礎研究や量産化試験、製品開発だけでなく生産設備、プラント設計まですべて自社技術で行う。「機械を買ってきて据え付けるだけでは他社と同じものしかできない」と藤本社長。同じ製品をつくるにも常に新たな技術を導入し、その技術を蓄積してきた。さらに、他社と合弁会社をつくり技術サポートをするなど、技術力は広く認められている。

ただ、その技術力が前に出すぎてマーケットと合致しないこともあった。そこで、顧客ニーズをモノづくりに生かすために取り組んだのがマーケットインの事業展開だ。

1950～60年代にかけて販売していた各種洗剤

発祥の地・京都に構える「京都工場」（京都市伏見区）

２０１４年には組織を事業部制に変更。事業部に属する研究チームでの基礎研究に加え、モノづくり研究所を開設し、試作や工程など製品に落とし込むまでの研究を行うようになった。顧客の求める性能を原料まで遡ってスピーディに設計できるようになり、評価が上がり、売上も伸びている。また、毎年開く専門商社を集めた新製品説明会は連続して参加者が増え、注目度は年々上がっている。

今後は「ファインケミカルのコア技術を生かして筋肉質の高収益企業とする。海外企業との合弁ではなく、自力での海外展開を進めたい」と藤本社長。内外を問わず顧客の求める素材・技術をタイムリーに提供できる組織になれば次の１００年も力強く歩み続けるだろう。

長寿のひけつ

現場から動く組織づくり

新 日本理化は技術力の高い企業だ。技術の蓄積も大きいが、若手の前向きな姿勢がすばらしい。現場では 5S 運動が活発で、各工場が新たな取り組みを始めている。100 周年記念事業の 1 つとしてけいはんな学研都市の中に研究所を建てる予定だ。記念事業検討委員会のメンバーは 35 歳以下の若手中心だ。長寿企業でありながら若い力で現場から変わろうとする姿勢こそ、さらなる成長のカギとなるだろう。

会社概要

所 在 地：大阪市中央区備後町 2-1-8

電話番号：06-6202-0624

創業年月：1919 年 11 月

事業内容：●オレオ事業：脂肪酸、グリセリン、高級アルコール、界面活性剤などの製造・販売
●化成品事業：可塑剤、酸無水物、エポキシ樹脂、電子材料製品、樹脂添加剤、医農薬中間体などの製造・販売

URL：http://www.nj-chem.co.jp/

独自技術と多角化で成長
フレキシブルな人材登用がカギ

住江織物㈱

住江織物は1883年に創業。創業者・村田伝七氏が緞通機3機を購入し、国内初のウィルトンカーペットや鉄道車両のイス張地向け織物を完成させたことが起源だ。

創業以来、国内インテリア企業の先駆者として業界をけん引し、生活の近代化と自動車・鉄道車両の内装の発展に寄与。航空機内装材、環境に優しい浴室床材などの機能性資材といった事業の多角化を図り、独自技術で成長を遂げた。吉川会長は「社会が必要な物を提供して得た信頼こそが、長寿企業のひけつ」と強調する。

社是・理念

【会社の目的】よい製品を生産し、販売し、社業の隆盛をはかり、社会の向上に貢献する。

【社訓】業界の先駆者としての誇りをもち、和協、誠実、不屈の精神をつらぬく。

代表取締役会長兼社長
吉川 一三 氏

現在、同社における主力は、自動車や鉄道向けの内装事業で、売り上げの約6割を占める。自動車向けは、フロアカーペット、シート表皮材、天井材など総合的に供給できる。日系大手自動車メーカとは全て取引し、自動車生産拠点の多い米国、メキシコなど6カ国に製造・販売拠点を置く。2018年春には、タイでカーマット縫製工場を稼働した。

鉄道向けは、火災発生時に有毒なシアンガスなどが発生しない安全な素材を使ったシートクッション材「スミキューブ®」など独自製品でシェアを広げ、ポリエステルシートクッション材の国内シェア36%とトップを誇る。同製品は使用後に再利用する技術を構築しており、安全・環境性にも優れる。

■変化をいとわず商材拡大

吉川会長は「顧客が求める品質に応え、築いてきた信頼

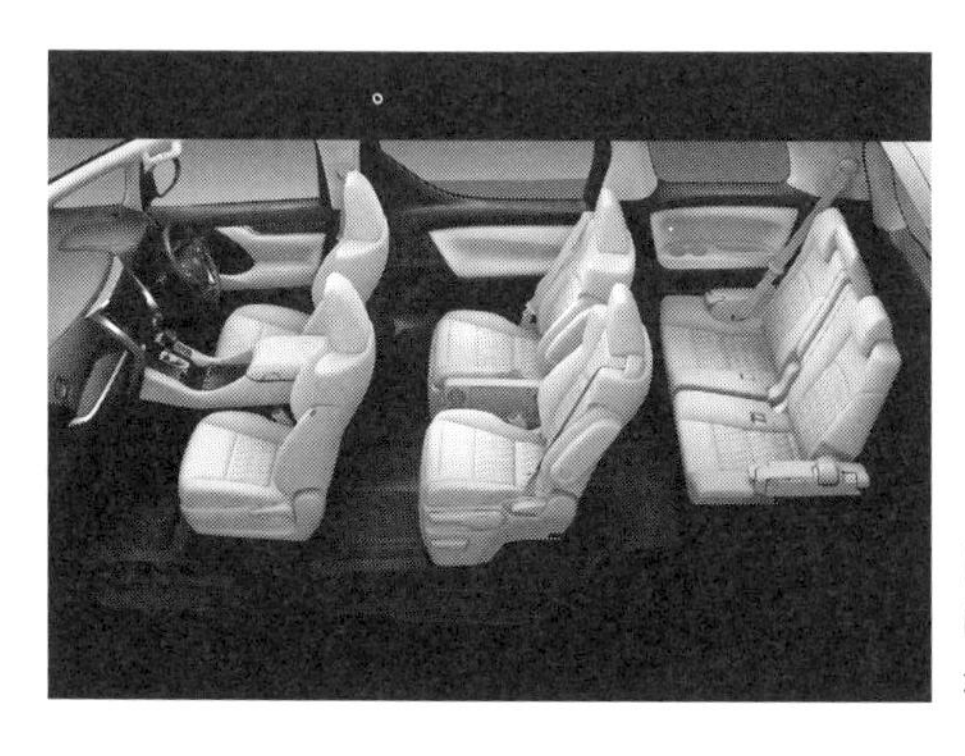

「トヨタ ベルファイア」に自動車内装材が採用された

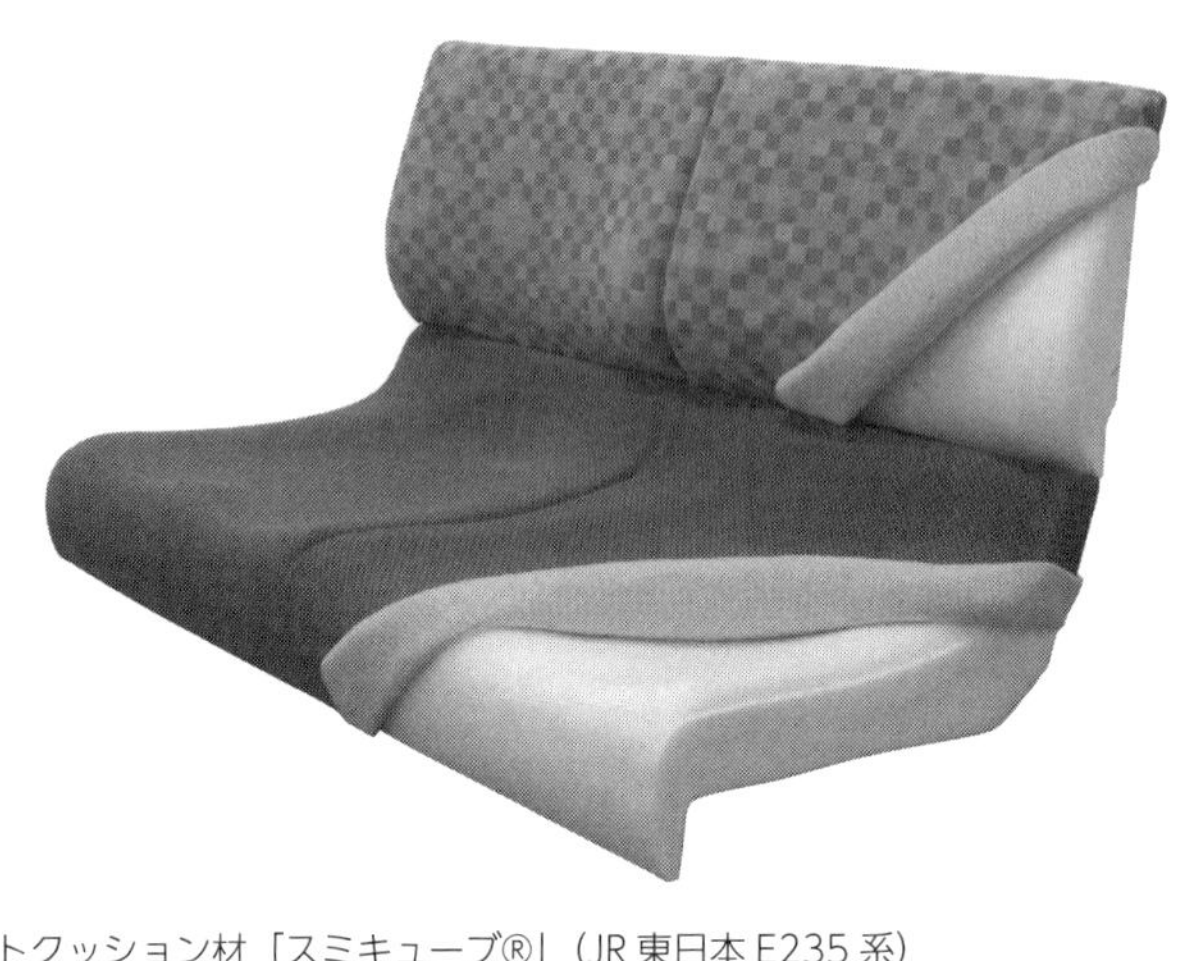

シートクッション材「スミキューブ®」（JR 東日本 E235 系）

をもとに変化を取り込む」と繊維事業に固執しない。17年に近畿大学と共同開発した飲酒後の悪酔い軽減サプリメント「柿ダノミ」を発売。用途開発を続ける太陽光発電繊維や布帛（ふはく）電極は、スマートテキスタイルとして介護や運動中の健康管理用途などでの商品化を目指す。航空機カーペット事業は、18年春に航空宇宙産業の品質管理システム規格「ＪＩＳＱ９１００」を取得。

今後はインテリア・自動車内装事業の国際展開をさらに強化する。既存のグローバル拠点でのネットワークや、国際ビジネス経験の豊富な外国人役員の登用など、必要な市場に必要な人材を採用する大胆な手腕が、今後の成長のカギとなる。

長寿のひけつ

社員の幸福度大切に　新たな物生み出す

吉川会長は「社員を厳しく型にはめず、比較的自由な社風で、自主的に新しい分野に取り組める環境ができている」と明かす。常にアンテナを張り、変化をいとわず、それぞれが新たな物を生み出し勝ち得た信頼こそが、創業から136年続く同社の長寿のひけつといえる。社員の幸福度を大切にしながら生み出す、今後の新たな製品・技術に期待したい。

会社概要

所在地：大阪市中央区南船場3-11-20
電話番号：06-6251-6801
創業年：1883年
事業内容：インテリア事業、自動車・車両内装事業、機能資材事業

URL：http://suminoe.jp/

原糸から製品まで繊維産業の独自モデルでグローバル展開

セーレン㈱

セーレンは繊維染色の委託加工で成長した。繊維産業斜陽化の中で存亡の危機に瀕したが、生き残りをかけた企業改革により、総合繊維メーカーへと変貌を遂げた。現在は繊維技術が生んだ自動車内装材、電子材料、メディカルなどユニークな商材で成長路線を行く。変化の激しい時代に、その対応力でさらに新時代に挑む。

■独自商材を育成、IT積極活用

2018年3月期の連結売上高は1148億円。内訳は、

経営理念

<ビジョン>
「21世紀のグッドカンパニー」の実現
株主・お客様・社員・地域社会にとってよい会社

<経営理念>
のびのびいきいきぴちぴち
自主性・責任感・使命感

<行動指針>
五ゲン主義
現場・現物・現実
原理・原則

代表取締役会長　最高経営責任者
川田 達男 氏

車輌資材事業が約60％、ハイファッションが約20％、続いてエレクトロニクス、環境・生活資材、メディカルなどで構成される。かつて大黒柱だった染色の委託加工は売上高の7％程度で、その収益構造の変化が象徴的だ。1990年代より、委託加工からの脱却を目指して、糸から最終製品を一貫生産する体制を構築。2005年のカネボウの原糸事業の買収で、その体制を完成させた。繊維業界の常識である分業構造を打ち破る一貫生産体制は、トータルの付加価値付与、品質管理、納期、コストでメリットが大きい。

またITと一貫生産体制を融合し、1着分から大量生産まで「ほしいものを・ほしいときに・ほしいだけ」作ることができるデジタルプロダクションシステム「ビスコテックス」、消臭衣料、導電性素材、繭由来タンパク質の「ピュアセリシンTM」など独自商材が着実に育つ。

川田会長は自主企画・開発・製造・販売による事業展開

世界トップシェアの
自動車シート材

ビスコテックスを用い、好みに応じ１着分からオーダーできる
「ビスコテックスメイクユアブランド」

が持論。30歳代半ばで自動車シートを繊維で作る新事業を少数の仲間で立ち上げて頭角を現す。そして長年の委託加工の不振が極まった１９８７年に社長に就任。改革の先頭に立った。

そこで示した基本方針が「ビジネスモデルの転換」「非衣料・非繊維化」「ＩＴ化」「グローバル化」「企業体質の変革」の5点。各現場で社員らと粘り強く対話し、意識共有を重視した。

それから30年。成長軌道に乗っているが、時代のスピードはますます速い。「ロボット、ＩＴの進歩で、15年先は今の職業の半分が消えるとも言われる。幸運もあって当社はここまで来ることができた。これからの時代こそ、企業は変わることが重要で、それは経営者にかかっている」と川田会長は表情を引き締める。

長寿のひけつ

社員個々に改革の意識づけ

川田会長が社長に就任して、社員らと作った経営理念が「のびのび、いきいき、ぴちぴち」。社員一人ひとりの力を共通の目標に沿って引き出す同社のキーワード。基幹産業だった繊維産業は、時代の変遷の中で多数の企業が業態転換に活路を求め、明暗が分かれた。福井県にユニークな製造業が多数頑張る現状は、同社の改革モデルが身近にある意味が大きいように感じられる。さらなる改革の継承に注目したい。

会社概要

所 在 地：福井県福井市毛矢 1-10-1
電話番号：0776-35-2111
設立年月：1923 年 5 月
事業内容：各種繊維製品の企画製造販売、各種化学工業品の製造販売、各種産業機器の製造販売、電子部品の企画製造販売

URL：https://www.seiren.com/

ジルコニウム化合物の可能性を追求
人を大切にする精神貫く

第一稀元素化学工業㈱

第一稀元素化学工業は、酸化ジルコニウム粉末やジルコニウムとレアアースを複合化した化合物などを生産・販売する。主力の自動車排ガス浄化触媒材料は世界シェアの50％に近く、それ以外の用途も含め全売り上げの約80％を自動車向けが占める。ジルコニウム化合物は高屈折率、高耐熱性、圧電性、イオン伝導性、誘電性、高強度、耐薬品性など多くの特性を持ちあわせており、電子材料やファインセラミックス、燃料電池、高炉向け耐火物用途に使われる。国内にジルコニウム化合物の市場がほとんどなかった

社是・理念

世に価値あるものを供給し続けるには、価値ある人生を送るものの手によらねばならぬ
価値ある人生を送るためには、その大半を過ごす職場を価値あるものに創り上げていかねばなるまい

代表取締役社長
井上　剛 氏

設立当初から、ジルコニウム化合物の可能性を信じ、用途開発を愚直に続け、現在では盤石の地位を築いた。オイルショックやレアアースショックなど、訪れた危機を幾度も乗り越えられたのは「創業者の信念である、社員を大切にする文化が根付いていたことが大きい」と井上社長は言い切る。

■グローバル展開に注力

地政学的リスクに事業を左右されないために、2012年から海外展開を加速。主原料を安定的に確保するためジルコニウムの中間体を生産する子会社をベトナムに設立した。その後中国にも進出し13年には、上海に営業拠点、14年には山東省にファインセラミックス向け製品と希少金属の生産拠点を設けて、現地の市場をターゲットに事業を展開する。18年には、タイにも営業拠点を設立。自動車向け

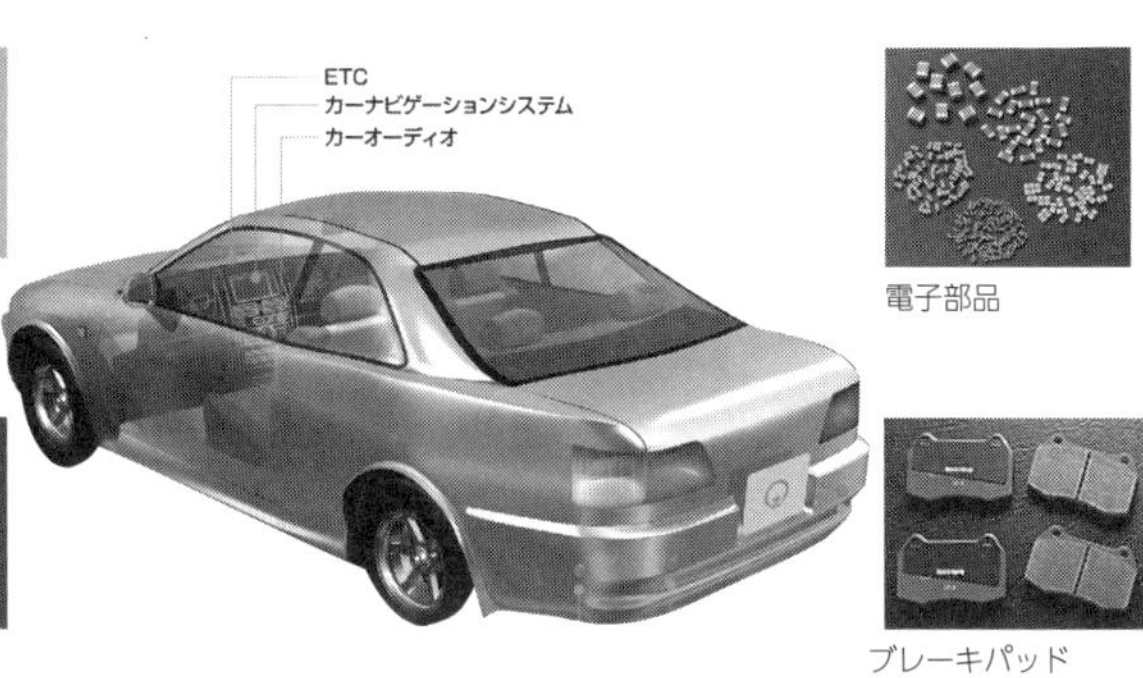

同社製品は排ガス触媒用途など、自動車のさまざまな部分に使われている

約65億円を投じ自動車触媒用ジルコニウム化合物の生産能力を倍増させる江津工場

製品の需要が旺盛な東南アジアを攻略するとともに新たな需要発掘を目指す。さらに欧米の拠点展開も視野に入れる。

国内においても事業拡大を進める。環境負荷低減需要を背景に、自動車触媒用途のジルコニウム化合物の需要拡大に対応するため、江津工場（島根県）に約65億円を投じ、江津工場の生産能力を倍増させる計画だ。

井上社長は「我々の製品は全てオーダーメイド。顧客の要望に適合する製品を開発するのが我々の使命」と、大阪の本社工場を研究開発に特化した拠点に刷新する展望を掲げる。開発人員も増やし、今後は培った技術を生かして、二次電池の分野にも進出を目指す。企業の持続的成長に向け、さらなる飛躍を遂げる決意だ。

長寿のひけつ

先見の明で市場を作る

創業当初は、国内にジルコニウム化合物の製品市場はほとんどなかった。そんな中、同社はいくつもの優れた特性を持つこの素材の可能性を見いだし、世に求められる特性を形にして提案してきた。その結果、ニッチ産業としてトップを走ることとなるが、それはひとえに創業者の先見の明によるところが大きい。ジルコニウム化合物の用途は無限で、今後の事業展開にも注目したい。

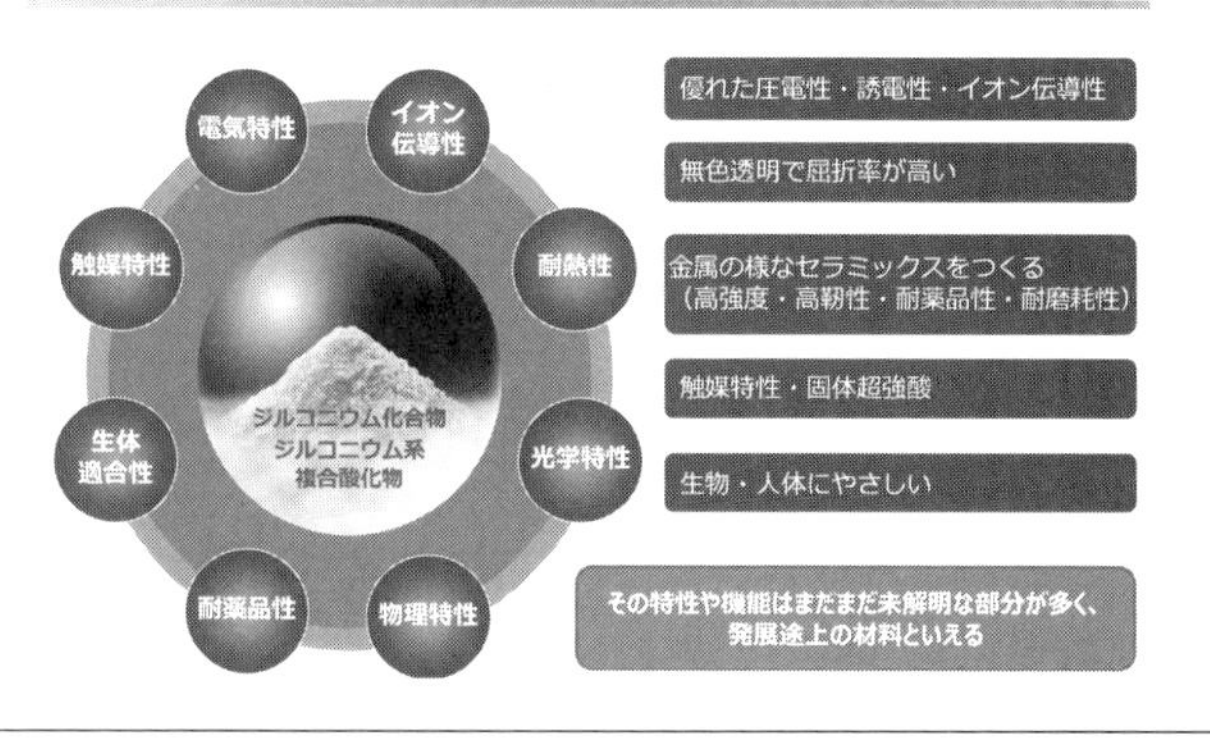

会社概要

所　在　地：大阪市中央区北浜 4-4-9
電 話 番 号：06-6206-3311
設 立 年 月：1956 年 5 月
事 業 内 容：化学工業製品の製造・販売

URL：https://www.dkkk.co.jp/

設立から100年
材料メーカーから川下展開に注力

㈱ダイセル

100年を迎えるダイセル。1919年、セルロイド製造の8社が合併、設立した大日本セルロイドが起源。セルロイド技術を応用した化学品開発・製造に始まり世の中に必要とされるものを提供し続けて、事業の多角化を進めてきた。現在ではセルロース・有機合成・合成樹脂・火工品事業などを展開する。中でも、液晶保護フィルム用材料や自動車エアバッグ用インフレータ（ガス発生装置）は世界で高いシェアを誇る。富士フイルムホールディングスは、同社のフィルム事業が分離したという話も有名だ。

社是・理念

- 私たちは、あるべき姿を描き、誠実に、地道な努力を積み重ねることが革新の原点であると考えます。
- 私たちは「モノづくり」にこだわります。私たちの「モノづくり」とは、「新たに意義のある価値を創造すること」です。
- 私たちはひとりひとりの存在感と達成感を大切にします。

代表取締役社長
札場　操 氏

現在連結の社員数は1万2千人、年間売上高は約4700億円に迫る大企業だが、100年の歴史の中では希望退職での人員削減を図った経験がある。札場社長は「持続可能な経営を担保するのは人。簡単に減らすべきではない」と2度と繰り返さぬことを誓う。そして、リーマン・ショックなど経済事象に左右されない事業構造を構築し「環境変化に正しく順応できる企業でありたい」とも語る。

■新規事業領域を深耕

そのためにメディカル・ヘルスケア、コスメ、機能フィルム、電子材料、光学部材分野など、社会的ニーズやIoT技術の活用に対応する分野を新規事業として深耕する。メディカル・ヘルスケア分野では、2018年にドイツの医薬品開発製造受託企業を買収。これまで市場開拓を進めてきた易服用型製剤材料の海外販路開拓に向けた拠点とす

「セルロイド製人形」
セルロイドは世界で初めて工業化されたプラスチック

独自のウエハーレベルレンズは耐熱性があり、小型・薄型でも高精度であることが特徴

るとともに、製剤領域に進出した。光学部材分野では、同年にウエハーレベルレンズを開発・販売する子会社を台湾に設立。電子部品製造拠点などが集積する同国で、開発を活発化させる。独自開発した熱や紫外線で硬化する高精度な樹脂製レンズを軸に、需要が期待される自動運転や生体認証システム向けに必要なセンシング領域の需要を取り込む考えだ。

札場社長は「今後の先端産業は多品種適量生産できる設備を持つ複数の企業が、各自の得意な部分を担う事業モデルが主流となる」と分析。多彩な材料や技術を有する同社では、次の100年に向けて、大学や他企業との協業などオープンイノベーションにより、さらに幅広いソリューションを提供していく決意だ。

長寿のひけつ

真摯な対応で世の中に必要なものを提供

札場社長は100年という長寿経営の理由に「企業として間違った時には謝り、真摯に受け止め対応してきたこと」と「戦争や不景気など困難に遭いながらも世の中に必要とされるものを提供し続け、利益を上げ続けてきたこと」の2点を挙げる。単純だが、規模が大きくなるとなかなか守れないことだ。今後も協業など規模拡大が予測される同社。ますますトップの手腕が注目される。

会社概要

所在地：大阪市北区大深町3-1　グランフロント大阪タワ-B
電話番号：06-7639-7171
設立年月：1919年9月
事業内容：化学品メーカーとして有機合成・セルロース事業などを展開

URL：https://www.daicel.com/

1970年大阪万博で実績を上げ膜面構造物のリーダー企業に

太陽工業㈱

「膜や」の太陽工業は、1970年に開催された日本万国博覧会（大阪万博）で膜面構造のパビリオンを手がけたことから注目を集め、事業を急拡大させた。現在は世界各地にネットワークを持つグローバル企業である。

能村光太郎前会長（2018年逝去）の祖父・能村金茂氏が1922年に創業した「能村テント商会」。これが太陽工業の前身だ。戦時中の企業整備法により一時廃業したが、金茂氏の長男・龍太郎氏が再建し、太陽工業を設立。駐留米軍にシートなどを販売したのを皮切りに、サーカス

社是・理念

私どもは昇る太陽のように
動的に成長し　向上し
社会のお役に立ちたいと念願致しております。

代表取締役社長
荒木 秀文 氏

用テントや軽三輪トラックの幌（ほろ）などに用途を広げていった。

飛躍のきっかけとなったのは大阪万博である。巨大なエアドームの「アメリカ館」や、空気の入ったチューブをつなぎ合わせた形の「富士グループ・パビリオン」などを手がけ、膜面構造物を世に知らしめた。テントメーカーが数ある中で、大阪万博の膜面構造物の90％以上を同社が手がけることになったが「営業部隊を持っていたのは当社だけであり、人脈が生きた」と荒木社長は説明する。

■明るい空間の提供にフォローの風

「アメリカ館」の技術は88年に完成した「東京ドーム」に生かされた。万博から18年も経った後だったのは、膜面構造物を一般建築物として認定する法改正に時間がかかったためだが、これ以降は建築実績が急拡大。「長居陸上競技場」（大阪市）の大屋根などのスポーツ施設、「東京駅八

日本万国博覧会
富士グループ・パビリオン

東京駅八重洲口グランルーフ

重洲口グランルーフ」などの交通施設のほか、イベント会場や物流施設、産業施設へと、膜面構造の活用範囲を広げた。

軽い材質を使って柱のない大空間を創造することができ、腐食することがないためメンテナンスもほとんど必要としない膜面構造物。「今はフォローの風が吹いている」と荒木社長は言う。地震や台風などの災害に強いからだ。

明るく温かみのある空間を実現できるのも特徴で、外国人観光客のおもてなし施設やエンターテインメント会場、レストランや商業施設などにも適している。明るいという特徴は医療・介護施設の需要も広げそうである。「技術開発を進め、構造物だけでなく膜の用途のあらゆる可能性を探りたい」と荒木社長は意気込む。

長寿のひけつ

深い探求心とチャレンジ精神

「深い探求心を持って誰もしないことをするチャレンジ精神が当社のDNA」と荒木社長は言う。その精神が発揮された例の1つが、サウジアラビアの聖地・メディナに建設した大型アンブレラだろう。中東の厳しい自然に耐えるよう素材を工夫し、デザイン性も追求するという難しい仕事をやり遂げた。「どんな場所にでも出ていく」という同社の目標は、海外売上高を今の3倍に増やすことである。

会社概要

所 在 地：大阪市淀川区木川東4-8-4
電話番号：06-6306-3111
設立年月：1947年10月
事業内容：膜面技術を応用した構造物・設備資材の企画から施工まで

URL：https://www.taiyokogyo.co.jp/

創立から100年
異なる企業文化認め、高め合って成長した

タキロンシーアイ㈱

1919年にセルロイド製品の製造を起源として誕生したタキロンと、ゴム製品から塩化ビニル樹脂製品の製造へと発展してきたシーアイ化成が2017年に経営統合してタキロンシーアイが誕生した。成り立ちは異なれど、互いに培った高度なプラスチック加工技術を用いて建築資材・農業資材・土木資材・産業資材まで、幅広い分野に製品を供給している。長い歴史の中で、合併や子会社化などを経てグループとしての規模を拡大してきた同社だが、南谷氏は「互いが異文化に対する寛容性を持ってきたことが長寿

社是・理念

タキロンシーアイグループは、「プラスチックテクノロジーで人と地球にやさしい未来を創造する。」という使命のもと、地球環境に配慮した商品・サービスなどを始め、さまざまな「新しい価値」を創出し、社会課題の解決、さらに社会の持続的発展へ貢献することを目指しています。

代表取締役会長 CEO※
南谷 陽介 氏

※本文は2019年3月以前の代表取締役社長時の取材に基づく。
2019年4月より代表取締役会長 CEO に就任。

企業のひけつ」と強調する。

高い技術力で社会に役立つプラスチック製品を多岐にわたり提供し、顧客の信頼を得てきた同社。中でも、古くから親しまれている波板をはじめ、塩ビやポリカーボネート樹脂板は高いシェアを誇る。現在では住宅の他、公共施設・都市設備など採用用途は拡大し、採光性や断熱性などの機能特性に加え、意匠性にも優れた製品も提供している。

また、マンションの廊下やバルコニーなど大規模改修の需要も取り込み、マンション改修市場における防滑性ビニル床材は、国内シェア約70％と高い。海外市場攻略も手綱を緩めない。欧州市場にはシステムキッチン扉などの内装や家具に、高級感を持たせて空間を演出できる樹脂製化粧材の拡販も目論む。この他、飲料や食品包装向けの熱収縮フィルムは、主要な市場である北米地域への拡販を強化、米国やウルグアイの工場でフル稼働を続ける。

採光性・断熱性の高い建材を用いて、スポーツ施設の省エネルギー化を実現

タキロンシーアイの変遷

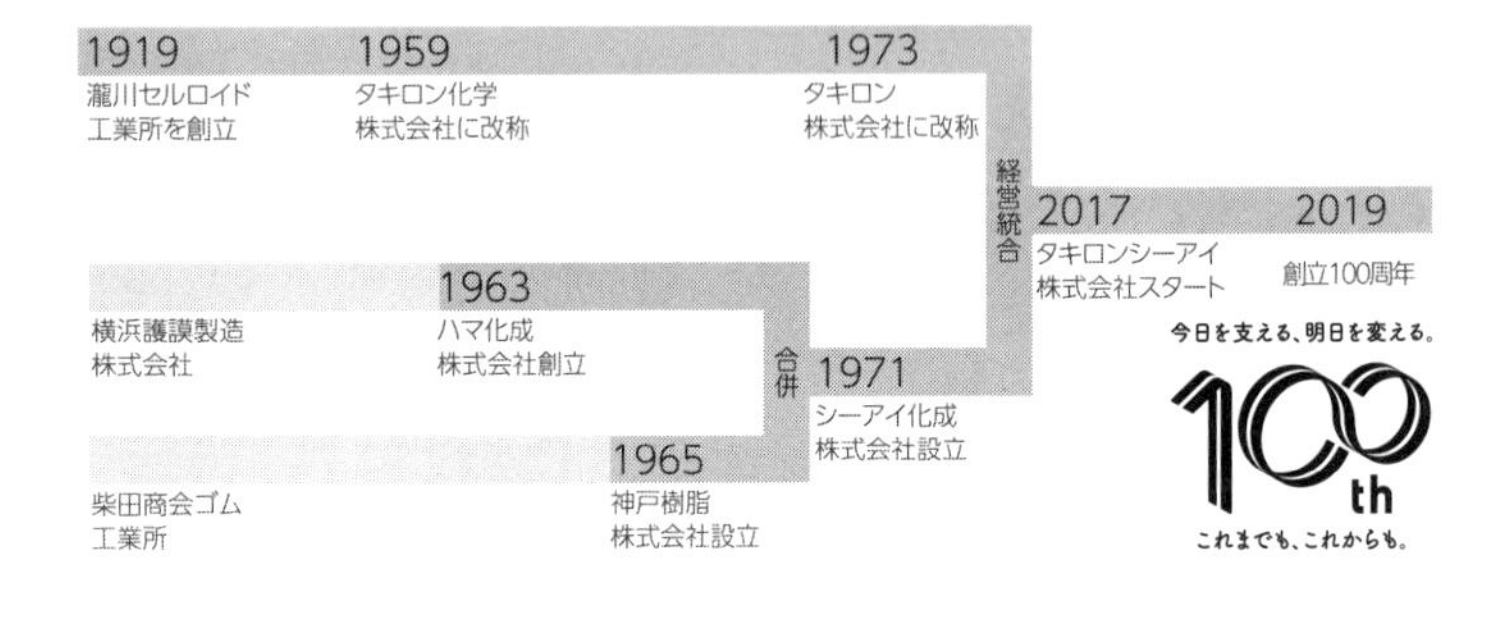

さまざまな変遷を経て、2019年で創立100周年を迎える

■新たな事業への進出も視野

南谷氏は「日本の基幹産業である自動車産業向けの新たな事業も手がけるべきだ」と次の柱となる事業領域への展開も視野に入れる。自動車産業では環境配慮や軽量化、電動化といった大変革が起こっており、多様な要求への対応が求められる。このような市場へ進出することで、社員が鍛えられ、既存事業への波及効果も期待する。培ったプラスチック技術と、異文化を認め合える同社の強みを生かし、M&Aも視野に入れた事業参入を検討中だ。

持続可能な企業経営のために社員の働き易さを尊重しながらもコスト競争力を失わない会社を目指している。経営統合により企業規模が拡大した同社。今後真価が問われることとなる。

長寿のひけつ

違う視点で見て成長させられるかがカギ

南谷氏は企業経営について「異なる企業が一緒になる時、弱い分野をどうするかという判断が必要になる。しかし、弱い事業にもきらりと光る技術や製品があって、それを違う視点で見てどう伸ばしていけるのかが重要」と説く。合併、子会社化などを経て成長してきた同社は、その重要性を身をもって感じているだろう。新たな事業領域の拡大に向けて、M&Aを見据える同社の今後に注目したい。

会社概要

所 在 地：大阪市北区梅田3-1-3 ノースゲートビルディング
電話番号：06-6453-3700
創立年月：1919年10月
事業内容：合成樹脂製品の製造・加工・販売

URL：https://www.takiron-ci.co.jp/

研究開発を続け100年
化学工業製品の可能性を追求し続ける

テイカ㈱

1919年12月22日、過燐酸肥料を主製品とする「帝国人造肥料株式会社」を創設したことからテイカの歴史は始まる。創立当時、食料増産を機に肥料会社が多く誕生していた時代。また、このとき過燐酸肥料の原料となる硫酸の製造も開始し、肥料以外の製品展開にもつながることとなる。その後、帝国化工へと社名を変更し、過燐酸肥料の製造も中止するが、硫酸関連技術を基盤に酸化チタンや界面活性剤など時代や社会のニーズに合ったさまざまな化学工業製品を製造販売し、業界内の地位を築き上げてきた。

社是・理念

テイカグループは、人間性尊重と相互信頼を基本に、化学を基盤とした創造的技術を駆使して顧客と共に発展し、広く社会に貢献することを目指す。

【経営の方針】

①全員参加の経営②社会貢献と企業価値の増大③創造性の発揮④地球環境への調和⑤企業倫理の徹底⑥情報の開示

代表取締役社長

名木田 正男 氏

■化学会社が生み出す高機能化粧品原料

創立70周年を迎えた89年、社名を現在のテイカに変更。その後、バブル経済の崩壊によって深刻な不況が続き、酸化チタンなど主力製品の売上も低迷したが、これを機にテイカは大きく転換した。

長年培ってきた表面処理技術、分散技術などを生かし、新たに化粧品原料事業へと進出。その契機となった製品が「微粒子酸化チタン」である。日焼けの原因となる紫外線B波（UVB）を遮蔽する機能性材料として注目を集め、以後高機能化粧品原料の研究開発に力を入れる。そして、これが、肌のシミやしわの原因となる紫外線A波（UVA）を遮蔽する「微粒子酸化亜鉛」の開発にもつながった。そして、これら機能性製品は順調に売上を伸ばし、現在では世界トップシェアを獲得する製品へと成長を遂げた。

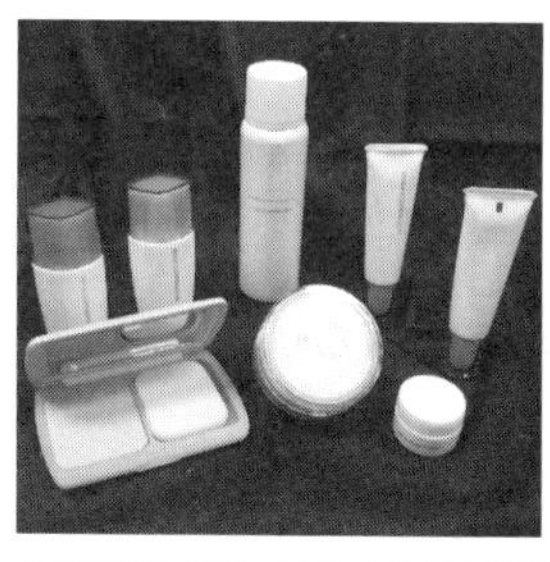

化粧品サンプル（左）と化粧品原料事業を担う熊山工場（右）

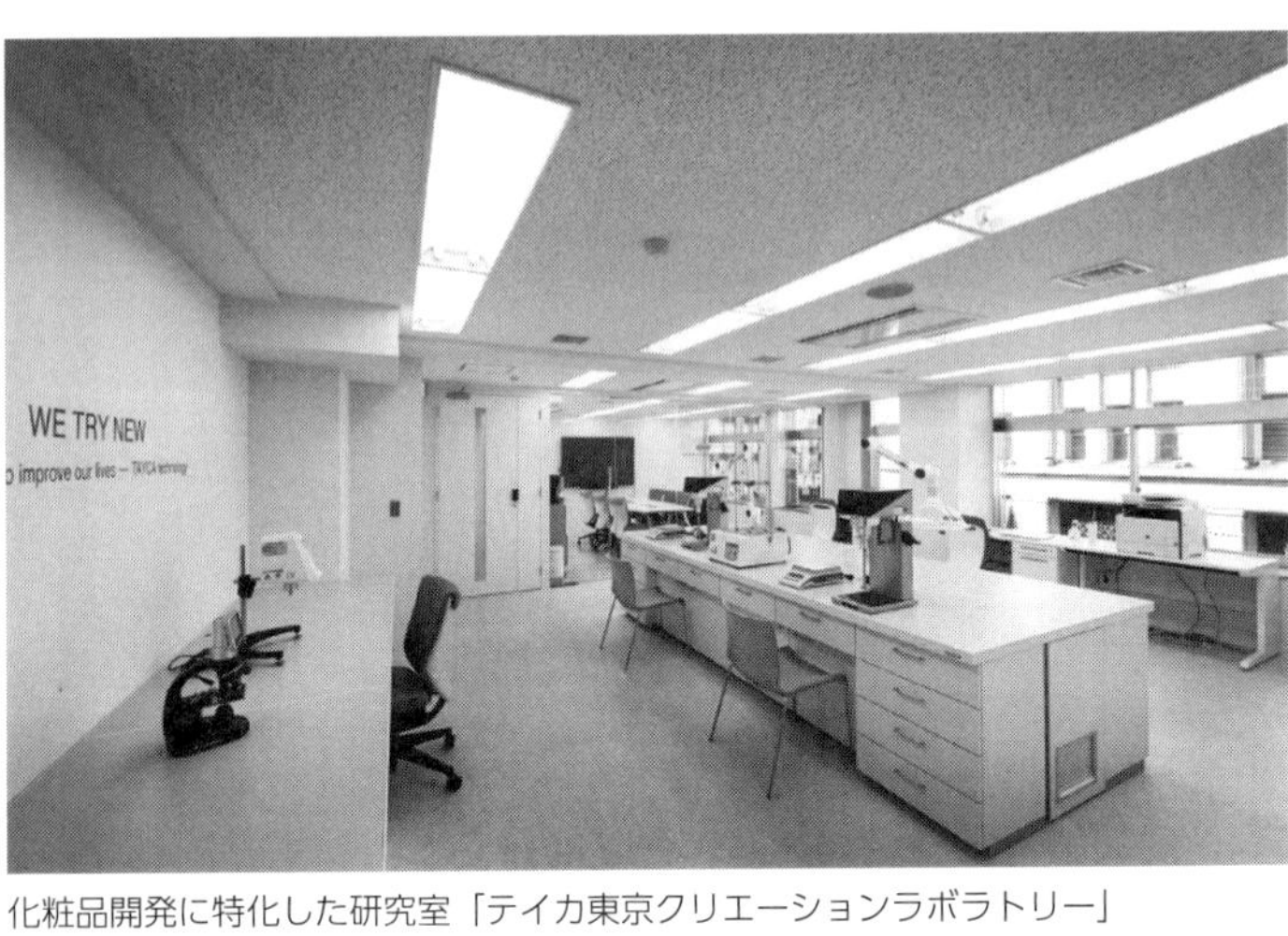

化粧品開発に特化した研究室「テイカ東京クリエーションラボラトリー」

成功のひけつは「材料を売るのではなく、機能を売る」研究開発主体のメーカーならではの提案型ビジネスにある。この実践例の1つとして、2015年に「お客さまとの距離をゼロに！」をコンセプトに開設した化粧品分野に特化した研究室「東京クリエーションラボラトリー」がある。また、現在売上を伸ばしている「圧電材料事業」においても、顧客へのさまざまな提案によって、事業の拡大を図っている。

さらに、化粧品原料を扱う企業として女性スタッフの採用にも注力し、「女性が製品を設計・製造・販売する」を戦略の1つに掲げている。

テイカは19年に創立100周年を迎える。そして、次の100年に向け、次世代を担う新規事業の構築に取り組んでいる。

長寿のひけつ

基幹産業を見直し、小さく売り大きく儲ける

研究開発費を惜しまず、失敗を繰り返しながら製品開発を続け、時代のニーズに応えてきたことが長寿のひけつだと名木田社長は振り返る。これからは「小さく売り上げて大きく儲ける」と宣言。グローバルニッチトップとなる機能性製品をより多く持つことが今後の課題だと語る。次のステージへの明確な切り替えも成功のカギだと感じた。

会社概要

所 在 地：大阪市中央区北浜 3-6-13
電話番号：06-6208-6400
創立年月：1919年12月
事業内容：各種化学工業薬品の製造・販売（酸化チタン、界面活性剤、硫酸、微粒子酸化チタン、微粒子酸化亜鉛、表面処理製品 ほか）

URL：http://www.tayca.co.jp/

国産初のリノリューム製造企業インテリア総合メーカーに

東リ㈱

2019年に創業100年を迎える東リ。日本で初めてリノリュームを製造した企業だが、現在は床材だけでなく、カーテンや壁装材なども手がけるインテリア製品の総合メーカーとして、快適な室内空間を提供している。

創業当初リノリュームに注目したのは、米国などで建物の床材として盛んに使われていたからだ。事実、同社製の国産初のリノリュームは、病院や事業所など非住宅用の床材としての需要が伸びた。そのリノリュームも、戦後は塩化ビニル床シートなどに床材の主役の座を空け渡すことに

社是・理念

東リグループ経営理念

- インテリア事業を通じて生活文化の向上に貢献する
- 顧客中心主義を行動規範とする
- トータルインテリアのリーディングカンパニーを目指す

代表取締役社長
永嶋 元博 氏

なった。天然素材で作るリノリュームは製造にコストも時間もかかるうえ、素材の調達も難しいからである。

リノリュームの生産は1977年に停止。現在の床材は塩ビタイル・シートと60年に製造を始めたカーペットが2本柱だ。80年代半ばにはカーテン、壁装材にも進出。現在の売上構成は塩ビ床材5割、カーペット4割、カーテンおよび壁装材が1割となっている。非住宅向け中心だった売上構成は、近年では住宅分野の売上も増加している。

■3つの「SHINKA」が重点戦略

事業が拡大を続けてきたのは、家庭用の普及を図る過程で注力した広告宣伝の効果が大きい。特に人気クイズ番組「パネルクイズ アタック25」のスポンサーを務めたことで知名度が格段に上昇した。また「日本初の製品を創った会社という誇りが社員にあり、品質第一のモノづくり精神を

創業当時の本社の風景画

東リの床材を使用した室内空間

持っているのが強み。踏まれ続ける床材が中心だからこそ品質がものをいう」と永嶋社長は語る。ただ、建築現場での人手不足など、インテリア業界を巡る環境は厳しい。このため「今後は海外市場の開拓と、業際的な分野への取り組みに力を入れる」方針だ。東南アジアを中心に東リ単体の海外売上比率を現在の3％程度から10％程度まで引き上げる。また業際的な分野として、浴室用床材などに注力するとしている。

2020年度を目標年次とする中期経営計画「SHINKA‐100」のキーワードは「進化」「深化」「真価」の3つ。中でも重要なのは企業の「真価」が問われる人材育成だ。研修センターでの社員教育のほか、代理店を中心に技能士の育成支援を進める計画である。

長寿のひけつ

環境共生社会への貢献が使命

化学品が原料の製品を造る東リの使命は、「環境共生社会」への貢献だ。農業用ビニルの再生材料の使用やワックスがけ不要の床材の開発などはその表れ。また伊丹市立文化会館（兵庫県）のネーミングライツを獲得するなど、地元への貢献も重視しており、本社を伊丹市から移転する考えもない。人と社会に愛される企業であり続けるためには、人と社会への貢献が必要だということをこれらは示している。

会社概要

所　在　地：兵庫県伊丹市東有岡 5-125
電話番号：06-6492-1331
創業年月：1919 年 12 月
事業内容：ビニル床材、カーペット・カーテン、壁装材などの製造・販売

URL：https://www.toli.co.jp/

多分野にわたるゴムと合成樹脂のメーカー

㈱十川ゴム

十川ゴムは創業当初、ラムネ瓶の口ゴムパッキンなどを作っていた。今ではタイヤや搬送ベルト以外の製品で、自動車や建設機械、ガス、食品、医療、家電、住宅設備、船舶・鉄道などの幅広い産業分野にホースを中心とした多くのゴムと合成樹脂の製品を供給している。売上高に占めるそれぞれの構成割合も、自動車向けが20％近くとわずかに突出しているものの、その他はいずれも10％前後と偏りのないことが特徴。製造する品目数は数万種類にもおよぶ。これは多様な分野のユーザー要望にこまめに対応するこ

社是・理念

【経営理念】社是の精神に基づく「三方よし」の経営(自己を活かし、相手を良くし、多くの第三者に益をもたらす)

【社是】

一、わが社は事業を通じ国家社会に貢献する。

二、わが社は全員が聖賢の教学に基づく高き品性をつくり物的条件と相まって真の全員の幸福を実現する。

三、わが社は聖賢の教学に基づく人造りをもって国家社会に貢献する。

代表取締役社長
十川 利男 氏

とに重きを置く同社の経営方針を体現した結果だ。多岐にわたる製品群を持つことで、要素技術が蓄積され、新たなニーズへの対応を可能としてきた。中でも家庭用ガス分野や、鉄道分野ではトップシェアの製品を持つ。全国に9つの営業拠点と3つの工場（徳島、奈良、堺）、海外にも中国・浙江省に1つの子会社を持ち、地球環境に配慮した製品に注力するとともに、放熱性、耐震性などの社会の要請に応えた製品開発を進めている。

■全員の幸福を願う経営

同社の特徴を形作るのは最高道徳（モラロジー）の三方よしの教えに基づく経営理念と社是にある。廣池千九郎博士の提唱するこの学問に、創業者が1933年頃に大きな感銘を受けて作ったものだ。十川社長は社是の一節でもある「人造り」「真の全員の幸福」を実現することが会社の

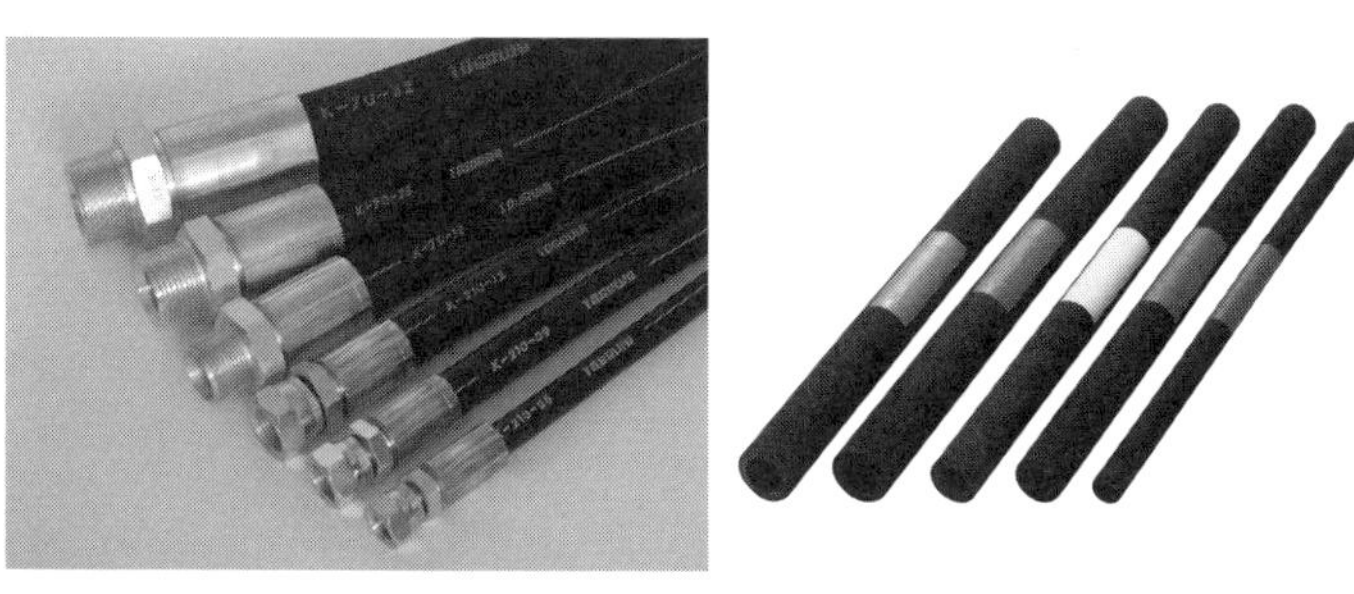

一般作動油や高圧ガスに用いられる「ハイドロリックホース」（左）、列車用エアーホース（右）

環境に配慮した鉛やハロゲンフリーの素材を使用し、折り曲げにも耐えられる「放射線遮蔽ゴムシート」

最終目的だとする。例えば、製造現場ではロボットや機械化による作業の軽減や効率化を図り、労働安全衛生面も考慮した環境整備を進めている。営業部門や管理部門においても、快適でコミュニケーションの取りやすいオフィスづくりを心がけ、長時間勤務を排除し、ワークライフバランスの向上と風通しの良い快適な職場づくりに努めるとともに、人づくりの面では、社内だけではなく、積極的に外部との交流を含めた教育の機会を作り各人の能力と、やりがいを育てるよう取り組む。一方、経営理念に関する道徳教育を行うことで、品性を磨きつつ、新しい時代に応じた多様な人材が活躍できる組織を目指しており、目前に迫った2025年の創立100周年に向けて、着実に歩みを進めている。

長寿のひけつ

不易流行の実践

会社経営において「不変」（変えてはいけないもの）と「可変」（変えるべきもの）を区別してきた。創立以来、現在に至るまで歴史のなかで育まれた精神文化は変えてはならない。しかし、時代に即応した変革は絶対に必要である。この考えのもと「大切な伝統を守りながらも、新たな挑戦と不断のイノベーションを進めることが大切である」という考えが、長く事業を続けることができる要因だ。

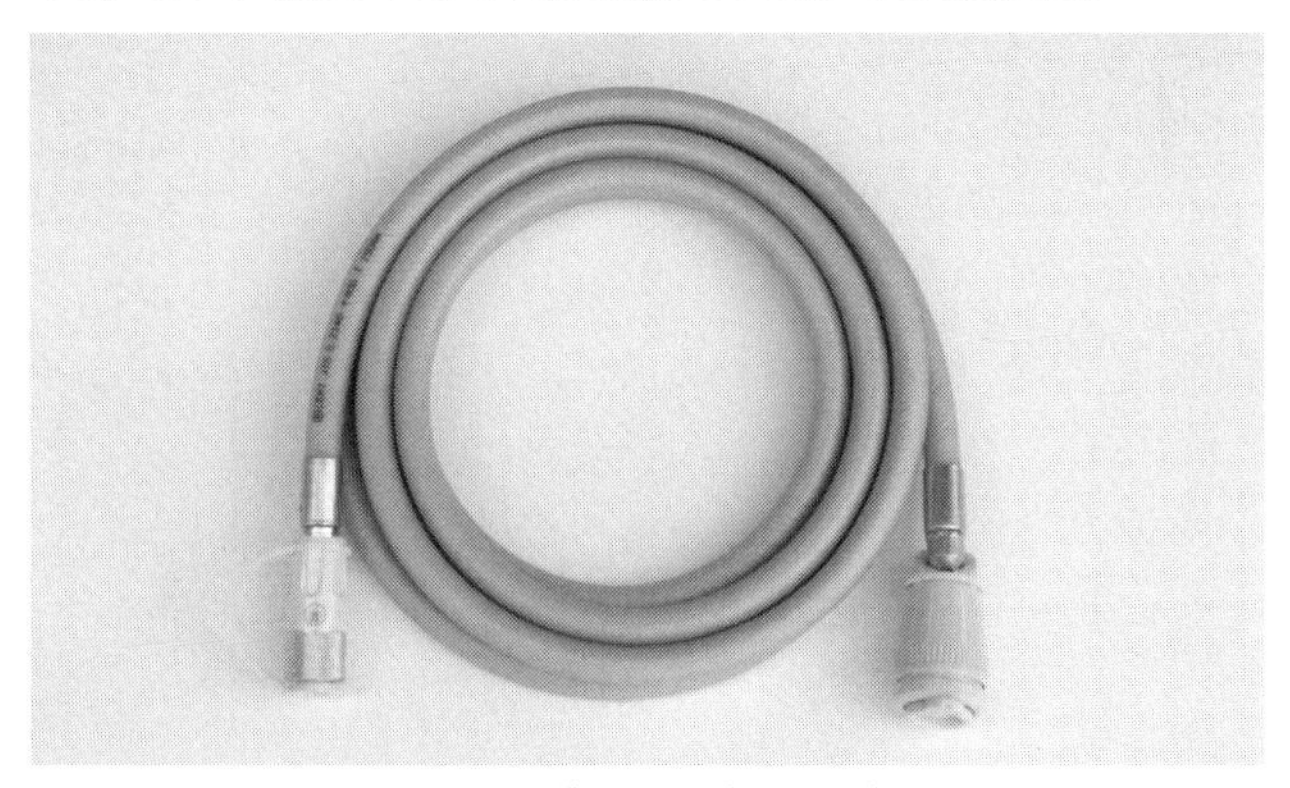

JIS 認証品の都市ガス・LP ガス共用ガスコード

会社概要

所　在　地：大阪市西区南堀江 4-2-5
電話番号：06-6538-1261
創立年月：1925 年 5 月
事業内容：ゴム製品ならびに合成樹脂製品類の製造・販売

URL：https://www.togawa.co.jp

100種以上のセラミックス材料の知見
清水焼の伝統技術を先端市場へ展開

西村陶業㈱

東京スカイツリーを彩るＬＥＤ照明向けセラミックス基板を手がけるなど、西村陶業は清水焼の伝統技術を先端市場に展開し、１００年の歴史を紡いできた。セラミックスは古くからの電気を通さない絶縁部材としての役割、耐薬品性や耐熱性のほか、近年は高い放熱性能も注目される。

１００種以上のセラミックス材料の技術・知見を持つ西村陶業には、さまざまな依頼が舞い込む。次世代自動車や人工衛星向けをはじめ、絶縁の熱対策部品として複数の試作品が実証評価中だ。西村社長は「たくさんの引き出しを

社是・理念

顧客の満足する物づくりにより、より豊かな生活の実現をめざす

代表取締役
西村 嘉浩 氏

持ち、顧客の困り事と時代の要請を解決する最適な提案で、当社も進化してきた」と振り返る。

海外からも自国に無い材料を求め、多くの人が西村陶業を訪れる。超硬合金やタングステンカーバイドに代わる耐摩耗性の高い工具向けセラミックスや、東京スカイツリーのＬＥＤ照明にも採用された放熱性セラミックス「Ｎ－９Ｈ」などが代表例。西村社長は「セラミックスづくりは面白い。だからこそ、チャレンジを続けてきた」と明言する。

■産業機械市場に活路

創業は１９１８年。電線を絶縁固定する碍子（がいし）などのセラミックス製造から始めた。終戦後のトースターや電気ヒータなどの普及期には、それまでのセラミックスでは、温度が上昇すると絶縁性能が低下するという課題に直面。そこで熱膨張率が低いセラミックス材に熱に強い添加剤などを

半導体製造装置用で高純度アルミナを採用したセラミックス部品

国内のみならずドイツの国際展示会に出展するなど、海外需要に応える体制を整えている

混ぜ、大手家電メーカに供給した。家電の発展に必要となる機能を持つ材料開発や製品開発を進め、大量生産・大量消費時代を支えた。

80年代には、家電大手の相次ぐ海外への生産移転で苦境に立たされる中、同社は産業機械市場に活路を見いだす。ただ、ポンプ用シャフトや半導体製造装置用部品、医療機器用部品などの要求加工精度は、家電向けより1桁以上高い。そこで工作機械や画像検査などを導入して、±0・01㎜の高精度、安定品質の要求に対応。ここで扱うのが、高純度アルミナなどのセラミックス材料。その後に展開するテレビやLED照明、パワーデバイス向けの絶縁放熱部品への足がかりとなる材料で、飛躍のカギとなった。

長寿のひけつ

時流を捉えた変化への対応力

京都には時代の要請に応え、伝統産業の技術をベースに、先端市場を支える企業が多数存在する。西村陶業もそんな企業の1社と言える。碍子などの陶磁器から、家電市場、半導体・医療・分析機器市場、LED照明やセンサ、ヒートシンクなどの電子機器向けへと、日本のモノづくりの時流を敏感に捉え、培った技術をベースに顧客要求に応える。こうした変化への対応力が長寿のひけつと言えそうだ。

会社概要

所 在 地：京都市山科区川田清水焼団地町3-2
電話番号：075-591-1313
創業年月：1918年10月
事業内容：セラミックス材料、精密セラミックス部品などの開発・製造・販売

URL：https://nishimuratougyou.co.jp/

発明・改良・円満の精神で顧客に寄り添うパートナーに

ニッタ㈱

ニッタは1885年、新田長次郎氏が輸入に頼っていた繊維機械向けの動力伝動用革ベルトを、初めて国産化したことが起源だ。以来、世の中に役立つ物を発明し常に改良を続け、社会と円満な関係を築く姿勢を忠実に貫いた「発明・改良・円満」の精神が、創業から134年経った今でも脈々と引き継がれている。第2次大戦による被害や産業構造の変化による革ベルト事業の衰退など、幾度となく危機を乗り越え、グローバル企業へと成長した。

現在のニッタの主力は、ゴムや樹脂などの「ソフトマテ

社是・理念

Going ahead with you

NITTA は動かす、未来へ導く製品で。

世の中を前へ、そして人々を幸せに。

1885 年に「日本にないものをわが手で」という精神で創業して以来、時代の変化に対応し幅広い製品を提供。現在世界 12 カ国に展開し、多種多様なニーズに誠実かつ果敢に応え、新たな顧客価値の創造に取り組んでいる。

代表取締役社長
新田 元庸 氏

リアル」複合製品で、建設機械や自動車業界向けホース・チューブ、物流や繊維機械向けのベルト製品など、製品、顧客とも多岐にわたる。14代目の新田社長は、培った技術と知見で、顧客のニーズに寄り添った高機能製品の開発に注力、2020年までに「ソフトマテリアル複合化技術のグローバルナンバー1パートナー」を目指す。他社では断られるような案件でも「ニッタなら応えてくれる」との評価を得られるほど、とことんまで顧客の要望に耳を傾ける細やかな営業力・技術力が強みだ。

世界各国や地域のニーズをいち早く捉え迅速に対応するためグローバル化も進め、欧米、アジアの12カ国に拠点を置き、ニッタの製品を地産地消で世界中に提供できる。各拠点がマーケティングしたローカル情報をタイムリーに共有し、ニーズを先取りした製品開発体制が構築されている。

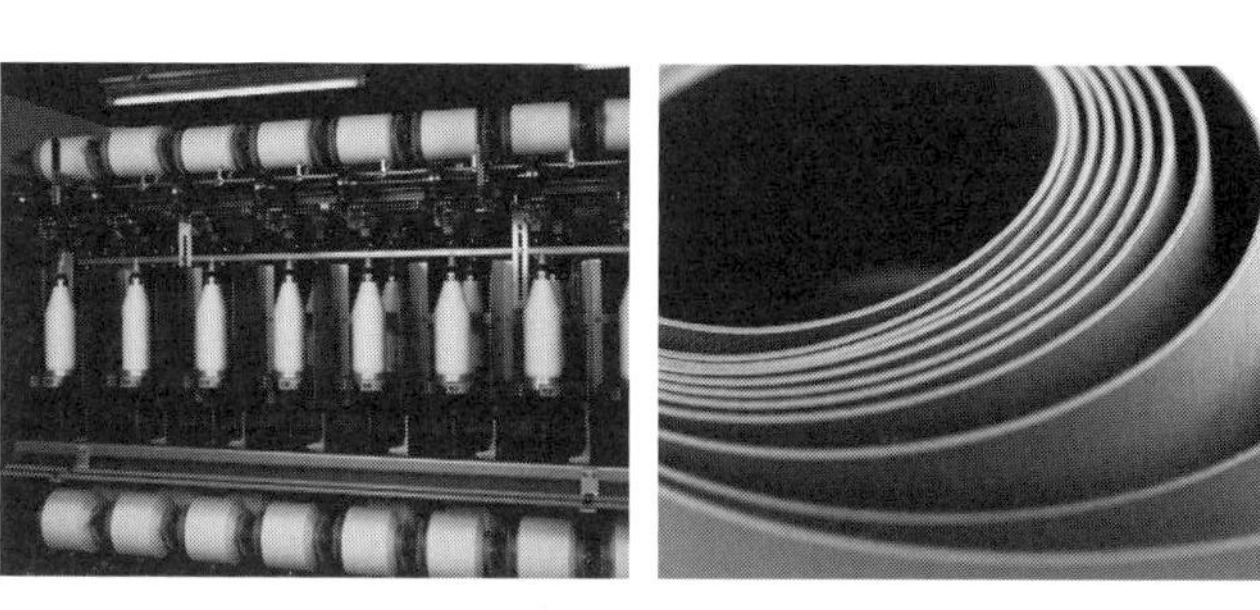

ルーツである伝動用ベルト
繊維機械などあらゆる機械に採用されている

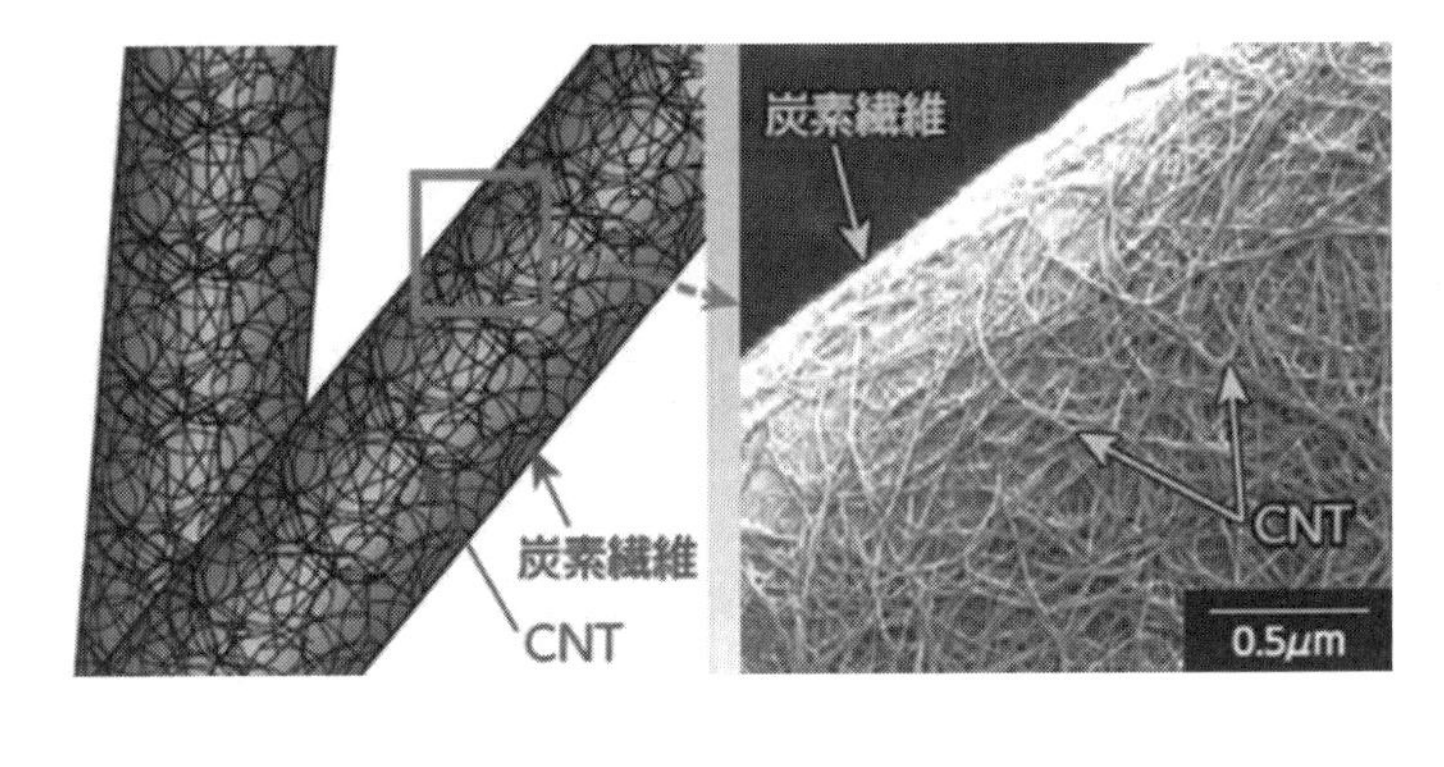

ナノ複合化技術で新領域の素材開発へ
※ CNT：カーボンナノチューブ

■新製品創出に注力

新田社長は「20年度までに売上高1000億円、新事業・新製品売上比率25%を目指す」とさらなる飛躍を掲げる。17年に買収した医療用製品事業、化工品事業などで弾みを付け、コア技術を共有しながら、成長分野での事業拡大に注力する。十年来開発を続けたカーボンナノチューブは独自分散・複合化技術の開発に成功。17年にバドミントンラケットなどに採用され、ニッタ初のスポーツ業界参入となった。新田社長は「顧客の困り事に応え社会に貢献し、それが社員の励みになり企業発展につながる」と語り、一層の成長に向け汗をかく決意だ。

長寿のひけつ

開発、改良、信頼がニッタの強み

創業から134年、戦争での損失、戦後の産業構造の変遷や主力事業の衰退と多くの危機に遭遇したが、開発と改良の精神を持ち、事業の多角化やいち早いグローバル展開などで生き残りを図ってきた。培った強固な事業基盤と、顧客の困り事に寄り添い解決し続け築いた信頼こそが、ニッタの強みだ

会社概要 

所在地：大阪市浪速区桜川4-4-26
電話番号：06-6563-1211
創業年月：1885年3月
事業内容：伝動・搬送用ベルト、樹脂製ホース・チューブ、空調用フィルタ、メカトロ・センサー製品などの産業資材メーカー

URL：https://www.nitta.co.jp/

ユニークな製品開発を続けるオンリーワン企業

日東薬品工業㈱

落ち着いた住宅街の中に本社を構える。敷地内には緑や花があふれ、足を踏み入れると自然と心が穏やかになる。散歩中にお洒落なカフェと間違う人も多いという。綾部工場（京都府綾部市）や長田野工場（同福知山市）といった生産拠点も、三角屋根やコテージ風の建物をそろえる。自然と調和した〝ラブリーファクトリー〟が特徴だ。この個性的な環境が製薬業界において「開発提案型医薬品メーカー」という同社独自のユニークさを象徴する。

同社は医療用医薬品・一般用医薬品の企画から開発、製

社是・理念

- 夢とロマンに燃えて
- 3S（「スピード」、「ソフト」、「センス」）
- ノーアクション、ノーリターン

代表取締役社長
北尾 哲郎 氏

造まで担うのが特徴。代表的な製品の1つが、1971年に販売を開始した滋養強壮剤「若甦錠（じゃっこう）」だ。発売当時、日本は高度経済成長期。「懸命に働く人たちの健康に貢献したい」という思いから生まれた。今では生活スタイルの変化に合わせた若甦シリーズとして展開している。

■プロバイオティクスからポストバイオティクスへ

独自製品の開発による取引先の拡大にも力を注ぐ。47年の創業以来、医薬品の製造と同時に乳酸菌や納豆菌といった有用微生物の研究も手がけている。同社の強みである「菌」を活用したオンリーワンの医薬品を作り上げる戦略を取り、各大手医薬品メーカーに対して提案、提携関係を構築してきた。最近では、地道な販売を続けてきた一般用医薬品が、最先端の治療薬を安全に使用するための医療用医薬品として承認されるという、業界でも画期的な出来事もあった。

季節の草花と光にあふれた本社・研究所

日東薬品工業　綾部工場と長田野工場

同社は今、菌（プロバイオティクス）そのものから一歩先、菌の代謝物（ポストバイオティクス）の研究に挑戦している。バイオ技術を活用した差別化製品を展開する考えだ。その1つが乳酸菌で代謝された機能性脂肪酸だ。食後高血糖の改善をはじめとする代謝改善作用が期待でき、食品や医療品用途への展開を目指す。

北尾社長はバイオ事業から新規事業を生み出し、新たな成長の柱に据えたい考えだ。「研究を通して困っている方のお役に立ち、社会に貢献したい」と力を込める。社是の「夢とロマンに燃えて」とも通底する。

最近では海外のユニークな製品の探索も強化している。海外メーカーと共同開発した製品を国内大手メーカーを通して販売している。

長寿のひけつ

ユニークな発想を生み出す環境作り

バイオ関連市場が活況を呈する今、長年培った技術で新規顧客の開拓を力強く進めている。主力の一般用医薬品事業では新製品を切れ目無く打ち出す。その一方で、海外商品も意欲的にラインアップに取り入れる。国内外の取引先からは「ユニークな会社」と評される同社。利益は社員に還元し、心豊かに働ける環境の向上に多くを当てる。社員それぞれが「開発提案力」を発揮できるクリエイティブな環境がここにはある。

会社概要

所 在 地：京都府向日市上植野町南開 35-3
電話番号：075-921-5344
設立年月：1947 年 6 月
事業内容：医薬品、化粧品、食品の製造および販売

URL：https://www.nitto-pharma.co.jp/

伝動ベルト製造で培った素材加工技術を新領域に展開

バンドー化学㈱

バンドー化学は、弾性ゴム「エラストマ」の加工技術を強みに、自動車などのエンジン動力を伝える「伝動ベルト」を製造。自動車の補機駆動に加え、産業・農業用機械の駆動ベルト、医療用フィルムや電子機器向け高熱伝導放熱シートといった高機能エラストマ分野にも幅を広げた。2022年度には新事業を全体売上の10％の120億円以上に伸ばし、売上高は現状比30％増の1200億円を目指す。

■**創意工夫を重んじる**

社是・理念

私達は、調和と誠実の精神をもって、社会のニーズに沿った新たな付加価値とより高い品質を日々創造、提供し、お客様をはじめとする社会の信頼に応え、社業の発展を期するとともに、バンドーグループの従業員たることに誇りを持ち、社会に貢献することを期する。

代表取締役社長
吉井 満隆 氏

創業は1906年。木綿製の伝動ベルト「阪東式木綿調帯」を起点に、ゴム製の伝動ベルト、コンベヤベルト、塩化ビニルフィルムなど国内初の製品を市場に投入してきた。吉井社長は「創業時の創意工夫の精神を大切にしている」と語る。ゴムやウレタン、樹脂など材料の配合・分散・複合化技術をベースに、伝動ベルトや高機能樹脂など製品群を拡大。現在は、電子資材や医療機器分野に展開。医療機器では、身体の曲面に取付け、伸縮動作を計測して情報を得るセンサ「C-STRETCH」を利用した製品を神戸大学と共同開発している。電子資材では、電子機器の発熱部品の放熱を促進する高熱伝導放熱シート「HEATEX」を開発。パワーデバイスなどから発生する熱を効率的に冷却部材へ伝える製品だ。すでに産業機器メーカーからサーボモータの放熱用途に採用され、用途拡大に取り組んでいる。

吉井社長が語る「ものづくりは人づくり」という人材育

本社入り口には、製品展示スペースを設けて来訪者を迎える

社員の健康を大切にし、運動教室で健康促進に取り組む

成への取り組みは、高い技術力に裏付けられる。創業後、間もなく創業製品の開発者が殉職し、事業の軌道修正のため、大規模なリストラを余儀なくされた。「社員に苦しい思いをさせた当時の経営陣の悔いをバネに、一人ひとりを尊重し、自立性を育む」社風が根付いた。社内での健康増進活動はその1つ。生活習慣病やメンタル面の不調を改善しようと、81年度から南海工場（大阪府泉南市）で体力測定を始めた。今では各事業所に保健師が常駐し、健康状態や栄養管理などの個別相談を実施する。また毎月講師を招き、ストレッチなど身体をほぐす「運動教室」も開く。２０１７年から18年には、社員の健康増進に経営課題として取り組む企業を認定する「健康経営銘柄」に選ばれた。

長寿のひけつ

たゆみない開発と自立性の尊重

バンドー化学は、木綿製の伝動ベルトから重化学や自動車、電子資材や医療機器へと成長分野を転換してきた。吉井社長は「開発を尊重する仕掛けづくり」として社内で起業促進制度を作った。社長直轄の開発チームが新製品の事業化やマーケティングに取り組む。全社で取り組む健康増進活動は、こうした開発意欲を向上するなど、活力のある社風の醸成につながり、経営を支えている。

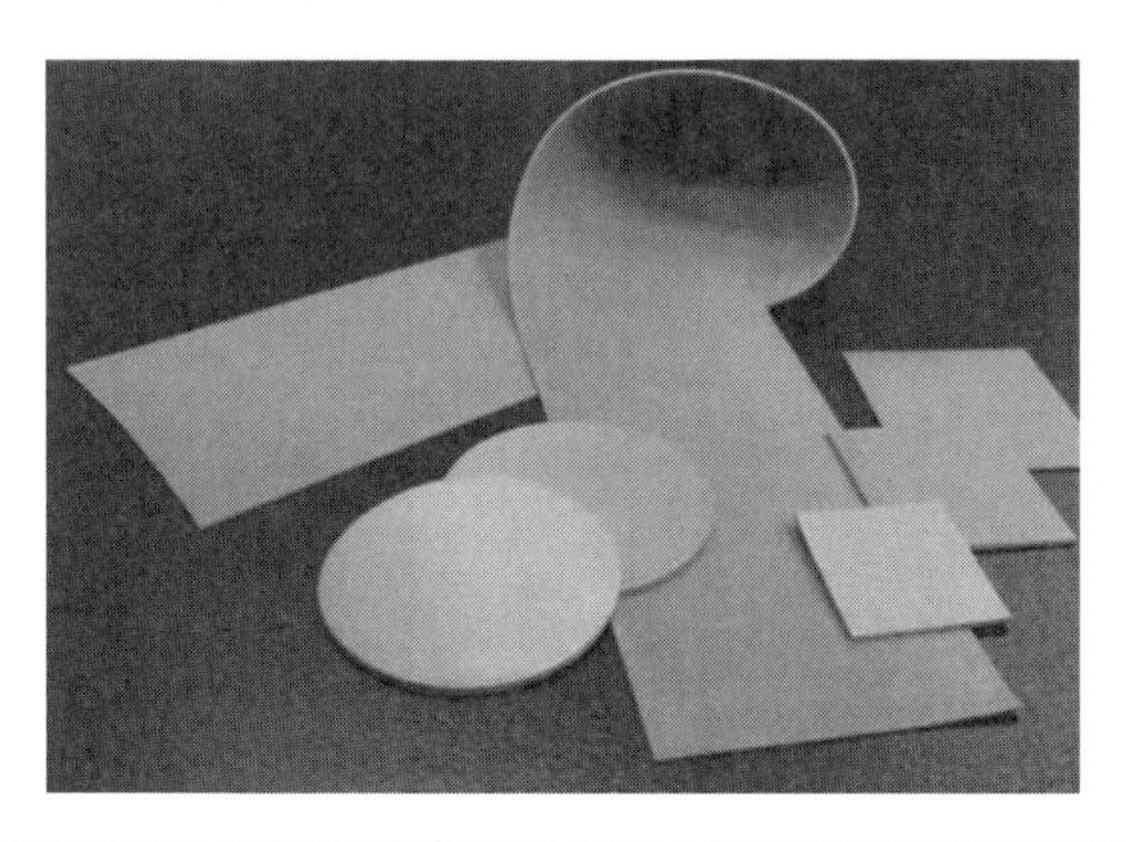

会社概要

所　在　地：神戸市中央区港島南町 4-6-6
電話番号：078-304-2923
創業年月：1906 年 4 月
事業内容：自動車部品、産業資材、高機能エラストマ製品のほか、電子資材や医療機器にも展開。

URL：https://www.bandogrp.com/

ニッチなヒマシ油に特化し、産業界で〝無くてはならない企業〟へ

豊国製油㈱

電子部品に使われる耐久性に優れた6―10ナイロンや食品包装用ラミネート接着剤用の原料として使用されるセバシン酸を供給するファインケミカル会社。植物のヒマの種子から採れる原油を精製し、複雑な反応工程を経て合成されたセバシン酸は、幅広い分野で使用されている。

戦後間もない1951年に菜種や大豆を原料とする食用油の製油で創業。しかしまもなく、植物のヒマを原料とする工業用のヒマシ油に特化した。

3代目の今川社長は「創業者である祖父は、ヒマシ油が

社是・理念

叡智な想像力、逞しい実行力、円滑な友愛の心

代表取締役社長
今川 博道 氏

他の植物油と異なる骨格構造式をしていることに面白さを感じたのかもしれない」と当時の〝転業〟理由を推察する。食用油の市場もまだ拡大していた時代。「なぜヒマシ油なんて」などと同業者が揶揄する中、同社は工業用途の需要を次々に開拓した。

時代が移り変わり、国内の食用油業界は淘汰され大手企業が臨海部のプラントで大量生産するようになった今、「あの時、ニッチなヒマシ油に特化しなければ豊国製油は消えていただろう」と今川社長は歴史を振り返る。国内でヒマシ油やその誘導体を製造する会社はわずか2社。産業界にとって〝無くてはならない企業〟となっている。

■性能もコストも満たす2工場体制

他の油にはない特性を持つヒマシ油からできる誘導体は化学用途での利用価値が高い。しかし90年代に入り世界的

ヒマの実→ヒマの種子→セバシン酸を精製

高効率な大規模プラントも兼ね備えた三重工場

な需要の高まりを背景に中国で競合も出始めた。そこで97年に三重県で高効率の大規模プラントを建設。量産品のコストダウンを可能にするとともに、2工場体制を敷くことでBCPの観点においても危機管理体制が整った。また化学品分野だけでなく最近では医療分野へも展開し顧客層を拡大している。

耐熱性や耐久性、耐油性などの性能面だけでなく、コストなど多様な顧客ニーズに対応できることが同社の強み。2018年5月には欧州の新たな化学品規制に対応するため、主力製品であるセバシンで「REACH登録」も完了させ、グローバルな需要を見据えた安定供給体制を確立している。

長寿のひけつ

時流に流されずリスクへ備え

創業者は時流に流されず先を見てヒマシ油に特化し、将来の食用油の過当競争のリスクを回避した。そのＤＮＡは代々受け継がれている。ヒマの種子を生産する国は極めて少なく主力はインド一国。このため原料供給リスクを念頭に置き、原料在庫を４～５カ月分備蓄している。常に先を見て布石を打ち、100年企業を目指す。

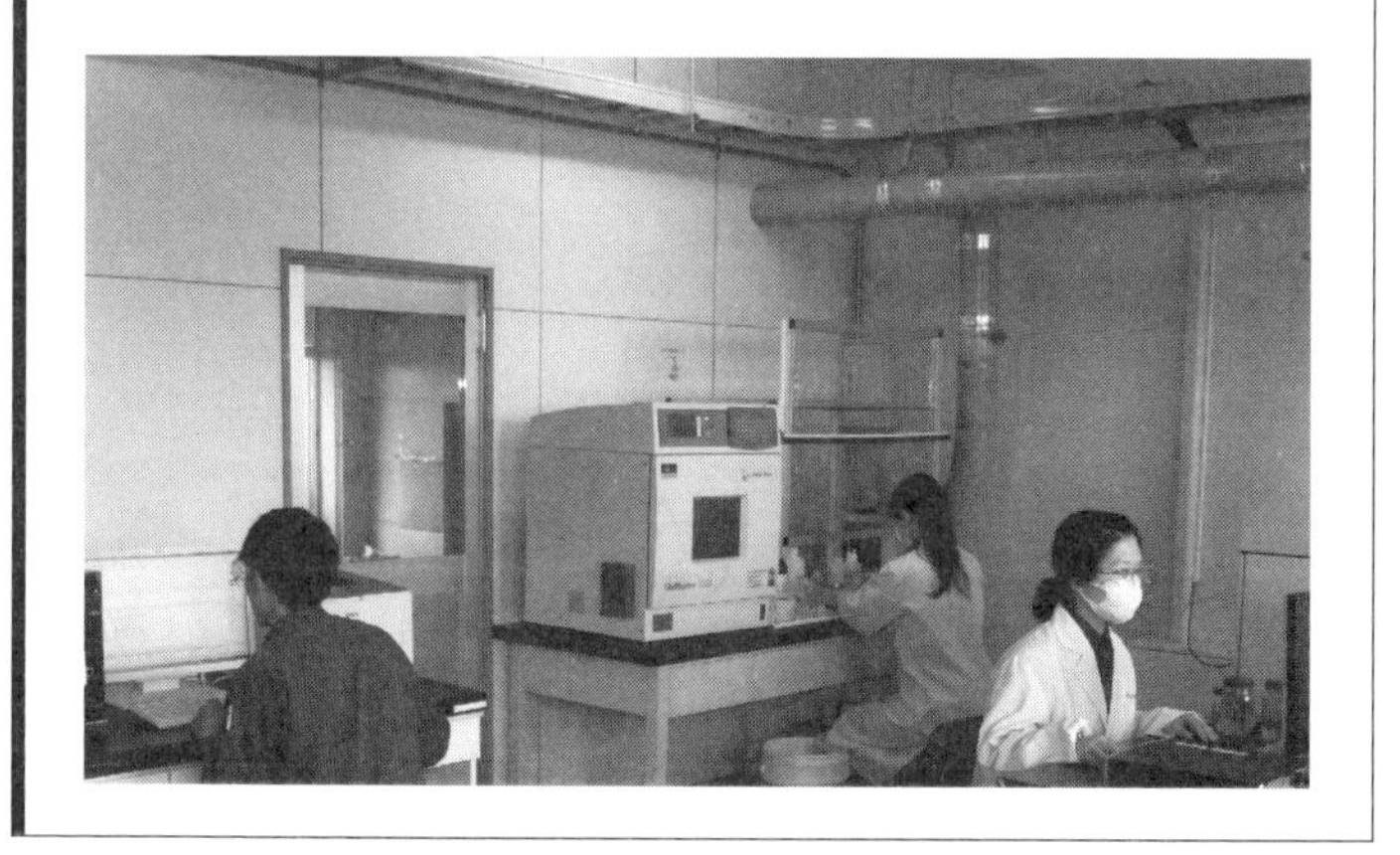

会社概要

所　在　地：大阪府八尾市老原 4-170
電話番号：072-949-4121
創業年月：1951年11月
事業内容：化学工業

URL：http://www.hokoku-corp.co.jp/

明治期の薬種商から浣腸薬製造のニッチトップへ

ムネ製薬㈱

ムネ製薬は、1906年に薬種商として創業。現在は浣腸(かんちょう)・痔疾薬を製造販売している。「コトブキ浣腸」シリーズは、老若男女の便秘解消に役立つ製品として展開。

浣腸薬は水とグリセリンのみから成り、グリセリンが腸壁の水分を吸収し、排便を促す。飲み薬では服用後、数時間以上待つが浣腸薬は効果が現れるまで数分のため、あらかじめ時間や場所を決めて使用できる利点がある。現在、同社の浣腸薬は業界シェア約30％とトップクラスを誇る。

終戦後は皮膚に貼り付け、打ち身などに効能があるとさ

社是・理念

- 真心と思いやり
- 医薬品を通じて、皆様の健康に奉仕し、地域に感謝される事により、私達の満足を達成しよう。
- 今日も楽しく、お客様に喜んで頂く、良い仕事をしよう。
- キラリと光る、気になる会社を目指そう。

代表取締役社長
西岡 一輝 氏

れる生薬を混ぜた膏薬(こうやく)を和紙に貼り付けた「万金膏(まんきんこう)」を販売。各家庭を直接訪問して薬を預ける「配置売薬」を展開した。その後、ラジオ広告などで効果的に販促する湿布薬が普及したことから60年代に次の戦略に出る。そして販売を強化したのが、浣腸薬。配置薬から薬局販売に転換。「どこかで1番になる」ランチェスター戦略を打ち立て、本社を置く淡路島から徐々に拡販し、市場を攻略していった。

■ユニークな広告戦略

小さな企業が業界トップを目指すには「ユニークな戦略を打ち出さなければならない」と西岡社長は強調する。大胆な宣伝文を掲げて認知度アップを狙う。「ウンチ、飲む?」のフレーズを掲げ、ジャコウネコのふんから採取した未消化の豆で作った高級コーヒー豆を賞品にするなど、ユーモアあふれる販促を展開。限られた費用で1度目にすると忘

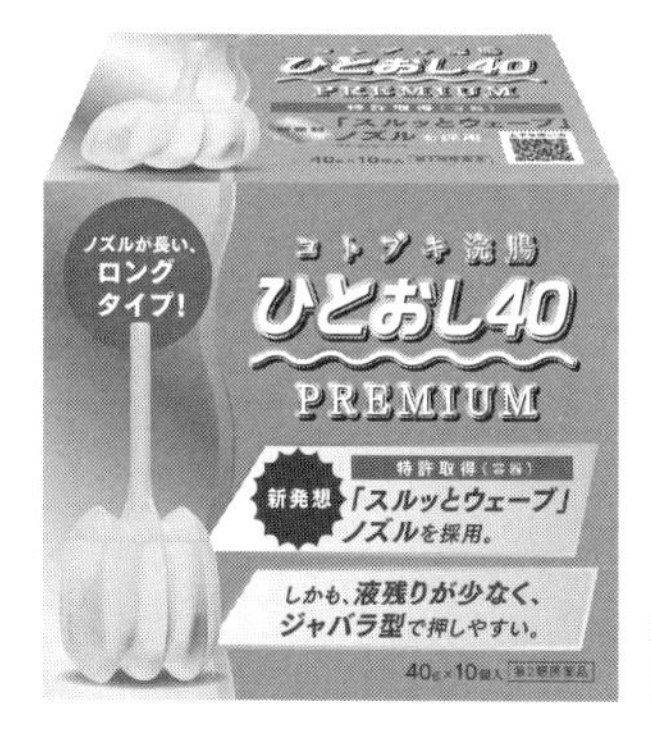

主力製品
「コトブキ浣腸ひとおし 40」

自社キャラクターもユニークだ。看板商品の「ひとおし」をモチーフにした浣腸界のニューヒーローで同社の看板息子「ひとおし」くん

れない広告を作るために社内でアイデアを募る。

そんなムネ製薬の主力商品は、２００６年5月発売のジャバラ型浣腸薬の「コトブキ浣腸ひとおし」。同商品は消費者の「液残りが少なく、つぶしやすいものを」という声を反映させ、従来のイチジク型を改良。西啓次郎会長がウィーンに旅行した際に目にした、街角のアコーディオン演奏から着想を得た。ジャバラ型を親指と人差し指でつまみ、弱い力でも効率よく液を出すことができるように改良。現在、ノズル長を伸ばし挿入しやすくした「コトブキ浣腸ひとおし40」も販売している。17年5月発売以来、累計３４００万本以上を出荷するヒット商品となった。今後もユニークなアイデアを武器に人々の健康に貢献し、成長を続けていく。

長寿のひけつ

消費者の声を直接取り込む

試行錯誤の連続の製品開発の中で、アンケートなどで寄せられた消費者の声を重視している。アンケート回答者には社員が手書きで返信を届け、商品などをプレゼントし、声を集める努力も欠かさない。西岡社長は「こうしたきめ細やかな取り組みに、ファンも増えてきている」と目を細める。浣腸薬の購入者層の年代は高く、若年層への普及に課題があり、イベントなどを実施してその魅力を伝える。

会社概要

所在地：兵庫県淡路市尾崎859
電話番号：0799-85-0107
設立年月：1947年7月
事業内容：浣腸・痔疾薬の製造販売

URL：http://www.mune-seiyaku.co.jp/

大胆な広告宣伝でブランド確立
カプセル技術を武器に新時代築く

森下仁丹㈱

2018年に創業125周年を迎えた医薬品メーカー。口中清涼剤「仁丹」は、知らない人がいないと思われるほどの一大ブランドである。その森下仁丹もビフィズス菌サプリメント「ビフィーナ」の販売や独自のシームレスカプセル技術の提供などを武器に従来のイメージと全く違う最先端企業として新たな成長を遂げようとしている。

創業者・森下博氏が1893年に大阪市内で開いた「森下南陽堂」が現在の森下仁丹のルーツである。生薬配合の「仁丹」は「病気は予防すべきものである」という考えから、

社是・理念

【森下博が掲げた社是】

原料の精選を生命とし、優良品の製造販売。進みては、外貨の獲得を実現し、広告による薫化(くんか)益世(えきせ)を使命とする。

代表取締役社長
駒村 純一 氏

森下氏が台湾への出征中に現地で見かけた丸薬にヒントを得て、携帯に便利な常備薬として開発した。

その「仁丹」が誰もが知る一大ブランドとなったのは、圧倒的な量の新聞広告や広告看板、繁華街への広告設置など、大胆な広告宣伝を展開したためだ。発売後2年目で早くも国内の家庭薬売り上げで1位を獲得。また、「外貨獲得に貢献する」との森下の理念から、アジア、中東、アフリカを中心に輸出にも力を入れ、一時は売り上げの半分を輸出が占めるほどになった。いち早く手がけた家庭用体温計もヒット商品になり、戦後も安定経営を続けた。

■海外市場も再び積極開拓へ

転機が訪れたのは2000年代の初頭である。口中清涼剤の競争が激化したこともあって、売り上げ不振から経営難に陥った。大手商社出身で06年に同社社長に就任した駒

創業当時の創業者・森下博氏と1907年当時の「森下博薬房店舗」

シームレスカプセルを生かした機能性表示食品「ビフィーナ」

村氏は「作れば売れるという旧態依然とした考えから抜け切れず、技術開発が停滞、営業も代理店任せにしていた」と振り返る。

駒村社長は役員の入れ替えや不採算事業からの撤退などを進める一方、「第四新卒」と呼ぶ中高年の人材採用を敢行。5年ほどの縮小均衡期を経てからは、「ビフィーナ」への広告宣伝費の集中投下や、シームレスカプセルの技術提供の拡大などの積極策に転じている。

シームレスカプセルは「仁丹」のコア技術だ。生きたビフィズス菌も閉じ込められる「この技術を生かさない手はない」と、今後は医薬品、食品、さらに産業用にと、技術提供先を拡大する。世界的なブランド力を生かし、サプリメントを中心に海外市場開拓にも注力する方針だ。

長寿のひけつ

広告で世の中を豊かにが使命

森下仁丹の商標は大礼服を着た男性だ。今でもさまざまな場所で見られる。「広告益世（こうこくえきせ）」。広告を通じて世の中を豊かにすることが森下博氏の理念だった。大礼服マークが入った町名看板を全国に貼り巡らし、町を訪れる人に便宜を図ったことなどその表れだろう。広告で仁丹ブランドが確立したからこそ「あの仁丹がこんな新商品を！と受け入れてもらえる」と駒村社長は言う。同社の揺るがない強みである。

会社概要

所 在 地：大阪市中央区玉造 1-2-40
電話番号：06-6761-1131
設立年月：1936 年 11 月
事業内容：医薬品、医薬部外品、医療機器、食品などの製造・販売

URL：https://www.jintan.co.jp/

包装材の先駆者
物流を進化させるリーディングカンパニー

レンゴー㈱

現在、新鮮な野菜や魚などの食べ物や最新のファッションなどが世界中からいつでも簡単に取り寄せられるのは、物流システムが発達したおかげだ。しかし、それは輸送時に商品の価値や状態を守る段ボールなどの包装材があってこそ。レンゴーはその段ボールを日本で初めて世に送り出した先駆者。2019年に創業110周年を迎えるが、包装を通じ、物流を進化させるリーディングカンパニーとしての歩みをさらに加速している。

社是・理念

1．お客様の満足と信頼を獲得し、繁栄と夢を実現する。
2．法令遵守を徹底し、常に誠実に行動する。

以上の2項目に加え、3として広く社会とのコミュニケーションに努める、4として安全で働きやすい環境づくり、5として地球環境の保全、6として社会への貢献、7として当該国・地域の経済社会の発展への貢献などがある。

会長兼社長
大坪 清 氏

■人重視、売上高1兆円目指す

レンゴーは1909年、井上貞治郎氏が「三盛舎」として創業した。日本で初めて段ボール事業を立ち上げ「段ボール」と命名したことでも知られる。

その経営哲学は「きんとま」に代表される。〝きん〟は、お金と金鉄のように固い意志。〝と〟は、英語のand。〝ま〟は、真心の真と間を指す。つまり「商機を逃さず、人、モノ、金、心を大切に」と説く。この教えが、関東大震災、第2次世界大戦、東日本大震災といった幾多の困難な時期に求心力となり会社を支えた。

2000年に大坪清社長（現・会長兼社長）が就任。強い情熱と責任感によるオーナーシップ的な経営を展開し、その姿勢に社員はロイヤルティーで応えた。段ボール事業一筋から、製紙、段ボール、紙器、軟包装、重包装、海外

創業者 井上貞治郎氏

本社（大阪市北区中之島）

の6つをコア事業とし、大いに飛躍した。
大坪氏は「きんとま」に加え「ビジネスはアート&サイエンスである」と提唱。アートは人であり、サイエンスはIoTなどの最新技術や科学的知識とし、「両者のバランスがビジネスには肝要」と説いた。人財の観点から、第3子以降100万円の出産祝い金制度を設け、派遣社員1000人を正社員化したほか、2019年4月から「65歳定年」を導入する。さらにSDGs（持続可能な開発目標）にも積極的に取り組む。
環境に優しく、eコマースの伸長により、段ボールに注目が集まる今、レンゴーは、グループ全体の目標として売上高1兆円の早期達成を目指し、歩みを加速している。

長寿のひけつ

オーナーシップによる長期経営

レンゴーの社長は大坪氏を含めわずか5人。在任の長さも目先にとらわれず、先を見据えるオーナーシップ的経営を可能にした。長期経営はとかく「守り」に入り易いが、大坪氏は就任から2017年までで売り上げを1.6倍に伸ばすなど「中興の祖」と言える。その大坪氏は「他に頼らず、自身がこれまで得た経験や記憶をもとに判断を」と「偏見」の重要性を説く。長寿のひけつが垣間見えた。

会社概要

所 在 地：大阪市北区中之島2-2-7　中之島セントラルタワー
電話番号：06-6223-2371
創業年月：1909年4月
事業内容：製紙、段ボール、紙器、軟包装、重包装製品などの製造・販売

URL：https://www.rengo.co.jp/index.html

制御技術、安全技術を中心に、真のグローバル企業を目指す

IDEC(アイデック)㈱

　IDECは、1945年に船木恒雄氏が和泉商会として創業し、47年に和泉電気（現・IDEC）を設立した。50年にSB形金属箱開閉器を開発、58年には制御用操作スイッチなどの小形コントロールユニットを発売し、「スイッチの和泉電気」としての地位を確立。現在の「制御機器の総合メーカー」に転換する契機となった。

　また、81年には国際規格に準拠したスイッチを他社に先駆けて開発するなど、早くから海外を見据えた事業展開を推進してきた。

社是・理念

【Vision】
Pioneer the new norm for a safer and sustainable world.
いつも、ずっと、みんなに新しい安心を

【Mission】
To create the optimum environment for humans and machines.
人と機械の最適環境を創造

【Core Values】
Harmony（和）、Passion（情熱）、Innovation（革新）、Integrity（誠実）、Commitment（実践）

代表取締役会長兼社長
船木 俊之 氏

■生産現場の安全・安心を実現

制御機器は生産現場をはじめ、生活の身近なシーンにおいても使われている。主力事業であり、人と機械が触れ合う接点となるＨＭＩ機器では、制御用操作スイッチが国内トップシェアである。２０１７年にフランスのＡＰＥＭ社をグループ化したことで、ＨＭＩのグローバル№・１企業を目指している。

その他にも、制御盤内の省スペース化や作業効率向上を実現する盤内機器や、生産の自動化・効率化に貢献するオートメーション機器、安全性と生産性向上を実現する安全・防爆機器などを展開している。新規事業では、安全関連機器などを軸に、最適な協働ロボットを組み合わせたシステムの提供で、人手不足の解消や生産性向上への貢献を目指す。

IDECは、制御機器を中心に多彩な製品をそろえている

本社には緑豊かな中庭があり、バーベキュー施設なども備えている

創業以来培ってきた制御技術や安全技術への挑戦を通じ、グローバルな社会経済の発展への寄与を長期的ビジョンとしても掲げる。

また、IDECは働き方改革にも力を入れてきた。1965年に制御機器業界で初の隔週週休2日を導入。現在もライフワークバランスの推進に取り組んでいる。

今後は売上高1000億円、営業利益率15%以上の達成を目指す。また、持続的な成長に向けてCSR委員会を立ち上げるなど、事業活動を通じた社会貢献も積極的に推進している。

2018年は創業者、舩木恒雄氏が4月に101歳で逝去し、ひとつの節目を迎えた。20年の創業75周年、さらにその先の未来を見据えて成長を続けていく。

長寿のひけつ

常に変化し続け、挑戦する姿勢を貫く

IDECは、創業者が自らの可能性に挑戦しようと考えたことが原点となった。IDECグループ全社で「チャレンジ精神」「チームワーク」「自己研鑽」に努めており、今後は社内公用語を英語にする計画である。海外売上高比率が50%を超えた現在も、常に変化し続け、挑戦する姿勢を貫くことで、真のグローバル企業として飛躍している。

会社概要

所　在　地：大阪市淀川区西宮原2-6-64
電話番号：06-6398-2500
創業年月：1945年11月
事業内容：HMI、盤内、オートメーション、安全・防爆の各ソリューションでのシステムや機器の設計・製造・販売　ほか

URL：http://jp.idec.com/ja/top/

環境機器・送風機で社会に「新しい風」を届ける

㈱赤松電機製作所

工場の作業環境を快適にするミストコレクター（油性・水溶性ミストの除去装置）、集塵機・業務用クリーナー、送風機などを製造・販売する赤松電機製作所。「ONIKAZE（オニカゼ）」ブランドを展開し、中でも先駆的なモデルチェンジを重ねるミストコレクターは、顧客の高評価を得る。「産業用の環境機器というニッチ分野に特化、追求することで、いつしか業界から『一目置かれる立場』になった」と赤松社長。大量の液体も吸引できる乾湿両用クリーナー「スーパーバキュームマジック」も近年、見本市や展示会などで注目さ

社是・理念

●社是

明日の社会が求める“新しい風”をつくり、より良き技術と信頼の向上に邁進する

●社訓

より良く、より新しく、より速やかに

代表取締役社長
赤松 竜太郎 氏

れている。

■顧客視点で新しい良いものをつくる

1925年の創業以来、一貫して小型電動機と送風機の製造を続けてきた。軍需拡大の昭和初期、強いイメージが好まれて商標「鬼風」が誕生。ONIKAZEは現社長がブランディングのためリバースさせたものだ。赤松社長の祖父で創業者の赤松光三氏はクリエイティブな技術者であり、2代目の赤松昭次氏が営業活動を先導。戦後、たばこ生産用乾燥機、日本初の家庭用ミキサーなどのヒット製品を経て、ガス湯沸器用ファンを開発、量産した。

90年代に入り、2代目が時代を見据えて環境機器を開発。従来の電気式ではなく、フィルター式のオイルミスト除去装置を上市し、好評を博す。利幅の減少したファンと入れ替わるように、じわじわと売上を伸ばした。

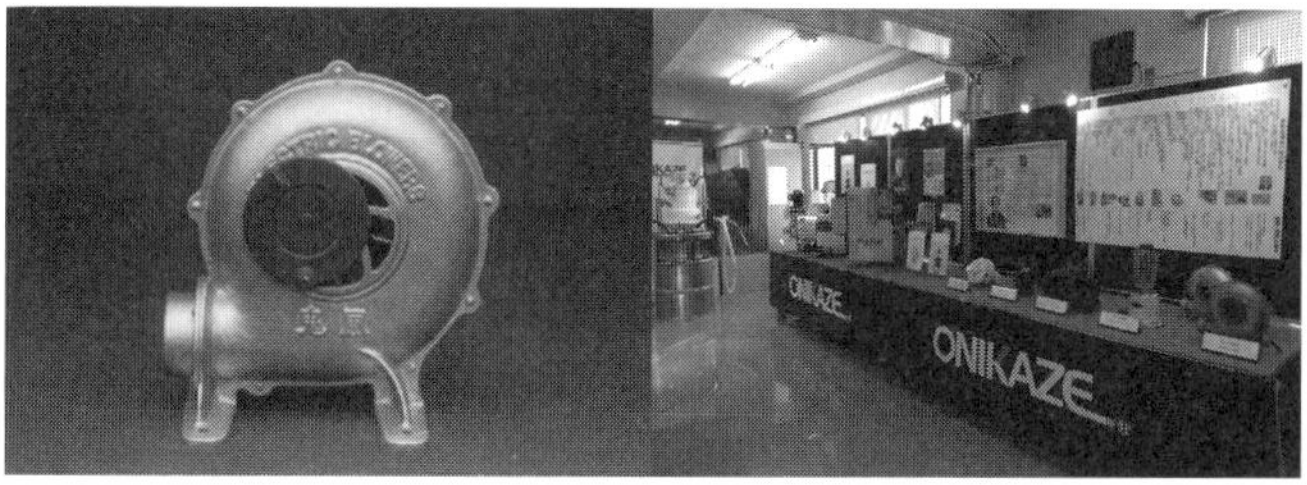

昭和初期の「鬼風送風機」(左)と、現在に至る「ONIKAZE」ブランド(右)

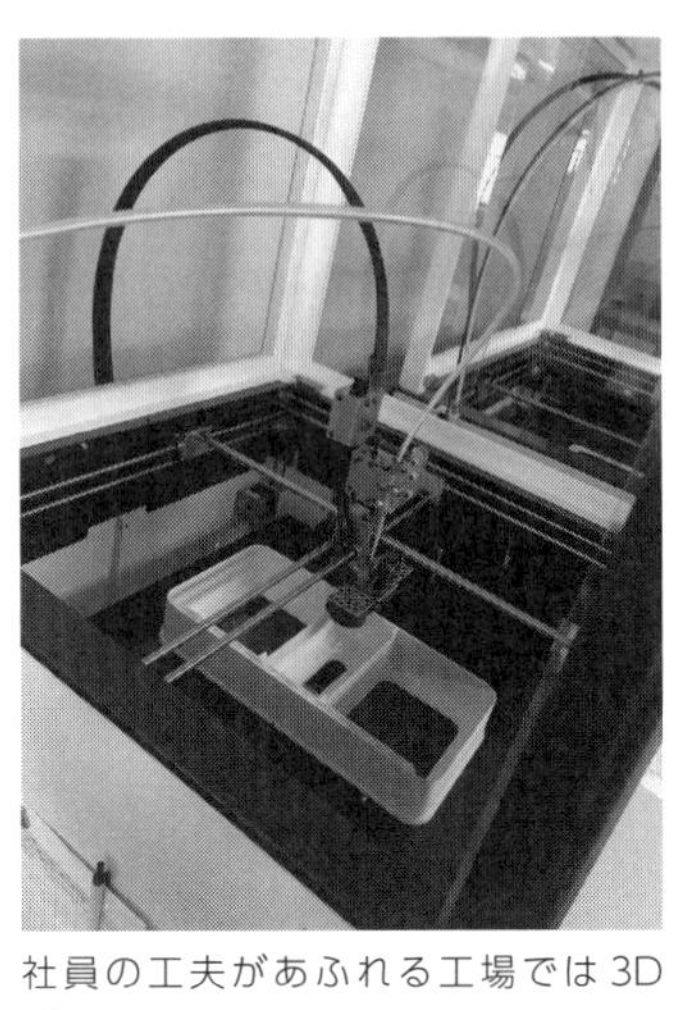
社員の工夫があふれる工場では 3D プリンターなど最新機器も備える

「顧客目線で新しい良いものをつくり、速やかに提供する。あれこれ広げず、深く決め打ちするという考え方です」と赤松社長は説明する。

団塊世代の退職後も、順調な採用により技術継承が進み、製造の主力は30～40代。希望により60～70代の社員も残り、脇を固める布陣だ。

大阪市内の限られた空間を生かすため、その日に納品された部材で当日製造し、翌日出荷するジャストインタイム方式。全員参加の業務改善活動も活発で、スタッフ自作のドリルボックス、レイアウト変更しやすいキャスターワゴンなど、工場内の随所に工夫が見られる。もちろん、自社製の環境機器も設置されている。

大阪万博が決定し、追い風が吹くが「その先の準備を」と3代目も新しい風を模索している。

機械
金属・鉄鋼・非鉄金属
化学・繊維・素材・医薬
電機・電子・精密機器
金融・商業
運輸・建設・輸送機器
ガス・その他製造

長寿のひけつ 

目標を絞り人材・設備を最大限に生かす

あるジャンルに特化し、専門的に技術と品質を磨いて、新たな提案を繰り出す経営戦略。現在、施設拡大や新設備の導入、雇用の増加が進むが、限られた設備や人数であっても最大限の効果が発揮できるよう戦略が講じられている。3代目による人材教育、リーダー育成活動により、若手の自発性、業務改善や経営に対する参画意識が育まれ、100周年に向けて一枚岩の体制を築いている。

会社概要 

所　在　地：大阪市東成区深江北1-17-24
電 話 番 号：06-6975-2621
創 業 年 月：1925年5月
事 業 内 容：送風機、ミスト除去装置など環境機器などの製造

URL：https://www.akamatsudenki.co.jp/

試験用ふるい専門メーカー
継続と進化の調和を追求

㈱飯田製作所

ＪＩＳ試験用ふるいやふるい振盪（とう）機の専門メーカー。ふるいは円形の金属枠に金網を張った構造だ。ステンレス製の汎用タイプのほか、枠と金網の接合部分に微粉などの試料が入らないようにした実用新案型や最小目開きが３㎛までを網羅するニッケル製スクリーンを使った電成ふるいなどを取り揃える。長年の経験と技術で丹念に製作された製品は企業や大学などの研究機関などで幅広く使用されている。

ふるいは粉粒状の物質を入れて、手や振盪機で揺り動かすことで粒の大きさや重さによって選別・分離したり、異

社是・理念

特に社是や経営理念は定めていない。三浦社長は創業以来、遅々刻々と変化する世の中の動向や経済状況に於いても、「信頼してもらって、喜んで買ってもらえる製品をつくること。これ以外に企業としての存在理由はない。多岐に渡る要望に真摯に向き合って、それをできるだけ満たす製品を作り続けていきたい」としている。

代表取締役
三浦 邦康 氏

物を除去するのに用いられる。粉体中の粒径分布などのデータ蓄積を目的に使用する場合も多く、顧客の買い替え需要の際にも金網の目開きの精度が高いものをもとめられる。ふるいの製作に使用する金網は、基本的に同じロットのものを用いる。だが、ＪＩＳの規格値の許容差に収まっている場合でも規格値の中心から遠いものや傷、織ムラなどの入っている部分を処分するために仕入れ材料の３分の１程度しか最終製品にはならない。三浦社長は「規格にも許容差はあるが、規格値の中心にできるだけ近づける努力をしないといい製品はできない」と強調する。

■技術習得で、会社への貢献も実感

三浦社長は小売業界で経営者としての経験を積み、２０１１年４月に経営トップに就任。１９３７年祖父が創業した同社の経営基盤を着実に強化し、近年は製造現場の活性

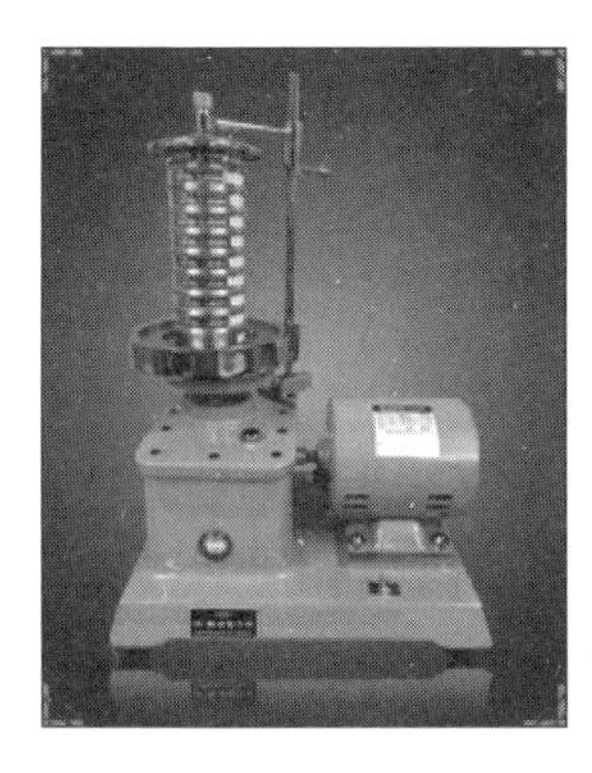

ふるい振盪機
「ES-65 型」

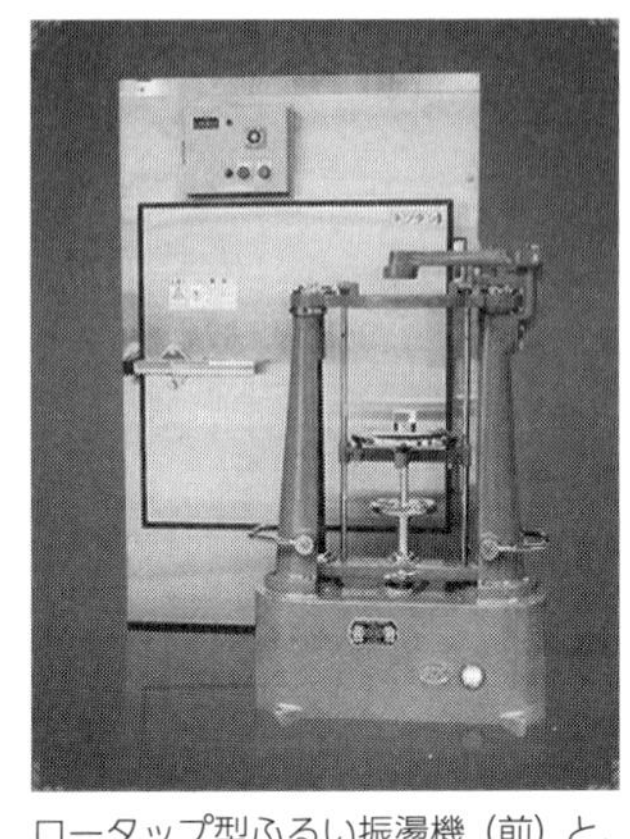

ロータップ型ふるい振盪機（前）と、ロータップ型ふるい振盪機用防音ボックス（後ろ）

化に注力する。１人の作業者が１つの工程を担当する専任制を基本に複数の工程をこなせる多能工も育成。熟練職人を指導役とし、若い人材も採用して技術の継承も進める。三浦社長は「生産計画や人の配置が柔軟に組み替えられるようになり、生産性が向上し、何より自分たちの成長で会社も伸びることが実感できるようになってきたことが大きい」と手ごたえを口にする。

創業時は輸入品しかなかった試験用ふるいを国内で初めて製造。以来、製品の見た目や役割に大きな変化はないが、顧客の要望や産業界の変化にも敏感に対応してきた。「より高度な使い方ができるよう、顧客に寄り添って品質や精度を磨いていく」と三浦社長は語る。継続性と変化をうまく調和させたモノづくりを継続する。

長寿のひけつ

妥協を許さず新たな市場を切り拓く

時に、品質や精度の追求は製造原価の上昇や、社員の負担増につながったりする。試験用ふるいには規格があり、顧客の目も厳しい。目指すレベルが高ければ高いほど、満たすべき条件の数も多くなり、妥協点を見出すのも難しくなる。しかし、そこに果敢に挑戦し、安易な妥協をしなかったからこそ、顧客からも信頼され、息の長い事業活動にもつながっているのだと感じる。

会社概要

所　在　地：大阪市中央区森ノ宮中央 1-6-3
電話番号：06-6941-3122
創　業　年：1937 年
事業内容：試験用ふるい、ふるい振盪機の製造・販売

URL：https://www.iida-ss.com/

世界トップクラスの計量・包装機器メーカー

㈱イシダ

日本初の民間はかりメーカーとして1893年に創業したイシダ。近年は計量に加え、検査、包装、梱包、箱詰めまでの機器を総合的に手がけ世界100カ国以上で事業を展開する世界トップクラスの計量・包装機器メーカーだ。

食品工場やスーパー、コンビニはじめ、流通・物流の現場では、人手不足、品質管理の厳格化、生産高度化などに対応できる機器ニーズが高まっている。自動化、省人化機器を手がけるイシダは、生産ライン全体を取りまとめるシステム構築（ＳＩ）事業まで踏み込んだ展開をはじめてお

社是・理念

「三方良し」（自分良し、相手良し、第三者良し）イシダは社員と会社が一体となって成長・発展し、お客さまに満足をもたらし信頼され、豊かな社会づくりに貢献する企業を目指します。

代表取締役社長
石田 隆英 氏

り、顧客からの期待も高まっている。

明治期の産業近代化を支える基盤として、はかり器が重視される中、事業家で京都府会議員だった2代目・故石田音吉氏が「衡器製作修覆販売所石田音吉」を開業したのが起源。「石田式不変敏感自動秤」「自動上皿天秤」「自動秤量機」など、その時代を代表する計量機器を展開してきた。

■「イシダ」の名、世界にとどろく

デジタル化の波が押し寄せた1960年代。大手電機メーカーがはかり業界に参入、競争が激化した。イシダはメカ式から電子式へと研究開発をシフト。そして、69年に業界初の電子計算はかりを市場投入。72年開発の計量と計算機能を複合した組み合わせ計量機「コンピュータスケール」で世界に「イシダ」の名前をとどろかせた。

同機を起点に海外へと活躍の場を広げ、包装や値付機な

「コンピュータスケール」の生産現場

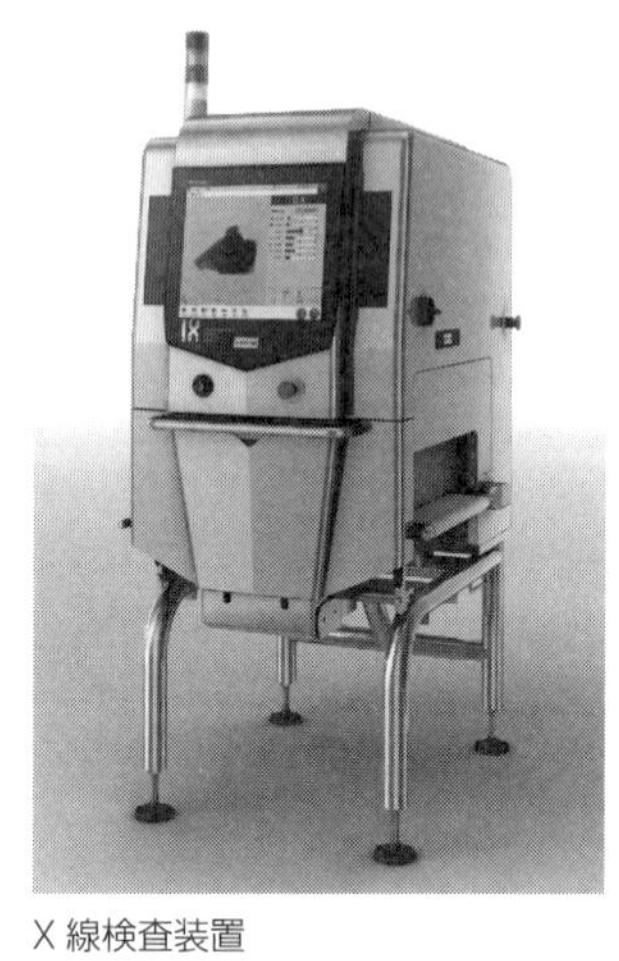
X線検査装置

どの周辺機器へ業容も拡大する。一方で食の安全・安心を求める社会的要請にも対応。2004年には食品業界に特化したX線異物検出装置を投入し、普及させた。

売上高1200億円規模で、世界シェア第2位の計量・包装機器メーカーとなった今もイシダは非上場企業。「当社は直系長男の社長が5代続く珍しい企業。長期視点で戦略を立て、三方良しの理念で経営し、バトンをつないできた。非上場の良さ、ファミリー企業の強みが良い意味で出た結果だ」と石田社長は推し量る。

イシダは22年3月期までの中期6カ年計画で売上高1500億円の目標を掲げる。未来の食品・小売り業界を見据え、人工知能やIoTを用いた次代の技術開発に注力している。

長寿のひけつ

謙虚さと感謝の気持ちの大切さを心に刻む

イシダの経営理念は「三方良し」。売り手、買い手ともに満足し、社会にも貢献するというもの。社内イベントも多く、結束力の高い同社。デジタル化ではかり業界に大企業が参入したピンチもチャンスに変えるなど、一丸となって歴史を築いてきた。石田家には「朝晩読経すべし」という家訓がある。同族経営は問題点も指摘されるが、謙虚さと感謝の気持ちの大切さを読経通じて日々心に刻み、自己研さんにも率先垂範する。

会社概要

所 在 地：京都市左京区聖護院山王町 44
電話番号：075-771-4141
創業年月：1893 年 5 月
事業内容：計量・包装・検査・表示などのシステムの製造・販売

URL：https://www.ishida.co.jp/ww/jp/

素材対応力が成長をけん引

尾池工業㈱

尾池工業はファッションや伝統衣装に使用する金銀糸、化粧品用プラスチック容器などにメタリック意匠を施す転写箔、家電や自動車の加飾に使うメタリック箔粉などの「加飾材料」、食品を湿気や酸化から守るアルミ蒸着フィルムなどの「包装材料」、タッチパネル用透明導電性フィルムやバックライト用反射フィルムなどディスプレイ材料をはじめとする「高機能性フィルム」などを手がける。フィルムに膜を形成して機能性を付与するドライコーティング（スパッタリングや真空蒸着）とウェットコーティングが

社是・理念

“GOOD COMPANY”を目指して、会社の発展のために、そして自分自身の素晴らしい人生のためにも“渦の中心”となって仕事に取り組もう!!

代表取締役社長
尾池　均氏

コア技術だ。

　秩禄処分で収入を断たれた舞鶴藩の藩士が、京都の親戚を頼って1876年に創業。着物の刺しゅうなどに使う金銀糸の製造、販売を手がけてきた。現在も、金銀糸については、海外向けを中心にトップクラスの存在である。

　フィルム加工製品に業容を拡大するきっかけとなったのは1956年。尾池社長の父である先代社長が、京都市内の試験場で見た真空蒸着による金銀糸製造を導入したことが始まり。従来、金銀糸は和紙に金箔をニカワで張り付けていたが、日本で初めてロール・ツー・ロールによる真空蒸着技術を確立させ、製造方法を一変させる。

　その後、ポリエステルなどのプラスチックフィルムを基材としたドライコーティングとウェットコーティングの技術を駆使して、メタリック加飾材料のみならず、機能材料まで手がけるようになった。ガスバリア性を付与する食品

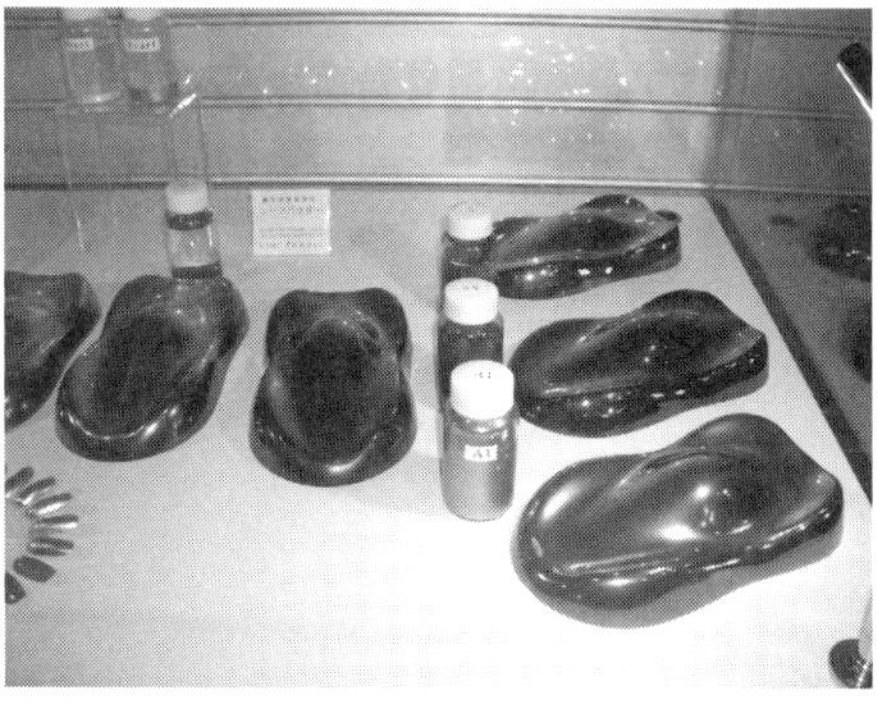

ナノレベルの厚みを有した鱗片状の蒸着微粉「リーフパウダー」

向けの包装材などもその1つである。

さらにドライコーティングとウェットコーティングの技術を高めて、そのポテンシャルを引き出すことで、光学材料、電子材料、環境材料など用途の幅を広めてきた。その中でもディスプレイ分野では、市場の成長に合わせて、タッチパネル用透明導電性フィルムを筆頭にハイガスバリアフィルム、反射防止フィルムなどの製品を次々と生み出して成果につなげた。また、自動車部品向けではメッキ代替となる成型用蒸着フィルム「エコモールド」を中心に攻勢をかけている。環境への関心が高まる中、新規用途の開拓にも余念がない。

■新材料事業の拡大を狙う

高機能フィルム分野は、技術変化が速く、また海外からのキャッチアップも激しくなっている。そのため、従来の事業に加えて、新事業の確立を目指し、例えば、フィルム加工だけでなく、加工度を高めた二次加工製品への展開を目指す。特にパウダー材料は、今後の事業の柱の1つとするべく注力しており、従来からの加飾材料のパウダーに加え、新たな鱗片状のパウダーも新事業として展開。イメージング分野、電子材料分野、化粧品分野などをターゲットとしている。また、「当社の本業である加飾材料においても、社会環境の変化から新たな加飾材料の要求が高まっており、さらに注力していく」と尾池社長は力を込める。

長寿のひけつ

冷静な分析と攻めの姿勢

金銀糸、フィルム加工製品と加工する製品形態は変わっても、ニーズに合った加工製品を生み出してきた。足元の事業を見直し、これからは粉体材料事業も大きく成長させるつもりだ。同社は150年近くの歴史で事業環境が大きく変わる中、用途に沿った加工技術も日々高めてきた。変化に対して冷静な分析と攻めの姿勢を持ち続けることが、事業継続に欠かせない要素なのかもしれない。

会社概要

所　在　地：京都市下京区仏光寺通西洞院西入ル木賊山町 181
電話番号：075-341-2151
設立年月：1947 年 9 月
事業内容：プラスチックフィルムの表面加工製品

URL：http://www.oike-kogyo.co.jp/index.html/

価値ある製品をつくり続け、世界のパワエレ機器メーカーへ

㈱三社電機製作所

高効率な電力変換技術を特長とし、パワー半導体と産業用電源機器を経営の柱とする。パワー半導体は家電や太陽電池、新幹線、ロボットなど、さまざまな電機製品に供給される。太陽光発電用パワー半導体のダイオードでは国内トップシェアを握る。電源機器は溶接機器や映画館の光源用電源機器、最近では再生可能エネルギーにも使用される産業用電源機器などがある。スマートフォンや自動車の金属表面処理用電源でも、国内シェアでトップとなっている。

同社は、1933年に皿方会長の父・皿方幸夫氏が映写

社是・理念

経営理念の1つに「社員に幸福と安定を」をあげる。皿方会長にとって今でも印象に残っているのが、あるパート社員の話をとことん聞き、その人の境遇でどんな考えをしてきたかを「理解し合えた」ときだった。こうした職場のコミュニケーションが、時として工場の不良率に影響することがある。機械や製造手法だけでは測れないモノづくりの奥深さがある。

代表取締役会長
皿方 邦夫 氏

機用整流器の製作で創業した。以来、ゲルマニウム整流器やシリコン整流器などを手がけ、現在の事業の技術的基盤を構築することになる。皿方会長は、最初はアルバイトとして製造現場に入り、実地を通じて技術を身に付けていった。また、1960年代には当時の最大取引先である松下電器産業（現・パナソニック）の溶接機事業で修業を積み、当時の上司からモノづくり企業のあり方を説かれる。「メーカーはメイクし続けなければならない」。この言葉は皿方会長の座右の銘となり、1986年の社長就任以降、パワーモジュールをはじめさまざまな新製品を世に送り出し、パワエレという切り口で日本の産業を下支えすることになる。

■創業家の思いを次代へつなぐ

2018年4月、パナソニックの幹部だった吉村元氏が社長に就任し、皿方氏が会長に就いた。技術畑出身の社長

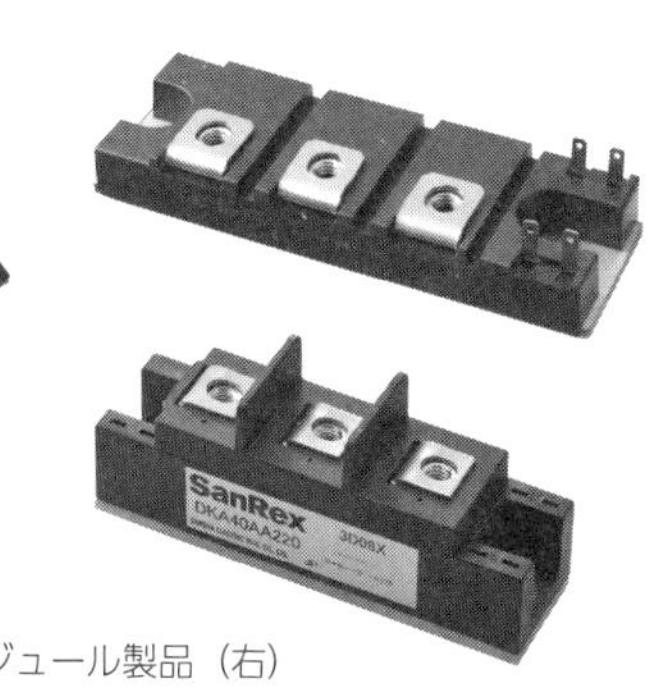

パワー半導体商品群
ディスクリート製品（左）、モジュール製品（右）

電源機器商品群
金属表面処理用電源、小容量電源、大容量電源

の就任は皿方会長のかねてからの願いであり、同社の技術力をより強くすることが期待される。

一方、「創業以来、守り抜いてきた経営理念を大切にしなければならない」と皿方会長は説く。同社は『社会に価値ある製品を』『企業に利益と繁栄を』『社員に幸福と安定を』を経営理念に掲げ、「困難に直面した際の判断の基本であり、何を大切にしなければならないかを感じて経営に当たってきた」と皿方会長は語る。新社長に舵取りを託した今だからこそ、その重要性を説き、100年超の長寿企業になることに思いを込める。現在は、吉村新社長のもと海外売上高比率を現在の4割から5割にすることを目指している。真のグローバル化を達成し、皿方会長が願う〝100年超企業〟を目指している。

長寿のひけつ

経営理念を普遍のものとし、強みを磨く

経営理念を普遍のものとして事業展開しつつ、電源機器とそれに必要なパワー半導体を車の両輪のごとく事業を進めている。双方の力を融合させることで、それぞれの強みをさらに強固なものにしている。また、手がける市場もニッチでかつ多岐にわたり、これにより事業の安定につなげてきた。経営理念を大切にし、この考えに即して強みを磨き上げてきたがゆえ、長く愛される企業になったのであろう。

1955年シカゴで開催の全米映画機械展示会における
三社電機製作所のブース

会社概要

所 在 地：大阪市東淀川区西淡路 3-1-56
電話番号：06-6321-0321
創業年月：1933年3月
事業内容：パワー半導体および各種産業機器用電源の製造、販売

URL：http://www.sansha.co.jp

金属被膜の先進技術で業界をリード、米国でも事業拡大

清水電設工業㈱

清水電設工業は金型や切削工具の硬度・耐熱性などを高める金属表面処理事業を主力とする。金属に被膜を生成するＰＶＤ（物理蒸着法）による表面処理受託加工を中心に手がける。ＰＶＤ装置などを独自開発し、販売もする。金属表面処理の研究開発に長年注力し、技術力は業界トップクラス。国内では兵庫県尼崎市、京都府久御山町、愛知県小牧市、宮城県大衡村、福岡県古賀市に工場を配置。全国の顧客をカバーできる事業拠点も構えている。さらに米国ではインディアナ州フォートウェインにも工場を置き、現

社是・理念

『協働前進』　一．思いやり 人にやさしく、環境にやさしく、文化にやさしい企業となる。二．信頼 私たちを取り巻く人々との間に、信頼関係を築き共に繁栄する。三．力強さ 自主自立の精神で一致団結し、常に可能性にチャレンジする。四．よろこび ユーザーに喜ばれる製品・サービスを提供し、もって我々の喜びとする。五．希望 自分らしく、楽しく、豊かな社会生活を営む。六．誇り 自分自身に自信を持って誇れる仕事をする

代表取締役社長
清水 博之氏

地の顧客を開拓している。

■地域に自慢できる会社目指す

創業者の清水春義氏は、熱処理の多様な工程を連続して行える「メッシュ・ベルト型連続熱処理装置」を国内で初めて開発。当初から技術開発型企業として歩み、1981年以降は先進の金属表面処理による被膜生成に進出。自動車の生産などに欠かせない金型や切削工具の高度な表面処理を担い、技術と信頼で強固な営業基盤を築いてきた。

創業から5代目で、2010年に就任した清水社長は「地域に自慢できる会社でありたい」と意欲を示す。顧客、協力先、社員に喜んでもらえる経営を第一に考えることが、誇りにつながるという。17年4月には米国で人気の自動車レース「NASCAR（ナスカー）」のドライバーである尾形氏とスポンサー契約を結び、米国での知名度向上に協力してもらい、

高硬度・高耐熱・高密着性の独自被膜技術「ZERO-I」（ゼロワン）

自社 PVD 物理蒸着表面処理装置

社員の士気向上も図っている。同社の果敢なチャレンジ精神を表すのが米国事業。04年にフォートウェインに現地法人「SEAVAC USA LLC」を設立し、05年に工場を建設した。日系自動車メーカーなどが米国生産を増やしたことを背景に事業成長を図るために進出を決断。知名度のなかった初期には異国の地で飛び込み営業をする苦労が続いた。特にリーマン・ショック後は経営環境の厳しさが増したが開業から10年経ったころには経営を軌道に乗せた。17年にはPVD装置を1基導入し、金属表面処理装置を3台に増やした。19年には日本から新たな人材を最高執行責任者として送り込んだ。清水社長は「PVD装置を生かし、米国での金型の表面処理事業を伸ばす」と意気込みを語る。

長寿のひけつ

受け継がれる技術と顧客開拓のDNA

創業以来、最先端の金属表面処理技術や顧客開拓に挑み続けるDNAが受け継がれてきた。2代目社長の清水政義取締役技術顧問は研究開発や拠点整備を進め、経営基盤を拡大した。清水社長もかつてSEAVACに3年間赴任し、自ら顧客を開拓するなど、力強く経営を引っ張ってきた。こうしてオイルショックやリーマン・ショックなどの厳しい時代も独力で乗り越え、長い歴史を築いている。

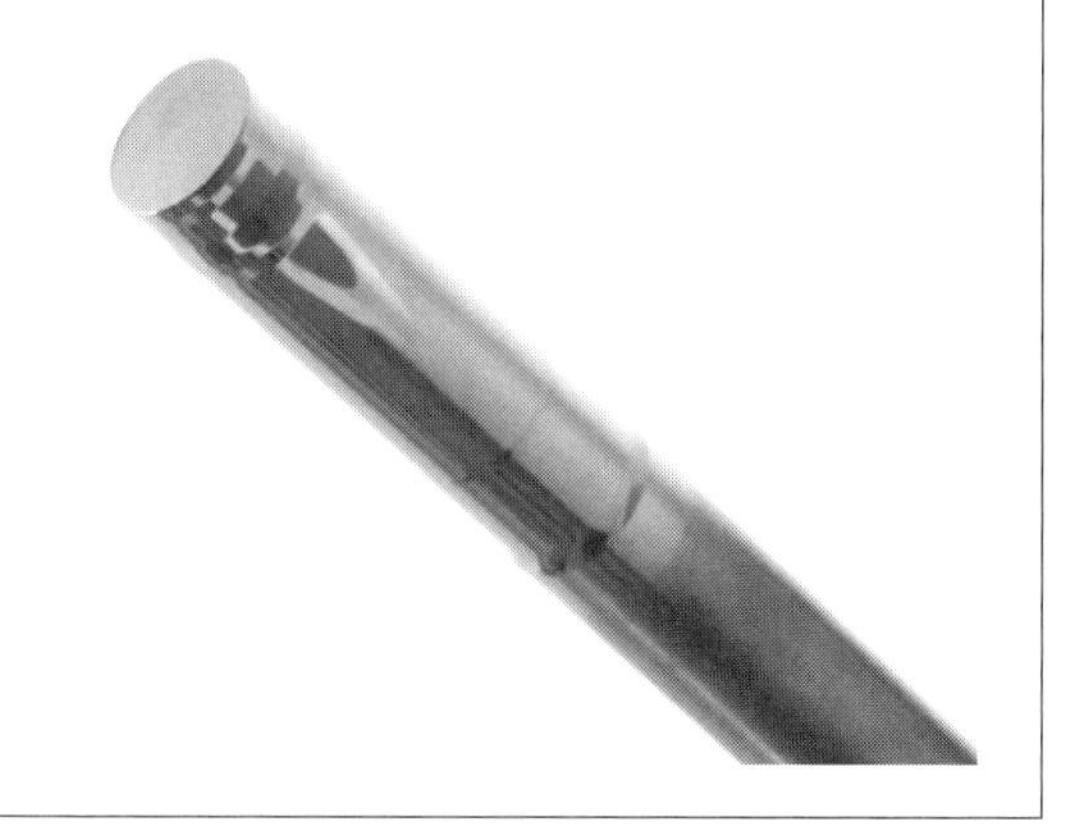

会社概要

所在地：兵庫県尼崎市杭瀬南新町1-12-6
電話番号：06-6488-1501
創業年月：1949年2月
事業内容：真空熱処理、PVD物理蒸着処理の受託加工、PVD物理蒸着処理装置および窒化処理装置の製造・販売

URL：http://www.seavac.co.jp/

クリーンな熱エネルギーを探求

進興電気工業㈱

1948年の創業から工業用ヒータを一貫して手がけてきた。発熱線を金属パイプ内に挿入した上で特殊絶縁材料を充てんしたシーズヒータをメインに、放熱フィンを巻いたヒータや高気密で取り付けできるブッシング付ヒータ、冷凍機の冷却コイルに付着した霜を取り去るデフロストヒータ、取り付けがねじ込み式で簡単なプラグヒータやフランジヒータ、パッケージエアコンに内蔵できるユニットヒータなど幅広い商品群を有する。さらには、制御・計器を含んだ各種システム機器も展開している。同社の強みは

社是・理念

【社是】

「電熱技術は未来を創造する」ことを使命に掲げる。「お客様が求めるものは何にでもチャレンジし、国内で何とか仕事を探し出してきた。ヒータの総合力やモノづくりの知識ならいろいろある」（小泉社長）ことが経営の源泉にある。この考えの下、防爆システム、圧力容器、エコ関連商品、液晶パネル関連の生産ラインや医療関係の取引を増やしてきた。

代表取締役

小泉 二朗 氏

ヒータに関して顧客のあらゆる要求に応えられる総合力。シーズヒータは耐熱耐食性の金属パイプを利用し長期間安定して使用できるのが特徴。シビアな温度管理が必要な用途にも対応可能。またあらゆる用途にマッチする熱風発生器を自社商品「ヒーターパン」として販売。

■総合力生かし、あらゆるニーズに対応

工場の乾燥炉や局所加熱暖房など幅広い分野で使用できる電気式急速熱風発生機で、各種機械やコンベヤーなど自動機械への組み込みやすい設計が特徴。そのほかにも純水専用温水器やサーキュレーションヒータ、エアブリーザ付き温風ファンヒータなど様々な応用システムも製品化。小泉社長は「お客様はどこも技術者が不足している。ヒータだけではなく周辺部まで含めて任せてもらえれば、お客様のニーズに応えることができる」と積極的な提案営業を打

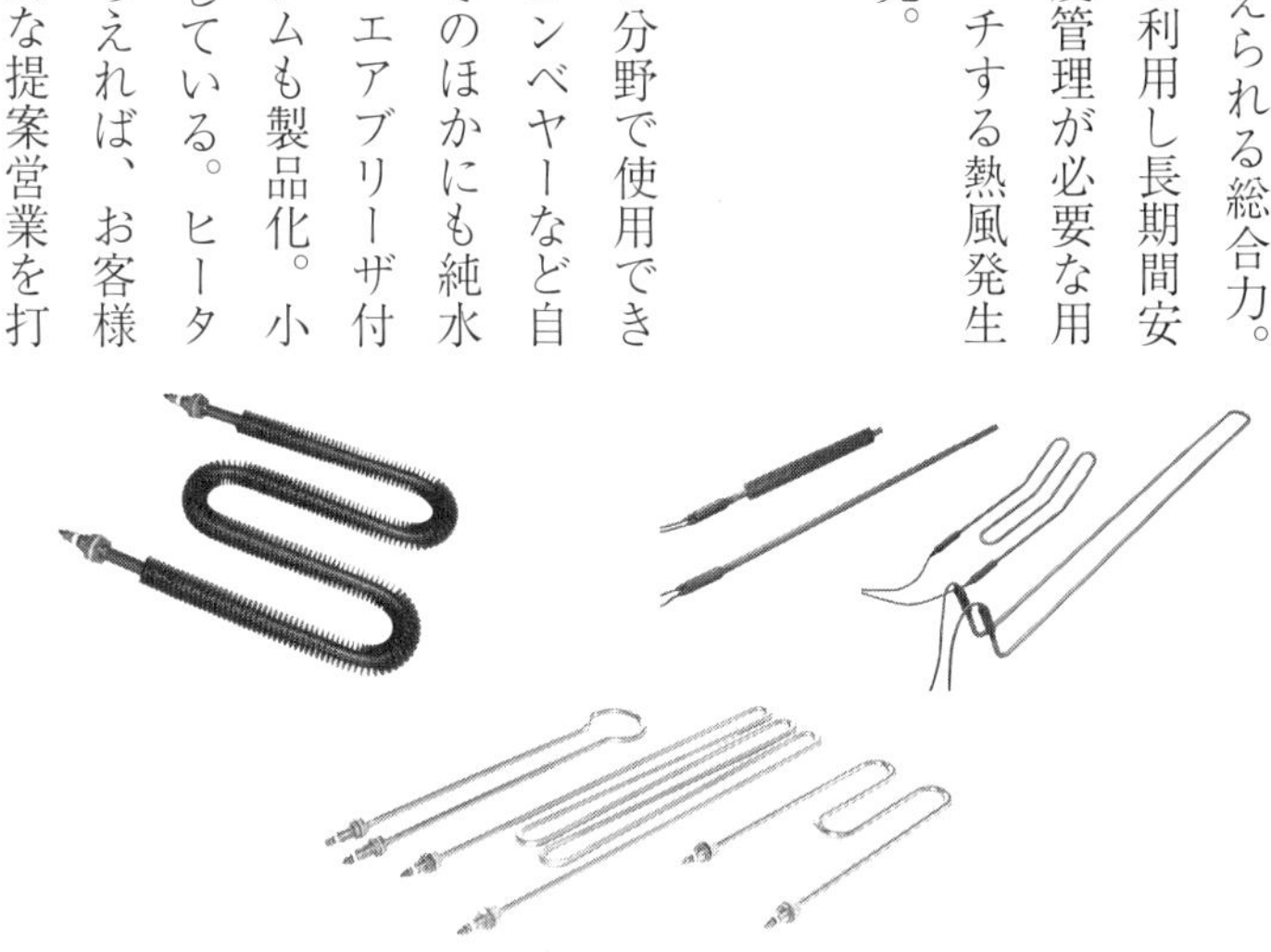

放熱フィンヒータ（左上）、デフロストヒータ（右上）、ブッシング付ヒータ（下）などさまざまなシーズヒータを手がけている

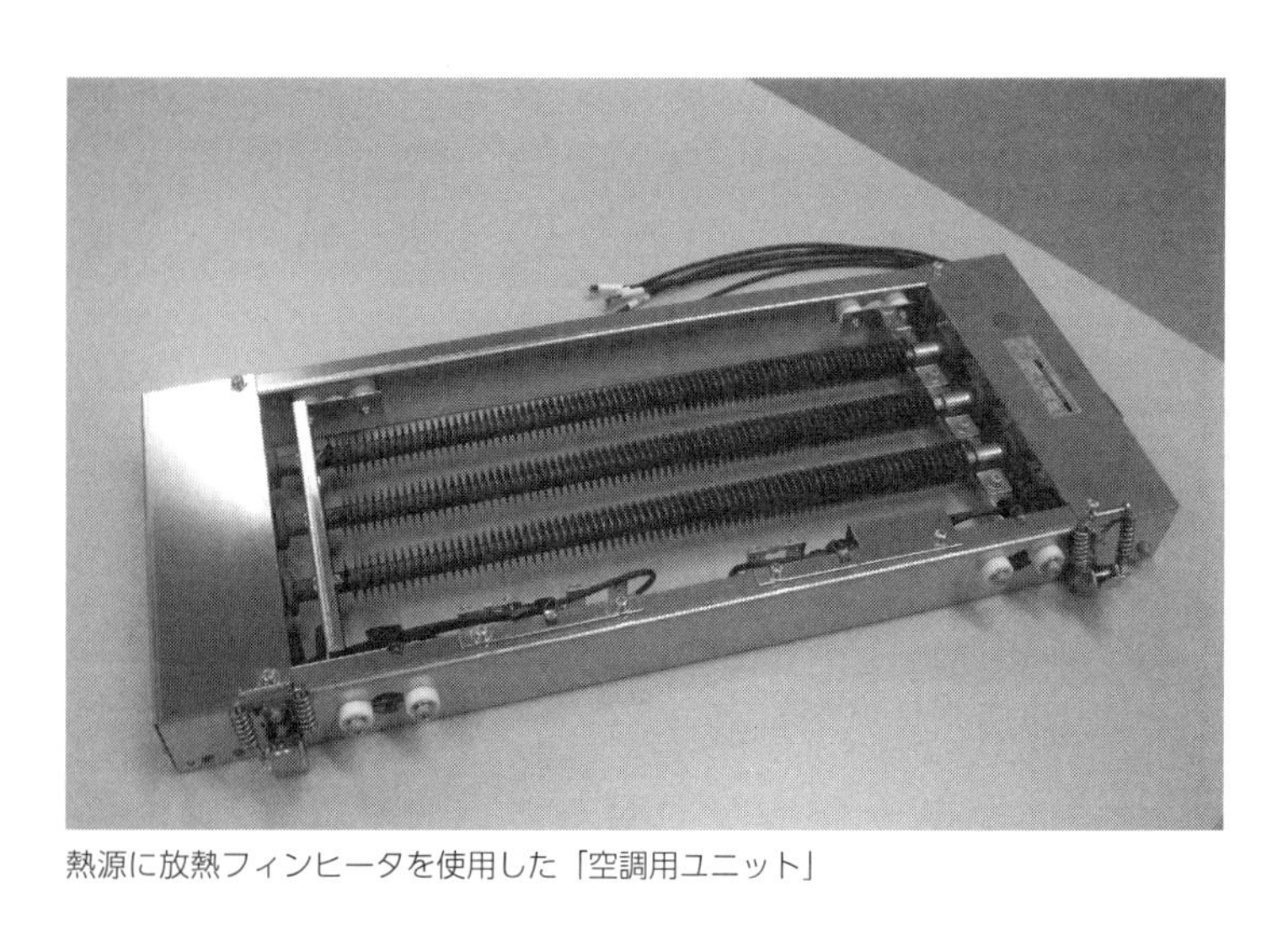

熱源に放熱フィンヒータを使用した「空調用ユニット」

ち出しており、ヒータ技術に関わる総合力に自信をみせる。「中国などの安い海外製品に対抗するには高い品質、短納期、複雑なニーズ、多品種少量生産などに対応し、きめ細かいサービスを提供しなければならない。最終的にはオーダーメイドしか残らない」と小泉社長は強調する。

当初は家電向けヒータを手がけていた。その大半がすでに海外へ移管し、現在は産業向けを中心に展開している。業務用空調機や生産プロセスなどのヒータで、多品種少量生産に特化している。生産拠点は大阪工場（大阪府寝屋川市）、岡山第1工場（岡山県美咲町）、同第2工場（同）の3カ所で、営業所は東京、名古屋、大阪に加えて静岡県や広島県にも配置。取引先となる大手メーカーの生産拠点をカバーしている。

長寿のひけつ

国内生産にこだわり雇用を維持

製造業なら必ず直面する、製造の海外移管への対応。同社も取引先から海外工場の設立を持ちかけられたことがあった。それでも2000年以降、岡山県の2工場などに投資を続けた。「海外展開で国内の技術者が減っては困る。国内にこだわって雇用を維持する。良いものは海外でも売れる」と小泉社長。実際、この5年間で社員数は30人増の200人、年商も10億円増の55億円に伸びた。

会社概要

所在地：大阪市旭区高殿2-5-5
電話番号：06-6922-3881
創業年月：1948年5月
事業内容：液体加熱用など工業ヒータとヒータ応用機器の製造・販売

URL：http://www.shinko-heater.co.jp/

電源トランス、各種電源機器、医療機器の3本柱で成長

スワロー電機㈱

前職で電源トランス（変圧器）のトップセールスマンだった河原会長は24歳で同僚と一緒にスワロー電機社を創業した。社名は当時、国鉄（現・JR）で一番速かった電車名が由来という。社名を実践し、迅速対応で自動車メーカーが依頼した生産設備用のトランスを数日間で納品し、品質とともに評価を高めた。

生産拠点の堺事業所（堺市美原区）では大小のトランスなどを一貫生産し、業界でいち早く自動化設備を導入した。従来は手作業だった巻き線などの工程を自動化しコスト削

社是・理念

【お客様へ】「これはおもしろい！すごい！」と言っていただける製品を創るため常に発想力、技術力を研ぎ澄まし、また誠意ある対応を心がけます。

【社員とともに】 個々のもつ能力が最大限に発揮される職場環境を作り、皆が夢と誇りを持てる会社を目指します。

【社会へ】 高機能、高品質な製品を提供することにより社会から信頼され必要とされる会社を目指します。

代表取締役会長
河原　実 氏

減や短納期したことが受注や収益改善の成果になった。

■他社がマネのできない製品を追求

同社はトランスと各種電源装置、医療機器の3本柱で事業拡大を続け、2016年に創業50周年を迎えた。河原会長は「顧客や周りの環境に恵まれ、これまで順調に成長することができた」と感謝を語る。主力のトランスの国内市場は数百億円規模の中で数百社の同業他社が競合する。その中で同社が成長した原動力は他社がマネのできない自社製品の追求である。1985年の各相の端子台を色分けたトランスをはじめ相次ぎ自社製品を発売した。ねじアップ式は作業効率を向上させ、多くのリピート顧客を獲得。AC100VとLED照明、プロテクターを一体化したサービスコンセント付きや、棒端子や単線を差し込むだけのプッシュイン式など業界初のトランスで他社と差別化した。

堺事業所

小型から大型まで一貫生産できる最新設備を導入し、堺市美原区に2010年に開設した「新堺工場」

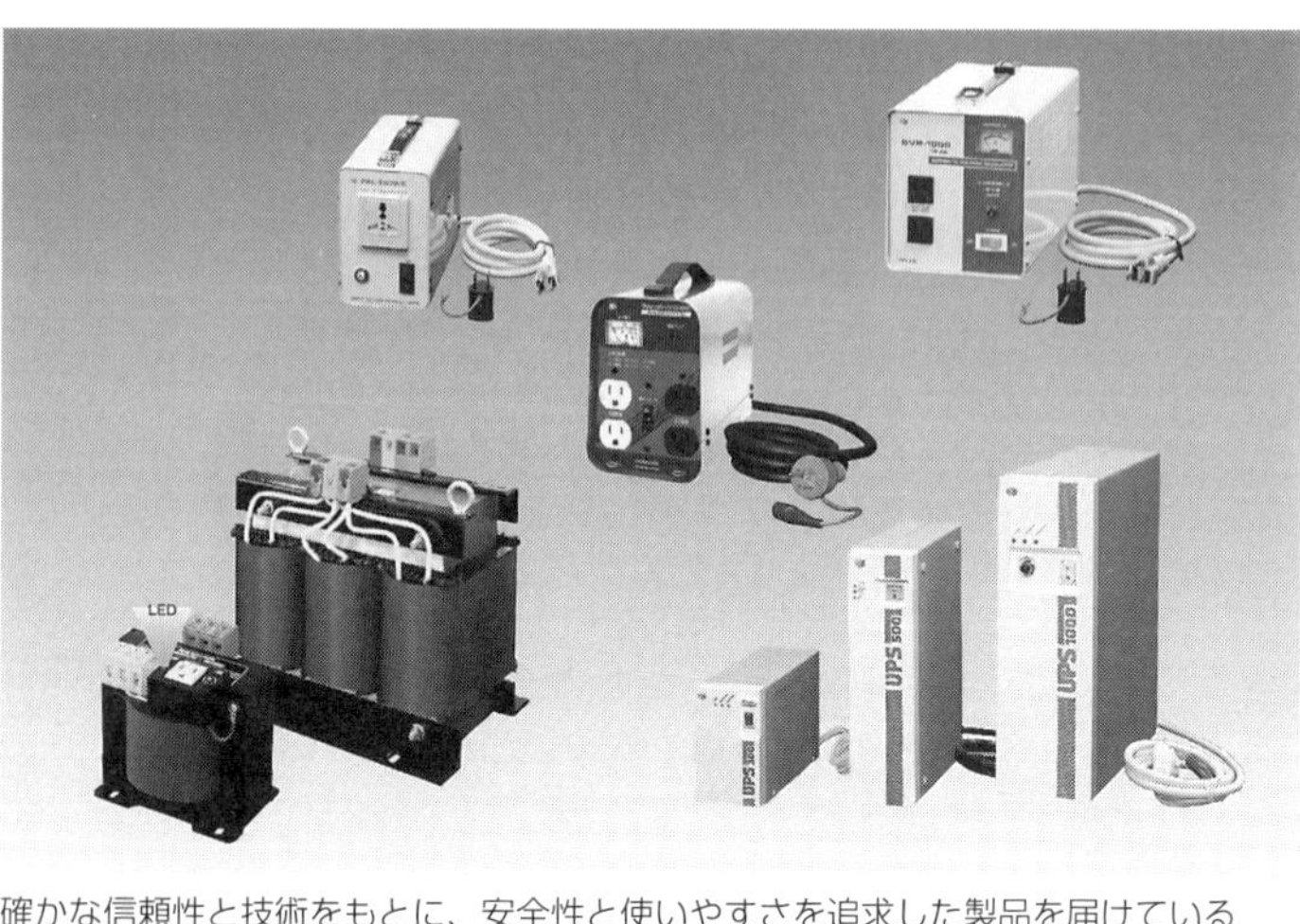

確かな信頼性と技術をもとに、安全性と使いやすさを追求した製品を届けている

今後はトランスを核にトランス搭載の各種電源装置、医療機器を成長の柱として期待する。各種電源装置を手がけることで搭載するトランスの不便な点に気づき、利便性を高めたトランスの開発に生かした。また同装置は官公庁などの受注が好調だ。他にも世界各国対応型トランスは幅広い国の入出力電圧変換をカバーする。トランスや電源装置などの技術を応用し医療分野にも参入。２００６年に医療機器製造認可を取得。接骨院向けの治療用医療機器の販売を伸ばし、現在は第2弾の医療機器の開発に意欲的だ。17年には前年に創業50年を迎えたことを機に河原会長の長男・河原道彦社長に世代交代した。河原社長は自身の思いを込め企業理念を新たに策定し、次の１００年に向け始動している。

長寿のひけつ

細かなニーズに応え、積み重ねた総合力

業界初のねじアップ端子台を備えたトランスなど技術力で存在感を高めてきた。河原会長は前向きな性格で「これまで苦労を苦労と感じなかった」という。トランス製造で手作業が業界で一般的な工程をいち早く自動化し前向きに設備投資も行っている。一方、営業スタッフが代理店と同行し、現場の細かなニーズを聞き取り製品開発に生かしている。こうして積み重ねた総合力が長寿のひけつである。

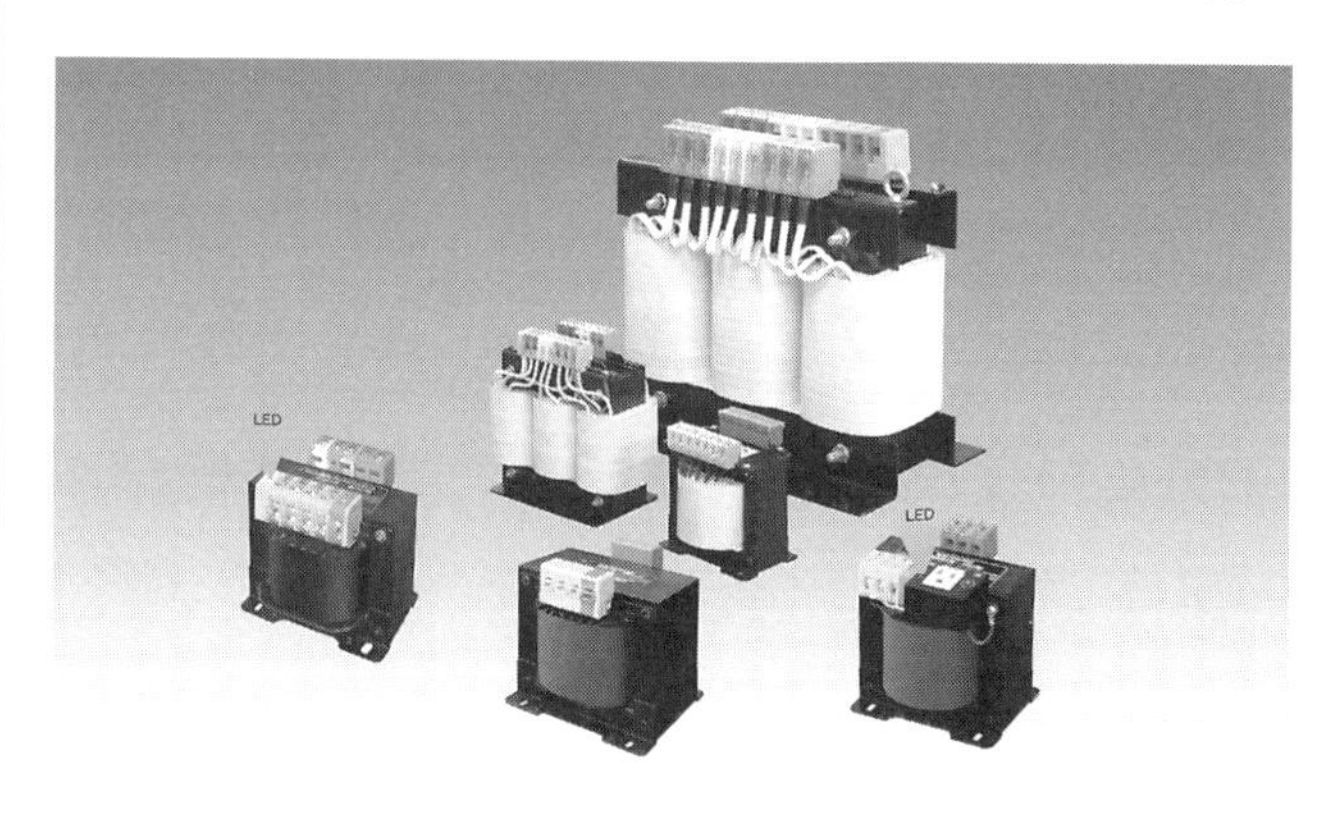

会社概要

所 在 地：大阪市東住吉区桑津 2-6-32
電話番号：06-6714-0431
創業年月：1966 年 4 月
事業内容：各種電源トランス、各種電源機器、医療機器などの製造販売

URL：https://www.swallow.co.jp/

調理家電や魔法瓶で「暮らし」を創る

象印マホービン㈱

ガラス魔法瓶の中瓶製造から始まり、2018年で創業100年。今や調理家電が全体の事業をけん引し、炊飯ジャーでは国内トップクラスのシェアを誇る。常に生活者のニーズに応えることで、独自の発展を遂げてきた。

愛知県出身の市川銀三郎・金三郎兄弟が、市川兄弟商会を1918年に大阪市内で創業。弟の金三郎が手がけていた電球製造の技術を生かし、真空構造で熱伝導を遮断する魔法瓶の業界に参入。ただ当時の主要販売先は日本国内ではなく東南アジアが中心。そこで東南アジア人に親しみや

社是・理念

●企業理念

「暮らしを創る」

●経営方針

「BRAND　INNOVATION」（ブランド革新）

～家庭用品ブランドの深化と､「食」と「暮らし」のソリューションブランドへの進化～

代表取締役社長

市川 典男 氏

すい「象」を商標に定めた。創業当初から世界を意識した戦略だった。戦後は事業を拡大。積極的なテレビコマーシャルなどで知名度が高まり、61年に現在の象印マホービンに社名変更した。

最大の転機は70年。一家揃って食事する家庭のあり方が、高度経済成長で大きく変化し、炊いたご飯を長時間保温するニーズが高まった。そこで国内初となる電子ジャーを発売し、畑違いの電機業界に参入したのだ。その後も電気ポットや電磁誘導加熱（ＩＨ）調理器など調理家電分野を拡大。90年代には空気清浄機や食器洗い乾燥機といった生活家電にも参入し、製品展開を多様化する。

■世界に『象印ブランド』を展開

魔法瓶の断熱技術を生かし、意外な領域にも事業を広げている。それが寒冷地でも凍らない水道管や、国際宇宙ス

炎のゆらぎを再現してふっくら炊きあげる炊飯ジャーの新製品「炎舞炊き」

タイ工場で、ステンレス魔法瓶製品の生産拡大を図っている

テーションでの実験に用いる断熱容器などだ。また2001年には通信機能を備えた電気ポットで高齢者見守りを実現するサービスも開始。現在のIoT家電の考えを随分前に先取りした。

4代目となる市川社長が就任した01年以降は、海外戦略の強化を鮮明にする。既に米国市場には進出していたが、台湾と中国にも販売会社を設立。今や海外売上比率は3割を超え、特に中国向けの成長がめざましい。今後は、タイ工場でのステンレスボトルの生産拡大も注目だ。

18年には常設の象印食堂を大阪市内にオープンし、炊飯ジャーのプロモーション強化を進めている。東証1部への昇格を果たした今、高品質の象印ブランドでさらに世界に売り込んでいく。

長寿のひけつ

「生活者のニーズに対応」を行動指針に

成長の根幹にあるのは、生活者のニーズに応えるという考え方。これがあるからこそ、魔法瓶にこだわることなく、調理家電や生活家電の業界にも進出できた。「象」のトレードマークを探ると、当初から世界市場を狙ってきた歴史が見えるのも興味深い。中国やタイに生産拠点を拡大した現在でも、中高級品の炊飯ジャー生産は大阪工場が担う。高品質なモノづくりで、家庭の「当たり前」を支えている。

会社概要

所在地：大阪市北区天満 1-20-5
電話番号：06-6356-2311
創業年月：1918 年 5 月
事業内容：調理家電製品、生活家電製品、リビング製品などの製造・販売

URL：http://www.zojirushi.co.jp/

半導体業界を支える感光性材料を中心に顧客と寄り添い開発

ダイトーケミックス㈱

ファインケミカルメーカーとして電子材料やイメージング材料、医薬中間体などを開発・生産する。主力は電子材料で、半導体・液晶業界向けの感光性材料が中心だ。感光性材料は、回路基板へ微細なパターンを形成するために使われる「フォトレジスト」の主要原料。ダイトーケミックスは、日本国内のみならず海外のフォトレジストメーカーに感光性材料を納入する。韓国、中国、台湾、北米などで半導体・液晶市場が成長を続ける中、高品質なモノづくりで業界を支える。

社是・理念

【企業理念】
わたしたちは、
「快適でより豊かな社会づくり」を合い言葉に
「一歩先をゆく、スペシャリティ・ファイン
ケミカルメーカー」をめざします。
そのために、
「グッドマインド、グッドパートナー、グッド
テクノ」を大切にしてゆきます。

代表取締役
永松 真一 氏

1938年に化学品メーカーとして創立。戦後は学生服や礼服向けの「黒色」に特化した染料メーカーとして同業他社との差別化を図り、成長基盤を構築。60年代以降に写真向けのイメージング材料、その後、半導体向けの電子材料にも進出。事業規模を静岡県と福井県に拡大し、培った技術を武器に競合他社へ対抗していく。

祖業である染料事業は2003年に撤退。その一方で中国に関連会社（浙江省）を設立し、同社の原料調達先としての能力を確保。また、韓国にも関連会社（仁川広域市）を設立し、現地顧客向け感光性材料の供給体制を確立した。その後、写真業界のデジタル化、中国における生産コスト上昇などを受け、13年に中国子会社を清算。現在は国内拠点への投資を中心に、韓国関連会社への増資も行う。

■中国・台湾の半導体需要に対応へ

電子材料や医薬中間体を製造する福井工場（福井市）の生産設備

さまざまな色を再現するイメージング材料

現在、業績をけん引する半導体用の感光性材料は、国内向けが中心で静岡工場（静岡県掛川市）と福井工場（福井市）が支えている。今後、中国や台湾向け感光性材料の需要拡大が予想され、同社は国内拠点のみならず、韓国関連会社に新工場を建設し、その需要に対応する計画。

同社の製品は9割以上が受託生産品。顧客と密接に連携しながら、研究開発から製品化まで一貫して手がける。永松社長は、「1人の技術者が、最終的なイメージを持ちつつモノづくりができる」と自社の強みを語る。

今後は、自社ブランドとなり得るオリジナル製品の開発を強化し、事業の安定性を高める方針。その売上高比率を、21年度に1割以上に高め、次のステップに踏み出す考えだ。

長寿のひけつ

技術力と誠実さで信頼を獲得

社員全体の約4割が研究開発の人員。だがそれ以外の部署でも、何らかの研究開発キャリアを持つ社員が多い。正に研究開発型の企業だ。本社に隣接する技術開発センターでは、顧客と一体となり研究開発へ取り組む。永松社長は、どんな社風かという問いに、「誠実さ」と即答する。電子材料、イメージング材料、医薬中間体の各業界の顧客とも付き合いは長い。高い信頼こそが、何より大事な戦略だ。

会社概要

所 在 地：大阪市鶴見区茨田大宮3-1-7
電話番号：06-6911-9310
設立年月：1949年12月
事業内容：電子材料、イメージング材料、医薬中間体、その他化成品などの製造・販売

URL：https://www.daitochemix.co.jp/

光学技術と超微細加工技術を極め高品位レンズを世界へ

ナルックス㈱

レーザープリンタ用自由曲面レンズや、CD・DVDのデータを読み取る光ピックアップ部品など、高精度のプラスチックレンズや光学デバイスを製造する。設計から試作、量産までを一貫して行い、生産設備や測定機器も自社開発している。特に、光学特性を生かしたレンズ設計技術とナノレベルの超微細加工技術は高い評価を得ている。

ナルックスは、1948年に包装資材販売会社として設立。その後、射出成形事業を開始。62年に射出成形プラスチックレンズの生産にわが国で初めて成功し、光学分野へ

社是・理念

経営理念は「三百年企業で三つの感動～お客様・従業員・社会～」。北川社長は「持続的な成長を続ける企業を目指している。新規性、進歩性、信頼性を同時に追求し、お客様、従業員、社会に感動を提供して一緒に繁栄していきたい」としている。

代表取締役社長
北川 清一郎 氏

進出を果たす。88年には当時、最先端の10㎚の高精度加工を実現し、業界を常にリードしてきた。

一方で、自由曲面レンズを設計するための数式の確立や波長分離機能を持つプラスチック光学素子なども開発。基礎研究の分野で世界的にも注目を集める成果を相次いで発表し、現在の主力製品を支えるコア技術となっている。北川社長は「光の本質の追求と微細加工技術を極めることに努めてきた。そして、これらを両輪に大黒柱となる事業を育ててきた」とこれまでの成長の理由を明かす。

■組織改革でマーケット志向が強まる

2000年代後半、国内企業の生産工場の海外移転や世界的な景気低迷への対応が求められていた。「黒字だったものの苦しい時代だった」と北川社長は当時を振り返る。この局面を打開するため打ち出したのが大胆な組織改革

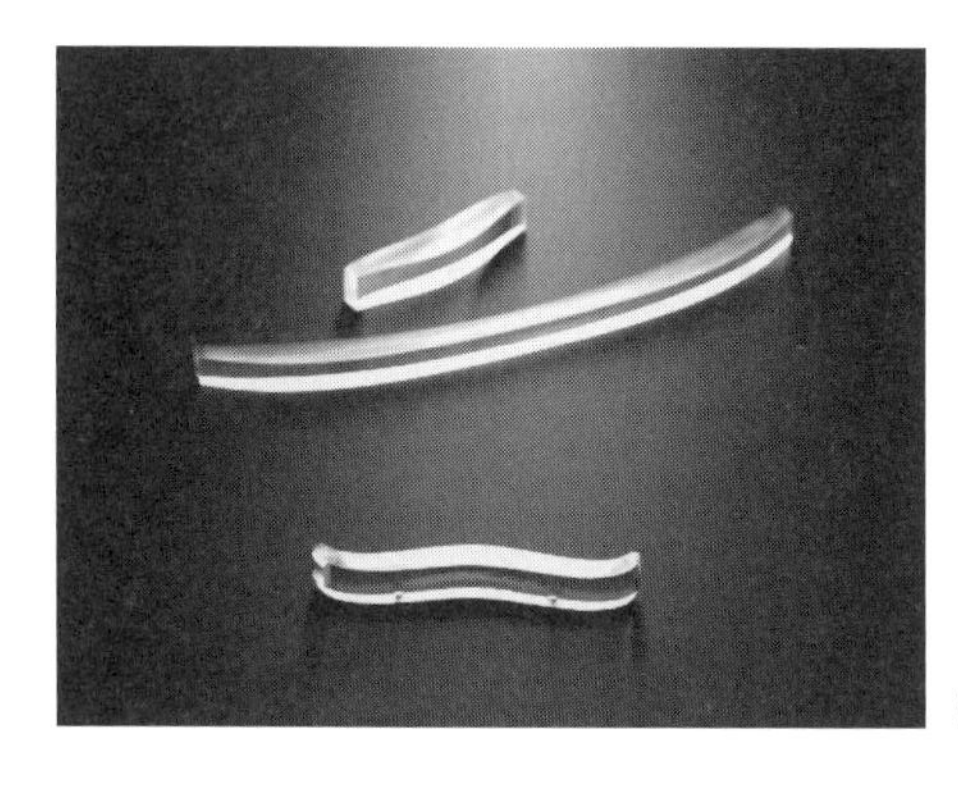

自由曲面fθレンズ

φ 1mm の結像光学系

だった。従来の縦割り型の職能別組織に、市場や用途別に新たな組織を組み合わせたマトリクス型組織を採用する。この組織改革の成果を「技術者がマーケット志向となり、顧客思考を強めることになったことで会社も180度変わった」と北川社長は分析する。その後、高機能LED照明やヘッドアップディスプレイなど自動車関連分野の製品を大きく伸ばすことになる。また、13年には医療分野に強いスイスのフィスバ社と業務提携したほか、社内でも5～10年先の社会変化を見据えてエネルギー、農業、医療分野でも新たな技術開発を進めている。

「技術へのこだわりが勝利の源泉」。こう力説する北川社長は、経営ビジョンとして掲げる「光と極限の夢」を社員とともに追い続けている。

長寿のひけつ

徹底した品質精度へのこだわり

プラスチックレンズ製造工場は品質安定化のため自動化やクリーンルーム化を推進している。金型製造のエリアは± 0.1度に温度が保たれ、外部振動も極限まで抑えた躯体構造物になっている。このように、研究開発やレンズ設計、製造現場に至るまで徹底したこだわりが優位性を生み出し、長く事業を続けられる源となっていると感じた。

会社概要

所　在　地：大阪府三島郡島本町山崎 2-1-7
電話番号：075-963-3456
設立年月：1948 年 7 月
事業内容：光学素子、光学部品、光モジュールの開発・製造・販売

URL：http://www.nalux.co.jp/

新しい風土を築き上げ続ける

ニチコン(株)

ニチコンは世界トップクラスシェアを誇るアルミ電解コンデンサメーカー。近年は家庭用蓄電システムなどのエネルギー関連市場に参入し、新たな収益の柱に育てている。産学連携にも力を入れ新製品の開発スピードを加速。大学と次代の経営者育成を目的とした連携プログラムも展開中。先進的な取り組みを進める同社。ビジネスの成功には「新しい風土を作ることが不可欠だ」と武田会長は断言する。

同社は1950年の設立以来、電気製品の普及とともに業容を拡大した。早くから海外展開にも乗り出し、70年に

社是・理念

価値ある製品を創造し、
明るい未来社会づくりに貢献します。
より良い地球環境の実現に努め、
倫理的・社会的責任を果たすとともに、
顧客・株主・従業員をはじめ
全ての人々を大切に、
企業価値の最大化を目指して、
誠心誠意をもって「考働」します。

「考働」は、考えて働くという造語

代表取締役会長
武田 一平 氏

は米国に現地法人を設立。当時「ビッグ3」と言われた有力自動車メーカーを新規開拓した。車向けの厳しい品質基準に応え続け、91年には品質管理の国際基準「ISO9000シリーズ」の認証を業界で初めて取得した。

車の電装化が進み、車関連市場はさらなる成長が見込まれる。電気自動車（EV）の駆動用モーター向けコンデンサの引き合いも高まっている。他社に先駆けて車載製品を手がけてきたことが今、大きな武器となっている。

■環境対応型の新規事業を創出

コンデンサは中国メーカーなどの参入も相次ぎ、価格競争が激化している。そこで差別化戦略の一環として2013年、環境対応型の新規事業創出を目的に「※NECST事業本部」を設置した。エネルギーや環境関連分野に対応できる技術的蓄積を生かす。

ニチコンアルミ電解コンデンサなどの主力製品群

※ Nichicon Energy Control System Technology

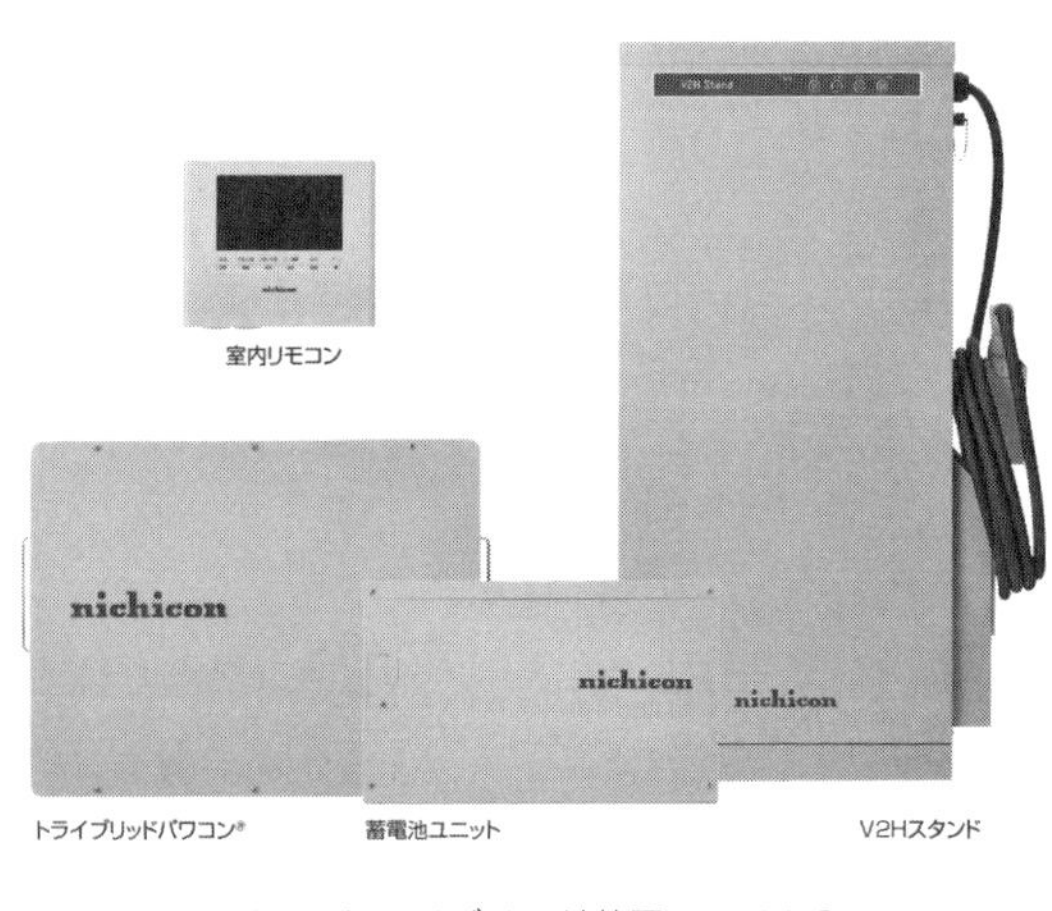

ニチコントライブリッド蓄電システム®

同事業本部では太陽電池とEVの電池と蓄電池の3つの電池を効率よくつなぐ「トライブリッド蓄電システム®」や「V2H（ビークル・ツー・ホーム）システム」などをそろえる。さらに、粒子線がん治療用加速器電源も手がけており、「事業活動を通して環境問題の解決や人の生命に貢献できる」と武田会長は力を込める。

産学連携も推進している。立命館大学とは10年以上「経営が分かる技術者」養成のMOT教育を継続中。東京大学生産技術研究所とも16年、スマート社会創造などを目的に連携協定を締結。

武田会長は「企業経営で大事な視点は〝永続性〟」と強調する。知恵を結集して「考働」し、常に新しい競争軸を作り出して、グルーバル競争の荒波を乗り越える決意だ。

機械
金属・鉄鋼・非鉄金属
化学・繊維・素材・医薬
電機・電子・精密機器
金融・商業
運輸・建設・輸送機器
ガス・その他製造

長寿のひけつ

未来の市場を迎え撃つ

今ある市場を追い求めるのではなく、これから必要となる製品を作り出してきた。今まで培ったコンデンサの技術を応用し、省エネルギー社会を実現する新たな蓄電システムを展開したのはその好例だ。既存市場だけに注力してしまうと圧倒的優位なポジションを築くことは難しい。むしろ未来を見通し、これから形成される市場を迎え撃つ姿勢が企業の持続的成長につながる。

ニチコン系統連系型 V2H システム

会社概要

所　在　地：京都市中京区烏丸通御池上る
電 話 番 号：075-231-8461
設 立 年 月：1950 年 8 月
事 業 内 容：各種コンデンサや家庭用蓄電システム、V2H システム、EV・PHV 用急速充電器、公共・産学用蓄電システム、各種電源などの開発、製造、販売

URL：http://www.nichicon.co.jp/

システム構築や制御盤設計で工場の自動化を推進

㈱日本電機研究所

生産工程の自動化を図るファクトリーオートメーション（ＦＡ）のシステム構築や制御盤の設計・製作を手がける。食品工場の粉粒体搬送システムや自動車工場の搬送設備、生産ライン監視システム、空調・熱源監視システムなど、幅広い業界への納入実績を持つ。近年は、あらゆるものがインターネットにつながるＩｏＴや画像処理、ＡＩ技術などをＦＡ分野に取り込み、次世代のモノづくり現場のあり方も積極的に提案する。

１９３２年、大阪市大正区で設立。モーターの起動や停

社是・理念

我々は誠実協和の精神を旨とし、技術革新に努め、たゆまざる前進を期す。
技術の研鑽はもとより、近年では、館内セキュリティシステムの導入、展示会出展、TV 出演、本社が所在する大阪市大正区の PR 事業への参画といった、安全対策や PR 活動、地域貢献活動も積極的に行っている。

代表取締役会長兼社長
福地 裕文 氏

止を制御する電磁開閉器がヒットし、スイッチメーカーとして順調に業容を拡大するが、45年3月の大阪大空襲により本社工場が焼失する。戦後、すぐに事業を再開し、60年代以降は各産業分野で生産工程の機械化や連続化が進むのに合わせ、制御用部品製造から制御盤の設計・製作へと軸足を移す。さらにプログラマブルコントローラー（ＰＬＣ）などの制御技術やデジタル通信技術を活用して高度なシステムを構築し、日本の製造業の発展を支え続けている。

顧客の中には50年以上の付き合いがある企業も少なくない。福地社長は「高い品質や付加価値を顧客に提案し続けてきたからこそ今がある」と強調する。

■高付加価値のＦＡシステムを提案

顧客へ、より高い付加価値を提案するＦＡシステムを「Nikken Smart Factory」と名付け、ＩｏＴや画像処理、

すべての工程を自社内で完結する「ワンストップ化」を実現し、月当たりの生産能力150面を誇る

「これまでになかったものを作る」精神をもって、これからの時代にふさわしいモノづくり現場のあり方を提案しつづける

AI技術などの活用に積極的に取り組んでいる。今後ますます期待される省力化提案では、人の視覚に代わってネットワークカメラ画像によりアナログ数値をデジタル化するシルテムを産学共同にて開発。また、ドイツで開かれるFA分野の世界最大の展示会に毎年社員を派遣するなど、情報収集にも余念がない。

福地社長の祖父で創業者の福地武史氏は、創業前に在籍していた会社で電気バリカンを開発し、商品化した。当時、ハサミを使う理容師には腱鞘炎に悩む人が多かったのが開発のきっかけという。「顧客の悩みや要望に気づき、そこから研究を重ねて磨き上げたものを世に送り出したい」と福地社長。創業者精神を受け継ぎ、100周年の節目に向け前進を続ける。

長寿のひけつ

成長と技術革新を基盤に発展

福地社長は「継続と発展」を経営の基本方針に掲げる。幼少期は、祖父で創業者の福地武史氏と一緒に過ごす機会が多かったため影響も受けたという。その分、5代目の経営トップとして事業や経営資源を引き継いでいく思いは強い。一方で「成長や技術革新がないと継続はできない。発展するという気持ちも必要」と考えている。まさに、継続と発展をうまく調和させた経営こそが企業を長寿へと導くのではないだろうか。

会社概要

所　在　地：大阪市大正区泉尾7-1-1
電話番号：06-6552-1471
設立年月：1932年5月
事業内容：FA制御システムの構築、各種自動制御盤の設計・製作

URL：http://nikken-fa.co.jp/

拡声器の専業メーカー、高品質・プロ仕様の伝統守る

㈱ノボル電機

ノボル電機は拡声音響装置の専業メーカー。中でも消防や警備用のメガホン、建設機械や船舶・プラント用のアンプ・スピーカーに高いシェアを持つ。高い耐久性・耐水性など個別のニーズに応える細やかな開発力が強みだ。

終戦後、ラジオの修理会社から出発。ノウハウを生かし、電子機器の組立技術や、金属加工技術・巻線技術を高めて、スピーカーの設計・製造を始めた。顧客からアンプ（増幅器）やマイクの製造も依頼され、拡声音響装置のメーカーとして発展してきた。

社是・理念

【経営理念】
安心される専門メーカー
【信条】
1. 音による伝達
2. 企業市民
3. 気性がまっすぐ
4. 工夫する
5. 自分の足で立つ

代表取締役社長
猪奥 元基 氏

■高品質・プロ仕様の伝統守る

現在では、船舶や工場で使う専用スピーカーも手がけている。猪奥社長は「船では耐塩性も求められる。ニッチのニーズに応える『とんがった』メーカーを歴史的に志向してきた」と、他社にはない独自色を強調する。

2018年11月に「拡声装置のノボル電機」ブランドを育ててきた父・猪奥年紀会長から3代目の社長を引き継いだ猪奥社長は、大学卒業後、自衛隊に勤務。メガホンの活躍する現場についての見識も深い。「高品質でプロ仕様の伝統を守りながら、メガホンの軽量化や無線技術、災害・警備以外の用途開発にも果敢に挑戦したい」と猪奥社長は意欲を示す。17年には、小型最軽量拡声器「かる〜いホン」を発売した。時代の新たなニーズを取り込む製品で、女性や高齢者も使いやすく、学校や企業の顧客を開拓している。

小型・最軽量メガホン
「かる〜いホン」

本社工場のメガホンを組み立てるフロア

18年11月に大阪府交野市から同枚方市に本社工場を移転。前本社工場が老朽化しており、生産性や事業継続の確実性を高めるため、新本社工場を建設した。総投資額は13億円。製品の月産能力は前本社工場比で50％増の9000個と大幅に増やした。建屋は鉄骨造り4階建てで、敷地面積2900㎡、延べ床面積4385㎡と広大だ。資材置き場や機械加工、製品倉庫などと組み立てのフロアを分け、生産効率を改善した。耐震構造に加え立地場所の排水性も優れ、大地震や豪雨などの災害にも備えた。これに合わせ、ノボル電機製作所から現社名に変更した。

猪奥社長は「地域に愛されるモノづくり企業として、存在価値の高い企業への成長を目指す」ことを今後の目標に掲げ、決意を示した。

長寿のひけつ

経営の円滑なバトンタッチで活性化

メガホンは災害など、過酷な現場でも故障せず使用できる高い信頼性が求められる。設立から一貫して拡声音響装置に特化したモノづくりを極め、消防や警察・警備用などのプロ仕様を中心に顧客をしっかりと握る。競合製品より高額でも指名買いされる付加価値の高さが、優位性を示している。スムーズにバトンタッチされてきた経営の安定感も見逃せない。3代目社長に代わり、活性化も図っている。

会社概要

所 在 地：大阪府枚方市茄子作南町 229-1
電話番号：072-852-5860
設立年月：1950 年 3 月
事業内容：拡声音響装置および船舶用汽笛の製造・販売

URL：http://www.noborudenki.co.jp/

新社名で新たな100年へ、「ハカル」をコアに新規事業に挑戦

ハカルプラス㈱

2016年に創業100年を機にタケモトデンキから、ハカルプラスへと社名を変更した。

1916年の創業当初は、動力用のメータの国産化を始め、電圧計など次々に新製品を開発、販売を始めた。その技術力は第2次世界大戦では呉海軍工廠に戦艦向けに計測機器を納めていた実績などで明らかだ。

軍需品を生産していたこともあって戦争末期は空襲の標的となり、工場のほとんどが消失したが、戦後は被災を逃

社是・理念

「ハカル」を通じて、これまでにない新たな価値をつくり出し、社会の課題を解決する。100年企業の社会的責任として、環境・資源・エネルギー・食糧・高齢化・医療をはじめとするさまざまな社会の課題と向き合いながら、世の中の役に立つ新しい価値を「はかる」を通じて提供する。

代表取締役社長
三宅 康雄 氏

れた一部の設備と復員した元社員たちの技術力で再建に取りかかった。そのバックボーンとなったのが、儲けより、社会に役立つ仕事をしていれば、儲けは後からついてくるという創業時からの教えだ。

同社は戦後、電力の供給の安定化に向けて計測機器などを投入し、社会の復興に貢献してきた。そして、その過程で少しずつ新規事業に挑戦しながら事業領域を拡げてきた。それが今日の生コンクリートの品質確保と生産効率の向上を支える制御機器であり、食品・医薬・化粧品・ゴム・電池など業界を問わず使用されている粉体計量機の事業だ。

■計測機器から介護機器事業へ

2014年には介護機器事業に参入。超音波を使った離床検知システムを開発した。これまでBtoBの事業を手がけてきた同社だったが、初めてBtoCの事業に乗り出

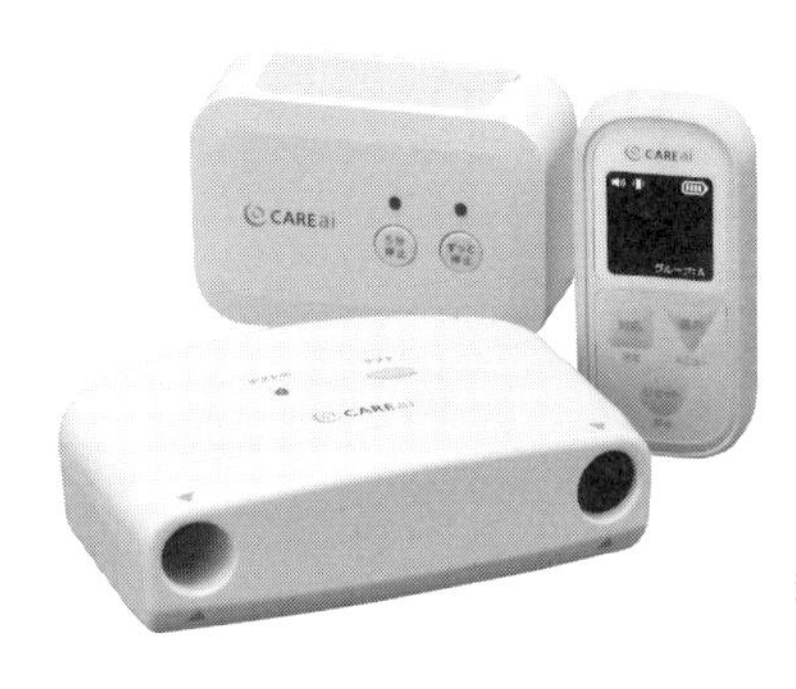

新規開発した離床検知システム

タイ・バンコクの現地法人

すことになった。新たな成長を目指し、同社にとっても大きな挑戦となったが、そこで使われた電力線を使った信号の搬送技術は、それまで電力会社と協力して取り組んできた得意分野でもある。

国内だけでなく、海外でも開発・生産体制を整えている。ベトナムに設立したＲ＆Ｄセンターでは、日本での人材不足を補うためにソフトウエアの開発体制を整備。また、タイでは日系企業に向けて、そして中国の上海と崑山（こんざん）では日系企業だけでなく現地企業にも向けた粉体計量機の設計・製造を行っている。

ハカルプラスは、「ハカル」を通じて新たな価値をつくり出し、社会の課題を解決することで、次の１００年に向けて、歩みを進めていく。

長寿のひけつ

「ハカル」をコア技術にプラスαの価値を

ハカルことをコアにして、プラスαの付加価値を顧客に提供し、老舗企業でありながらベンチャー精神をもってこれまで事業を拡大してきた。社会に役立つ仕事を追い求め、コア技術からは離れないことを頑なに守り続けたことが現在に繋がっている。100周年を機に、その想いを新たにするために、ミッションやブランドステートメントを新しく制定したという。社会に課題がある限り、同社の存在意義は揺るがない。

会社概要

所 在 地：大阪市淀川区田川3-5-11
電話番号：06-6300-2111
創業年月：1916年8月
事業内容：電気計測機器・産業用計量機・メディカルケア機器などの開発・製造・販売

URL：https://hakaru.jp

次の100年へ、変革まっただ中

パナソニック㈱

年商規模は約8兆円、世界全体の社員数は約27万人と、日本人なら誰もが知るパナソニック。2018年3月に創業100周年を迎えた。他社が家電から撤退する中、日本に残る数少ない総合家電を手がけるメーカー。住宅事業や、さらにはレジの決済端末や運輸業向け管理システム、工場で使う実装機や溶接ロボットなど業務用機器も数多く手がけるなど、その事業は幅広い。例えば住宅用コンセントや照明スイッチの国内シェアは、8割以上。日々の暮らしで、同社の製品に触れない方が難しいほどだ。

社是・理念

「企業は社会の公器」を始め、創業者の松下幸之助が打ち立てた経営理念はあまりにも有名。「松下電器は人を作る会社です。あわせて電気製品を作っています」など、創業者が発した経営哲学は、日本はもちろん、中国など海外の起業家にも浸透している。

代表取締役社長
津賀 一宏 氏

そんな同社も00年以降、企業変革を問われ続けた。デジタル技術の発達で製品が瞬く間にコモディティ化し、10年代前半はプラズマテレビなどの不振から経営危機も迎えた。8代目社長の津賀社長は「ＢｔｏＣからＢｔｏＢへ」を標榜し、テレビや携帯電話などで得た技術をネットワークカメラやスタジアム用設備などに活用。特に車載電池は電気自動車が増える中で主力製品へと育ちつつある。国内の主要空港の入出国ゲートに標準採用された顔認証ゲートも、今後の事業拡大に期待がかかる。一方、事業構造の変化でパナソニックの姿が一般から分かりにくくなったのも事実だ。そこで18年10月、同社が目指す企業像として「くらしアップデート業」を掲げた。さらに津賀社長は「あえて未完成品を世に出す」と新しい企業文化の創出も宣言した。

■暮らしの多様化見据え、常にサービス更新

日本に残る数少ない総合家電を手がけるメーカーとして広く認知されている

関西国際空港で採用された「顔認証ゲート」

パナソニックといえば、扱いやすくて壊れにくい商品を提供し続け、顧客から信頼されてきた。だが、近年は顧客のニーズが多様化し、トレンドの変化もめまぐるしい。一方、インターネット接続が当たり前となり、製品を販売してからも機能をアップデートできる。しかも、機能を一方的に高めるのではなく、むしろ機能を絞ることもあり得る。

こうした考えを具体化するため、次世代の住空間サービスの基盤「ホームX」を開発するなど新しい挑戦も始めた。家電や住設の使われ方を分析し、利用者の生活ステージに応じて最適化していくという、常に未完成とも言えるサービスとする構想だ。製品売りだけにとどまらないビジネスが全社的に広がりつつある。

長寿のひけつ

組織のあり方をアップデート

経営者の育成などを狙いに、パナソニックが1933年に導入した事業部制をはじめ、長きにわたり、経営のお手本とされてきた。ただ、今後は、組織のあり方もアップデートの必要性に迫られている。象徴的なのが、現地主導の経営体制を敷くため、2019年4月に米国と中国に設立する「新カンパニー」だ。海外では現地で求められる意思決定の速さに対応し、真のグローバル企業へと脱皮を目指す。

会社概要

所在地：大阪府門真市大字門真1006

電話番号：06-6908-1121

設立年月：1935年12月

事業内容：部品から家庭用電子機器、電化製品、FA機器、情報通信機器、および住宅関連機器などに至るまでの生産、販売、サービスなど

URL：https://www.panasonic.com/jp

品質へのこだわりで存在感、制御機器で社会インフラを支える

不二電機工業㈱

制御用開閉器や接続機器、表示灯・表示器、電子応用機器の制御機器メーカーとして、発変電所など重電機器市場や鉄道車両、工作機械など産業界から高い支持を得ている。発電・変電・配電施設向けで国内トップシェアのカムスイッチをはじめ、端子台やリレーなど重電機器や鉄道車両向けに充実した製品群を展開、きめ細かな顧客ニーズへの対応で存在感を放っている。

「品質に裏打ちされた製品の信頼性は高く評価されている」と八木社長は品質へのこだわりと自信を見せる。カム

社是・理念

【経営理念】―真円の経営―
企業の永続的発展には利益追求のみならず製品力、人材力、社会への貢献度などあらゆる面でバランスがとれた健全な企業体であることが不可欠。レーダーチャート状に全ての項目がバランスよく円になるように、その円を限りなく真円に近づけさらに拡大させる事を目指す。

【経営の三原則】
一、従業員の生活安定
一、得意先への奉仕
一、地域社会への奉仕

代表取締役社長
八木 達史 氏

スイッチ納入で鉄道車両市場に参入したのは1992年と決して古くない。新規参入が難しい鉄道車両市場で認められたのも、電力市場で実績を積んできた品質が決め手の1つとなった。「納入以来、一度も接触不良を起こしたことがない」と確かなモノづくりで顧客の期待に応えている。

■ビジョン100でさらなる成長

長期経営計画「ビジョン100」を策定、さらなる成長に向けて全方位で策を講じている。「インフラ向けなど制御機器の需要は無限の可能性が広がる」と見据え、「重電機器市場の深耕」「一般産業市場の開拓」「海外市場の開拓」を重点戦略の3本柱に定め、売上高を現在の2倍以上とする100億円企業を目指している。

スイッチや端子台、表示灯など現行製品に加えて、直販体制で顧客ニーズを把握、無接点式の開閉器「半導体直流

装置の軽量化を実現する「アルミ端子台」

鉄道車両で使用する「車掌スイッチ」（左）、
カラーバリアフリー対応の「扉開閉表示灯」（右）

リレー」や電波を使わない無線通信で秘匿性の高い「可視光通信システム」など新開発で製品群をより充実、重電や鉄道車両市場を深耕する。一方、「プラモデル式」と呼ばれる誰でも同品質の組み立てができる生産システムやロボットの導入によるローコスト生産で競争力を確保する。2017年にみなみ草津工場をリニューアル、物流集約による効率化と、スイッチへの異物付着を排除するため、クラス8相当のクリーンルームを増設し、さらに強みの品質に磨きをかける。

また、15年に商事部、16年に生産技術部を新設。自社と他社製品を組み合わせた複合製品の販売や、社内向け生産装置の外販などで増収につなぐ計画だ。

長寿のひけつ

不変の高品質と安全性へのこだわり

「品質は一番たしかなセールスマン」を永久標語に掲げる。製品の高い品質と安全性を追求する姿勢は創業以来不変で、顧客は大きな信頼を寄せている。創業後間もない頃に年商を超える大型投資を断行、それまでの金型を全面更新したのは品質向上が狙いだった。鉄道車両市場参入の成功は電力市場などでそれまで蓄積してきた高い品質が実績となり、着実に取引を伸ばすことができた。経験が永久標語をより堅固にする。

みなみ草津工場

会社概要

所 在 地：京都市中京区御池通富小路西入る東八幡町 585
電話番号：075-221-7978
創業年月：1953 年 2 月
事業内容：制御用開閉器、接続機器、表示灯・表示器、電子応用機器

URL：http://www.fujidk.co.jp/

工業加熱の技術で「ものづくりの環」をつなぎ社会に貢献

富士電波工業㈱

富士電波工業は1948年9月、横畠社長の祖父・横畠信太郎氏が、戦前から注目していた高周波誘導溶解炉の専門メーカーとして設立した。設立4年後には当時の限界容量を大きく超える容量120kVAの高周波誘導炉を開発し、さらに外国からの技術指導を得ずに鋳鉄溶解用の坩堝型低周波誘導溶解炉の開発に成功した。当時は戦後復興の鉄鋼材料の全盛期。業界をリードする金属溶解炉を生み出し、電気による工業加熱の可能性を大きく切り開いてきた。

同社の強みは産業構造の変化に対応し、さまざまな素材

社是・理念

経営理念「和と挑戦」は、各自が自らの限界を少しでも超えようと努力し、顧客の期待を超えるという共通の目標を、相互啓発しながらチームプレーで達成すること。

また、電気・温度・真空・材料のコア技術でお客様の加熱工程を支え、研究開発から量産、リサイクルまでの「ものづくり環」をつなぐことで社会に貢献することを、企業ビジョンとしている。

代表取締役社長
横畠 俊夫 氏

を熱処理できるところだ。２代目社長の横畠洋志氏が新素材のファインセラミックスにいち早く着目。黒鉛発熱体を用いた高温真空・雰囲気焼結炉などを開発したことは、同社の第２創業といえる。とくに多目的高温炉「ハイマルチ®」はロングセラーとなり、日本のみならず各国の無機材料研究の最前線で活躍している。今では、金属・セラミックスばかりかシリコンや黒鉛といったものまで守備範囲とし、同社製の炉は、半導体・自動車・機械・環境エネルギーといった幅広い分野で利用されている。２０００度を超える超高温炉の分野ではライバルも少なく、市場での同社の存在は大きい。新たなニーズの探索にも積極的だ。大きな利益の出ない大学や公設試からの依頼にも柔軟に対応し「研究機関との交流で先端技術動向に触れることができる上に、研究所に納めた炉で生まれた成果を見た民間企業から同じ装置の導入依頼が来ることもある」と横畠社長はいう。

滋賀工場では1970年代から自社製高周波溶解炉を用いた特殊鋼鋳造事業も展開

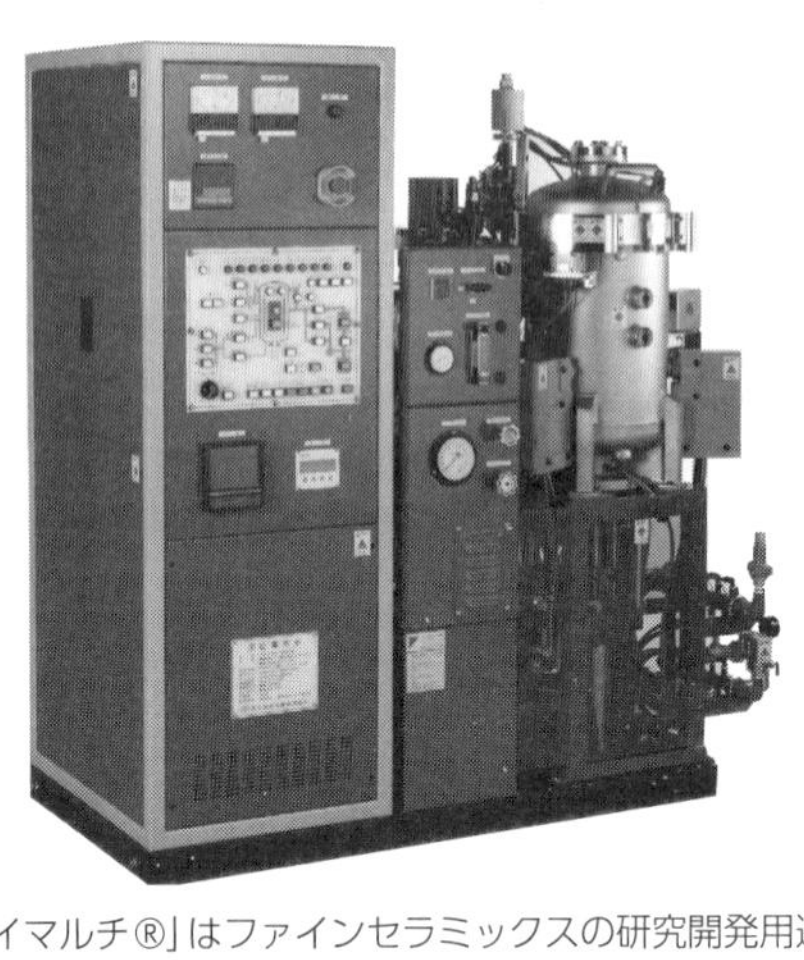

多目的高温炉「ハイマルチ®」はファインセラミックスの研究開発用途でロングセラー

■強固な財務体質と「一専多能」人材

自己資本の充実を重視してきた。「工業炉は耐用年数が長く、購入後に倒産の心配があるようなメーカーでは信用してもらえない。堅固な財務体質は、お客様のためにも中小企業としてのあるべき姿」というのが同社の方針だ。

同時に人材の育成にも力を入れる。同社では単なる多能工化ではなく「一専多能」を掲げる。なにか1つでもスペシャリストと呼ばれる分野を社員には持ってほしいとスキルアップの後押しにも注力し、2017年には専門職の育成に向けた複線型職能資格制度も導入した。また、1970年代から決算賞与を支給しており、社員に手厚く還元するのも同社の特徴だ。

長寿のひけつ

全てのステークホルダーから信頼を得る

会社としてのビジョンや方針を明らかにし、誠実な事業活動と業務運営によって、お客様、仕入先様、社員、株主など全てのステークホルダーからの信頼を得ることが長寿のひけつ。技術を研鑽し、お客様のご要望には何としてでもお応えし、仕入先とは継続的な取引により共存共栄を図る。また社員への利益の還元や人材育成を怠らず労働組合との約束を守り、働きやすい職場環境づくりに努める。

会社概要

所　在　地：大阪市淀川区新高 2-4-36
電 話 番 号：06-6394-1151
設 立 年 月：1948 年 9 月
事 業 内 容：新素材・金属材料用高温電気炉の設計・製作、特殊鋼鋳造品

URL：http://www.fujidempa.co.jp

世界の安全・安心な航海をサポート

古野電気㈱

古野電気は、1948年に世界で初めて魚群探知機の実用化に成功した。50年代には無線通信機や位置情報を取得する「ロラン」システム、電波を用いて他の船舶や島などを捉えるレーダーなど漁業を支援する船舶用電子機器の開発で大きく成長を遂げた。古野社長は「ロマンチストでありリアリストでもある」歴代経営者の方針を貫く。世の中に役立つ製品やサービスを企画し、時代のニーズを的確に捉えた販売戦略を練ってきた。船舶用事業で培ってきた技術をヘルスケアや通信、防災の分野で幅広く役立てている。

社是・理念

●会社存立の原点は社会の役に立つことである。
●経営は創造である。
●社員の幸福は会社の発展と共にある。

代表取締役社長
古野 幸男 氏

■長崎から世界のフルノへ

古野電気の創業は戦時中の1938年。当時は長崎県の口之津港でラジオの修理業を手始めに、漁船や貨物船の電気工事を手がけていた。終戦後、海軍の放出物資にあった音響測深機を入手したことが大きな転機をもたらす。船底と海底の距離を計測する音響測深機の感度や船体への取付方法を改良して、魚の微弱な反応を探知できるようにしたのだ。創業者はこれを「魚群探知機」と命名した。深刻な食糧不足だった当時、経験と勘が頼りの漁業に科学的手法をもたらした魚群探知機は、こうした社会課題の解決に寄与した。その後、全国に販売網を拡大するとともに、商品群を拡充することで「フルノに聞けば漁業に必要な機器がそろう」と言われるワンストップの販売体制を構築した。また、海外にも販売拠点を設置し、地域ニーズに応じた製

船舶用レーダーアンテナを点検するフィールドエンジニア

気象観測レーダーアンテナの研究開発

品づくりで実績を上げた。古野社長は「〝世界のフルノ〟を志し、価値ある製品を提供してきた」と胸を張る。現在では海外拠点にも開発部隊も配置し、現地ニーズを捉えた製品づくりにまい進してきた。2002年には海外での売上高が国内を逆転しており、名実ともに〝世界のフルノ〟へと成長を遂げている。

一方、国内では船舶向け以外にも各分野のニーズに合致した研究開発を進めている。気象観測レーダーの開発のほか、地盤や構造物の変位をミリメートル単位で計測し、データをクラウドサーバー上で管理するシステムDANAを防災分野に適用。「山あり谷あり」と古野社長が表現する、一筋縄にはいかない新分野にも、いまも果敢に挑戦を続けている。

長寿のひけつ

市場ニーズに即し、かつ自由な発想で

戦後の魚群探知機に始まる古野電気の製品は、顧客ニーズを取り入れて開発した成果物ばかり。古野社長は「顧客にとって価値があることと技術的に優れていることが武器になる」と強調する。それゆえ同社の技術研究所では「10%カルチャー」という制度を導入している。研究活動のうち10%を目安に業務外の自由な発想に基づく研究を促している。市場ニーズに即しつつ、創業以来の自由な発想で開発に取り組む姿勢に同社の強みがある。

会社概要

所 在 地：兵庫県西宮市芦原町 9-52
電話番号：0798-65-2111
創立年月：1948年12月
事業内容：舶用電子機器、産業用電子機器などの製造・販売

URL：https://www.furuno.com/

測域センサでロボット自律走行や工場自動化を先導

北陽電機㈱

無人搬送車（ＡＧＶ）、自動倉庫などとのデータ通信を行うための光データ伝送装置や工場内の危険エリアへの侵入検知、サービスロボットなどの障害物検知、環境情報取得に用いられる測域センサを製造する。工場内の生産ラインや作業工程をロボットやセンサ、情報システムなどによって自動化するファクトリーオートメーション（ＦＡ）。ＦＡが一般的に普及する前から自動制御装置の開発を手がけ、センシングや自動制御といった領域で高度な技術を持ち、ＦＡ業界を常にリードしてきた。

基本方針

オートメーションという言葉がまだ一般に普及する以前から自動制御を手がけ、顧客のニーズに応えていろいろな産業分野に役立つオンリーワンの商品を創出して参りました。

常に社会通念と価値観の変化に対応しつつ自力発展の基盤の上に、一貫して堅実かつ特色ある経営を展開し、顧客満足度の完遂と企業の存続発展を期する事を基本方針としております。

代表取締役
尾崎 仁志 氏

１９４６年、自動配電装置メーカーに勤めていた尾崎一義氏が大阪市内で創業した。紡績工場向けに、製品や原料の数量などを把握する自動カウンタや起動時の繊維の切断や伸びを防ぐための自動運転装置などを開発。生産現場の自動化や作業効率化に大きく寄与してきた。早くから光電センサや鉄鋼用センサなどの開発に取り組み、一連の「光技術」を強みにし、光データ伝送装置や測域センサなどの独自製品を開発した。特に２０１７年に発売された３次元測域センサは屋外で走行するサービスロボットや無人運転車両、鉄道のホームドアなどへのさらなる活用が期待される。同社の事業領域も時代の流れとともに大きく変化し、ＦＡ以外の分野にも急速に広がりを見せている。

■売上高１００億円突破は確実

ロボット研究の推進や人材育成にも力を入れる。全国の

創業当時に販売した回転駆動型カウンタ（左）と現在の主力製品である測域センサ（右）

現状の主力製品である測域センサ（上左右）と光データ伝送装置（下）

大学や企業から技術者が集まって自律移動ロボットを走行させる公開実験「つくばチャレンジ」や国内開催のロボットコンテストなどの参加者を対象に測域センサを無償で貸し出し、ロボット技術の発展を支援している。

測域センサは発売以来、約20万台以上を出荷し、現在も工場ではフル稼働に近い状態が続く。海外需要も高い。16年に北米の指定代理店だった会社の全株式を取得し子会社化したほか、17年にはオランダに支店を開設して営業体制の強化を進める。中期計画で目標としてきた売上高100億円も18年度に突破するのは確実だ。

今後は売上高100億円超の企業にふさわしい企業体質や組織力の強化を進めていく予定でさらなる成長が期待できる。

長寿のひけつ

堅実かつ特色のある経営を展開

2005年に開かれた愛知万博に出展されたロボットのうち、半数以上に同社の測域センサが搭載されていた。これにより、世界中のロボット研究者から注目されるようになり、現在の急速な売り上げの増加にもつながっている。元々、測域センサは大学やロボット開発企業と共同開発した製品。社是にも掲げる「他社と同じものを作らない」という精神は競争力のある製品に結実し、企業の強みやさらには長寿にもつながっていると感じる。

会社概要

所在地：大阪市西区江戸堀1-9-6　肥後橋ユニオンビル9F
電話番号：06-6441-2212
設立年月：1946年4月
事業内容：自動制御機器・自動ドアの製造・販売

URL：https://www.hokuyo-aut.co.jp/

たゆまぬ製品開発により「グローバルナンバー1部品メーカー」へ

㈱村田製作所

スマートフォン（スマホ）に不可欠な電子部品「積層セラミックコンデンサ（ＭＬＣＣ）」。電気を蓄えたりノイズを除去したりする役割を持ち、スマホ1台当たり最大千個程度を搭載する。同社はＭＬＣＣをはじめ電子部品で世界トップシェアの製品を多数揃え、ＩｏＴ化や自動車の電装化を追い風に同社製品の射程領域は大きく広がっている。

創業は第2次世界大戦下の1944年。三菱電機から受注した酸化チタン磁器コンデンサが初仕事だった。

今日の世界的な電子部品メーカーに至る原点となる出来

社是

技術を練磨し
科学的管理を実践し
独自の製品を供給して　文化の発展に貢献し
信用の蓄積につとめ
会社の発展と　協力者の共栄をはかり
これをよろこび　感謝する人びとと
ともに運営する

代表取締役会長兼社長
村田 恒夫 氏

事があったのは46年。創業者の村田昭氏と京都大学電気教室の田中哲郎助教授との出会いだ。当時、田中助教授は電気を蓄える力が大きい材料「チタン酸バリウム（チタバリ）」の応用研究に力を入れていた。意気投合した両者はさっそく〝産学協同〟を開始。49年にチタバリを用いたコンデンサを開発した。チタバリの圧電特性を応用した魚群探知機の開発にも世界で初めて成功。チタバリの幅広い電気特性を生かした製品展開がその後の成長の原動力となった。

■新商品売上高比率40％以上

他社にはない、高付加価値品の開発を重視し、「新商品売上高比率40％以上」を目標に掲げる。達成に向けて「売上高に対して7～8％程度の研究開発投資を継続的に行っている」と村田会長兼社長は話す。材料、生産プロセス、製品とバランス良く経営資源を割き、競争力を維持してきた。

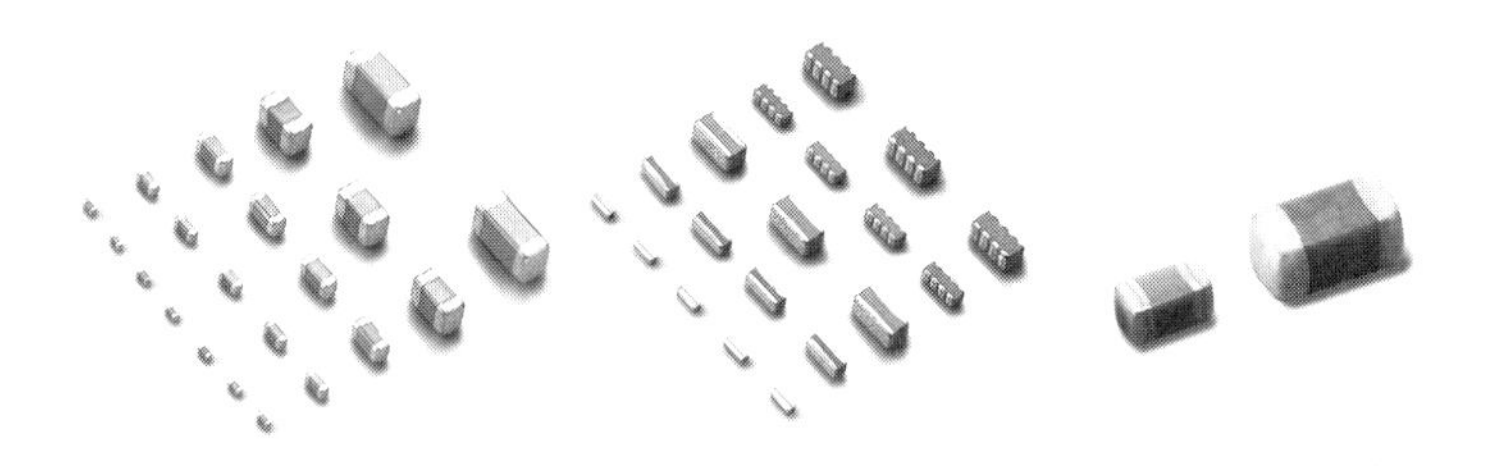

自動車用積層セラミックコンデンサ（右）
さまざまな大きさのコンデンサをスマホから自動車まで多様な製品へ供給している

1987年に開設し、グループ最大のR&D拠点で製品の原材料の生産拠点も兼ねる「野洲事業所」

生産体制も国内外で積極的に増強投資を行っている。51年に福井県に工場を建設したのを皮切りに、国内各地に主力工場を設置してきた。72年にはシンガポールで同社初の海外生産を開始。多国籍企業に向けた第一歩となる進出だった。電子部品の需要増に合わせて工場や研究開発拠点の新設を進めてきた。現在では世界中で拠点数99社、社員は約8万人を抱える。

村田会長兼社長は「創業以来、企業理念を愚直に守り続けている」と力を込める。独自製品の供給にこだわり、今や「グローバルナンバーワン部品メーカー」となった。2019年は創業75周年の節目。企業と社員のバランスの取れた健全な成長を大切に、次の100周年に向けてさらなる成長を図る。

長寿のひけつ

独自製品の供給が基本

研究開発体制を充実し、新製品を切れ目なく市場投入して電子部品業界をリードしてきた。業界では部品価格の年率 10%程度の値下がりが恒常化している。新製品売上高比率を高め、戦略的に収益性の維持・向上に努めてきた。社是にある「独自の製品を供給」することを基本に据えて、変化が激しい業界でも安定的な成長を実現している。今後は中長期の目標としてカーエレクトロニクス分野での事業拡大を目指す。

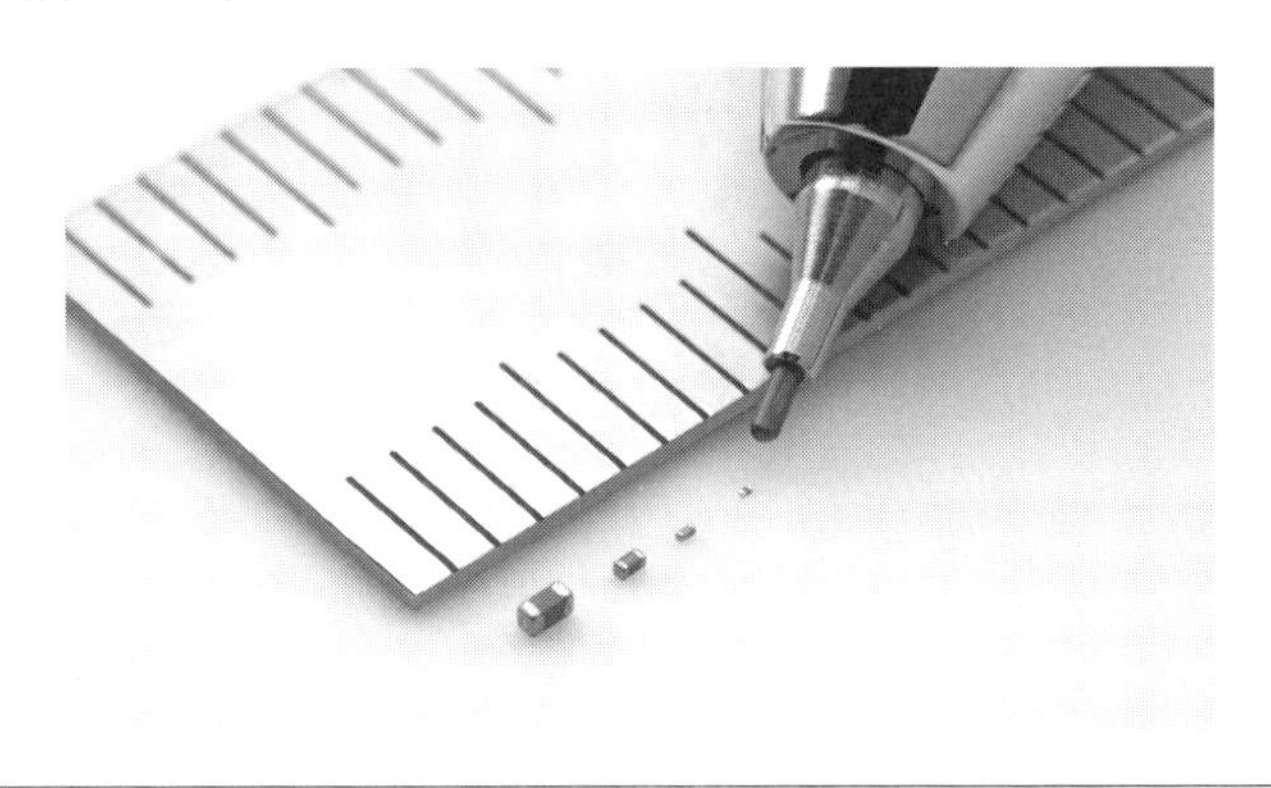

会社概要

所　在　地：京都府長岡京市東神足 1-10-1
電 話 番 号：075-951-9111
設 立 年 月：1950 年 12 月
事 業 内 容：積層セラミックコンデンサや表面波フィルタなどの電子部品の製造・販売

URL：https://www.murata.com/ja-jp

発明と愚直なモノづくりで継続的に発展する老舗企業

㈱oneA(ワンエー)

パチンコ・パチスロ機の台情報を表示するホール向け情報表示システムの開発製造を主力とし、他にも工場や物流倉庫内のピッキング用の「ポカよけツール」や電子機器製造受託サービス事業も手がける。本社工場で基板から一貫して製造しており、その利点を生かして、最短で発注翌日に発送できる。流行の変化がめまぐるしいパチンコ関連において、こうした短納期が特に強みとなっている。

そんな同社は、1921年に朝日電工所として創業。国内で、いち早く扇風機の製造販売。その後、映写機や撮影

社是・理念

「意欲」「努力」「忍耐」を社是とし、「至高の利益の追求」「究極の品質の提供」「最高の生産性の推進」など6項目の社訓を建てている。こうした考えの下、高品質の製品を短納期で顧客に提供している。また、川上会長は、「企業は人なり」という言葉にあるような、人材育成の考えを大切にしている。

代表取締役会長兼CEO
川上 良康 氏

機の製造販売を開始し、日本の映画文化の勃興期を支えた。発明者の才覚を発揮した創業者は武家出身。「商売の方は上手ではなかった」と川上会長は笑う。

戦後は、電機メーカーの協力工場として、仕事をしていたが80年代に入り、利益を確保しやすい自社製品路線に回帰。2000年代には、静電気対策に苦労を重ねた末に発売したマイコン搭載のパチスロ呼び出しランプ。これが大ヒットし、年商140億円規模に飛躍した。だがそのヒットから数年後、パチスロのギャンブル性が問題となり業界不況に突入。一時は年商約40億円まで縮小した。

■工場改革で業界の浮き沈みを乗り切る

激しい浮き沈みに苦しみつつも、安易に海外に活路を求めなかった。愚直にモノづくり改革を進め、工場の面積効率を2倍にし、外注比率をかつての10分の1に抑えた。そ

戦前から製造していた
扇風機

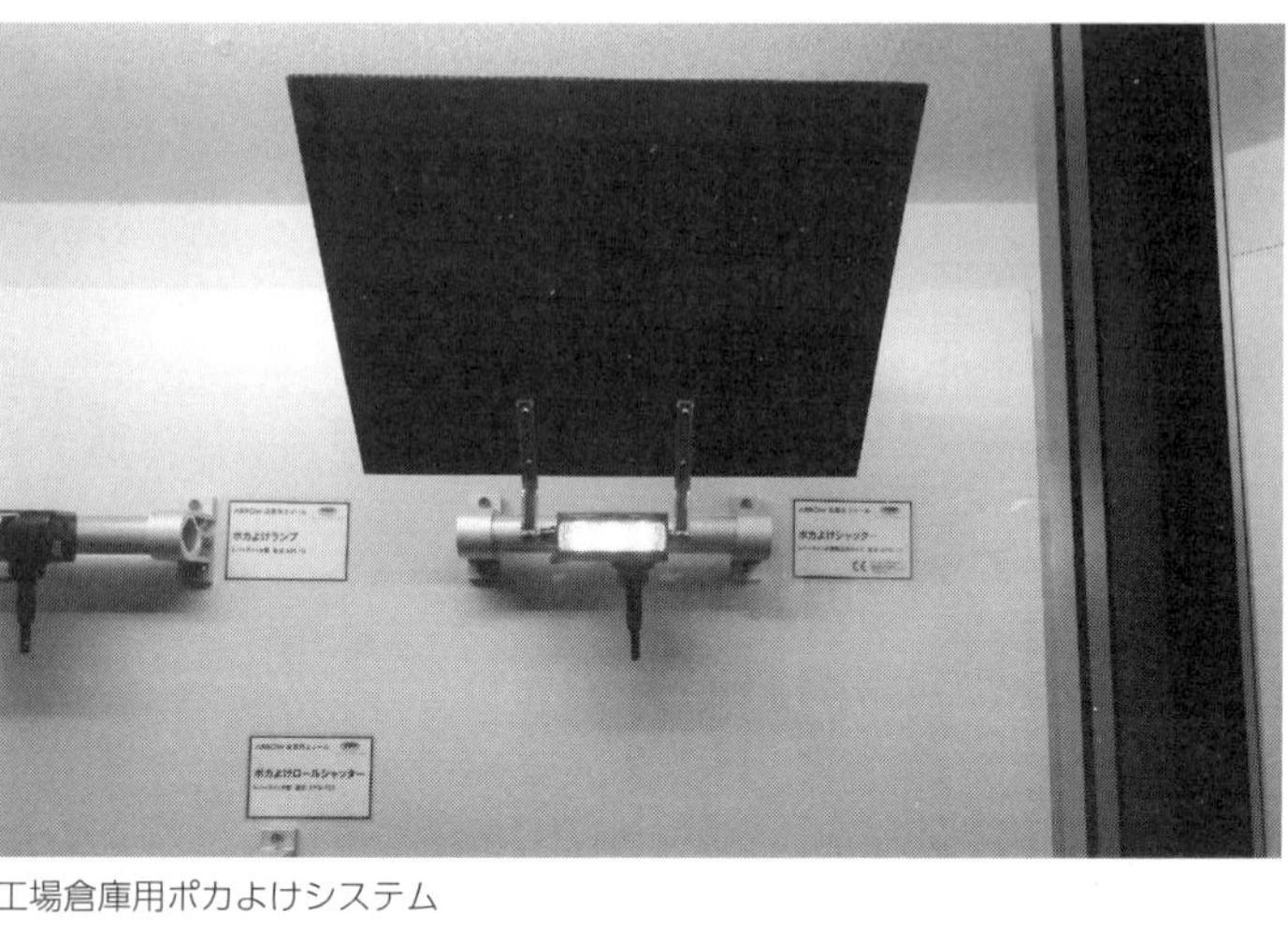

工場倉庫用ポカよけシステム
取り出す部品部分のドアのみが開く仕様となっている

の結果「需要の谷間期も黒字とすることができた」と川上会長は手応えを語る。

パチンコは需要変動が激しく、1カ月間に年間の3割に相当する仕事量が押し寄せることもある。工場改革を断行したことで、こうした繁忙期でも外注を増やさずに受注に応えられ、短納期実現のカギとなった。取引先も増え、外注費の膨張による利益なき繁忙に陥らずにすむ。

そんな同社は現在、大阪電気通信大学との産学連携により、新しい事業を模索している。川上会長は、「当社は20～30年のスパンで、事業の柱を入れ替えてきた。それでなければ、今日まで生きてこられなかった」と振り返る。業績が堅調な今こそ、新たな収益の柱を構築する好機だとみている。

長寿のひけつ

長寿のひけつは「縁を繋ぐ」

長寿企業は何かの縁に恵まれている。ｏｎｅＡの場合、大阪電通大と提携したのも、大石利光学長が若い頃に同社で働いていた縁で始まった。また、徳永一成社長や、その徳永社長を同社に紹介した社員は、取引先でもある大手電子部品メーカーの出身だ。それまでの同社との取引を通じ、恩を感じて入社してくれたという。こうした縁は、社員や取引先を大切にしてきたことの証だ。

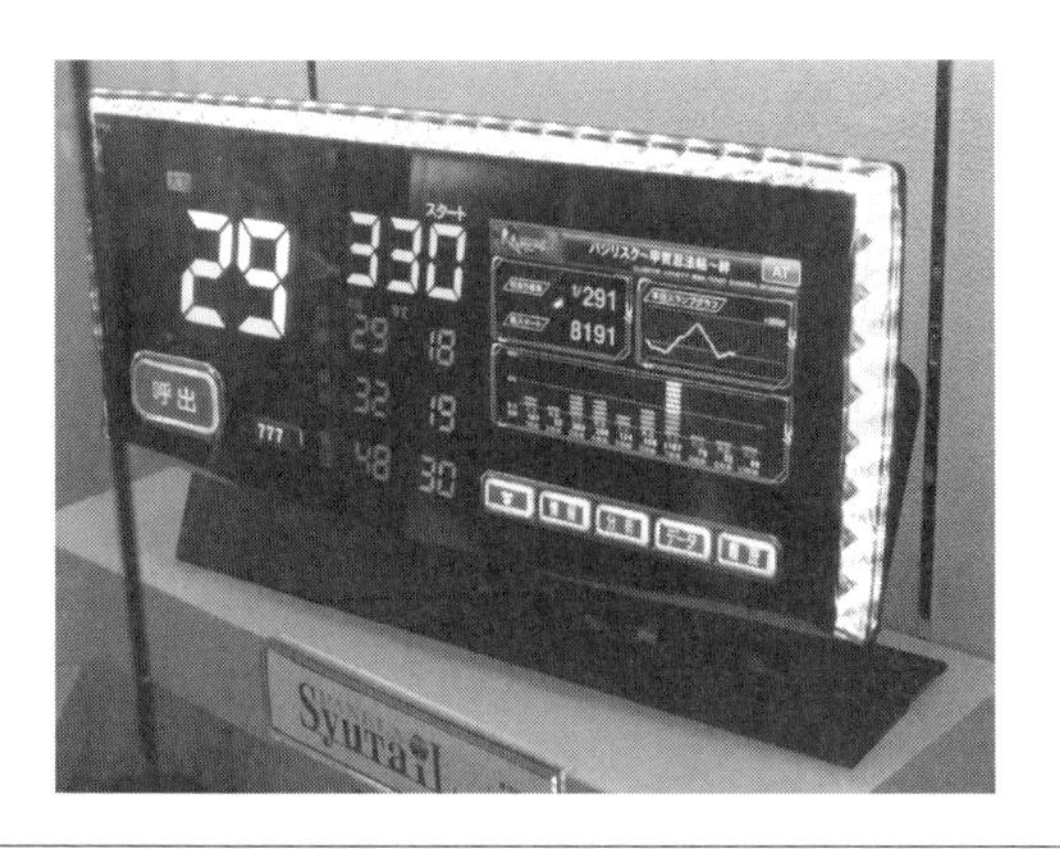

会社概要

所　在　地：大阪市鶴見区放出東 3-30-20
電話番号：06-6962-7771
設立年月：1961 年 8 月
事業内容：パチンコ用機器、ポカよけシステム、EMS 事業

URL：https://www.one-a.co.jp/

「三方良し」の精神を貫き総合商社として発展続ける

伊藤忠商事㈱

近江商人の初代伊藤忠兵衛が、江戸時代末期の1858年に麻布の行商で創業した160年の歴史を持つ企業。現在では繊維、機械、金属、エネルギー、化学品、食料、住生活、情報、金融の各分野を持つ総合商社に発展している。

行商からスタートしたという歴史があり、需要があればどこにでも出かけていくチャレンジ精神と、徹底した現場主義を社風として持つ。その社員一人ひとりの「個の強さ」が、同社の発展を支えている。戦後の高度成長期には、経済構造の変化に合わせ、金属、資源エネルギーなど、重厚

社是・理念

Committed to the Global Good

豊かさを担う責任

伊藤忠グループは、個人と社会を大切にし、未来に向かって豊かさを担う責任を果たしていきます。

代表取締役会長 CEO
岡藤 正広 氏

長大型の非繊維ビジネスを果敢に拡大してきた。

そのビジネス構造も、最近は大きく変化している。現在の岡藤会長CEOが社長に就任した2010年以降、同社は生活消費関連ビジネスなど「非資源分野」を強化し、経営方針として「か・け・ふ」（稼ぐ、削る、防ぐ）を宣言。「総合商社御三家」「非資源分野ナンバーワン」などの具体的目標を掲げた。16年3月期に連結純利益で総合商社首位を達成するなど、その成果は出ている。

■関西を大事にする姿勢は変わらず

利益で総合商社ナンバーワンを達成しても、「育ててもらった地である関西を大事にする」という姿勢は変わらない。本社を今も大阪に置き続け、株主総会も大阪で開く唯一の総合商社である。「削る＝始末（倹約）をする」「防ぐ＝リスクを防ぎ信用を守る」という経営方針は、関西の商人が

創業者　初代・伊藤忠兵衛

大阪の中心地・梅田に建つ、伊藤忠商事の大阪本社

大切に守ってきたものだ。さらに同社のＤＮＡとして流れ続けているのが、近江商人の経営哲学「三方よし（売り手よし、買い手よし、世間よし）」である。自社だけでなく、取引先や社員、株主など全てのステークホルダーの利益を考えるこの精神は、社員を大切にする姿勢に表れている。社員の健康力増強など「健康経営」に対する会社の方針を明文化した「伊藤忠健康憲章」もその１つだろう。企業として例を見ない「がんとの両立支援施策」も打ち出している。

今後の課題はＡＩやビッグデータ活用などの「第４次産業革命」に対応し、得意とする行動力で新しいビジネスモデルの開拓や社員の働き方改革などをさらに進めることだ。この「新・三方よし」の経営が次の時代を切り開く。

長寿のひけつ

家族的経営で育った社員が力を発揮

創業以来の精神「三方よし」。グループ会社の役員や社員、スタッフのほか、重要な取引先も含めて毎年500人ほどが、創業の地である滋賀県豊郷町の「伊藤忠兵衛記念館」を訪れ、その考えに触れる。初代伊藤忠兵衛は毎月1と6の日に、社員にすき焼きをふるまったという。家族的経営で育った社員が個々の力を発揮し、新分野を開拓する。総合商社利益でトップに立った伊藤忠商事の強みだ。

会社概要

所在地：大阪市北区梅田3-1-3
電話番号：06-7638-2121
設立年月：1949年12月
事業内容：世界63カ国に約120の拠点を持ち、幅広いビジネスを展開

URL：https://www.itochu.co.jp/

「中小企業のまち・大阪」で取引先と共存共栄し発展

永和信用金庫

永和信用金庫は大阪市の南部や東部を中心に、本店も含めて19店舗を構える。創業当初から地域と顧客に密着した経営で強みを発揮し、取引先の中小企業と共存共栄してきた。規模の小さな数多くの中小企業を支援している。翁長理事長は「取引先には2代、3代と続く経営者が多い」と胸を張る。金融機関の健全性を示す自己資本比率は2018年3月期末で10・41%。手堅い経営に努め、健全性の目安とされる4%を大きく上回る。どこの金融グループにも属さず、一貫して独立独歩を貫いている。

社是・理念

私たちは、地域金融機関の担い手として誇りを持ち、お客さまとの共感と信頼を大切にし、健全経営を軸に創意と活力ある金庫をめざす。

理事長
翁長 自夫 氏

■創業当初より顧客から絶大な信頼

前身は山王信用組合。当時から零細の商工業者が密集していた大阪市西成区で、事業に必要な資金を互いに助け合って融資する目的で設立した。戦後も大阪府東大阪市や大阪市生野区など、中小企業で栄える地域に相次ぎ出店。「中小企業のまち・大阪」で、取引先とともに高度経済成長に乗って発展してきた。1946年には、敗戦による経済の混乱で国は金融機関に預金封鎖を命じた。しかし、山王信組は「顧客第一主義」を貫き一銭の預金も切り捨てず、金融機関として絶大な信頼を得た。その後も経済は難局が続いたが、顧客に支持された山王信用組合は47年に預金を戦前の約5倍に増やし、経営体力を高めた。こうした誠意や信用は、58年に「永和信用金庫」と改称した後も脈々と受け継がれ、今日の経営基盤を築いている。

現在同様、大阪市浪速区日本橋にあった1970年前後の本店

お客さまとの対話を重視し、地域に必要とされる信金としてさらなる発展を続ける

経済の成熟化や人口の減少で、中小企業の資金需要は伸び悩んでいる。中小企業向け融資を拡大する地方銀行との融資競争も厳しさを増す。翁長理事長は「これからの信金には金融だけに依存せず、取引先の経営課題を解決するコンサルティング機能の発揮が重要になっている」と強調する。そこで他機関とも連携して、販路や取引先の開拓、人材採用支援、経営者の啓発セミナー、などを強化している。

翁長理事長は「お客さまに寄り添い注意深く声を聞き、融資のタイミングを逃さない感性の高さも大切」とし、事業内容や成長可能性を適切に評価して融資につなげることができる人材育成にも努める。これからも地域に必要とされる「信金らしい経営を続ける」と意欲を示す。

長寿のひけつ

小規模の融資を積み上げる営業力が強さ

中小企業の減少や、長期にわたる低金利政策で金融機関の経営環境はかつてなく厳しい。そうした中でも、ニーズを細やかにくみ取り小規模の融資を積み上げていく永和信用金庫の営業力は強い。余力を生かし、大阪市内で最もビジネスが盛んな梅田地区や本町地区にも進出。事務システムの更新による経営効率化も進めている。100年続く強じんな財務体質の構築にも余念がない。

会社概要

所 在 地：大阪市浪速区日本橋 4-7-20
電話番号：06-6633-1181
設立年月：1931 年 9 月
事業内容：預金業務、融資業務、為替業務、代理貸付業務などの信用金庫法に基づく代理業務

URL：http://www.eiwa-shinkin.co.jp/

「新しい企業起こし」が礎に

SPK㈱（エスピーケイ）

　自動車部品・用品、産業用車両部品を扱う専門商社。伊藤忠商事の機械部から別れ、その系列会社として大阪で最初の外車、外車部品の販売を行ったことから、「大阪自動車」を設立したのがその始まりだ。２０１７年に設立１００周年を迎えた同社は、まさにわが国の自動車産業の夜明け前からその発展の一端を担ってきたといえる。

　しかし、その歴史は苦難の連続でもあった。現在の礎を築いたのは、まだバブル経済真っ盛りの１９８９年に９年間の企業変革シナリオを描き、「新しい企業起こし」に立ち

社是・理念

「Sincerity（誠実）」「Passion（情熱）」「Kindness（親切）」

この３つの経営理念は、人を中心として心の結びつきを重視した企業であることを表現している。社名もこの３つの頭文字からとっている。この経営理念のもと、「強くて、おもしろくて、夢のある企業」を目指し、チャレンジし続ける。

代表取締役社長
沖 恭一郎 氏

あがったところにある。これを第1の創業期、戦後の第2の創業期に続く「第3の創業期」として位置づけ、9年間を3年間ずつ3つの期に分けてCI活動からはじめ、企業の変革に取り組んできた。今も伊藤忠商事をはじめとする多くの企業の経営理念の根幹である近江商人の「三方良しの精神」や「進取の気性」を拠り所として大切に継承する。

■PB商品やeコマースが課題

同社は自動車の補修部品市場をメインにしており、足元は連続増益・増配を続ける堅調な成長を見せている。それでも部門横断型のプロジェクト方式で業界変革への対応に余念がない。例えば長期的な視点から、自社ブランド（PB）商品の開発・育成に力を入れる。自動車用オイルやブレーキ部品など、従来のPB商品につきものの「安物」のイメージを覆す品質重視の開発を、メーカーと協力しなが

大阪市福島区にある本社ビル

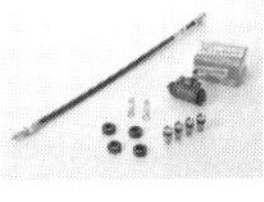
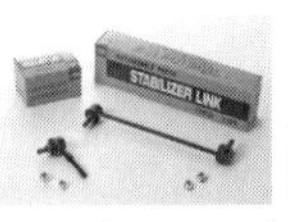

SPK が取り扱う商品の一例

ら進める。このほか、eコマースへの取り組みなども検討課題だ。

　現在の中期計画は、次の100年に向けた「土台作り」の期間と位置付けている。社内の人事制度をはじめ、販路開拓、情報システムなどの刷新を進め、「100年に一度」と言われる大変革の時代に立ち向かう。全国の営業所の整備に加え、現在海外に7カ所ある現地法人（その他駐在員事務所1カ所）も強化し、現地調達・現地販売を拡大する計画だ。

　沖社長は2018年度に社長に就任するや、全社員を対象に1対1の個人面接を実施。社員一人ひとりの声を集めていった。「自主・自立」を重んじる社風は、社員にとって時には厳しくも映るだろうが、その分やりがいもありそうだ。

長寿のひけつ

進化の力

近江商人の精神を継承し、100年という時代の流れと変化に適応してきた。これから大変革の時代を迎え、その「進化」の力が今また問われようとしている。電気自動車化、自動運転、カーシェアリングだけでなく、車の補修市場の重要な顧客である修理工場で深刻化しつつある後継者問題などへどう対応していくのか、その動きが注目されている。

会社概要

所在地：大阪市福島区福島5-5-4
電話番号：06-6454-2531
設立年月：1917年12月
事業内容：自動車部品・用品、産業車両部品の企画・販売

URL：http://www.spk.co.jp/

北陸を拠点に顧客に寄り添う信用を積み重ね114年

江守商事㈱

江守商事の創業は1906年、福井の薬種商「江守薬店」が始まり。以後、医薬品の販売から染料工業薬品の販売へと業態を変えて、北陸の繊維産業の隆盛とともに成長・発展し、現在はケミカル、テキスタイル、エレクトロニクスの3つの事業を展開。グループには物流、生産の子会社を持ち、自社生産するカーシート用染料「ハーモニーライト」は高い耐光堅牢性で国内の市場シェア3割を占める。

北陸を中心に有力メーカの顧客を多く抱える。顧客に寄り添い支えるという営業方針のもと原材料、副資材をきめ

社是・理念

私たちは、お取引先・株主・社員・地域社会の幸福のために存在する。私たちは、歴史を尊重し、未来を見つめ、信用と信頼を大切にする。
私たちは、情報と技術を駆使し、智恵とスピードを提供する。私たちは、変化を恐れず、革新と創造を継続する。私たちは、情熱と責任を持って、困難に挑戦する。私たちは、法令を遵守し、企業としての社会的責任を果たす。私たちは、人を育て、世界に翔く。

代表取締役社長
市川 哲夫 氏

細かく供給し、顧客から頼りにされている。２０１５年に親会社の経営破綻という事態に直面したが、取引先からの長年の信用により、これを乗り越え、現在に至る。

■エレが急成長、積極投資に着手

成長が著しいのが、エレクトロニクス。精密部品の包装材など副資材を電子部品メーカ各社に供給している。伸びる物量に応じて福井市内のグループ会社で物流倉庫を増強。フィリピンの現地法人でも19年始めから新倉庫を構えて顧客の現地展開を支える。コンパウンドの製造子会社では福井市内で塩化ビニール樹脂の混練設備を増強して、建材の需要増などに備えている。また染料は中国の供給量が政府の環境規制により急減した中で、機敏にインドでの調達に道をつけ「顧客には喜ばれている」と市川社長は話す。

同社の事業は堅調だったが、親会社だった江守グループ

創業100周年で建てたガラス張りで開放的な本社ビル

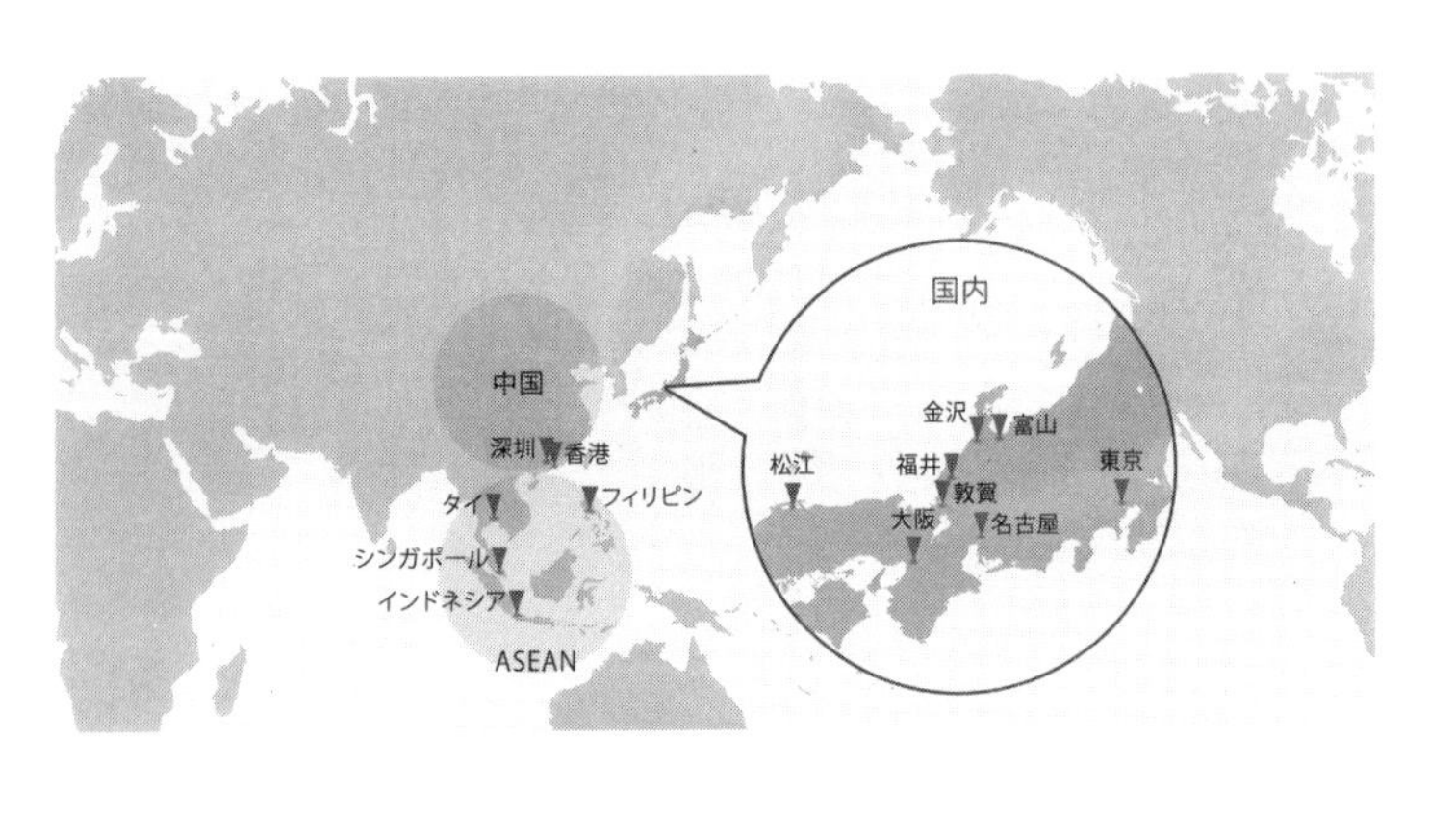

国内・アジアで展開する拠点ネットワーク

ホールディングスが、15年に民事再生法の適用を申請した。中国での過大な未回収売掛金が原因だった。この事態を受け、興和（名古屋市中区）のグループの一員となり、それまで弱点だった海外の与信管理や、各国の税務・法務に対応する本社組織を再構築。アジアを中心に顧客のグローバル展開を支え、現地有力企業との取引も開拓する考えで、人材の教育、語学研修にあらためて力を入れている。

18年3月期の売上高は前期比4・6％増の約467億円、19年3月期は500億円超を見込み、業績は順調。市川社長は「北陸の商社として顧客ニーズに寄り添いつつ、いち早く提案する力を磨く。新事業分野にも挑戦して中長期で売上高1000億円を狙う」と語る。

長寿のひけつ

「顧客主義」を徹底

堅実に地域の企業を支えてきた歴史が強みだ。2015 年から同社指揮を執る市川社長は興和の出身。就任のあいさつ回りで「顧客のみなさまが江守商事に強い信頼を寄せてくれていることを実感した」と話す。今後はリスク管理の上で、市場のニーズを先取りしたビジネスにも力を入れる。海外ビジネスの経験が豊富な市川社長の陣頭指揮のもと、顧客の信頼を得てきた老舗企業の良い部分を残しながら、体質改革を着実に進めている。

会社概要

所　在　地：福井県福井市毛矢 1-6-23
電話番号：0776-36-1133
創業年月：1906 年 3 月
事業内容：化学品・電子材料・電子部品・合成樹脂・繊維加工剤・環境関連商品の販売・輸出入

URL：https://www.emori.co.jp/

地域に密着し、中小企業の経営を細やかに支援

大阪商工信用金庫

大阪商工信用金庫は大阪市内を中心に本店を含む有人19店舗を構える。地域に密着し、中小企業の経営を細やかに支援するサービスを強みとする。金融機関の健全性を示す自己資本比率は2018年3月期末で8・85%。国内行で最低限必要とされる4%の2倍を上回る。預金と貸出金も毎年増やしている。16年10月には、介護・育児・共働きなどの事情で来店が難しい方々の利便性を考えて、非来店型店舗での「まいどおおきに定期」を始めた。時代の変化に合わせ、預金のサービス向上や効率的な獲得も図っている。

社是・理念

信用と社会的責任を重んじ、健全な経営を行う。／お客さま本位の経営を行う。／積極性、先進性、合理性を重視し、進取の経営を行う。／人間尊重の精神に則り自由闊達な庫風を創る。／高い見識と専門性を備えた清廉な人材を育成する。

理事長
多賀 隆一 氏

■顧客の経営課題解決を細やかに支援

世界恐慌が起きた1929年に大阪商工信用購買組合として誕生した。昭和初期の金融恐慌、第2次世界大戦、大阪空襲による本店焼失と苦難が続いた。51年に信金へ改組。経済の高度成長後はドルショック、オイルショック、バブル経済崩壊などに見舞われた。しかし、常に「地元・大阪に貢献する」理念を貫き、発展を遂げてきた。

特に近年はサービスを充実。2016年には顧客の経営課題を解決する「大阪商工ファインダーサービス」を始めた。助成金・補助金、人材紹介、不動産活用、事業承継、M&Aなどを専門企業とともに支援する。17年には「入札&補助金情報配信サービス」も開始した。顧客に関係する同情報を電子メールで配信する。多忙で情報収集に時間を割けない経営者から好評で、約350社が登録している。

2017年9月19日に開いた新本店ビルへの移転オープン式

第12回「大阪商工信金社会貢献賞」の授賞式

地域とともに発展する姿勢を大切にしている。その一環として07年に「大阪商工信金社会貢献賞」を創設。社会課題の解決に向けて地道な活動に取り組む団体を毎年表彰し、助成金を授与している。職員と元職員の自主募金で団体を支援する「さくら賞」も09年に設立した。両賞を合わせた表彰団体数は18年までに96に上る。

17年には大阪の中心である本町へ本店を移転した。分散していた業務や部門を集約し、情報を緊密に共有。本店の事務機能を効率化・迅速化する体制を整えた。

29年の創業100周年に向けて「100周年構想委員会」も17年に設置し、中堅や若手の職員をメンバーに議論を展開。時代の変化に対応できる経営ビジョンの策定に取り組んでいる。

長寿のひけつ

経済の変化を柔軟にとらえ、顧客拡大

従来の製造業中心から、宿泊、飲食、医療・介護などサービス業の取引先も増やしてきた。大阪市内の店舗網もビジネスや交通に便利な梅田地区まで進出。経済の変化を柔軟にとらえ、一度も合併せず堅実経営を続けている。ただ、対面営業で信頼を得る手法は変えず、足腰の強さも保っている。多賀理事長は「地元への貢献を第一に考えれば、結果的に適正な収益をいただける」と自信をのぞかせる。

会社概要

所在地：大阪市中央区本町 2-2-8
電話番号：06-6267-1636
創業年月：1929 年 5 月
事業内容：預金業務、融資業務、為替業務、代理貸付業務などの信用金庫法に基づく代理業務

URL：http://www.osaka-shoko.co.jp/

地域に密着することにより
この街の未来をひらく

北おおさか信用金庫

北おおさか信用金庫は、2014年2月に中小事業者取引のウェイトの高い「十三信用金庫」と個人取引のウェイトの高い「摂津水都信用金庫」が合併して、北大阪地域を地盤とする最大級の地域金融機関として誕生した。

合併後はスケールメリットの享受に加え、店舗の統廃合や経費削減などで経営基盤と財務体質を強化。こうして発展し続ける中でも、地域や顧客が抱える課題に真摯に向き合う姿勢は創業時から変わらない。金庫が元来受け継いできた地道な訪問活動により顧客目線に立った各種施策や取

社是・理念

- 《きたしん》は、地元に密着し、地域経済の発展に貢献します。
- 《きたしん》は、お客さま一人ひとりの幸せを支えます。
- 《きたしん》は、地域に貢献できる人づくりに努めます。

理事長
若槻　勲 氏

り組みが顧客の信頼につながっている。地域密着を推し進めた信用金庫として地域で存在感をさらに高めている。

その1つの証左が2018年12月、帝国データバンクによる「メーンバンク調査」で、2年連続して大阪北地区でトップに立ったことである。地区別で信用金庫がメガバンクを抑えてトップに立つのは同調査が開始されて初の快挙であり、地域密着型営業による高い信頼が、このような結果となって表れている。

■地域の発展を、地域とともに目指す

北おおさか信用金庫は地域金融機関として、地方創生に積極的に取り組んできた。各自治体が抱える課題はさまざまであるが、自治体の垣根を越えて北大阪地域全域で取り組む事業について、率先して企画・立案に参画している。その一例として、地元の7市1町と「北摂広域市町村産業

本店外観

うまいもん市　食の彩展 in 北おおさか

振興連携会議」および「連絡協議会」を立ち上げ、定期的な情報交換会を開催している。併せて、20年来続いている「ビジネスマッチングフェア」に加え「就職合同説明会」「うまいもん市」などを開催し、地域の中小企業を手厚く支援する。

北おおさか信用金庫が営業地域とする北大阪地域は道路などのインフラ整備が進み、住宅地として脚光を浴びている。これを受け、個人向けの生涯パートナー機能を担えるようなサービスの充実を図っている。一方で、中小企業経営者の高齢化などによる事業継承が、同地域でも大きな課題となっている。これまでの地元中小企業の経営支援や創業支援に加え、事業承継にも注力することで、北大阪地域の発展に寄与し続けていく。

長寿のひけつ

信用金庫の本質となる地域密着に徹する

北おおさか信用金庫は「地域と金庫は運命共同体である」という考えに徹し、地域の成長・発展に貢献する思いを持ち続けてきた。近年、日銀のマイナス金利政策による貸出金利低下や、異業種の金融分野進出により、地域金融機関の経営は厳しさを増している。こうした中、「メーンバンク調査」でトップに立ったことは、地域密着という信用金庫の本質を貫くことの重要性を示したと言えよう。

会社概要

所　在　地：大阪府茨木市西駅前町 9-32
電 話 番 号：072-623-4981
設 立 年 月：1925 年 4 月
事 業 内 容：預金業務・貸出業務、有価証券投資業務、
内国為替業務・外国為替業務、付帯業務

URL：http://www.kitaosaka-shinkin.co.jp/

フルサトグループの一員として「お客様」に絶対必要な存在に

㈱ジーネット

ジーネットの前身は1909年に鋲螺(びょうら)、金物類の店として創業した五味屋商店である。戦後は「五味屋株式会社」として機械工具を幅広く扱うようになり、中小企業が多かった機械メーカーの信用を創造。機械卸御三家の一角と言われるまでに成長したが、「機械メーカーが独自で販売先を開拓するほど力をつけてきても、大量仕入れ・大量販売のビジネモデルから抜け切れず業績が悪化。簿外取引の発覚もあり、ジーネットに改称した直後の90年代末に経営危機に陥った」と古里社長は経緯を語る。

社是・理念

【経営目的】

私たちは、ジーネットに関係あるすべての人々に対して、責任を果たし続けるため、経営の目的を“永続”と掲げています。そして、それを実現し続けるために、社会から必要とされる企業となるよう努めてまいります。

取締役社長
古里 龍平 氏

そのジーネットの経営再建に当たったのが、建築資材メーカーのフルサト工業である。2002年にはジーネットを100％子会社化。新体制下での信用の回復と、フルサトグループの成長エンジンとしての役割構築を進めた。

■マーケットインの考え方に転換

古里社長は「まず、大量仕入れ・大量販売のプロダクトアウトの代理店意識を、エンドユーザーのニーズを掘り起こすマーケットインに変える改革から始めた」と話す。その1つの例が、07年の岐阜商事の買収だ。同社はトヨタ自動車系の企業に切削工具を販売していた企業だが、ユーザーの潜在的な需要を顕在化させる提案手法のノウハウを持っていたため、当時の親会社に「売って欲しい」と頼みに行った。この思い切った手が、社員の意識を変えることに大きく貢献したという。「企業は永続しないと意味がない。付加

得意先に向けてのプレゼンに力が入る

エンドユーザー向け「かんたん解決カタログ」

価値を提供し続けることが大事」と説く古里社長。数多くのメーカーの特徴ある製品を整理し、最適な用途を示して必要とするユーザーとマッチングする卸商社にしかできないビジネスを進めている。例えばエンドユーザー向けの「かんたん解決カタログ」という冊子を販売店に配布している。エンドユーザーが気付かない問題点を想定し、解決策と効果を示して問題解決を実現してもらうのがコンセプトだ。テーマ別にシリーズ化して発刊している。

また、ロボットシステムインテグレーターの高丸工業（兵庫県西宮市）と組み、中小企業向けの自動化ライン導入支援システム事業にも今後力を入れる。顧客に絶対必要な存在となれるような取り組みを続けたい考えだ。

長寿のひけつ

メーカーの子会社だからこそできる

「メーカー直販のフルサト工業の子会社だからこそ、ユーザー目線に立ち続けられる」と古里社長は話す。例えば自動化ライン導入支援事業。導入企業のロボットオペレーターへの教育施設「ロボットテクニカルセンター」で教育にあたる。「ものづくり補助金」の申請書類作りまで指導するというが、高価なロボットを導入したい中小企業にとってはありがたい。まさにユーザー目線に立つ仕事だ。

会社概要

所 在 地：大阪市中央区南新町 1-2-10
電話番号：06-6946-9618
設立年月：1947 年 8 月
事業内容：工作機械、機具・工具、設備機械などの国内販売と輸出入、住宅設備機器の国内販売

URL：http://www.g-net.co.jp/

京阪神拠点にネットワーク広げ水産物販売で確固たる地位築く

㈱大水

大阪市中央卸売市場内に本社を置く水産卸大手。業界内では全国第2位の売上規模を持つ。京阪神地区を拠点に国内各地および海外とのネットワークを構築。4000以上の仕入先からおよそ6万アイテムの商品を仕入れて販売することで、水産物の安定供給に貢献している。

設立は1939年。大阪冷凍海老という商号でスタートした。戦後は大阪府知事から水産物卸売人として許可を受けるとともに、取り扱う商品の種類を広げていき、平成に入ってからは神戸海産物、京都魚市場などの企業を相次ぎ

社是・理念

【経営理念】
大水グループは、自然の恵みに感謝し、古(いにしえ)からの食文化を守り、新たな食の創造にも挑戦していきます。

代表取締役社長執行役員
真部 誠司 氏

買収して拠点も拡大。2019年は設立80年を迎える。

好不況の波が激しい水産物の流通業界にあって、長寿企業として存続している。その要因は、全国の漁業協同組合に直接アクセスできるという、大手商社にはない水産物卸売業者共通の強みがあるためだ。ただ、同社の強みはそれだけではない。「唯一の財産である営業マンの働きに支えられているところが大きい」と、真部社長は言う。

■営業マンに10カ条の心得浸透させる

長寿企業として存続してきた同社も、実は倒産の危機を2度経験している。10年前の2回目の危機時に社長に就任した真部氏は、経営再建は社員の頑張りしかないと、次の10カ条の心得を記したカードを営業マン全員に持たせた。①高い志を持て②仕事に喜びを持て③誇りを持て④自分を売り込め⑤モノの価値を売れ⑥サービスを売れ⑦情報を売

中央卸売市場でのせりの様子

水産物を使った料理を試食しながらの商談（左）
市場に並ぶ大水が取り扱う「マグロ」（右）

れ⑧笑顔を売れ⑨一歩先を行け⑩「にぎわい」を作れ――である。復興に特に力を発揮したのは、営業マンの熱意と創意工夫だろう。例えば同社の商談室にはキッチンが隣接しており、営業マンが水産物の調理法などをプレゼンして、商談を成功に導くことがしばしばある。

ただ、海外企業やネット流通企業との競争激化など、同社を取り巻く環境は厳しい。真部社長は「関西を基盤に世界の水産物市場を視野に入れて活動するなどの方針を盛り込んだ、新たな経営計画を作る」と話す。営業力、調達力を強め、海外との取引を拡大するほか、水産物加工会社などに対するM&Aで、垂直統合を進めることも視野に入れ、付加価値向上による収益力強化を目指す意向である。

長寿のひけつ

社会貢献の意識を浸透させる試み

徳島県美波町の古刹・薬王寺。ここに「魚藍観音」という像が建つ。唐の時代に仏が乙女の姿で現れ、竹籠に入れた魚を売りながら仏法を広めたという故事に基づく像だ。寄進したのは大水。「自然の恵みに感謝し食文化を守る」という経営理念を再認識する像として、毎年役員が供養に訪れる。社会貢献の意識を役員だけでなく社員全員に持たせるという同社。長寿のひけつはこんなところにある。

会社概要

所 在 地：大阪市福島区野田 1-1-86 大阪市中央卸売市場内
電話番号：06-6469-3000
設立年月：1939 年 4 月
事業内容：水産物全般の売買・輸出入および販売の受託、冷蔵保管および倉庫業

URL：http://www.daisui.co.jp/

社員の4分の1が技術者
電機・電子「技術商社」

㈱立花エレテック

1921年に電機関係製品の卸売業を目的に「立花商会」として創業した。現在、工場の自動化などを支える「FAシステム」、主に家電や電子機器に組み込まれる製品を扱う「半導体デバイス」、工場・ビルなどに向け空調や昇降機を提案する「施設」の主要3事業を展開している。三菱電機製品の大手代理店であるとともに、顧客ニーズに合わせて多様な製品やシステムを提案できる技術商社。2001年に社名を現在の「立花エレテック」に変更、05年に東証1部上場を果たした。

社是・理念

電機・電子の技術商社として、優れた商品を最新の技術とともに産業界のお客様にお届けすることを通じて、社会の発展に貢献する。

代表取締役社長
渡邊 武雄 氏

■ソリューション提案で勝負する

創業時から三菱電機製品を扱ってきた歴史を誇る。全社員の4分の1が技術者である強みを生かし、「モノ造りを創る」をキーワードに単なる製品販売にとどまらず、高度な技術力で顧客に最適なソリューションを提案する。

連結売り上げの6割を占めるFAシステム事業は強固な2次代理店網を構築し、あらゆるソリューションで工場の自動化を支援する。さまざまなメーカーを組み合わせたロボットシステムの提案にも注力している。

高度成長期に急成長を遂げた半導体デバイス事業は、家電メーカーの海外進出に伴い1970年代からシンガポールと香港に進出。2000年代からは、大手半導体メーカーの統合や家電メーカーの合併により、多くの商社が販売先を失う中、ユーザーの製品開発から密接に関わる技術力で荒波を乗り越えてきた。「モノを仕入れて売る」だけでな

2018年東京支社に開設したショールーム

飲みニケーション施設「人間道場」は多くのメディアに取り上げられた

く技術力を加えて商品を提供する力が厳しい半導体業界での生き残りに奏功した。

ＡＩ、ＩｏＴ時代に必要なＭ２Ｍ（機械間通信）技術の確立にも取り組んでいる。18年には、アジア最大級のＩＴ・エレクトロニクス展示会「シーテック・ジャパン」にグループを挙げて初出展。ロボット、ＡＩ、ＡＲを組み合わせた「近未来ミニチュア工場」を展示し反響を呼んだ。また「社員が幸せを感じている会社は発展する」という渡邊社長の考えのもと「人基軸経営」を推進。体質改善プロジェクト「Ｃ．Ａ．Ｐ．ＵＰ１５００」を展開するほか、研修施設内に上下関係を超えた飲みニケーションで交流を図る「人間道場」を設置。渡邊社長は「既存の殻を打ち壊す闘争心を持て」と社員に呼び掛けている。

長寿のひけつ

身の丈に合った背伸び

大きな変革を経験しながら、単年度赤字を出したことがない。それは「技術商社」として顧客へ深く関わり続ける姿勢と「身の丈にあった背伸び」を実行してきた結果だろう。顧客と向き合い、今やるべきことをコツコツ積み上げながら挑戦する姿勢が、まもなく創業100周年を迎える長寿のひけつだ。

シーテック・ジャパン 立花エレテックブース

会社概要

所　在　地：大阪市西区西本町1-13-25
電話番号：06-6539-8800
創業年月：1921年9月
事業内容：産業用電機・電子の商品、システムを販売する技術商社

URL：http://www.tachibana.co.jp/

京滋地域に密着した機械工具商
工作機械と切削工具の専門集団

㈱タナカ善

京都府と滋賀県を中心に事業を展開する機械工具商社。電子部品や半導体、これらを生み出す産業機械、農業機械など、地域ごとに特色ある産業が栄える京滋エリアの地域商社として、顧客ニーズにきめ細かく応えるべく幅広い商材を取り扱い業容を広げてきた。「機械工具商は特徴がないと生き残れない。当社は工作機械と切削工具の専門集団」と田中社長は胸を張る。同社は単なる売り切り型ビジネスではなく、トータルアドバイザーとしての顧客サポートで競合他社と差別化を図る。技術が進展する中、工作機械と

社是・理念

お客様のために　みんなのために　社会のために

代表取締役社長
田中 善隆 氏

テクニカルアドバイザーを配置し、多様な加工のアドバイスから試作加工まで請け負う「マシンツールセンター」を2017年に彦根事業所（滋賀県彦根市）で開設した。18年には本社敷地内（京都市南区）にも同センターを立ち上げてサービス体制を拡充。同センターでは加工対象物（ワーク）や材質に応じた加工の段取り、注意点、条件、効率化のアドバイスを行い、加工プログラムまで提供。講習会も開いて、顧客の困り事を解決している。

■トータルサービスで勝負

創業は1946年で、設立は50年。京都西陣で織機などを販売する機料店向けに、大阪の機械・金属の問屋街で仕入れた部品や工具の卸売りから始まった。金物商向けの電動工具や大工道具などの卸販売も手がけ、工具商としての地歩を固めた。高度経済成長で日本の衣食住をはじめ、産

マシンツールセンター

プライベートブランド「TZ シリーズ」

業構造が変化する中、工作機械や切削工具の販売へ舵を切り、電子部品や半導体製造装置向けサプライヤーへと顧客層を拡大した。

２０００年代に入り、滋賀県での顧客開拓を本格化し、営業所も複数開設した。同時期にプライベートブランド「ＴＺシリーズ」も立ち上げ、低価格で高品質なエンドミルなどを展開。同シリーズは現在、約５００アイテムを数える。トータルサービスの充実では「見せる展示会」をコンセプトに、２０１０年から京滋で最大の工作機械の展示会を主催。工作機械の設置・据付に必要な資格や、損害保険業の免許も取得した。顧客との接点拡大に向けてメンテナンスサービスに力を入れ、将来は工具の再研磨受託などの業容拡大も視野に入れている。

長寿のひけつ

よく遊び、よく仕事する

タナカ善は創業以来、その時々の社会の変化、顧客ニーズを敏感に捕らえ、営業とサービスの両輪で対応してきた。創業者の故田中善通氏は天性の明るさとサービス精神で顧客から信頼され、親分肌で社員の心を掴み、地歩を固めたという。受け継がれてきた「よく遊び、よく仕事する」の精神のもと、過去から変わらぬ“団結力”で次代のモノづくりをサポートしてきた。

会社概要

所 在 地：京都市南区上鳥羽西浦町 54
電話番号：075-671-6900
設立年月：1950 年 11 月
事業内容：機械工具商社

URL：http://www.tanakazen.co.jp/

自動車業界の潜在ニーズを掘り起こす開発型企業

中央自動車工業㈱

自動車業界向けのさまざまな資材や部品を製造・販売する。国内は自動車販売店向けのコーティング剤やエンジンオイル添加剤などを主力商品とし、官公庁や企業向けのアルコール検知器などの製品も展開する。海外は60数カ国に自動車のエンジンやサスペンションなどの補修用部品を販売する。坂田社長は「顧客の潜在ニーズを読み、新しい商品やサービスを開発する企業を目指す」と力を込める。

日本が戦後の混乱期にあった1946年、創業者の上野富造氏が産業資材や自動車部品を調達、販売する商社とし

社是・理念

世界のネットワークを通じて環境にやさしく、安全と豊かなカーライフを創造して、社会に貢献する。

代表取締役社長
坂田 信一郎 氏

機械
金属・鉄鋼・非鉄金属
化学・繊維・素材・医薬
電機・電子・精密機器
金融・商業
運輸・建設・輸送機器
ガス・その他製造

て設立した。自動車の普及や高度経済成長の波に乗って国内事業を成長させながら、自動車部品の海外販売や部品製造にも事業を広げた。特に、米社から製造販売権を得て始めたカークーラーは、カーユーザーの需要を捉えて拡大し、企業が成長するきっかけとなった。

ところが、80年頃から自動車メーカーがエアコンの内製を始めると業績は厳しくなる。部品事業が力を落としていたこともあり、90年頃までは既存事業や会社の収益構造を見直す時代が続いた。国内の部品事業は撤退してカー用品販売に転換し、携帯電話販売などの新規事業も始めた。

■自動車販売店向け事業に業態を転換

こうした難局を乗り越えて生まれた事業が、94年に米国のCPCから日本の独占販売権を得た車用コーティング剤「CPCペイントシーラント」だ。自動車販売店が納車前

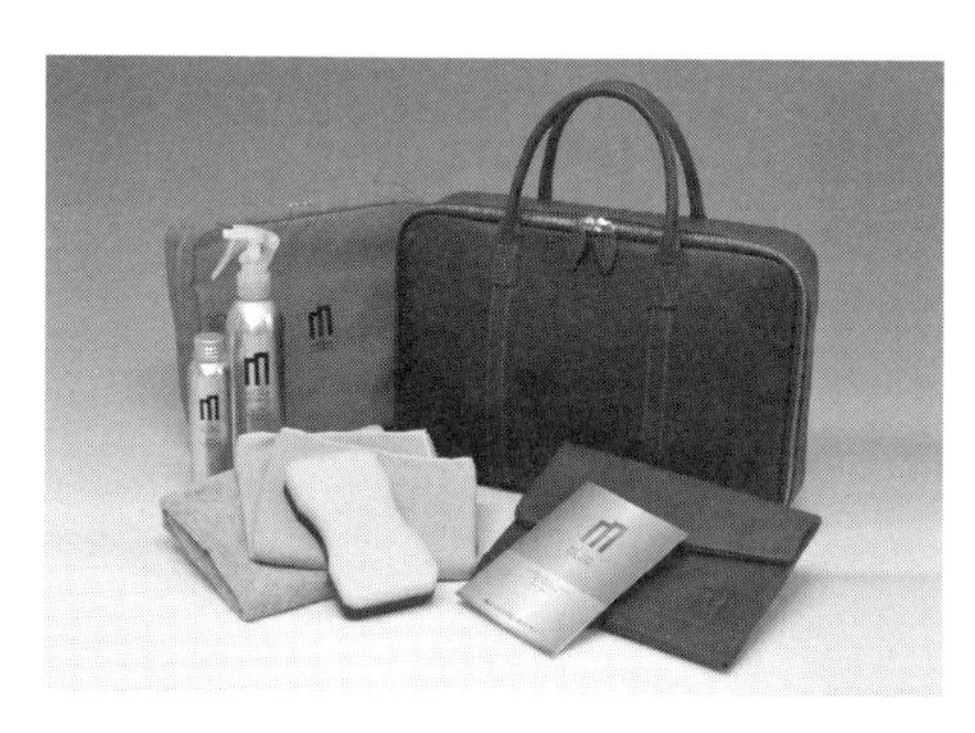

コーティング剤「CPC ボディーアーマーマキシム」

2017年に開設した研究開発施設「中之島R＆Dセンター」

の新車にコーティングを施すことでユーザーの洗車の手間を減らし、塗装の美しさを保護する。販売店の収益向上にも貢献できる手法が効を奏して、事業を拡大した。坂田社長は「量販店向けのカー用品事業から、販売店と協力して商品やサービスを向上し、ユーザーのニーズを掘り起こす業態に変われた転換点」と振り返る。

コーティング剤などの製造のほか、2017年には研究開発施設「中之島R&Dセンター」を開設。坂田社長も「自社製品を生み出す研究開発型企業へと変身した」と胸を張る。中国や東南アジアなどに拠点を増やし自動車部品の商社事業も拡大。18年には、韓国の部品メーカーと合弁でベトナムにサスペンション工場を建設するなど、メーカー事業の展開も視野に入れる。

長寿のひけつ

時代に応じ、絶えず変化を追い求める

坂田社長が「70年間、時代の変化に応じて柔軟に業態を変えてきた」と説明するように、変化を恐れず、追い求める姿勢が長寿のひけつに違いない。また、創業期や苦しい時代に耐えた社員や経営陣の存在も重要だ。そのため、坂田社長は礼儀や挨拶から語学や事業に関連する社内研修を増やし、人材の育成に力を注ぐ。「毎年少しずつで良いから増収増益を続け、100年、200年続く会社にしたい」との考えだ。

会社概要

所 在 地：大阪市北区中之島4-2-30
電話番号：06-6443-5182
設立年月：1946年5月
事業内容：自動車部品、用品、関連サービスの開発・販売

URL：https://www.central-auto.co.jp/

エンジニアリング専門集団を掲げる商社

椿本興業㈱

椿本興業は、国内外の生産現場を広くサポートする専門商社。事業分野は、変減速機などを取り扱う「動伝（動力伝達）」、搬送機器（FA機器）や自動化・省力化システムなどを提案する「設備装置」、化繊や樹脂成形品を扱う「テクノマテリアル」、画像処理システムを中心とした「センシング」など多岐にわたる。中でも主軸は動伝と設備装置だ。

商社であるがその強みは「技術力」にあり、顧客の真のニーズをくみ取り、最適な機械を提供する。顧客の要望を満たすことができるモノがなければ、パートナーメーカー

社是・理念

【社是】

吾々は社業を通じて社会に貢献することをモットーとする。

吾々はその繁栄を常に怠りなき商品の開発とたゆみなき販路の開拓によって達成させる。

【Our Vision】

Advanced Technology for Optimum Machinery

―最先端の技術で最適な機械をお客様に提供します―

代表取締役会長
椿本 哲也 氏

と協力し、ニーズに最適な製品を自ら作り出すこともある。そうした最適商品を提案・提供するために、社内の技術者はもちろん、営業担当も高い技術力や技術知識を持つ。両者の持つ知識と技術力を掛け合わせることで、高度な提案を行い、顧客満足度を最大限に引き出す製品提供を実現している。同時に、顧客からの高い信頼につながっている。その信頼を裏打ちするように18年には、中国・深圳(しんせん)の現地企業に液晶の偏光板生産設備一式に関する大型受注を獲得した。もちろん、この設備にも同社のエンジニアリング技術が最大限に生かされている。

■技術を持って活躍の場を拡大

同社は1916年に創業。タイヤやチューブなどのゴム製品や化成品を販売していた。創業間もない頃にはラジオの受信機の製造を手がけたこともあった。さまざまな事業

ロボットを活用したシステムも多く手がけている

海外では日系企業だけではなく、現地企業へも積極的に営業展開している

に挑戦してきたがゆえに失敗もあったが、その失敗を糧に先見の明を養ってきたことが今日の発展につながっている。

90年代以降は海外展開にも積極的に取り組み、シンガポールに現地法人を設立した。それに続き、上海、韓国、東南アジア各国などにも進出。2018年にはミャンマーにも駐在員事務所を設立し、現地指導にもあたっている。

今後は、工場などの製造現場における省人化・無人化の加速や、製造業以外の各種サービス分野でもロボットや自律搬送車の導入が進むことが予想される。技術を重視し、エンジニアリングに力を入れてきた同社の持てる豊富な知識と経験を生かして、活躍の場をさらに広げ、各種産業の発展に貢献していく。

長寿のひけつ

「人間中心」の考えで頼られる人材を育てる

「人間中心」の考えが、100年超継続してきた一因だろう。商社でありながら顧客とともに高度なモノづくりに取り組み続けることができたのは、ひとえに社員一人ひとりの知識や技術力にある。若手社員にも大きな案件を一任し、挑戦させて経験を積ませている。それぞれが独自の強みを身に着けることで、多様な顧客ニーズを引き出し、難題に挑み、解決するエンジニア集団を築き上げた。

会社概要

所在地：大阪市北区梅田3-3-20　明治安田生命大阪梅田ビル
電話番号：06-4795-8800
創業年月：1916年10月
事業内容：動力伝達機器事業、設備装置事業、テクノマテリアル事業、センシング事業

URL：http://www.tsubaki.co.jp/

切削工具商社としての強みを生かし商品開発に注力

土佐機工㈱

1948年創業の切削工具専門卸商社。2018年に70周年を迎えた。工具の卸販売を主業とする土佐機工とゼノー商事、工具製造を主業とする菱高精機と大協工具製作所の4社でグループを形成。菱高精機も50周年、ゼノー商事も46周年とグループとしても節目の年を迎えた。

社名にある「土佐」（高知県）は同社にとってゆかりの地だ。創業者・町田菊一氏の故郷で、1968年には同県中土佐町の過疎対策として県の誘致で切削工具製造工場を設置した第1号となった。菊一氏の篤志により誕生した「中

社是・理念

お客さまの立場に立ち、時代の変化を把握することで潜在的ニーズに合った商品開発を行い、加工ノウハウの蓄積による問題解決能力を高める。／社員やシステムの質の向上に努め、全社的に信頼されるトータル品質を重視する。／「企業品格は社員人格」という信念のもと人材育成に努め、公明な人事評価を心がけ自由な雰囲気で社員の個性を伸ばせる企業を目指す

代表取締役
町田 淳一郎 氏

土佐町立美術館」では、2年毎に開催する公募展に協賛するなど現在も地域社会への貢献を精力的に行っている。

■主力製品を軸に新商品も積極展開

同社の強みは商社でありながら、メーカー機能を持つ点だ。ユニークな商品名も特徴で、正面フライス「メガトン龍馬」や、ジャンボジェット機が日本に初飛来したことにちなんで命名した超硬（附刃）エンドミル「ジャンボ」などがある。同エンドミルは姿はミニでも力は「ジャンボ」と親しまれ、同社の礎を築いた商品だ。

現在、力を入れているのは、新製品の深穴加工用のBTA工具「侍」だ。BTA工具は切りくずを自らの工具内から排出する仕組みになっているため、切りくずが詰まらずに加工径の10倍以上の深穴加工が可能である。高剛性や耐欠損性に優れた独自の3次元形状を持つインサートチップ

深穴加工用のBTA工具「侍」

ドリル、リーマ、エンドミル、タップの研磨に対応し、コンパクトかつ高剛性、高精度、低振を実現した５軸制御全自動工具研削盤「イプシロン」(左)、「イプシロンQ」(右)

を使用し、さまざまな加工材質に対応可能だ。また、５軸制御自動研削機「イプシロン」も市場から好評を得ている。タッチパネルによる簡単な操作で、各工具メーカーの多様な刃型形状の研磨ができる。現在、市場の声に応えて小型の「イプシロンQ」を開発しており、２０２０年に販売を予定している。

今後の事業展開としては、開発に注力する。高い生産性を提供する「よく切れる工具」を目標に掲げ、年間２～３個の新商品の開発を目指す。さらに新規事業による、新たな顧客の獲得も見据える。町田社長は「時代の流れとともに新たな価値を社会に提供しなければならない」と強調する。最新テクノロジーとこれまでのノウハウを生かして、さらなる発展を目指す。

長寿のひけつ

チームワークを高めて新規事業にも挑戦

全国10カ所の拠点における社員のつながりを深める狙いで、2017年にテレビ会議を導入。社員間でのコミュニケーションの活発化と社内の情報共有に活用していく。「チームワークがある企業こそが組織力がある企業」という町田社長の思いが、こうした取り組みに表れている。100年企業への足がかりとして、グループ内で蓄積した情報を活用し、新規事業を立ち上げることにも意欲を見せる。

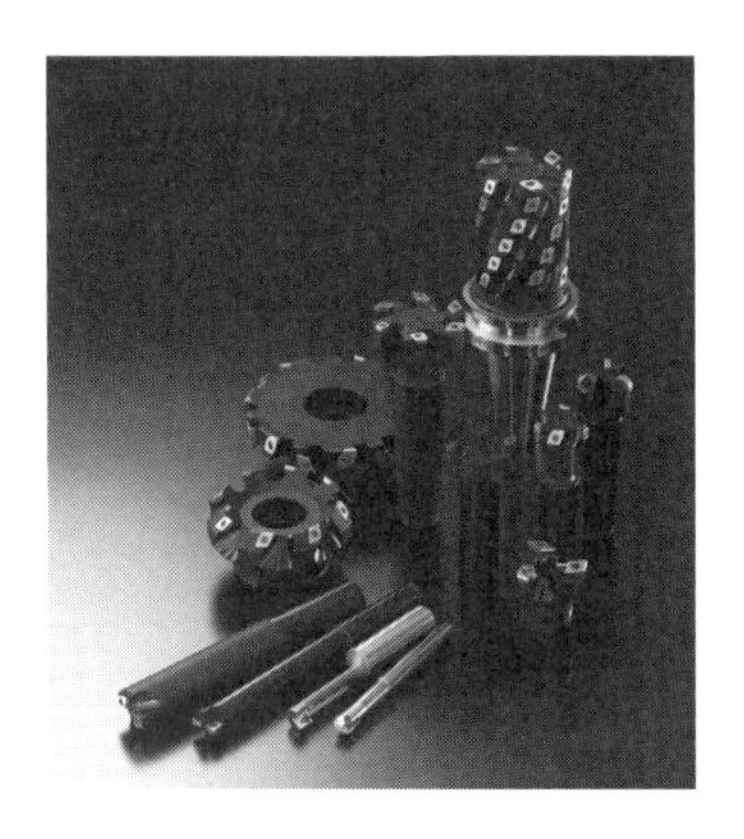

会社概要

所在地：大阪市西区新町4-10-31
電話番号：06-6538-7001
設立年月：1948年10月
事業内容：切削工具や工作機械の専門卸商社

URL：http://www.tosainc.jp/

機械要素部品などの提供で生産現場を支援する専門総合商社

㈱日伝

日伝はメカニカルパーツ&システムの専門総合商社。モノづくりの現場で必要とされる多彩な機能をもった機械要素部品やあらゆる生産システムを販売する。

機械・装置メーカーから商材を仕入れ、全国のディーラーやユーザーに供給。また、省力化、省コスト、自動化、高精度化、環境対応など、モノづくりの現場が抱える課題に対して、最適なソリューションを提供する。これらの取り組みによって、あらゆる産業に深く貢献してきたことが、永年にわたり発展を続けてきた理由の1つだ。

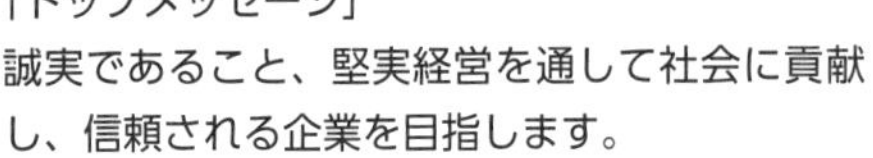

社是・理念

「誠実」

われわれは常に誠実を旨として行動します。

「トップメッセージ」

誠実であること、堅実経営を通して社会に貢献し、信頼される企業を目指します。

代表取締役社長
福家 利一 氏

■Face to Faceで顧客に寄り添う

もう1つの理由は、商社としての競争力の源泉となる「人財育成」に積極的に取り組んできたことにある。多様な人財を育成し、「Face to Face」を基本として顧客との直接対話に軸足を置いたコンサルティング営業を展開することにより、着実に業容を拡大してきた。

日本国内を東部、中部、西部の3ブロックに分け、きめ細かい営業展開に取り組む。それとともに、「必要なモノを必要な時に」という顧客のニーズに応えるため、物流機能も充実。国内3カ所の物流センターで仕入れと物流を一体化した総合的な管理体制を確立している。

一方、海外にも営業ネットワークを持つのが日伝の強みだ。成長著しいアジア、特に中国を中心にタイやベトナム、そして米国にも現地法人を構え海外展開を進めている。

社内向けに周年記念行事などを実施し、さらに活気あふれる社内環境を築いている

自社展示会「MEKASYS（メカシス）展」を積極的に開催する

日伝の扱う商品群は動力伝導機器、産業機器、制御機器など幅広い。また、ロボットやその周辺機器をコーディネートした省力・省人化システム、IoTの提案にも注力している。

近年は現場で培った経験をもとに、展示会やセミナーを社員が企画し、さまざまな情報の発信とニーズの取り込みに取り組んでいる。主要なサプライヤーやディーラーと協業し、全国各地で「MEKASYS（メカシス）展」と銘打った展示会を開催。また、改善・効率化などをテーマにした「メカシスセミナー」も開講する。さらにモノづくりに携わるすべての人々を対象とした専門サイト「MEKASYS」を運営。商品のCADデータや仕様、価格などの情報を閲覧できる仕組みで提供価値を高めている。

長寿のひけつ

業績向上になくてはならない存在を追求

専門総合商社として歴史を刻んできた日伝。常に時代を先取りするチャレンジ精神が、その道のりを支えてきた。そして仕入先、販売先とともに社員を大切にする姿勢こそが自社の発展にも貢献している。さらなる成長に向けて事業領域の拡大、生産性の向上、管理体制の強化を重点施策に掲げている。顧客の業績向上になくてはならない存在を目指し続ける思いが、日伝の長寿企業のひけつでもある。

会社概要

所　在　地：大阪市中央区上本町西 1-2-16
電 話 番 号：06-7637-7000
設 立 年 月：1952 年 1 月
事 業 内 容：機械要素部品、工場設備・制御機器などの国内販売・輸出入ほか

URL：http://www.nichiden.com/

顧客本位の対応が好循環生み出す磁石商社

㈱二六製作所

二六製作所は1940年、由井二時三郎氏が東京都台東区で軍用機の計器に用いる磁石メーカーとして創業した。その後数年で2代目社長の由井譲氏が事業を承継、50年に滋賀県大津市に本社、工場を構えた。だが磁石製造は需要の伸び悩みや材料のレアアース調達を中国に頼らざるを得ないこともあり、厳しい採算を強いられた。このため歯科材料製造に参入。磁石に関しては製造から撤退し、仕入れ販売へと姿を変えていった。現在は1900種類の磁石を取り扱う商社として確固たる地位を築いている。

社是・理念

「積小為大」
創業以来「誠実なものづくり」の社風で培われた琴線に触れる対応を常に心掛け、愚直な積み上げの大切さを説いた言葉である「積小為大」の精神を堅持し、お客様にとって必要とされる会社であり続けることを目指す。

代表取締役
八田 明彦氏

現社長の八田氏は由井譲氏の娘婿にあたる。大学卒業後、住宅メーカーで注文住宅の営業で成果を上げ、38歳の若さで取締役に就いていた。転機は2002年、義父で先代社長の由井譲氏が倒れ、2日後には逝去。二六製作所の社内には後継者候補がおらず、3代目社長に義母の由井美代子氏が就任。娘3人の夫に後継が打診された。

■突然の承継を機に事業を再構築

当時の八田社長には、同社を継ぐことは念頭になかった。しかし、会社の様子を見るとトップの急逝にも関わらず、それまでどおり仕事を続けねばならない社員の姿があった。その姿を見て「自分が背を向けると会社が成り立たない」との思いが込み上げ、引き受けるしかないと腹をくった。専務として妻とともに入社し、06年に社長に就任した。就任後、八田社長は神戸市内の自宅から大津市まで長距離

モノづくりを行っていた頃の本社工場（滋賀県大津市）

1900 種類もの磁石を取り扱う

通勤を続けながら、衰退していた会社の立て直しに心血を注いだ。歯科用金属材料製造はセラミックスの需要が増し、金属需要が減るという見通しと、医療事故へのリスクを考慮して撤退。事業を再構築し、本社を神戸に移転し、磁石商社として再スタートを切った。

本社は神戸市内・旧居留地の洋風建築の立派なビルに構えた。八田社長は「宣伝効果に加え、社員が誇りを持てる」と狙いを語る。ホームページには磁石に関する情報を満載し、顧客からの問い合わせには丁寧に答える。同社にとっては「当たり前」だが、現代のネット社会では「神対応」と話題になり、拡散していく。「小さいけれど奇をてらわずにやっている会社に」という思いが、好循環を生んでいる。

長寿のひけつ

事業承継にとどまらぬ経験を生かした改革

八田社長は経営を承継するだけでなく、サラリーマン時代の経験を生かして自分の考えに基づいて会社を変えていった。顧客満足を得るための商売を徹底し、顧客に直接対応する社員の働きやすさも追求。「薄暗い倉庫のイメージは働く人の意欲も喪失させる」と倉庫を本社オフィスに隣接したガラス張りの明るいスペースにした。改革は自身だけでなく会社そのもの、社員らの運命をもガラリと変えた。

会社概要

所　在　地：神戸市中央区海岸通3　神戸海岸ビル7階
電話番号：078-392-2126
創業年月：1940年1月
事業内容：永久磁石および永久磁石関連商品の加工・販売

URL：https://www.26magnet.co.jp/

変化対応と挑戦で流通の社会インフラを担う

㈱PALTAC（パルタック）

ＰＡＬＴＡＣは、１２０年続く化粧品・日用品、一般用医薬品を取り扱う中間流通事業者である。１８９８年に角倉種次郎氏が、白粉、せっけんなどを取り扱う「おぼこ号角倉支店」を大阪船場にて開業したのが始まりである。

現在では、売上高約1兆円、年間出荷個数は30億個、国民一人当たり25個が同社を介して流通している。メーカーと小売業を繋ぐ中間流通であるがゆえに目立たないが、正に人々の豊かで快適な生活を支えるインフラ企業である。

同社が経営で大事にしているのは、社是「誠実と信用」

社是・理念

- ●誠実と信用
- ●私たちは流通を通じてお取引先の繁栄と人々の豊かで快適な生活の実現に貢献します
- ●顧客満足の最大化と流通コストの最小化

代表取締役社長
糟谷 誠一氏

の精神である。これを原点として、社員は迷い悩んだ時はこの行いは「誠実であるか?」「信用を失うことはないか?」と自問自答し行動してきた。「誠実と信用」の姿勢を大切に、いつの時代も「進取の気性」を忘れず、常に先を見据えて変化を察知し、新しい事に挑戦し続けてきた。

■変化に対応し、挑戦を続けて成長

古くは1948年、同社株式を社員や取引先などに公開し、代表者を創業家以外から選任するなどオーナーがいない開かれた企業となった。70年代からは、進展する小売業の全国化に合わせ、同社も全国規模での対応が必要と考え、各地の卸との提携や合併を重ね規模を拡大。時代に合わせた変化への対応で全国の小売業に生活必需品を販売する体制整備を進めた。98年には、サプライチェーン全体の最適化・効率化を目指し、今までよりも効率的に商品をお届け

創業当時の仕事風景

← 一番右に写るのは
創業者 角倉種次郎氏

同社で初めてAI・ロボットを導入したRDC新潟を2018年に稼働

できる仕組みを備えた大型物流センター（ＲＤＣ）の全国展開に着手。２００６年には、小売業界におけるドラッグストアの成長を背景に一般用医薬品の取り扱いを開始。これは、従来の化粧品・日用品に一般用医薬品も合わせて一括で小売業へ届けることができれば、流通全体が効率化し、業界全体の発展につながると考えてのことであった。

近年は、労働人口減少による人手不足への対応が急務である。同社は18年、自社の効率的な物流ノウハウとＡＩやロボットなどの最新技術を融合させ、人員生産性が従来比2倍となるＲＤＣ新潟を稼働させた。今もなお、社会の変化をいち早く察知し、変化対応することでさらなる成長に向け挑戦し続けている。

長寿のひけつ

「三方よし」の精神と「進取の気性」

現代風に言えば「ESG（環境・社会・ガバナンス)」といえる、売手・買手・世間の「三方よし」を追求する精神が創業当時から息づいている。流通に携わるメーカー・小売業との連携や協力が業界全体の発展となり、その結果が自社の成長と考えている。常に少し先を見据えた「進取の気性」で変化を恐れず果敢に挑戦する姿勢。これもさらなる長寿へのキーワードとなっている。

会社概要

所在地：大阪市中央区本町橋 2-46
電話番号：06-4793-1050
創業年月：1898 年 12 月
事業内容：化粧品・日用品、一般用医薬品の卸売事業

URL：http://www.paltac.co.jp/

小回りの良さできめ細かくニーズ捕捉し、顧客のために汗流す

阪和興業㈱

阪和興業は主に鉄鋼製品を扱う卸売業として、1947年に大阪市で発足した。初代社長の北二郎氏が次弟の名出(旧姓・北)良作氏、末弟の北茂氏と共同で前年に旗揚げした「阪和商会」が前身だ。

阪和商会は、戦後の復興に取り組む建設業界や農家に建築資材や農業機械、鉄鋼製品を販売し、創業翌年の法人化を経て業容を広げていった。中でも、森林鉄道用の軽レールは取扱量が国内で最大規模になり、鉄鋼商社としての地歩を固めた。取扱商品は、鉄鋼をはじめ金属原料、非鉄金

社是・理念

【経営理念】

私たちは、時代と市場の変化に迅速に対応し、「流通のプロ」として顧客の多様なニーズに応え、広く社会に貢献します。

代表取締役社長

古川 弘成 氏

属、食品、石油、化成品、木材および機械など多岐にわたり、現在では100社余りのグループ企業を擁する。

主力の鉄鋼事業では、大口の需要家に加えて中堅・中小企業を対象とした小口販売にも力点を置く。難易度の高い鋼材加工へのニーズや、厳しい納期にもきめ細かく対応する「小回りのきく商売」が強みだ。

同社は創業以来の信条として「顧客のために汗を流す」姿勢を重んじ、顧客との間で「困った時には阪和」という信頼関係を築いてきた。2018年3月期の連結売上高1兆7911億円は、鉄鋼商社全体の中でこそ5位だが、大手総合商社系や鉄鋼メーカー系を除く独立系では首位だ。

■即納、小口、加工の3機能に磨き

最近はこうした取り組みをさらに強めるための方策として「そこか」戦略に力を入れている。そ（即納）、こ（小口対応）、

主力の建設向け鋼材

中国広東省東莞市のグループ企業、阪和鋼板加工（東莞）の工場に並ぶ薄板

か（加工）の3つの機能に磨きをかけ、顧客のあらゆる悩みに即座に応える狙いだ。加工などの点で同社の機能を補完する力を持つ中堅・中小企業との提携やM&Aが柱となり、同社にとっては、創業の原点に立ち返る取り組みと言える。

企業永続の条件を古川社長は「時代の流れをとらえる嗅覚と、速やかに実行するスピードを備えること」と指摘。今後は特徴ある資源投資を目指し、ニッケルやコバルトなど主に電気自動車向けで需要が急増しそうな電池の正極材に使う材料の取扱いに力を入れる。持続的な成長に向けた先行投資の多くをこれらの分野に振り向け、数年後には「正極材なら阪和と言われるようになりたい」と意気込む。

長寿のひけつ

創業の原点こそが持続的成長のカギ

阪和興業にもバブル景気のころ、時の経営者が財テクに走り、経営が傾いたことがある。こうした経験もあり、古川社長は創業の原点を大切にする。苦労をいとわず、顧客ニーズにとことん応えようと汗を流す姿勢が収益基盤の安定、さらには持続的な成長に向けて新規分野へ投資するための体力増強につながったと考えられる。

会社概要

所　在　地：大阪市中央区伏見町 4-3-9
電 話 番 号：06-7525-5000
設 立 年 月：1947 年 4 月
事 業 内 容：鉄鋼、金属原料、非鉄金属、食品、石油、化成品、木材、機械などの販売・輸出入

URL：https://www.hanwa.co.jp/

戦後から阪神淡路大震災を乗り越えて日本と世界の技術をつなぐ

㈱富士インダストリーズ

富士インダストリーズは、航空機の機体やエンジン製造に必要な部品・材料や機体製造用設備、一般産業用設備などを主に海外から国内に輸入販売する専門商社。川崎重工業をはじめ、主に航空機業界の顧客へ先端技術や新素材、ハイテク機器を提供している。山田社長は「城を築き、その周りを固めるように、事業拠点を中心に市場情報をおさえ、各エリアの顧客をケアする」方針を強調。国内外に拠点を広げ、国内は神戸の他に東京と名古屋、海外には米国に2拠点、ロンドン、バンコクの合計4つの拠点を保有する。

社是・理念

● PROACTIVE（事前に対策を講じること）
企業が継続していくためには、顧客や社内外関係者など相手の立場になって考え、気づきと気配りを持って、事前に積極的に動く「先手必勝」の精神が大切。

代表取締役
山田 純嗣 氏

■海外情勢への対応力を培う

同社の創業は、戦後間もない1946年。山田社長は「ゼロからの出発だったが、本社を置く神戸に拘らず、顧客のもとへ積極的に営業活動を行った」と説明する。95年1月の阪神淡路大震災で、本社は被災。ただ国内外の拠点は機能し続けた。山田社長は「拠点を分散させることによる固定費よりも、取引先の需要に応えるための供給手段を絶やさぬよう、柔軟にリスクヘッジしてきた」と振り返る。

海外との取引で懸念材料だったのが、為替変動の影響だ。山田社長は「常に経済情勢にアンテナを張り、リスクを切り抜けてきた」と話す。その工夫として、部署を越えた連携や情報共有、豊富な海外出張の機会を与え、社員の成長につなげてきた。入社2年目には、約10日間、入社5～6年目には数カ月間の海外研修を経験する。研修を通し、現

現在の神戸本社
拠点分散などのリスクヘッジにより、阪神淡路大震災で被災した際も、業務を滞りなく遂行できる環境を築いていた

航空機エンジンの部品などを取り扱う「機械金属部」

地スタッフと業務をともにし、海外感覚を磨いて社内に還元。モチベーションの向上に役立てる。
現在、売上高の85%が航空機関連の部品や素材、15%が一般産業用設備を扱っている。技術を専門とする社員は、海外拠点を含めた全体のうち約1割の15人ほどだが、顧客の需要をタイムリーに取り込むため、技術的な視点を発揮できる体制づくりに取り組んでいる。
例えば、大手メーカ出身のシニア技術者を採用し、若手社員を育成する技術・営業顧問が十数名在籍する。モノづくりに関連する専門的なノウハウを培っている。そのほかにも、山田社長は「若手にとって、直属の上司に相談しにくい内容を打ち明けられるなど、メンタル面でのサポート役も果たしている」と強調する。

長寿のひけつ

一人ひとりが活躍し、組織を強くする

士インダストリーズは、モノづくりの専門知識に加え、世界の経済情勢に精通した集団として、顧客の信頼を得てきた。山田社長は「組織と人との相乗効果」を重視。組織の方向性を定め、路線に見合った人材を育成・登用することで成長を遂げてきた。海外経験や部門をまたいだ人材交流、シニア技術者の知恵を若手に還元するなど、多方面で社員一人ひとりの活躍を後押ししている。

会社概要 

所 在 地：神戸市中央区明石町 32
電話番号：078-331-2521
設立年月：1949 年 6 月
事業内容：航空機製造用部材・設備、一般産業用設備、ワインなどの専門商社

URL：http://www.ficjp.com/

世界規模でモノづくりに貢献する機械商社

㈱マルカ

マルカ（旧・マルカキカイ）は、世界のモノづくりに貢献する機械商社として、顧客満足を満たす商品・システム、問題解決などを提案している。営業品目は幅広い。工作機械、鍛圧機械、樹脂成形機を主軸に、各種加工機械、土木建設機械、基礎機械などを取り扱い、昨今の人手不足にも対応し、省力化で力を発揮する産業用ロボットもそろえる。大型機械だけでなく、工場で使用するあらゆる機械器具も手がけるほか、建設機械のレンタル事業なども取り組み、あらたに食品製造機械の取り扱いをはじめている。

社是・理念

「人生是誠也」。個人の幸福、会社の繁栄、社会への貢献の三つが一致する経営を追求する。

代表取締役社長兼 CEO
竹下 敏章 氏

■海外拠点網による支援体制も充実

早くから海外でのビジネス展開に着手してきたことも大きな強みとなっている。北米や中国を筆頭にアジア各国の主要都市でグローバルビジネスを推進。日本で培った革新的な技術を世界各国へ提供している。国際的に構築するネットワークと60年以上におよぶ海外取引の実績をもとにして、積極的な営業活動を展開し、海外顧客からの信頼も得ている。グローバル展開では「世界4極体制」として、日本、米州、中国、東南アジア・インドの4極体制で顧客の海外進出、展開を手厚くサポートする。1959年のタイ進出を皮切りとした海外展開。今では事業基盤を支える大きな柱となっている。産業機械、建設機械ともに、国内外の有力メーカーが手がける製品をそろえ、顧客からのきめ細かな要望に応じる。

マルカは顧客のシステム化対応にも力を入れている。事

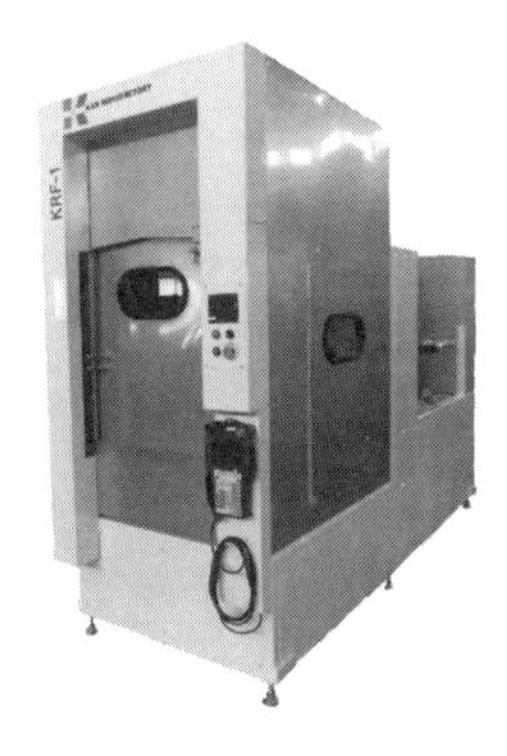

グループ会社の新製品（管製作所のロボット洗浄機）

Maruka
Unique Solutions

「株式会社マルカ」への社名変更とともにロゴも刷新した

業部門としては産業機械と建設機械および保険部門があるが海外ネットワークも活用し、生産設備については要望に合わせた仕様にカスタマイズすることで生産ラインの合理化・最適化に貢献する。メーカーとの共同体制も強みとなる。日本ではマルカメーカー会「ＭＭ会」と称して専門分野で独自技術を持つメーカーと最新技術の情報共有を新商品開発に生かし、マルカのチャネルで販売拡大と海外進出のお手伝いを手がける。海外はタイで「ＴＭＭ会」と称し、タイのメーカーと協力、顧客のコスト削減への貢献に取り組む。グループ会社にはプレス周辺機器製造や各種機械製造会社、エンジニアリング会社、工具商社、高所作業車レンタル会社などを抱える。

長寿のひけつ

顧客の満足を基に、海外事業への注力が飛躍の契機

「丸嘉」として設立したのが1946年。70年以上にわたって事業継続してきたが、設立時の紙・自転車・工具などの輸出入に、1955年の機械部門発足が大きな転機となった。工作機械、鍛圧機械、樹脂成形機などの取り扱いにより飛躍。2016年には設立70周年を迎え、2017年には新本社に移転、2018年には上場20周年を迎え、2019年4月1日より、「マルカキカイ株式会社」より「株式会社マルカ」に社名を変更した。

会社概要

所在地：大阪市中央区南新町2-2-5
電話番号：06-6450-6823
設立年月：1946年12月
事業内容：工作機械、鍛圧機械、樹脂成形機など産業機械と建設機械の国内販売・輸出入ほか

URL：http://www.maruka.co.jp/

北陸最大級、建設・産業資材のトータルサプライヤー

吉岡幸㈱

吉岡幸は機械・工具、鋼材、管材の商社で「建設・産業資材のトータルサプライヤー」を指命に事業展開する。福井県の全域、石川県の南部エリアに物流・営業拠点を有し、北陸の産業資材販売では3本の指に入る事業規模だ。

地域に立地する製造業の活発な設備投資、都市開発などをモノの供給で支えている。現在は、2023年の春の開業に向けて工事が進む、北陸新幹線の福井県内の延伸の各現場に、多種多様な資材を適時・的確に供給している。

創業者の吉岡幸四郎氏が1919年に始めた金物業から、

社是・理念

創業の原点として現在まで継承するキーワードが、「みんなが幸せになる」。
理念は「私たちはあらゆるニーズに対応し、産業界に役立つ技術・商品・情報の速やかな供給を基本理念とし、活力ある企業を目指すとともに、幸せで豊かな社会づくりに貢献します」

代表取締役社長
吉岡 正盛 氏

時代のニーズに応じて、機械・工具、鋼材、管材に事業の幅を広げてきた。いずれも高い販売シェアを維持しており、その中でも工作機械のシェアは福井県内で群を抜く。

2000年前半の鉄鋼不況下で、人員・拠点の再構築を余儀なくされたこともあったが、リーマン・ショックで世間が不況にあえぐ中、黒字を維持していた。2019年1月期は10年ぶりに売上高を200億円に戻した。

■大・小のフェア開催、総出で盛り上げ

強みとする総合力のひけつは、1982年から数年ごとに開く大型見本市「ゴールデンフェア」と春・秋の「スプリングフェア」「オータムフェア」だ。ゴールデンフェアは仕入れ先メーカー200社超が出展している。開催3カ月前になると、全社の営業マンが総出で出展メーカーと同行し営業に赴く。2018年は福井県産業会館を全館使い、

福井市の中心部に立つ本社社屋

効率よく多くの物量をさばく鋼材センター

3日間で1万4千人の客を招いた。

2019年は創業から100年。次の展開に備えて主要拠点のリニューアルを進めている。2017年より機工センター、管材センターと刷新し、2019年に本社ビルを大幅改修。北陸3県での営業エリア拡大や、商品研究を兼ねたロボットの導入など、新しい商材や技術の拡大に取り組む。また主要仕入れ先と、順次、受発注システムを構築し、業務効率化も推進する。

2019年の創業100周年を機に長期の経営ビジョン策定に着手を予定。「先の時代は読みづらいが、機械工具、鋼材、管材を間断なく届ける当社の基本は不変」と吉岡社長は語り、地に足を着けて先を見据える。

長寿のひけつ

「みんなが幸せになる」が経営の根幹!!

職場を包む家族的な雰囲気が印象的。「仕事に就けば、競争もあり、真剣勝負の世界。一人ひとりの仕事量も年々増えている。それを支える職場のやわらかい雰囲気は大事にしたい」と吉岡社長は語る。創業者である祖父も温かいリーダーで、業界における人望があったと振り返る。過去に経験した厳しい経済環境でも、持ち前のやわらかい社風が、きっちりした仕事、順調な回復を支えたと言えそうだ。

会社概要

所 在 地：福井県福井市宝永 3-22-5
電話番号：0776-22-2211
創業年月：1919 年 5 月
事業内容：機械・工具、鋼材、管材など産業資材全般の販売

URL：http://www.yoshiokakoh.co.jp/

技術情報の提供量と最速精神で全国の製造企業に貢献する商社

吉岡興業㈱

吉岡興業は元海軍参謀の吉岡忠一氏が1951年に創業した生産技術代行商社。第2次大戦後、それまで経験のなかった実業の世界に身を投じた創業者は、一人で工場を回っては注文を取り、商品を仕入れては翌日配達することを繰り返し、顧客からの信用を獲得した。海軍での経験から経営理念を大切にし、会社全体に理念を浸透させてきた。創業者の考え方は創業50周年を迎えた折に、「創業者を紐解く」としてまとめるなど、2代目社長の吉岡昭氏、3代目社長の吉岡洋明氏だけでなく全社員へと引き継がれている。

社是・理念

『至誠』（至誠は天に通ずる）
大理想に向かって成長してゆくならば、強く持続した願望を抱かねばならない。強く持続した願望とは、人ならば『誠』、企業ならば『理念』。これを世に顕現させてゆくことこそが人生、そして経営の使命にほかならない。これを名付けて、『至誠』とする。

代表取締役
吉岡 洋明 氏

吉岡興業はモノを売るだけの商社ではない。顧客の課題やお困りごとに、最適かつ最速な動きで応えるエンジニアリング商社だ。吉岡社長は「物販は物流代行だから面白みがない。私たちは生産技術代行商社を志向する」と語る。

過去の経営者の努力のおかげで老舗であることと、大手製造企業と直接取引できることを強みとする。「生産技術代行商社」として、機械加工や工事・メンテナンス、工場の自動化（FA化）などで顧客の生産性・安全性向上、コストダウンに貢献することを掲げる。

■「生技の味方」アピールで新規開拓

例えば新たな部品を求める顧客があれば、同社の加工工場ネットワークの中から、精度やコスト、納期などのニーズに応じて最適な業者を選定する。生産改善のための工場の自動化や工事・メンテナンス技術についても同様である。

元海軍参謀であった
創業者 吉岡忠一（上・左）。
神戸市兵庫区で創業した
当時の本社（左）。

最新の技術情報の提供に力を入れており、「神戸生産技術セミナー」「出前セミナー」「出前展示会」などを開催する。

顧客の生産技術の向上とコストダウンに貢献することを基本に据え、新たな顧客の開拓を「生技（生産技術）の味方」と称している。

社員、顧客、仕入先の三位一体営業を実践し、最適な情報をタイムリーに提供する。技術テーマごとにメーカーから専門の講師を招き、顧客の生産技術担当者に最新情報を伝える「神戸生産技術セミナー」を本社で開催。顧客の元に出向く「出前セミナー」「出前展示会」も行い、最新の技術情報の提供を心がける。

「神戸発！生産技術代行商社」と打ち出し、全国の製造企業に貢献。自社の強みを持つ分野毎に「機械加工センター」「中古機械センター」「工場工事センター」といった専門サイトを構築し、顧客それぞれのニーズに対応している。

長寿のひけつ

外部からの理念も組み合わせ、理想に向かう。

経営を継承するたびに理念を引き継いできたが、長年の間に緩みが生じることもあった。吉岡社長が入社した際には「社員のベクトルがばらばら」で、採算も悪化していた。そこで稲盛和夫氏が指導する盛和塾に学び、理念経営を取り入れるとともに採算管理を徹底。創業者から伝わる理念と外部から取り入れた理念を組み合わせ、それを浸透させることによって掲げる理想に一歩一歩近づいている。

会社概要

所　在　地：神戸市兵庫区駅前通 2-2-6
電 話 番 号：078-579-1177
創 業 年 月：1951 年 2 月
事 業 内 容：工作機械、工具、工場施設工事、設備保全

URL：https://www.yoshioka-kogyo.co.jp/

運輸・建設・輸送機器

プーリ製造技術を強みに国内にとどまらない成長

㈱カネミツ

カネミツは自動車エンジンの動力を伝える円盤状のプーリ（滑車）を製造。1枚の鋼板を転造ローラーで回転させながら立体化する回転成形法は、非加熱、金属屑も出さない。材料を最大限に生かすほか、加工時間も短縮できる。薄肉で軽量、高強度を実現する技術が高く評価され、プーリの国内シェアは40％を超える。

■国内事業の多様化とグローバル人材の育成

終戦間もない1947年。兵庫県明石市で板金溶接など

社是・理念

カネミツは技術を尊び技術でOnly-Oneを目指す。
カネミツは Only-One 技術で安全と環境に貢献する。

代表取締役社長
金光 俊明 氏

を手がける金光銅工熔接所として創業。52年に金光之夫氏が20歳で2代目社長に就任した。就任後は「オンリーワン」のモノづくりにこだわり続け「プーリといえばカネミツ」と言われるまでに至らしめた。当時のプーリは、複数の部品で成り立っていた。同社は回転して使われる製品なら回転して作ろうと考え、1枚の鋼板を高速回転させながらプーリを製造する技術を生み出した。この製造技術で、特許第1号を64年に取得。その後は、独自の技術開発に強い執念を持ち、申請した知的財産権の数は約1000件にのぼる。

オリジナリティあふれる技術力だけでなく、品質管理力の高さも同社の強みだ。プーリの量産体制を築き、成長軌道に乗っていた80年頃、自動車用プーリの破損事故が発生し、リコールに直面した。その際の徹底した原因究明と再発防止策が今にも続く品質保証の礎となっている。

タイ技術統括責任者（写真左）
（日本での技術研修制度修了生）

長崎市の研究開発拠点「リサーチセンター」

今後、ガソリン車のエンジン駆動に用いられるプーリの需要が減少することを予想し、プーリ製造で培った技術の応用研究に力を入れる。兵庫県加西市の工場敷地内に製品開発を担う「テクニカルセンター」、長崎市には産学共同の研究開発拠点「リサーチセンター」を開設。自動車のトランスミッション部品や電気自動車に使われる部品など新製品の研究開発に力を注いでいる。

またタイにも、2007年に技術開発センターを開設。海外向けプーリ開発の拠点である。日本で研修を受けたタイ人技術者は、インドやインドネシアの現地法人の技術を統括している。また海外拠点に派遣する研修制度を設けるなど、グローバル人材の育成に励んでいる。

長寿のひけつ

時流に合わせた技術開発と高い品質管理

リコールという「企業存続の危機」に直面しても、その経験をバネに高い品質管理体制を実現した。時代の変化に柔軟に合わせ、主力のプーリ製造技術を生かした自動車部品や家電製品など多様な新製品開発を進めている。長崎の拠点では長崎大学工学部との共同研究にも取り組んでいる。海外拠点で活躍できる人材の認定制度を設け、国内外で社員のモチベーションを向上させ、成長力につなげていく。

会社概要

所在地：兵庫県明石市大蔵本町 20-26
電話番号：078-911-6645
設立年月：1950年12月
事業内容：自動車、農業機械用プーリおよび鋼鈑立体造形品の開発・製造・販売

URL：http://www.kanemitsu.co.jp/

多岐にわたる請負サービスと高付加価値の物流サービスを展開

鴻池運輸㈱

2020年に創業140周年を迎える、大阪を代表する老舗企業の1つである。運輸という字を社名に冠しているが、物流サービスだけでなく、幅広い業界から業務の委託を受ける請負サービスも展開している。

1880年に建設業と運輸業を展開する「鴻池組」として大阪・傳法（現・大阪市此花区）で創業。1945年に運輸部門が独立して鴻池運輸となった。現在は製造業・サービス業の請負サービス、物流サービス（国内物流、国際物流、定温物流、倉庫）を主な事業としている。

社是・理念

【私たちの約束】（ブランドプロミス）
期待を超えなければ、仕事ではない

【私たちの使命】（企業理念）
「人」と「絆」を大切に、社会の基盤を革新し、新たな価値を創造します

代表取締役兼社長執行役員
鴻池 忠彦 氏

海外展開にも意欲的で、84年のシンガポール拠点開設を皮切りにアジア市場を積極開拓。85年に北米へ進出、93年には、日系物流企業として初のベトナム進出を果たした。

■医療、空港など請負サービスを拡大

物流サービスとならぶ事業の柱が請負サービス。鉄鋼、食品などの製造業や医療、空港などサービス業のお客様から、本業周辺のさまざまな業務を請け負う。製造業では原料受け入れから生産・保管・配送までの各工程に関わる。医療業界では、医療機関や医療関連メーカー、卸企業などを対象にした専門一貫物流サービスはもちろん、医療機器の洗浄・滅菌代行処理など高度専門技術を要するものまで幅広いサービスを提供。さらに空港業界では、国内の主要空港において航空貨物や手荷物の取り扱いから、航空機誘導や機内清掃、空港内のカウンター業務などの旅客サービ

医療業界向けサービス

インドで展開中の鉄道コンテナ輸送事業

スまで、広範な業務を請け負っている。

同社の強みは、お客様のニーズに応じて請負から物流まで一貫したサービスを、高品質かつ安全に提供できる「現場力」にある。お客様からの信頼は厚い。

海外市場では、インドを重点地域として注力。日本企業初の本格参入を果たした鉄道コンテナ輸送事業や、急拡大する医療のインフラ整備に貢献する新サービスの提供などを通じ、同国の社会課題解決に寄与していく考えである。

今後の持続的成長に向け必須となるロボットなど新技術の活用においても、導入する現場を熟知した「人」は欠かせない。「人こそ最も大切」と鴻池社長が強調する同社の「現場力」は、ますます重要になる。

長寿のひけつ

ブランド力強化でさらなる発展目指す

「期待を超えなければ、仕事ではない」。同社の長寿のひけつは、仕事に対するこの真摯な想いにある。このほど同社はこの「想い」を「私たちの約束」と定めて、社内外に発信を開始した。全社員が想いを共有し、お客様や社会から信頼され、持続的に発展していくためのブランディング戦略の一環である。企業理念も「私たちの使命」として再構築、同社はこの先の100年を見据えている。

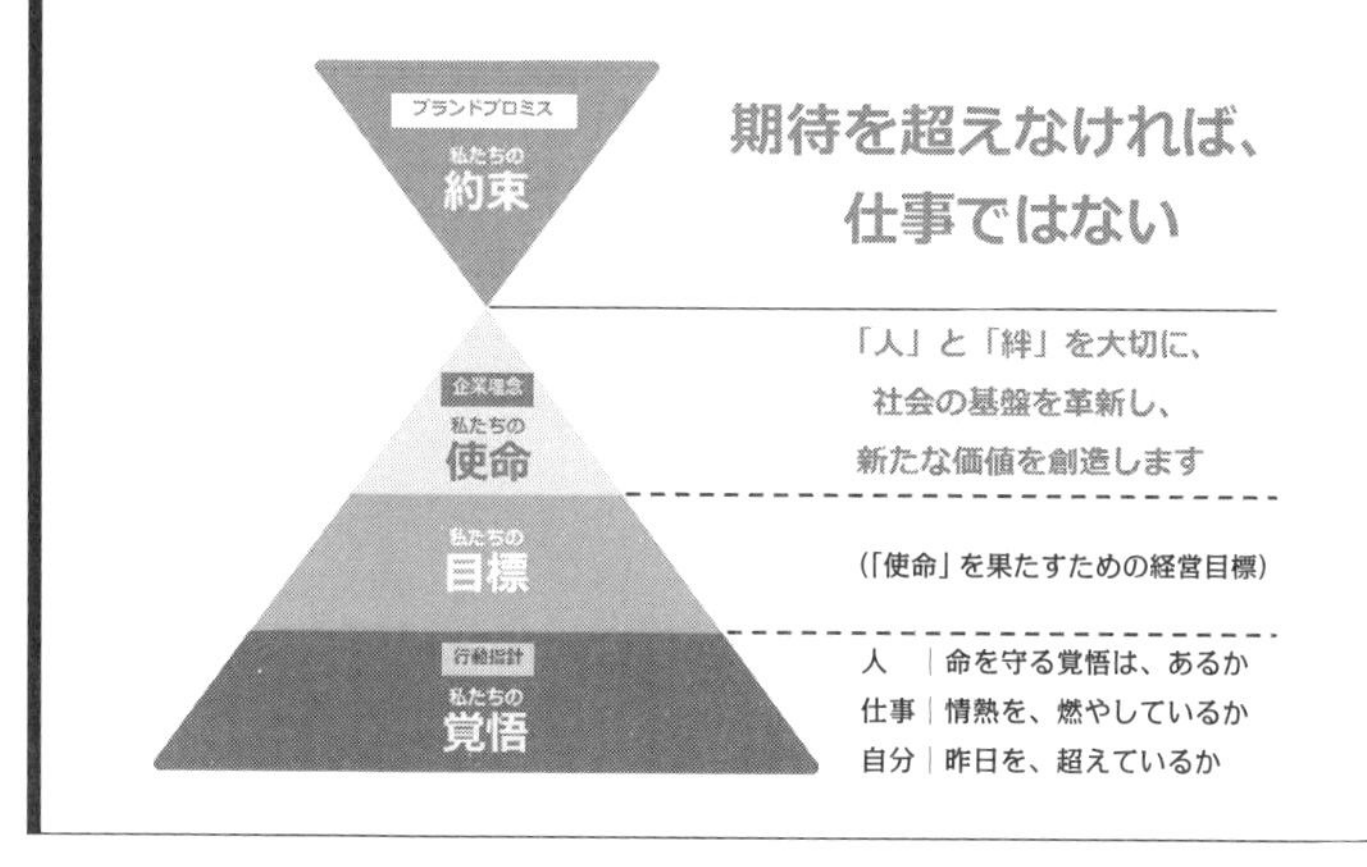

会社概要

所　在　地：大阪市中央区伏見町4-3-9（大阪本社）
　　　　　　東京都中央区銀座6-10-1（東京本社）
電話番号：06-6227-4600（大阪本社）
　　　　　03-3575-5751（東京本社）
創業年月：1880年5月
事業内容：製造業・サービス業の請負サービス、物流サービスなど

URL：https://www.konoike.net/

「最高の現場力」を発揮し、社会の期待に応える

㈱鴻池組

1871年に鴻池忠治郎氏が大阪市内で創業。建築と土木の2本柱に事業展開する中堅ゼネコン。海外には、タイ、ベトナム、ミャンマーといった東南アジアとモンゴル、またケニアなどのアフリカにも数十年前から拠点を構える。

環境技術は業界をリードし、国内初のＰＣＢ廃棄物現地無害化処理やダイオキシン大規模現地処理などで実績を培った。災害復旧では東北震災、熊本地震による災害廃棄物処理などを行い、特に広島市豪雨災害廃棄物処理では、99・8％のリサイクル率を達成するなど評価が高い。

社是・理念

「誠実・懇切・敏速」が社是。建設事業を通じお客さまに満足いただくため社会貢献を念頭に歩む。経営理念は「社会と共に〝豊かな地球〟と〝輝く未来〟を築きます」。「顧客満足」こそ信頼の礎、「もの創り」こそ貢献の礎、「人財創出」こそ繁栄の礎とする。そして協力会社と一体となった〝チーム KONOIKE〟としてスローガンである「最高の現場力をもってお客さまの笑顔を最大に」を目指す。

代表取締役社長
蔦田 守弘 氏

3次元モデルを用いたBIM・CIMやスマートデバイスを活用した工事管理システム「KOCoチェック」などICTも積極活用し、建設施工の高度化や省力化により働き方改革につなげている。

約150年の歴史の中で関東大震災やオイルショックなど数多くの経営危機を乗り越えてきた。中でもバブル崩壊で多額の負債を抱えたまま迎えた2008年のリーマン・ショックでは窮地に立つ。この時に社長を任されたのが蔦田現社長だった。まずは社員の意識改革が必要と、毎朝パソコンを開く時に〝赤字工事排除〟といったキャッチフレーズを映し出すなどアイデアを考案。3年目からは徐々に成果が見え始めた。

複合現実（MR）技術を活用したトンネル維持管理システムやリノベーション需要を見込んだ、天井落下防止工法など新技術の開発にも注力しつつ、長いトンネルを抜け16

機械分別後のがれき類を手選別してリサイクル率を向上（広島市）

自社の「天井落下防止工法」をアニメ仕立ての動画で工法をわかりやすく紹介する

年には純利益が過去最高を更新した。蔦田社長は「今後は財務体質の強化を継続しつつ新たな挑戦にかじを切りたい」と攻勢に出る。

■新設の経営戦略本部で新事業など立案

同社はCR活動を全社で取り組み、受注段階から完成後のアフターケアまで顧客の声を聞き、顧客満足を追求する。

18年10月に「経営戦略本部」を新設。採用などの人事戦略やダイバーシティー推進、CR・CSR活動の推進、再生可能エネルギーなど新規事業などの戦略を部門の垣根を越えて立案する。21年以降に売上高3000億円の目標を掲げる。将来は現在でも業界上位の営業利益率の維持に加え、売上高でも業界内上位を目指す。

長寿のひけつ

社是の「誠実・懇切・敏速」の徹底と継承

鴻池組の長寿のひけつは社是の「誠実・懇切・敏速」の徹底と継承にある。この結果「お客さまに選ばれる会社」を目指し、高いリピーター率を維持する。さらに21年に創業150周年を迎えるにあたり、コーポレートスローガン「まじめに、まっすぐ」を制定。お客さまや地域の人々、社会と真摯に向き合う姿勢、情熱を示し「常に社会から必要とされ、社会に貢献できる企業を目指す」と蔦田社長は語る。

まじめに、まっすぐ
KONOIKE
2021
150

会社概要

所在地：大阪市中央区北久宝寺町3-6-1
電話番号：06-6245-6500
創業年：1871年
事業内容：総合建設業（ゼネコン）

URL：http://www.konoike.co.jp/

航空機をルーツとする技術力で社会基盤を支える

新明和工業㈱

航空機や特装車、機械式駐車設備など社会基盤を支えるさまざまな機械や輸送用機器を製造。最も歴史の長い航空機は水陸両用飛行艇「US－2」を製造するほか、米ボーイング社の「787」用主翼桁（スパー）など民間旅客機向け部品も供給する。ここに特装車、流体、産機システム、パーキングシステムを加えた5事業を経営の柱とする。

創業は1920年。創業者・川西清兵衛氏が創設した川西機械製作所の飛行機部として、航空機の設計と製造を始めた。戦時中は戦闘機「二式飛行艇」「紫電改」など航空

社是・理念

【社是】

清潔・誠心・堅実・進取

【グループ基本理念】

新明和グループは、和の精神と本質を見極める姿勢を大切にし、「応え」「創り」「挑み」続けることで社会に貢献します。

代表取締役　取締役社長
五十川 龍之 氏

史に残る名機も生みだすが、戦後は航空機製造が禁止され、社名も47年に「川西航空機」から「明和興業」に改めた。

五十川社長が「航空機の製造禁止は当社の現在につながる最大の分岐点」と指摘するように、ここから、航空機製造で培った技術力を生かした新たな事業が生まれていく。

■航空機の技術を生かした新事業

特装車事業は、米陸軍車両の整備に始まり、49年には自社製ダンプトラックを完成し、シリンダー用ギアポンプも開発。以降、ミキサ車や塵芥(じんかい)車といった特装車の生産も開始。一方、「ポインター」ブランドのオートバイも製造。そのエンジンから現在の流体関連製品につながる自吸式ポンプが生まれた。同時期に家電メーカーの要請で製品化した自動電線処理機は、後に自動車の普及で受注を伸ばす。自動車の増加に伴って、63年には機械式駐車設備事業も始まった。

塵芥車

水陸両用飛行艇「US-2」

航空機は50年から事業再開に着手。60年には資本強化を目的に日立製作所の傘下に入る。社名も「新明和工業」とし、68年に飛行艇の試作機、75年には国産初の水陸両用飛行艇を防衛庁（当時）に納めた。90年代以降はバブル経済崩壊、阪神淡路大震災、アジア通貨危機など厳しい経済環境から生産縮小や人員削減、資産売却などの構造改革を断行。２００４年には日立グループから独立。その後13年頃からは成長軌道に戻り、15年度には連結売上高２０００億円を突破した。

今後は製品やサービスにＡＩやＩｏＴなどの先端技術を取り入れ、新たな付加価値を生み出す考えだ。五十川社長も「これまでの事業の質を変える」と意気込む。既存事業の「殻」を破る、新たな挑戦を始めている。

長寿のひけつ 

モノづくりを標榜し、技術力にこだわる

戦後十数年の内に、当時製造が中止された航空機の技術を起点に、現在の柱となる５つの事業の原型を生み出した高い技術力が強みだ。塵芥車、航空旅客搭乗橋、自動電線処理機など同社が進出している市場においてトップシェアの製品がいくつもあり、五十川社長も「『モノづくりを標榜する』という基本姿勢はこれからも守る」と、技術に強くこだわる。さまざまな事業を生み出した技術とともに、その時々の環境に応じて、柔軟に適応してきたことも長寿企業となる一因だろう。

航空旅客搭乗橋（大阪国際空港）

会社概要

所 在 地：兵庫県宝塚市新明和町 1-1
電話番号：0798-56-5000
創業年月：1920 年 2 月
事業内容：特装車、航空機、その他各種産業用機械の製造・販売

URL：https://www.shinmaywa.co.jp/

枠にとらわれない「総合物流企業」へと業容を拡大

センコーグループホールディングス㈱

1916年に前身の富田商会を設立。当時は船舶輸送を主とする海運会社だった。日本窒素肥料の物流部門として、同社の主工場だった水俣市（熊本県）を中心に、資材や製品の輸送、工場内作業などを行っていたが、46年に大阪で扇興運輸を立ち上げ地盤を固めた。2017年に持株会社に移行。本社は東京に移したが、グループの中核を担うセンコーは大阪に本社を構える。日本窒素肥料を源流とする旭化成や積水化学工業、JNCなどを主力荷主に、総合物流企業へと業容を拡大。福田社長は「安定荷主の存在が長

社是・理念

【ミッション】人を育て、人々の生活を支援する企業グループとして、物流・商事事業を核に、未来を動かすサービス・商品の新潮流の創造にたゆみなく挑戦し、真に豊かなグローバル社会の実現に貢献します。

【ビジョン】未来潮流を創る企業グループ

代表取締役社長
福田 泰久 氏

年にわたる経営基盤となった」と振り返る。

■運輸にとどまらない多様な事業展開

グループ全体の売上高は、15年連続増収で推移。21年度が最終年度の中期経営5カ年計画では、7000億円の売上高を掲げている。18年9月時点で物流センターの総面積は国内外で357万㎡、トラック台数は5357台に上る。

福田社長は「節目ごとの変革」が長寿企業たる要因と分析。1965年に、業界ではまだ珍しかったコンピュータを導入し、運賃計算などに活用。物流コンサルティングを開始したのもこの時期だ。73年には輸送だけでなく、多様な事業を取り入れていく思いを込めて「運輸」を社名から外し、「センコー」に変更した。名が体を表すように、その後、物流以外に商事・貿易や介護、不動産など、多岐にわたる事業を展開している。

社名変更を伝える掲示

研修・教育施設「クレフィール湖東」

運輸以外では、1980年から複合機能を持つ物流センター（PDセンター）事業を積極的に展開。関西では、大阪市や守山市などに順次建設した。以降、取り扱い貨物は大型・大ロットから、消費財などの小口・軽量になり、現場の仕事も変化していった。96年には、滋賀県に研修・教育施設「クレフィール湖東」を開設。ドライバーやリフトマンの教育を強化し、技術や品質、生産性を格段に向上させた。

今後は、国際物流と貿易事業に注力していく。2017年度の海外事業は、グループ全体の売上高の約5％にあたる250億円。21年度には約10％の700億円までの引き上げを目指す。東南アジア各地の拠点をさらに拡充し、欧州にもその販路を拡大していく構えだ。

長寿のひけつ

常に変わり続けることが長生きの原動力

「物流がなくなることはないが、それに甘んじていると成長は止まる。チェンジとチャレンジをスローガンにしている」と話す福田社長の力強い言葉は、長寿経営の原点そのものだった。そのスローガン通りに物流以外の事業に参入し、事業領域の幅広さを持ったことは同社の大きな武器になっている。時代や消費者ニーズの変化に対応し、失敗を恐れず挑戦を続ける。その姿勢が強みになっている。

介護事業にも参入

会社概要

所　在　地：東京都江東区潮見 2-8-10
電 話 番 号：03-6862-7150
設 立 年 月：1916 年 9 月
事 業 内 容：物流、商事、その他（介護、情報システム、物流コンサルなど）

URL：http://www.senkogrouphd.co.jp/

大阪から世界に飛躍する軽自動車のトップメーカー

ダイハツ工業㈱

１９０７年、日本の産業が発達するために、内燃機関の国産化が必要と考えた大阪高等工業学校（現・大阪大学工学部）校長の安永義章博士らと大阪の財界人が「発動機製造株式会社」を設立。51年から大阪の発動機に由来する「ダイハツ工業」に社名を変え、今に至る。現在は軽自動車のトップメーカーとして、２０１７年度の軽自動車販売シェアは32・９％と12年連続の首位。同年度の世界生産台数は１６７万６８３６台。そのうち海外はインドネシアで約49万台、マレーシアで約21万台を生産している。

社是・理念

●グループスローガン：
Light you up らしく、ともに、軽やかに

●ブランドビジョン：
ダイハツグループは、世界中の一人ひとりが自分らしく、軽やかに輝くモビリティライフを広げます。

字数の関係上、一部抜粋にて掲載

代表取締役社長
奥平 総一郎 氏

ダイハツの軽自動車には乗用車のほか、軽トラックや軽バンなどの商用車もある。奥平社長は、女性や高齢者にも運転しやすいダイハツの車を「お客様の生活に寄り添ったスモールカー」と表現する。110年以上におよぶ歴史を通して、「『1㎜、1g、1円、1秒』にこだわり、良品廉価な車づくりで自動車産業を支えてきた」と自負する。

■小さな車づくりの伝統を今も受け継ぐ

奥平社長は、ダイハツの転機となったのは「1957年に発売した軽3輪トラック『ミゼット』の大ヒット」と指摘する。国内で2輪車が台頭する最中、小回りがきいて取扱いが容易で経済的という軽3輪車を発売し、ユーザーの支持を得た。ダイハツはこの車づくりの伝統を受け継ぎ、軽量ながら広い車内の「シャレード」、1ℓ当たり走行距離30㎞という燃費性能を実現した「ミライース」なども製

ダイハツの転機となった軽三輪トラック「ミゼットDKA型」

軽自動車生産の主力工場である滋賀工場

品化し、スモールカーメーカーの立場から自動車産業をけん引している。

61年にトヨタ自動車のグループに入り、2016年には完全子会社となった。08年以降には、世界景気の悪化を背景に中国合弁会社の解消・撤退、欧州向け完成車輸出の撤退など、事業の選択と集中も進めた。

現在、世界の自動車産業はCASE（コネクテッドカー、自動運転、シェアリング、電動化）などの新しい潮流を前に大変革期を迎えている。ダイハツはスモールカーとインドネシアやマレーシアといった新興国事業に経営資源を集中し、トヨタと連携を深めて競争力を磨く方針だ。奥平社長も「大変革期を100年に一度のチャンスと捉える」と強い決意を示している。

長寿のひけつ

「シンプル・スリム・コンパクト」

ダイハツ工業には人の生活に寄り添う軽自動車に欠かせない、「良品廉価」という価値観を実現するために「SSC（シンプル・スリム・コンパクト）」と呼ぶ思想がある。元々は生産現場から生まれた思想だが、今では車体設計はもちろん、販売や管理部門などにも深く根付いている。「ミゼット」を開発した頃から現在まで「人に寄り添う」考え方を脈々と受け継ぎ、磨きをかけることで企業の存在価値を高めてきた。これが長寿のひけつでもあり、新たな競争時代を生き抜く指針でもある。

会社概要

所　在　地：大阪府池田市ダイハツ町 1-1
電話番号：072-751-8811
創業年月：1907 年 3 月
事業内容：自動車、産業車両、その他各種車両とその部品の製造・販売

URL：https://www.daihatsu.com/jp/

創業者精神を継承「世の中のための役立つ」企業になる

大和ハウス工業㈱

住宅メーカーの枠を超え「人・街・暮らしの価値共創グループ」として新たな価値を創出している。祖業は建築事業だが、その後、プレハブ住宅を手がけ成長し、2018年3月期の連結売上高は3兆7959億円と、国内の住宅・建設・不動産業界トップの実績を誇る。現在、賃貸住宅・商業施設・事業施設の3事業が同社の主力事業で売上・利益をけん引する。近年は海外事業に注力し、北米やオセアニア、アジアなど世界20カ国（17年度末）に進出。将来は100カ国の進出を目指している。

社是・理念

創業者・石橋信夫氏の「世の中の多くの人々の役に立ち、喜んでいただける商品・サービスの提供」という創業者精神のもと、「事業を通じて人育てる」人財育成、現場主義、積極精神を理念に掲げる。今後も既存事業の周辺領域も含めて、事業の川上から川下まで一気通貫の提案を可能とするグループ力で絶えず変容する社会ニーズに応え、新たな価値創造に挑戦する。

代表取締役社長兼 COO
芳井 敬一 氏

社名の「大和」は創業者・石橋信夫氏の出身地である奈良から取り、「ヤマト」ではなく「ダイワ」と読ませたのは「大いなる和をもって経営に当たりたい」という意味。「ハウス工業」は建築物を工業化するという意気込みを示している。創業商品「パイプハウス」は強風でも倒れない丸くて中が空洞の稲や竹をヒントに、鉄パイプで頑丈に建物を造ったもの。1959年に発売した「ミゼットハウス」は、爆発的にヒットした。石橋氏の「世の中の多くの人々の役に立ち、喜んでいただける商品・サービスの提供」の精神は、ニーズを的確に捉えた商品やサービスを生む。62年には金融機関と提携し、住宅ローンの先駆けとなる「住宅サービスプラン」を導入。76年からは流通店舗事業を本格展開し、21世紀に入り大型物流施設の開発に着手。また、〝風・太陽・水〟などの自然エネルギーによる電力事業にも挑戦し、売上規模は1000億円に成長。国内の新設住宅着工

1959年に発売して大ヒットしたプレハブ住宅の原点「ミゼットハウス」

戸建住宅、マンション、商業施設の一体開発を手がけた「高尾サクラシティ」(東京・八王子)

戸数が減少するなかで非住宅部門をいち早く拡大させ、成長し続けている。

■世界を見据え売上高10兆円企業へ加速

世界市場を見据え事業展開を加速する。国内住宅・建設・不動産業界トップが目指す先は、創業100周年を迎える2055年の「売上高10兆円企業」。「国内5兆円、海外5兆円を理想に、できれば20年前倒しで達成したい」と樋口武男会長兼CEOは強調する。目標達成に向け積極精神で事業に当たる芳井社長は、コア事業である住宅事業で業界1位の獲得と海外事業の強化を進める。賃貸住宅・リフォーム・物流施設の分野ではトップが目前に迫る。今後コア事業の顧客基盤やモノづくり基盤を活用し、社会課題解決のための新たな事業創出を目指す。

長寿のひけつ

重視するのは“人財”の育成

創業者精神を受け継いだ樋口会長兼CEOが重視するのは〝人財〟の育成だ。将来の幹部候補生を発掘する「大和ハウス塾」の卒業生は300人を超える。卒業生が現在、役員やグループ会社社長に就任して総合力を高めている。また「お客様第一主義」と「スピードは最大のサービス」の精神をグループ役職員全員に徹底させていることも同社の強みを証明している。

会社概要

所在地：大阪市北区梅田3-3-5
電話番号：06-6346-2111
創業年月：1955年4月
事業内容：住宅事業、賃貸住宅事業、流通店舗事業、建築事業、マンション事業、環境エネルギー事業、海外事業他

URL：https://www.daiwahouse.co.jp/

「人」が居て成り立つ物流業界 ライバルとの協業も不可欠

寺本運輸倉庫㈱

1956年、農業を営んでいた寺本貴至氏が3台の三輪車を手に入れて運送店を開業したのが、寺本運輸倉庫の始まり。戦後の工業都市化が進む中、農業以外での生き残り策を先見したのであろう。その後、取引先から倉庫の必要性を相談され、代々受け継がれた農地に倉庫を建設。70年に営業倉庫の許可を得る。現在では5拠点を配備し、いずれも阪神・名神高速道路網を手中に収めるロケーションメリットを確保している。さらに、物流に関するものを中心に取り扱い業務の幅を広げ、流通加工、保税業務や業務請

社是・理念

適正かつ合理的な危険物の物流を通じて、社会へ安全・安心を提供する。コミュニケーションネームは「ベステックテラモト」「ベステック(BESTECK)」は、ベストテクニック（技術）の略という意味と同時に、「TECK」のつづりは社訓である「Trust」（信用）、「Effort」（努力）、「Certainty」（確実）、「Kindness」（親切）のそれぞれの頭文字から成る。

代表取締役
寺本 雅明 氏

負、トランクルーム事業、また3PL事業も手がけている。

■危険物保管・配送で差別化

2004年には品質管理保証の国際規格ISO 9001を取得。レベルの高い管理体制のもと、低温・常温・定温管理ができる危険品倉庫を備え、最先端の保管環境を構築。他社との大きな差別化を図った。

寺本社長が就任したのは17年。父である先代・徳成氏の逝去に伴い、35歳という若さでの大役だった。就任後、最大の売りである危険物の物流事業をさらに強化し、多品種小ロット貨物の保管・配送に特化した営業展開を実施。危険物というと爆発物や毒物を思い浮かべるが、アルコール消毒液やエアゾール、接着剤なども消防法で定められている数量を超えれば危険品倉庫で保管する必要がある。そして、ただ保管するだけでなく、温度管理や流通加工など細

国際規格ISO 9001を取得。レベルの高い管理体制のもと、低温・常温・定温管理も可能な危険品倉庫を備える

スピーディかつ最適なコストによる輸送と温度管理や流通加工など細かな顧客ニーズに応える

かなニーズにも応えることで評価を得てきた。もちろん機械対応の部分も多いが、人の目と手での管理・確認も大切になるため人手不足は他の業界同様に悩みの種となっている。それは、倉庫業だけでなく運送業もしかりだ。しかし、ドライバー不足に関してはパートナー企業との横のつながりで協力体制を取り、全国各地に発送を行っている。「ライバル」というより「協業仲間」というスタンスだ。

創業100周年を見据え「自分達が引き継いだものは今よりもさらに良い形で次世代につなげたい」と話す寺本社長。年商100億円を目標に掲げて「景気や外圧に業績が左右されない強い会社づくりが目標」と力を込める。

長寿のひけつ

「人のために」の心をつないだ経営者三代

創業者・寺本貴至氏は長年市議会議員・県議会議員の公職に就き、地域振興に貢献。2代目の寺本徳成氏も業界団体や地域活動に積極的に参加するなど地域密着の企業経営をポリシーとした。寺本社長も「100周年に向けての挑戦は自分達でやりたい事を決め、実現出来る集団を目指すこと」と語る。歴代社長の人を大切にする思いが人財をつくり、顧客を広げる糧となったのだと通じて感じられた。

会社概要

所　在　地：兵庫県尼崎市南初島町17
電話番号：06-6488-7111
創業年月：1956年12月
事業内容：倉庫業（普通品、危険品）、一般貨物自動車運送事業、毒物劇物一般販売業、不動産その他施設の賃貸業、トランクルームサービス

URL：http://www.besteck-teramoto.co.jp/

機能と品質を追求した外装材と防水材で成長

㈱ハマキャスト

一度のメンテナンスで100年対応が可能な外装材や防水材を手がける。これら優れた素材に加え、ハマキャスト認定の〝匠（有資格者）〟が手がける「完全責任施工」により品質を追求する姿勢で顧客から高い信頼を得ている。

現在、タイル外壁の建物の場合、3年ごとの点検と10年超ごとの全面打診によるタイル浮きの調査が法的に義務付けられている。診断結果によっては、大規模改修工事など維持管理に相当な費用を要する。同社の外装材と工法では一般的なタイル外壁に比して改修工事が圧倒的に少なく、

社是・理念

弛みなく未来への挑戦
（こだわりの６原則）
1. 長寿命、2. 利益創出、
3. 匠の技術、4. 安心安全、
5. 快適空間、6. 環境保全

代表取締役
濵中 清海 氏

機械 / 金属・鉄鋼・非鉄金属 / 化学・繊維・素材・医薬 / 電機・電子・精密機器 / 金融・商業 / 運輸・建設・輸送機器 / ガス・その他製造

維持管理費を大幅に低減できる。

ハマキャストでは、「100年対応」を順次進めている。例えば、屋上防水向けに高断熱複合圧送塗膜防水工法「HP－LCC防止工法」がある。断熱ウレタンゴムと自社開発した断熱・遮熱・高耐候性トップコートの組み合わせにより高耐久・高断熱防水を実現した。従来の塩ビシートなどを用いた工法の耐用限度が15年程なのに対し、保証期間は20年、100年の耐用年数を可能にした。顧客のコスト低減のほか廃棄物の処理に伴うCO_2排出量の低減にも寄与し、環境配慮型工法としてますます注目を集めている。

■ウレタン防水の草分け的存在

同社は1945年に屋根の防水工事業として創業。その後、同業者の中では大阪で最も多い職人を抱える規模に成長した。濵中社長は20代前半で入社し、2代目の社長となっ

2015年に施工した
新大阪上野東洋ビル
（大阪市）

2007年施工の池田・府市合同庁舎（大阪府池田市）

た。入社後2年間は現場で職人とともに汗を流して仕事を体得した。その後、営業職に就くが、このときの経験と苦労が顧客ニーズを捉える細やかな感性を磨き上げることになる。

その後、70年に開催された大阪万博では、当時では新しいウレタン防水を提案。西ドイツ館など3つのパビリオンで採用され、その後のウレタン防水の草分け的な存在となる。このことが、ハマキャスト名を知らしめることになった。さらに、外装材分野にも進出し、高付加価値商品の開発と完全責任施工を両輪に成長を遂げる。

現在、新市場として海外市場へも目を向けている。米国西海岸のほかシンガポールや香港など提案先は多国に上る見込みで、さらなる事業成長と市場の広がりが期待される。

機械
金属・鉄鋼・非鉄金属
化学・繊維・素材・医薬
電機・電子・精密機器
金融・商業
運輸・建設・輸送機器
ガス・その他製造

長寿のひけつ

新たなことに挑戦する継続力

濱中社長は「開発型企業は立ち止まったら終わり。次々と新たなことに挑戦してこそおもしろみがある」と力を込める。同社の応接室には「継続は力なり」の額が掲げられており、この姿勢が高品質な防水材や外装材を創出してきた。近年は長寿命建材に加え CO_2 排出量低減、持続可能な社会インフラ構築、SDGs 達成に貢献する商品開発に取り組むなど、多様な品質に対応している。

1989 年施工の東京都新都庁舎渡り廊下ほか（東京都新宿区）

会社概要

所　在　地：大阪市北区堂島 2-3-5　大阪堂島ビル 7 階
電 話 番 号：06-6485-8882
創 業 年 月：1945 年 9 月
事 業 内 容：各種建物外装材・防水材の製造・施工

URL：http://www.hamacast.co.jp/

熱技術で新たな時代の扉を開く

㈱広築

広築はエネルギーに関する総合エンジニア企業。自動車部品やガラスのメーカー、ゴミ焼却施設、大学や企業の研究施設などあらゆる分野で使われる工業炉を扱う。また、大手鉄鋼メーカーのプラント建設やメンテナンスも請け負い、50年以上にわたり日本の重工産業を下支えしてきた。中林社長は「工業炉の設計から製造、据付、施工、メンテナンスまでできる総合力が自社の最大の強み」と胸を張る。

■あらゆるものを「広く築く」

社是・理念

1. 広築は誠実を旨とします。
2. 広築は品格を尊びます。
3. 広築は研鑽を続けます。

「熱」と「総合エンジニアリング」を核として、広く社会に価値あるモノを築きます。

代表取締役社長
中林 康氏

創業は富士製鐵（現・日本製鉄）広畑製鐵所が再開した1950年。創業者の中林寅一氏が富士製鐵から高炉などの耐火物補修の築炉業務を負託され広畑築炉工業を立ち上げた。大阪万博で太陽の塔周辺のドーム建設工事に携わった68年、万物を広く築く意味で現社名に変更した。

その後製鉄所の縮小・合理化が進み高炉が減る中、広築はこれまで培った技術力を生かし、自社設計の加熱炉や焼結炉などの製造を開始。これにより大型工業炉を施工するプラント工事事業、大手製鉄所の耐火物補修を行うメンテナンス事業、工業炉の設計製造事業という3つの事業が誕生し、1つつまずいても他で補える収益構造を生み出した。

現在の売上高は工事プラント事業が約5割、工業炉製造事業が約2割。中林社長はこの比率を3事業が「三者鼎立（さんしゃていりつ）と言えるバランスにしたい」と話す。それには各事業のノウハウの融合が不可欠だ。そこで2019年8月までに製

新工場で大型工業炉の事前施工を行う様子

製造しているカーボン純化炉

鉄所などのプラント向け大型工業炉の事前施工を担うサブセンター（姫路市）と、自動車や電機・機械向け中・小型工業炉の製造を手がける福崎工場（兵庫県福崎町）を、本社近隣の新工場（プロダクトセンター）に集約・移転完了させる。

2拠点が培った購買や生産のノウハウを共有し効率化を図るほか、製品開発でも連携を深め、製品の性能と品質を向上させる。メンテナンス事業では稼働する工業炉の温度や電力使用量などの情報を分析し効率的な工業炉の使い方の提案や工業炉の改良につなげる。

3事業の強みを生かし中林社長は国内トップクラスの工業炉メーカーとして「安定的に年間売上高100億円を目指す」と意気込む。

機械 金属・鉄鋼・非鉄金属 化学・繊維・素材・医薬 電機・電子・精密機器 金融・商業 運輸・建設・輸送機器 ガス・その他製造

長寿のひけつ

安全を確保しての総合力を発揮

広築のモノづくりにおいて中林社長は「安全に作業することが第一」と話す。納期優先では作業者に無理を強いる可能性がある。広築では現場の安全対策として、現場責任者を増員したほか、安全に作業するためのルールブックを作り作業者への意識徹底を図るなどしている。作業者の安全確保は企業の成長には不可欠。安全対策を怠らずに、3 事業の強みを生かし、さらなる発展を続けてほしい。

会社概要

所　在　地：兵庫県姫路市広畑区正門通 4-10-11
電話番号：079-236-0281
設立年月：1950 年 6 月
事業内容：工業炉設計・製造・施工、各種プラント工事、鉄鋼関連メンテナンス事業、土木事業

URL：http://www.hirochiku.co.jp/

全国の新幹線・高速道路に実績
土木のほか建築、砕石事業も

㈱森組

五輪・万博ムードが高まる中、何かと耳目を集める高度成長期の日本。当時開業した東海道新幹線をはじめ全国の新幹線・高速自動車道建設事業の多くに、森組は参画してきた。鉄道中心の土木建築請負業として創業。土木事業のほか、マンションや公共施設の建築、砕石事業などを手がけ、2019年6月に創業120周年を迎える。

■「愚直にモノづくり」にこだわる

1899年、創業者の森榮蔵氏が土木建築請負業を起こ

社是・理念

「最高の品質と最良のサービスで、お客様の感動を」。私達は、持てる技術・業務に常に磨きをかけ、お客様の要望に的確にお応えするよう歩み続けます。そしてお客様が、私達の提供するモノ、サービスにこの上ない満足をお感じになり喜んで頂けることを、私達の最大の喜び・明日への糧とし、さらにこれらの行為を通じて社会に貢献する企業であることを目指します。

代表取締役社長
吉田 裕司 氏

す。後に吉野軽便鉄道（現・近鉄吉野線）敷設の難工事をこなし、鉄道関連工事を数多く手がけた。

注目は、戦後の高度経済成長期に、いち早く拠点・大阪から東京へ進出したこと。1961年に東京営業所を開き、首都高速1号線建設にも携わってきた。新幹線事業は、東海道・山陽・東北・上越・九州新幹線と、ほぼすべてに参画。また、旧・日本道路公団、後のネクスコ各社による高速道路敷設工事にも携わる。一方、大手住宅メーカーなどとの共同事業として団地・マンションも早くから手がけた。

ユニークなのは、鉄道の路盤に敷く石を調達するため、昭和初期から砕石事業を展開していたこと。現在も兵庫県の生瀬砕石所で製造・販売するほか、砕石業界とゼネコン双方のネットワークを生かし、関西圏や東北・関東方面でも砕石類の安定供給を行っている。

業務資本提携により現在は、旭化成と旭化成ホームズの

「名神高速道路安八スマートIC工事」インフラ整備の一翼を担う。

「プラネスーペリア西宮仁川」
マンションデベロッパーからの評価も高い。

関連会社になった。創業家3代、阪急電鉄など関連会社出身の社長を経て、8代目の吉田社長は初の生え抜き。社員の士気が上がっている。

吉田社長は、「『愚直にモノづくり』にこだわる会社」という言葉を打ち出し、将来に渡って安定した事業活動ができる企業体質の構築を目指す。それとともに、「森組ブランド化計画」を推し進める。すなわち「安全と高品質」にこだわる特長を顕在化し、誰からも選ばれる企業づくりを進めている。施工管理能力におけるデベロッパー評価とリピート率は高い。

人材不足が問題視される中、近年4年間で約50人の新入社員を確保。建築・土木の1級国家資格試験に向け社長直轄「チャレンジ講習」を開き、受験資格を持つ技術者の99%が取得済み。

長寿のひけつ

スーパー総合プロデューサーを育成

森組を支えてきたのは、ハイレベルな技術者たち。そんな自負心が、吉田社長への取材から読み取れた。「安全と品質にこだわり、信頼を得なければ売上上昇にも意味はない」と明言し、コーポレートガバナンス、コンプライアンスも厳格。若くして幅広い能力が育まれる企業風土を有し、その分、CSR 統括部、安全・品質環境部、事業部によるチェックと会社のバックアップ体制も整う。

会社概要

所　在　地：大阪市中央区道修町 4-5-17
電 話 番 号：06-6201-2763
創 業 年 月：1899 年 6 月
事 業 内 容：土木・建築工事の請負、砕石類の採取・販売、不動産事業など

URL：https://www.morigumi.co.jp/

機械

金属・鉄鋼・非鉄金属

化学・繊維・素材・医薬

電機・電子・精密機器

金融・商業

運輸・建設・輸送機器

ガス・その他製造

高品質な歯ブラシで世界の人々を健康に

㈱稲田歯ブラシ

稲田歯ブラシは創業者の稲田常次郎氏が当時、歯ブラシ製造が盛んだった東大阪市で独立開業した会社。1936年の創業以来、約80年にわたり歯ブラシを作り続けている。

現在では海外から安価な製品が流入する日用品分野だが、稲田歯ブラシは最新鋭の機械設備と合理的な生産ラインをいち早く構築し、コストを低減。さらに業界に先駆けて特殊加工で先端を極細にする技術を確立し、月間100万本を生産する規模に成長した。コストだけでなく最先端の技術にこだわるのは、「オーラルケア用品を通して社会

社是・理念

わたしたちは、品質マネジメントシステムの継続的改善に努め、顧客のニーズ・期待に製品やサービスを提供し、顧客満足度の向上を図る。

代表取締役社長
稲田 眞一氏

に貢献したい」との思いからだ。

近年の研究において、口腔内の細菌が血管や臓器に影響を与え、動脈硬化や心筋梗塞の原因となることがわかっている。稲田歯ブラシは「極細」の毛を使った歯ブラシだけでなく、毛を独自技術でねじることで、へたりにくく加工した歯ブラシも開発。この製品を使用することで、食べかすや歯垢をより落としやすくする。こうした製品の開発・販売により、人々の口腔を衛生的に保つとともに、健康をサポートする。その販路は国内にとどまらず、タイやインドネシアなどの海外メーカへの技術供与を展開し、世界の人々の健康に資する取り組みも進めている。

■高品質製品でインバウンド需要も

市場に流通する歯ブラシは価格帯がさまざま。もちろん品質も異なる。稲田歯ブラシの製品は、毛抜けを防ぐため

高品質な歯ブラシは大手ドラッグストアへOEM供給されている

高品質な歯ブラシを最新鋭の機械で高効率生産

JIS規格の2倍の引っ張り強度を持たせたり、プラスチックの持ち手にうっすら残る成形のバリをきれいに処理したりと細部にこだわった一品だ。

高品質な歯ブラシは日本人だけでなく、インバウンドの間でも高く評価され、「お土産」として購入されることも増えているという。市場価格で1本300円の高級価格帯の歯ブラシは売り上げが年間2～3％ずつ伸びている。

国内は人口減少が続いているが、歯ブラシは毎食後に磨く文化が浸透して使用頻度が高まり、需要本数は拡大している。しかし稲田社長は「この安定状態に安住してはいけない。消費者の満足度がより高まる歯ブラシを開発する」とし、メーカとして不断の努力を重ねる考えだ。

機械 金属・鉄鋼・非鉄金属 化学・繊維・素材・医薬 電機・電子・精密機器 金融・商業 運輸・建設・輸送機器 ガス・その他製造

長寿のひけつ

円高不況をきっかけにレベルアップ

1985年のプラザ合意をきっかけとした円高不況時、売り上げの半分を占めていた輸出が激減。しかし歯ブラシの植毛技術を生かしてヘアブラシ製造に参入し、売り上げを安定させた。同時に歯ブラシ開発を強化して「極細」の製品を世に出したことで、当時の経営危機を乗り越えた。苦境の中にあっても、突破口を見いだす。そして危機を乗り越える過程で企業を成長させたことが、長寿のひけつだ。

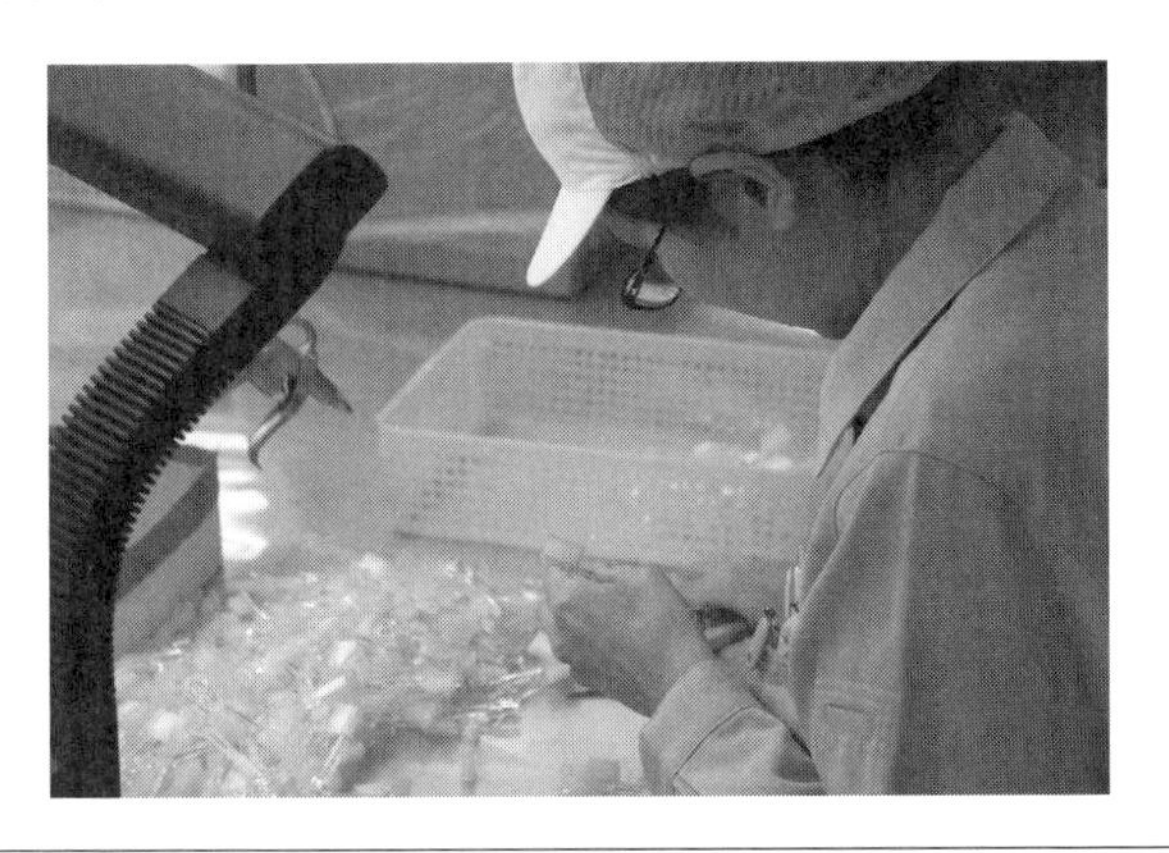

会社概要

所　在　地：大阪府東大阪市新家西町17-19
電話番号：06-6781-0074
設立年月：1951年6月
事業内容：歯ブラシ製造

URL：http://www.inada-brush.jp/

「ガス＆エネルギー」で世の中の必要に応える企業

岩谷産業㈱

「ガス＆エネルギー」をコア事業として、ＬＰガスやカセットこんろなどのエネルギー事業、各種産業用ガスや半導体設備、ロボットなどの産業ガス・機械事業を展開。その他、チタン・ジルコンなどのマテリアル事業、冷凍野菜などの自然産業事業など、事業領域は多岐にわたる。ＬＰガスや水素、ヘリウムガスの販売は国内トップシェア。電力と都市ガスの小売全面自由化により首都圏・中部地区で電力事業、関西・中部地区・九州地区で都市ガス事業に参入。２０２０年に創業90周年を迎える。

社是・理念

企業理念の「世の中に必要な人間となれ、世の中に必要なものこそ栄える」は創業以来の事業哲学を表現したもので、社会や生活者の満足を追い続ける。また、「住みよい地球がイワタニの願いです」のスローガンを掲げ、エネルギー問題と環境問題という地球規模の社会課題を解決し得る、水素エネルギーの利用拡大へ向けた取り組みを推進している。

代表取締役会長 兼 CEO
牧野 明次 氏

1930年に岩谷直治商店（現・岩谷産業）を創業した岩谷直治氏は、53年に国内で初めて家庭向けのLPガス（プロパンガス）を発売し、家庭の主婦を竈（カマド）の煤から解放した。現在は約310万戸（2018年9月末）にLPガスを供給する業界最大手である。78年には液化水素の本格的な生産体制を確立し、に参入。また41年には、いち早く水素事業国産初のH－1ロケットに供給。岩谷氏は「プロパンが台所を変えたように、21世紀には水素が世の中を変える」と断言した。2000年に社長に就任した中興の祖である牧野会長 兼 CEOは、量から質の経営へ明確に舵を切り、大胆な社内改革や事業分野の再構築を実施。収益力の大幅な向上と財務体質の健全化を実現した。また水素など事業領域を拡大し、次の成長に向けた礎を築いた。谷本光博現社長は「成長をキーワードに既存事業の拡大と新事業領域に挑戦していく」と意気込む。

H-1 ロケット 1 号機の打ち上げ
写真提供：JAXA

燃料電池バスへの水素供給も可能なイワタニ水素ステーション 東京有明（東京都江東区）

■「水素エネルギー社会の実現に貢献」

同社は長年にわたり、水素エネルギー社会の実現を通じて地球環境の負荷低減に取り組んでいる。燃料電池自動車（ＦＣＶ）の普及に向けた水素ステーションの先行整備もその取り組みの一環。現在全国に23カ所を設け、20年までにさらに30カ所を計画する。液化水素の製造拠点も着々と整備。大阪府、千葉県、山口県の液化水素製造プラントで、今後の需要増加に対応する。また福島県で世界最大規模のCO_2フリー水素を製造する「福島新エネ社会構想」への参画や、豪州で未活用資源である褐炭から液化水素を製造し日本へ輸送する実証試験への参画など、長期的視点に立った取り組みにも余念がない。

長寿のひけつ

不変と変革

不変と変革をバランス良く併せ持つところに同社の長寿のひけつがある。不変とは揺るぎない企業理念であり、顧客第一主義を徹底し世の中の「必要」に応える姿勢が企業文化に根付いている。一方で同社には、時代の変化に応じて変えるべきことは大胆に変え、新たな事業領域に挑むフロンティア精神がある。不変の理念と絶え間ないイノベーションへの挑戦が持続的成長を実現している。

会社概要

所 在 地：大阪市中央区本町 3-6-4
電話番号：06-7637-3131
創業年月：1930 年 5 月
事業内容：家庭用・工業用 LP ガス、液化天然ガス、カセットこんろ・ボンベ、エアセパレートガス、水素、ヘリウムガス、溶接・溶断機器、水素ステーション設備、半導体製造装置、ミネラルサンド、バイオマス燃料、冷凍食品、種豚他

URL：http://www.iwatani.co.jp/

「全天候型経営」と「ねずみの集団経営」で永遠に成長する企業を目指す

エア・ウォーター㈱

ほくさんと大同酸素、共同酸素との合併を経て2000年にエア・ウォーターが誕生した。産業ガス、ケミカルと生活系ビジネスの医療、エネルギー、農業・食品、物流、海水、エアゾールの8事業による「全天候型経営」で安定収益を目指す。また北海道から九州まで8地域別の事業会社体制を構築。各事業集団がねずみのように1匹でも強く、環境変化に俊敏に対応し、集団になりさらに強くなる「ねずみの集団経営」で持続的な企業成長を実現する。

社是・理念

経営理念は「創業者精神を持って空気、水、そして地球にかかわる事業の創造と発展に、英知を結集する」。また、「地球の恵みを、社会の望みに。」を企業ビジョンに掲げる。社名に冠した事業の原点の空気や水などのかけがえのない地球の恵みを、人々の暮らしや産業に「なくてはならないもの」へと進化させる。世の中を支える製品やサービス、ソリューションを創造、提供し続けることで、あらゆる暮らしに、地域に、産業に寄り添い、社会の望みに応え続けていく。

代表取締役会長 兼 CEO
豊田 昌洋 氏

「既存事業の構造改革とM&Aによる成長戦略は当社グループの発展をけん引する両輪として不可欠だ」と白井清司社長兼COOは強調する。2000年にエア・ウォーターがスタートして以降、M&Aを積み重ね傘下の子会社や関連会社は250社以上におよぶ。豊田昌洋会長兼CEOは「M&Aは掛け算。一緒になり価値を高め成長する余地がなければならない」と語る。これら信頼の絆を深めてきた企業集団をさらに強固にするため、収益力とガバナビリティの強化を目的に、関連子会社間の再編を進める。

主力の産業・医療用ガスは全国に高効率小型液化酸素・窒素製造装置「VSU」の配備を進める。2018年10月時点で19カ所（計画含む）を整える。これにより需要顧客の輸送距離を短縮し、全国で事業継続計画（BCP）や安定供給を約束する。自然災害時には、近隣のVSUから緊急用の酸素や窒素を供給できる体制になっている。

2018年11月に完成した岩手工場のVSU

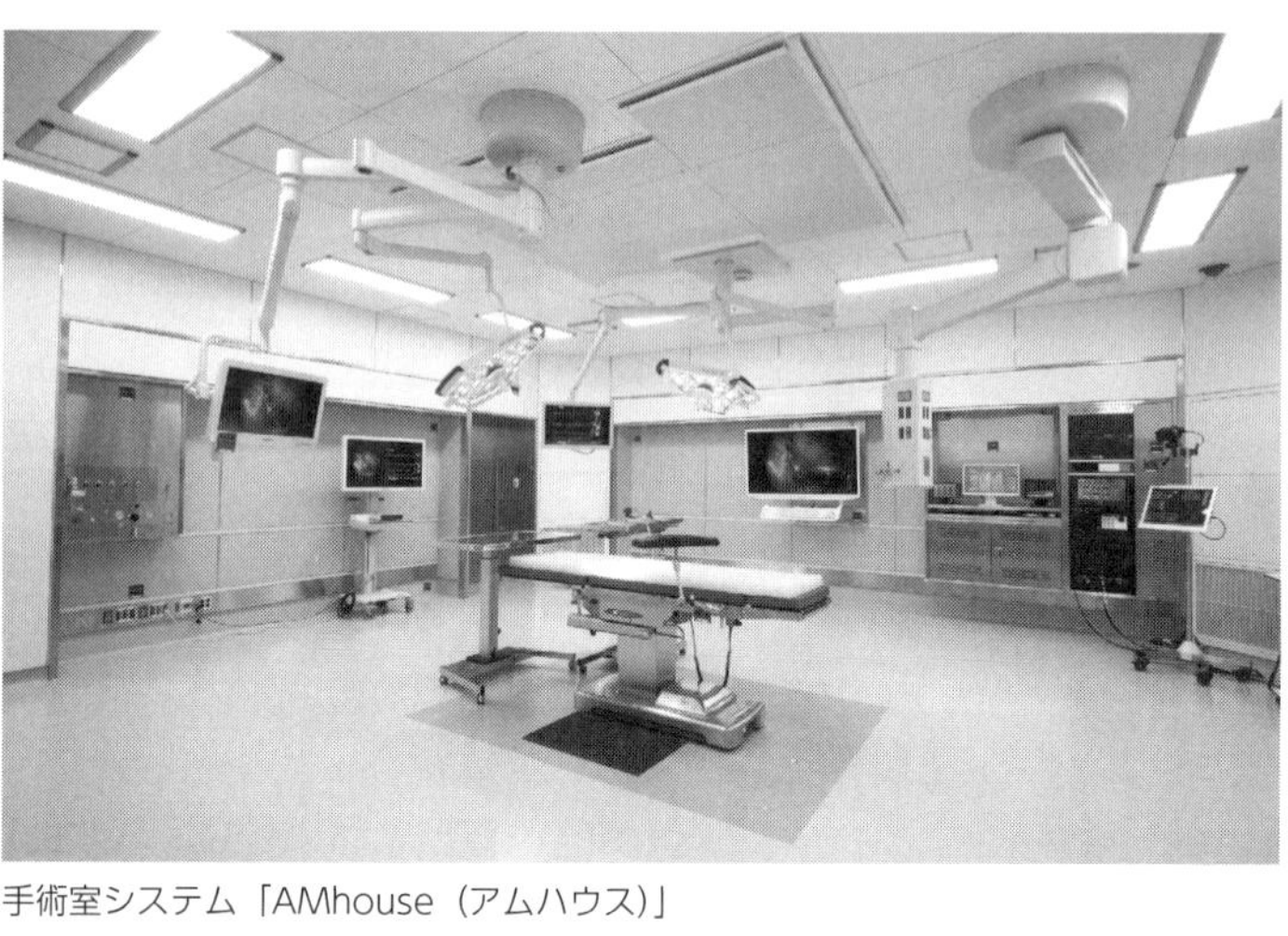

手術室システム「AMhouse（アムハウス）」

■永遠に成長する企業へ

中長期的経営目標として「2020年度1兆円企業ビジョン」の実現に向け取り組んでいる。さらに「ポスト2020年のさらなる成長」を見据え、2020年以降の成長を担う事業の育成として、電力事業、海外戦略の強化、新しい技術立社の構築の3つを掲げ、戦略的な投資を実施しつつある。シンガポールの無停電電源装置メーカの子会社化、米国の炭酸ガス機器会社のM&Aなど、海外事業の強化を図る。さらに、産業ガス製造プロセスで必要な電力を自社で賄える仕組みが必要だと考え、全国3カ所でバイオマス発電所の建設を進めており、再生可能エネルギーによる電力事業へも踏み出した。

長寿のひけつ

時代の先を見据えた“仲間づくり”

同社は産業ガス関連事業の基盤を強化しつつ、生活系ビジネスの拡大による全天候型経営と、積極的なM＆Aによるねずみの集団経営で事業領域を拡大してきた。今後も成長と改革に挑戦し、時代の先を見据えた“仲間づくり”に重点を置く。また、地域と連携し、地域ニーズに応えた事業戦略をとる。そしてグループの多種多彩な商材やサービスを活用し、市場を掘り起こすことが大きな強みである。

会社概要

所　在　地：大阪市中央区南船場 2-12-8
電話番号：06-6252-5411
創業年月：1929年9月
事業内容：産業ガス、ケミカル、医療、生活・エネルギー、農業・食品、物流、海水など

URL：http://www.awi.co.jp/

時代を超え選ばれ続ける革新的なエネルギー&サービス会社へ

大阪ガス㈱

1905年に大阪市内の約3000戸の顧客に都市ガスの供給を始め、現在は関西を中心に597万戸（2018年3月時点）の供給を行っている。家庭向けのガス事業では家庭用燃料電池コージェネレーションシステム「エネファーム」の累計販売台数は10万台に迫る(19年1月時点)。IoTに対応させ、遠隔サービスなど付加価値を高めている。業務用では、エンジニアリング力を活用し、コージェネレーションシステムなどの省エネ提案に力を入れている。国内のガス事業だけではなく、電力事業や海外エネル

社是・理念

企業理念では、社是「サービス第一」を根幹に据え、「お客さま価値」「社会価値」「株主さま価値」「従業員価値」の4つの価値創造を通じて、「暮らしとビジネスの『さらなる進化』のお役に立つ企業グループ」の実現を目指す。2018年3月から新グループブランド「Daigas グループ」を導入。長期経営ビジョンで描く未来図の実現に向け、「革新を、誠実に」をコンセプトに、一丸となって企業理念の実践に取り組んでいる。

代表取締役社長
本荘 武宏 氏

ギー事業、情報ソリューション・材料ソリューション・都市開発などの非エネルギー事業など、事業フィールドを大きく拡大させる。

■LNG転換の大プロジェクト実行

大阪ガスの110年以上の歴史の中で、社運をかけた大プロジェクトが75～90年の天然ガス転換である。天然ガスは石炭や石油に比べ環境性や安定供給の面で優れ、また従来の都市ガスに比べ熱量が2倍以上あるため、高度成長期におけるガス需要増に対して、供給設備への投資抑制が可能であった。一方、液化天然ガス（LNG）の受入基地の建設や天然ガス輸送幹線の敷設、長期にわたる天然ガス転換作業を進めることが必要であったが、16年に渡る大プロジェクトを無事故で完遂した。主力の泉北製造所はLNGの輸入基地や天然ガス製造拠点のほか、天然ガスを利用し

大阪ガスの家庭用燃料電池コージェネレーションシステムエネファーム「type S」

米国で建設がすすむフリーポート LNG 基地
(提供：Freeport LNG Development. L. P.)

た大規模発電や、ＬＮＧ冷熱を利用して産業ガスやドライアイスを製造している。また、95年の阪神淡路大震災での大規模な都市ガス供給停止が教訓となり、防災対策の向上にも余念がない。ガス供給設備の耐震化率は震災当時の68％から87％に向上（２０１８年３月時点）。防災・復旧状況の見える化システムの導入、防災訓練の徹底などを図っている。同社は30年度に向けて長期経営ビジョンを発表し、30年度の経常利益は17年度比３倍を目標に掲げる。特に海外でエネルギー事業に力を注ぎ経常利益に占める海外事業の比率を３分の１に高める方針だ。

本荘社長は「お客さまの期待、事業と企業の枠の〝三つの超える〟を実行し、革新的なエネルギー＆サービスカンパニーを目指す」。

長寿のひけつ

3つのマインドを大切に

大阪ガスは企業理念実現のため「進取の気性」「お客さま起点」「誠心誠意・使命感」の3つのマインドを大切している。「今後もお客さま第一の価値観を貫く」と語る本荘社長は、環境の変化に柔軟に対応して事業を進める。16年に電力、17年にガスの小売り全面自由化が始まり、事業分野の垣根を越えて顧客が自らエネルギー供給会社を選ぶ時代になった。こうした中で3つのマインドを大切にし、大きな変化を“チャンス”と捉えることで、同社の持続的成長は続く。

会社概要

所 在 地：大阪市中央区平野町4-1-2
電話番号：06-6202-3928
設立年月：1897年4月
事業内容：ガスの製造・供給・販売、電力の発電・供給・販売、ガス機器の販売、ガス工事の受注、材料ソリューション事業、情報ソリューション事業、都市開発事業など

URL：http://www.osakagas.co.jp/

創業の精神を忘れずに限りない可能性の炎を燃やし続ける

高圧ガス工業㈱

■創業60年をアセチレンとともに歩む

産業ガスの大手メーカー。子会社62社と関連会社16社で構成する。1958年に日本合成化学工業で溶解アセチレンの工場長を務めた三木隆氏と紡績メーカーや貿易商社を経験した今井康雄氏が創業した。2018年に60周年を迎えた同社の歴史は溶解アセチレン事業の拡大とともに歩んできた。建設現場や造船、自動車工場の溶接・溶断など幅広く使われ、創業7年目で業界トップシェアになり、現在

社是・理念

「人と技術と環境の調和。無限の可能性に挑む」の理念のもと「創業の精神を忘れずに、アセチレンバウムの夢を追い求めて限りない可能性の炎を燃やし続ける」。全般的な経営の効率化を地道に推進し、企業体質の健全性を維持しながら、企業価値を高め、事業規模の拡大を図る。「安全・安心をすべての基本姿勢」とし、創業以来一貫してこの姿勢を貫く。

代表取締役社長
澁谷 信雄 氏

もトップ企業としての責任を果たしている。

ガス事業は1980年の宇野酸素との資本提携を機に酸素、窒素、アルゴンのエアセパレートガスに広げた。産業ガスの販売会社のM&Aや液化石油ガス(LPガス)など扱う製品も増やし事業を拡大した。

一方、今井氏は「三木氏から溶解アセチレンの話を聞き10年は行ける」と直感した。しかし10年後を見据え化成品事業を立ち上げた。この決断が現在の主要2事業につながっている。化成品事業は接着剤の酢酸ビニール樹脂系やアクリル系のエマルジョンを中心に製造販売する。佐倉など国内3工場とベトナムの海外工場で顧客ニーズに対応する。「同業者の設備が老朽化する中、弊社への委託ケースが増えている」と澁谷社長は語る。

3本目の柱のITソリューション事業は85年に世界初の無接点式のメモリ(LSI)カードを開発、鉄道業界で

溶解アセチレン

高圧ガス工業ベトナム

使われる。RFタグも高圧容器の保安・販売管理用に業界標準として普及させている。

■販社は困った時の高圧ガス工業頼み

同社はガスの販売会社との密接な信頼関係で成り立つ。販売会社からは「困った時の高圧ガス工業頼み」、「最後のとりで」などと評価が高い。一方、販売会社の喫緊の課題としては後継者や人材不足、物流コストの上昇などがある。同社は創業当初から〝自社製品は自社で運ぶ〟をモットーに物流会社を設立。自社物流を生かし、販売会社から依頼された産業ガスを顧客先に直送で対応する。これからも「お客様が抱える課題」をともに考え、解決することで互いの成長につなげていく。

長寿のひけつ 

地域に必要とされる新価値創出企業

「当社はまだ長寿企業だとは思っていない」と澁谷社長は語る。そして「創業者の思いを歴代社長と同様に次世代に引き継ぐのが私の役目」と認識する。時代の移り変わりとともに顧客ニーズも多様化しているなか、要望のひとつひとつにきめ細かく応え、同社でなければできないサービスの創出に全力を注ぐ。同時に地域との結びつきを深めながら地域に必要とされ「なくてはならない存在」となるためにグループの一体感を高め、次の 30 年に向けて既存事業の拡充と新たな価値の創出に積極的に取り組み持続的成長と企業価値向上を目指す。

会社概要

所 在 地：大阪市北区中崎西 2-4-12
電話番号：06-7711-2570
設立年月：1958 年 6 月
事業内容：溶解アセチレンや酸素、窒素、アルゴン、炭酸ガスなどの各種産業ガス
接着材、塗料、LSI カードなどの電子機器の製造・販売

URL：http://www.koatsugas.co.jp/

高信頼性の救命胴衣 レジャー用で高シェア

高階救命器具㈱

小型船舶などの乗船時に使用する救命胴衣や低体温症を防ぐイマーションスーツなどの製造を手がける。近年の主力製品はセンサや充気装置が水を感知して自動的に膨らむ膨脹式救命胴衣。釣りやマリンスポーツなどのレジャー用では国内シェア70％を誇る。1935年に高階社長の祖父・忠義氏が創業して以来、企画開発から製造・販売までの一貫体制を強みに信頼性の高い製品を提供し続けている。

救命胴衣は、19世紀末にノルウェーの漁師たちが使用したのが始まりとされる。戦前は袋状にした帆布にカポック

社是・理念

Saving Life On Earth

私たちは水のあるところの安全とその環境保全を通じて、社会に貢献する製品づくりに邁進することを誓います。

代表取締役社長
高階 義尚 氏

という樹木の実の繊維を使用した浮力材を充填し、身体の前後に着用できるようベルトを付加した構造だった。その後、素材の進化に合わせて、布地はビニロン、浮力材は発泡ポリスチレンなどへと代わっていった。99年には膨脹式を上市するとともに、ファッション性も兼ね備えた製品を充実することで、国内シェアの拡大につなげた。

現在、上海とベトナム・ハノイにも工場を設置し、欧米市場をはじめ、海外展開も進めている。生産現場には縫製ミシンや熱圧着、高周波溶着などの最新設備を揃える。高階社長は「救命胴衣に対する安全基準や性能要件は高い。創業時から培ってきたノウハウは会社にとって大きな財産」と話し、最新設備とノウハウの融合に同社の強みがある。

■北米市場でシェアトップを

高階社長は学生時代を米国で過ごした経験を生かして、

膨脹式救命胴衣を着用した釣り人

避難所用間仕切り

91年に開始した米国事業を軌道に乗せた。現地では量販店向けを中心に販売を伸ばした。一方でネット通販の台頭で流通業の再編が進展している。こうした現状認識から、高階社長は「今こそ難しいことにチャレンジしなければ生き残れない」と気を引き締める。そこで2019年には米国市場で富裕層をターゲットにしたブランドを立ち上げる。一方、国内では消防隊員が救助活動時に使う救命胴衣や避難所用間仕切りセット、作業用防護服などの販売に注力。災害対応や安全確保のための装備品を供給し、国内で多発する災害への対応力の強化に寄与する。

「まずは北米市場でシェアトップを確実なものにする」と高階社長。その先には全世界でのシェア拡大を見据えている。

長寿のひけつ

受け継がれる「挑戦し続ける」姿勢

創業者の高階忠義氏が救命胴衣を製作し、当時前例のなかった個人による型式承認を取得したことが事業の始まり。当時「他人のやっていないことに挑戦しよう」との思いをもって取り組む創業者の姿に、新たな挑戦を語る現社長の義尚氏が重なって見えた。救命胴衣の開発・販売では、常に型式承認というハードルが待ち構えることも、こうした挑戦する心を育んできた要因だろう。創業者精神が確かに受け継がれていることに同社の強みを感じた。

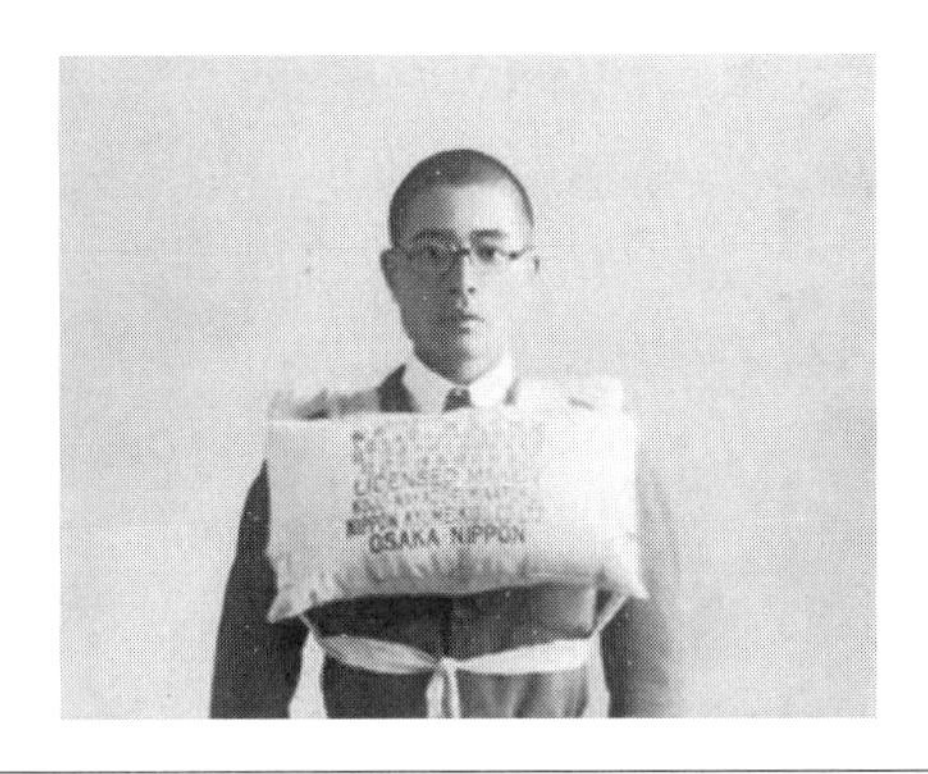

会社概要

所　在　地：大阪市浪速区久保吉 1-1-30
電 話 番 号：06-6568-3414
設 立 年 月：1961 年 3 月
事 業 内 容：業務用・レジャー用救命用品、海洋土木用品の製造・販売

URL：https://tlpc.co.jp/

創業100年を超えてなお、成長を続けるガス管工事会社

中井エンジニアリング㈱

道路などに埋設されたガス管の取り換え工事や新規の敷設工事のほか、住宅などのガス設備設置工事を請け負う。土木建設業からスタートし、ガス工事に力を入れて大阪ガスの指定工事会社の中でトップ企業へと成長した。2019年1月には創業100周年を迎えた。ガス自由化という変革の波が押し寄せる中、営業エリアを拡大させるなど、次の100年に向けて新たなスタートを切っている。

1919年に大阪の北摂地域を基盤に土木建築業を開業。京阪神急行電鉄（現・阪急電鉄）や浪速瓦斯（後に大阪ガ

社是・理念

【社訓】
誠実・信念・和合

【企業理念】
保安の確保を最大の事業運営の基盤とし、ガスエネルギーを通して社会に貢献します。

取締役副社長
中井 正幸 氏

ス（…）と合併）などの工事を請け負っていた。60年代よりガス工事部門の強化に乗り出し、営業所の増設や経営の近代化を進めてシェアを拡大。あべのハルカスやグランフロント大阪といった大型施設の工事にも数多く参画している。

93年の釧路沖地震、95年の阪神淡路大地震などの災害により、ガスインフラが大きな被害を受けた地域に応援部隊を送り込み、復旧作業にも取り組んできた。東日本大震災や熊本地震の被災地には協力会社のスタッフも含め、のべ4007名を派遣した。復旧作業に携わった経験を持つ中井副社長は「被災地でガス供給が再開された時、被災者の方々の表情や言葉に触れると原点をいつも再確認する。ガスは生活に必要不可欠で、我々の仕事は公共工事と同じように社会や地域住民への貢献に直結している」と話す。

■関西から全国へ営業エリアを拡大

2020年に開催される東京オリンピック・パラリンピック誘致ロゴデザイナーの島峰藍氏によってデザインされた100周年の記念ロゴマーク

生活に欠かせないガスインフラを守り続け、次の100年に向けて人材育成にも力を入れる

現在、社員数４２０名、毎年10人以上の新卒者を採用する。外国人の受け入れも始め現在はベトナム人2名がエンジニアとして活躍する。

営業面では２００８年に四国地方へ進出。12年以降、関東や中国地方などでも大都市圏周辺でＬＰガスを使うエリアの工事受注を開始。16年関東圏のＬＰガス工事のさらなる拡大を目指し埼玉県に営業所を開設。着実に実績を積み重ねて18年に東京ガスから工事会社の指定を受け、現在は関東地区に3カ所の営業拠点を持つ。

営業エリアの拡大は成長のためと中井副社長は強調する。「成長する会社でなければ、社員が生き生きと働くことはできないし、新しい人材も集まらない。創業１００周年を機にさらなる成長を目指して変化したい」と意気込む。

長寿のひけつ ▶▶

企業文化として根付く創業者の精神

戦前、現在の阪急電鉄石橋駅（大阪府池田市）の土木工事を担当した際、台風が接近していた。創業者・中井梅太郎氏は工事現場の安全を確保するため、現場に夜通し張り付き、その姿を見た阪急電鉄の創業者・小林一三氏は感銘を受けた。それをきっかけに２人の間には強い信頼関係が生まれたという。この創業者の精神は100年経った今も企業文化として根付いており、被災地で復旧工事に当たる応援部隊にも受け継がれている。

会社概要 

所　在　地：大阪市中央区淡路町 4-4-15
電 話 番 号：06-6203-5461
設 立 年 月：1948 年 4 月
事 業 内 容：ガス導管工事、ガス設備工事、道路舗装工事

URL：https://www.nakai-eng.co.jp/

製品の独自性と信用力を支えに圧倒的シェアを続ける

三田理化工業㈱

三田理化工業は1949年、フラスコやビーカーなどの理化学ガラス機器の販売会社として創業した。折から急激な物価上昇の時代を迎え、自ら価格を決定できる理化学機器メーカーへと転身した。その後、大阪の製薬工場に出入りするうち、理化学機器を洗浄・乾燥する装置も手がけるようになる。洗浄の容易さが特徴の独自製品で、同様の利点を持つ装置は当時、他に存在しなかった。それはまさに創業者が持つ、顧客からの要望に何とか応えたいという気持ちが結実したものであり、やがて全国販売に至る。

社是・理念

【経営理念】創造力と技術革新により顧客の課題を解決し社会に貢献する。

【品質方針】信頼ある品質マネジメントシステムを確立し、創造と革新により現状の改善と未来への挑戦を継続し、顧客の要求された品質を満たし、法令・規制要求事項を満たす製品を提供する。

代表取締役
千種 康一 氏

その後、農家向けに販売した、たばこ葉乾燥機の売掛金回収で苦労を強いられたが、原点の理化学機器の洗浄・乾燥装置の実績で得た信用が大きな支えとなる。取引先をはじめ関係各社の支援を得て困難を乗り切り、1964年に現在の社名として再スタートを切った。

■病院の調乳・製剤システムの未来へ挑戦する

現在では洗浄・乾燥機器をはじめとする理化学機器から、製剤システムや調乳システムなどの病院・医療関連機器まで手がける。調乳とは、病産院に入院している新生児・未熟児に人工乳または母乳を与える際に、それぞれの状態に合うように乳汁を調製することだ。この調乳では厳格な殺菌・減菌技術が要求される。この開発から同社の高い技術力と品質管理力が伺える。また最近では、2012年に完成した開発センター（兵庫県西脇市）で、世界品質に対応

医療機関に製剤システムや調乳システムを提供し、人々の健康を支えている

洗浄滅菌済みの医療用消耗品を生産する「開発センター」（兵庫県西脇市）

した「無菌医療機器製造システム」が稼働した。医療・医薬の現場で使用される洗浄・滅菌済み消耗品を生産する。注射剤容器や製剤用袋類の受託生産も手がける。これら消耗品事業は近年では年率2桁の成長率を示すなど、いまや事業の柱となっている。

このほか、設置後に実際使用した分の使用料を顧客からいただく、従量課金型ビジネスの運用を計画している。これまでは設備が故障した際に修理費用が発生したが、従量課金型では故障している間の使用料は請求しない。同社においては修理の度に提出する見積の手間がなくなり、かつ早く修理することが売上増につながるなど、自社と顧客双方にメリットをもたらす狙いがある。

長寿のひけつ

規模の合う市場で圧倒的なシェアで収益確保

「ホームランはいらない。ヒット、バントで十分です」と記された応接室の額縁が印象深い。「出塁さえできれば振り逃げでもよい」と語る千種社長は、無理な成長は会社に歪みを生むとも言う。心・身・仕事のバランスがとれた〝健康経営〟を掲げる同社はオリジナルの健康体操で仕事が始まる。「モノづくりは、人づくりから」と社員教育にもPDCAで取り組む。仕事はその仕方と結果が、顧客、社員そしてその家族にとっても健康であることが重要だとしている。

会社概要

所 在 地：大阪市北区大淀中2-8-2
電話番号：06-6458-0971
設立年月：1949年4月
事業内容：国公立、私立、大学病院、製薬、化学、研究所向け製剤機器、調乳機器、医療機器、理化学機器と無菌製剤容器の製造・販売

URL：http://www.racoon.co.jp/

ファイルで国内市場を切り拓いたパイオニア

㈱LIHIT LAB.（リヒトラブ）

1938年に田中経人氏が文具問屋の福井商店（現・ライオン事務器）を退社し、大阪市で田中経人商会を創業した。当初は文具事務用品の卸売りをてがけていたが、前職の福井商店の社長の助言もあって、文具の製造に乗り出した。40年にはスプリングファイルを発売。当時はボール紙芯に化粧紙を貼った板目の表紙につづり紐で書類をとじるのが業界のスタンダードだったが、同社は丈夫な絶縁紙を表紙に採用し、閲覧しやすいスプリング金具を取りつけて書類をとじる形にした。このスプリングファイルは、現在

社是・理念

【社是】世の為 人の為 良い品を沢山作って皆様方と共に栄えます。

【企業理念】

- 深い知性と燃える情熱をもって新しい価値の創造に努め、社会に貢献します。
- 人々と共に感動と夢をわかちあい魅力ある情報文化を創ります。
- 積極的に創意工夫し誠意をもって行動します。誉めること、励ますことで人の熱意を呼び起こします。

代表取締役社長
田中 宏和 氏

も販売を続けているロングセラー商品だ。

■消費者を惹きつける製品作り

45年にリヒト事務用品製作所に社名を変更した。リヒトはドイツ語で「光」や「広げる」を意味し、世のため、人のためになる便利な商品を広く世間に広め、「人の役に立つことで社会貢献を目指す」という思いが込められている。47年には本社を現在地（大阪市中央区）に移転し、翌48年に社名をリヒト産業に改めた。62年にカラーファイルを国内で初めて発売し、91年には現在のＬＩＨＩＴ ＬＡＢ.に社名を変更。ＬＡＢは実験室や研究所から名付けた。

２００５年にはコストダウンを図る狙いでベトナムに子会社「リヒトラブ・ベトナム」を開設し、海外で生産を開始。ファイルなど企業の職場で使用する製品で業容を拡大していたが、景気低迷などの影響を受けて経費による文具

進化し続けるカラフルなリングファイルは、現在でも主力商品

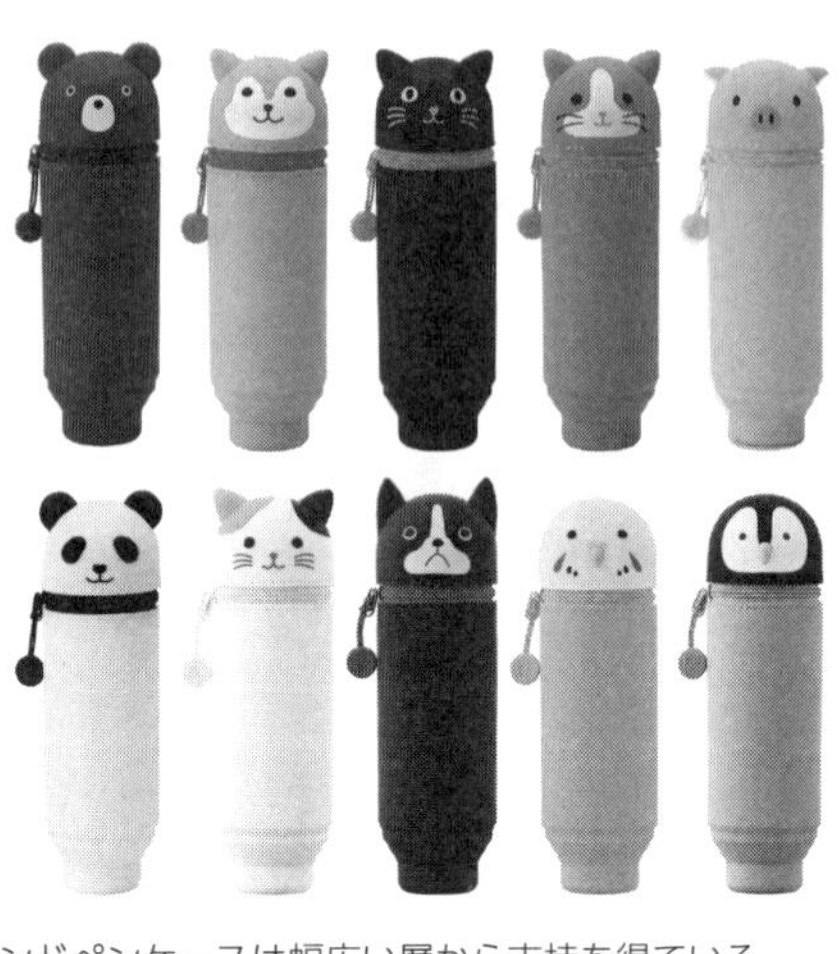

プニラボのスタンドペンケースは幅広い層から支持を得ている。

の購入を企業が控えるようになった。

その一方で個人需要が増大。一般消費者を惹きつける製品作りがより一層求められるようになった。同社もこうした流れに応じ、リングノートなのにとじ具が開く「ツイストノート」やペンスタンドになるシリコン製の「スタンドペンケース」を開発。スタンドペンケースは折りたたみができるシリコンのコップから着想を得たもので、底面を押し込むとペンケースを立てることができる画期的な製品となった。発色が良く、水に強いシリコンの特性も活かしている。17年に動物を模した「プニラボシリーズ」でシリコン製品を拡充。子どもから大人まで幅広い層から愛される製品シリーズに成長しつつある。

機械 / 金属・鉄鋼・非鉄金属 / 化学・繊維・素材・医薬 / 電機・電子・精密機器 / 金融・商業 / 運輸・建設・輸送機器 / ガス・その他製造

長寿のひけつ

良い品はお徳です

「良い品はお徳です」がキャッチフレーズ。得ではなく徳を使うのは理由がある。使う人の立場になって、使いやすさや耐久力、デザインを追求したモノづくりをしているので、「使う人の徳も一緒に上がりますように」という願いを込めている。また創業者・田中経人氏から田中経久会長や田中宏和社長へと事業承継が3代にわたってスムーズに行われたのも80年続く歴史の礎となっている。

会社概要

所 在 地：大阪市中央区農人橋1-1-22
電話番号：06-6946-2525
創業年月：1938年5月
事業内容：文具の製造・販売

URL：https://www.lihit-lab.com/

・ま・

・や・

・ら・

・わ・

● は ●

● な ●

● た ●

● か ●

● さ ●

索　　引（五十音順）

・あ・

関西で長く愛されている優良企業 180 選
～継承と革新のひけつ～
NDC335

2019年4月10日　初版1刷発行
（定価はカバーに表示されております。）

©編　者　日刊工業新聞特別取材班
発行者　井　水　治　博
発行所　日刊工業新聞社

〒103-8548　東京都中央区日本橋小網町14-1
電　話　書籍編集部　03-5644-7490
販売・管理部　03-5644-7410
FAX　03-5644-7400
振替口座　00190-2-186076
URL　http://pub.nikkan.co.jp/
e-mail　info@media.nikkan.co.jp

印刷／製本　新日本印刷(株)

落丁・乱丁本はお取り替えいたします。　2019 Printed in Japan

ISBN 978-4-526-07969-6　C3034